山西非物质文化遗产
保护与开发：
理论与实践

解智涵 柯雯◎编

中国财经出版传媒集团

经济科学出版社
Economic Science Press

·北京·

图书在版编目（CIP）数据

山西非物质文化遗产保护与开发：理论与实践／解
智涵，柯雯编 . -- 北京：经济科学出版社，2024.6
ISBN 978 - 7 - 5218 - 5805 - 1

Ⅰ. ①山… Ⅱ. ①解… ②柯… Ⅲ. ①非物质文化遗
产 - 保护 - 研究 - 山西 ②非物质文化遗产 - 资源开发 - 研
究 - 山西 Ⅳ. ①G127.25

中国国家版本馆 CIP 数据核字（2024）第 074117 号

责任编辑：朱明静
责任校对：李　建
责任印制：邱　天

山西非物质文化遗产保护与开发：理论与实践
SHANXI FEIWUZHI WENHUA YICHAN BAOHU YU KAIFA：LILUN YU SHIJIAN
解智涵　柯　雯　编
经济科学出版社出版、发行　新华书店经销
社址：北京市海淀区阜成路甲 28 号　邮编：100142
编辑部电话：010 - 88190489　发行部电话：010 - 88191522
网址：www. esp. com. cn
电子邮箱：esp@ esp. com. cn
天猫网店：经济科学出版社旗舰店
网址：http：//jjkxcbs. tmall. com
固安华明印业有限公司印装
710 × 1000　16 开　22.25 印张　360000 字
2024 年 6 月第 1 版　2024 年 6 月第 1 次印刷
ISBN 978 - 7 - 5218 - 5805 - 1　定价：98.00 元
（图书出现印装问题，本社负责调换。电话：010 - 88191545）
（版权所有　侵权必究　打击盗版　举报热线：010 - 88191661
QQ：2242791300　营销中心电话：010 - 88191537
电子邮箱：dbts@ esp. com. cn）

前　言

源远流长的中华文明亘古不息，如何才能发扬光大？

生生不息的非遗文化积厚流光，如何实现传承赓续？

浩瀚深邃、博大精深……，无论用多么华丽的辞藻来形容中华文明的悠久、繁荣都略显空洞，只有沉浸其中才能感受她的魅力。中华文明是世界上众多人类文明类型中唯一绵延至今却未曾中断的文明，至今仍然保有强大的生命力，更是我们中华民族独有的精神财富与文化标识。现代化的风暴席卷而来，伴随着现代科技的飞速发展，文化形态也往往时移世易，优秀传统文化也在现代化的进程中日趋式微，逐渐失去了生存的空间，如何保护和传承中华优秀传统文化成为文化学者们的重要思考。"参天之木，必有其根；怀山之水，必有其源"，中华优秀传统文化作为中华民族的精神命脉，是我们在世界文化激荡中站稳脚跟、傲然屹立的坚实根基。习近平总书记在党的二十大报告中指出，坚守中华文化立场，提炼展示中华文明的精神标识和文化精髓，加快构建中国话语和中国叙事体系，讲好中国故事、传播好中国声音，展现可信、可爱、可敬的中国形象。①加强对中华文化的传承和保护，是我们积极应对全球化、现代化挑战，坚定文化自信的重要途径。

山西是中华文化的发源地之一，历史悠久、文化璀璨、人文荟萃，有"地上文物看山西""华夏文明摇篮""表里山河""中国古建筑博物馆"等

---

① 习近平：高举中国特色社会主义伟大旗帜 为全面建设社会主义现代化国家而团结奋斗——在中国共产党第二十次全国代表大会上的报告［EB/OL］. 中华人民共和国中央人民政府网，https：//www.gov.cn/xinwen/2022 - 10/25/content_5721685.htm，2022 - 10 - 25.

美誉，拥有古建筑及历史建筑约 2 万处，木结构建筑 9000 余处，数量之多，价值之高，享誉世界。五台山佛光寺大殿是梁思成眼中的"中国第一国宝"，平遥镇国寺万佛殿是我国仅存不多的五代木结构建筑之一；拥有大同、平遥、新绛、代县、祁县、太原 6 座国家级历史文化名城，静升镇、杏花村镇、大阳镇等 15 座国家级历史文化名镇，以及 96 个国家级历史文化名村，为全国之最。遍布省境内有数以万计的古人类、古墓葬遗址，现存有 500 余座古塔，2000 多座古戏台，2500 多米长的古长城知名度高，西侯度遗址、丁村遗址反映了旧石器时期古人类生活场景。侯马晋国遗址、长平之战遗址、雁门关、娘子关、宁武关、平型关再现了早期三晋大地的战争与和平。云冈石窟的石窟艺术、永乐宫壁画的绘画艺术、晋祠圣母殿侍女像的彩塑艺术融汇中西、技艺精湛，具有极高的艺术价值。平遥古民居、灵石王家大院、祁县渠家大院、祁县乔家大院、碛口古村等散落在山西各地的特色民居，再现了明清时期晋商的辉煌与繁荣。

在人类历史的长河中，非物质文化遗产作为人类智慧与文明的结晶，承载着丰富的文化内涵和民族记忆。在灿烂的文化遗产中，非物质文化遗产犹如一颗璀璨的明珠，闪耀着中华民族悠久的历史和独特的文化魅力。非物质文化遗产包括但不限于传统技艺、民间传说、戏曲、音乐、舞蹈、民俗等，它们承载着我们的民族精神，传承着中华民族的优秀传统文化，同样是极为重要的文化资源。我国的非物质文化遗产浩如烟海、内容丰富，其中有 43 个项目被列入联合国教科文组织的非物质文化遗产名录、名册，这个数量在世界范围内排名第一。截至 2023 年 12 月，我国已认定的非遗代表性项目达到了 10 万余项。这些项目包括国家级的非遗代表性项目 1557 项，各级代表性传承人 9 万余名，其中国家级的非遗代表性传承人 3056 名。然而，随着现代社会的快速发展，许多非物质文化遗产面临着消失的危机。习近平总书记曾强调，要扎实做好非物质文化遗产的系统性保护，更好满足人民日益增长的精神文化需求，推进文化自信自强。要推动中华优秀传统文化创造性转化、创新性发展，不断增强中华民族凝聚力和中华文化影响力，深化文明交流互鉴，讲好中华优秀传统文化故事，推动中华文化更好走向世界。① 如何更好地将这些非物质文化遗产发扬光大，成为学者们研究的重要课题。

和拥有繁多的物质文化一样，山西同样拥有丰富的非物质文化遗产资源，国家级、省级、市级非遗琳琅满目，是山西文化资源宝库中的璀璨瑰宝。受到独特的历史文化、自然环境等因素的共同影响，山西为人们呈现的是与众不同的风土人情，在 15.67 万平方千米的土地上，无论是从北向南或是由西向东都展现出明显差异和地域特色，差异之下展示出的则是山西淳朴崇礼、俭约稳重的民风性格。山西在非物质文化遗产保护上下足了功夫，2006～2023 年，已公布六批省级非物质文化遗产代表性项目名录，涵盖项目 764 项，其中平遥推光漆器、晋剧、平阳木版年画、平遥冠云牛肉、六味斋酱牛肉、杏花村酒等 100 多项非物质文化遗产已经被列入国家非物质文化遗产名录。从内容来看，有珍视土地、勤于耕作的农业生产习俗文化，有重视环境、善于养殖的畜牧文化，有因地制宜、巧夺天工的传统手工业习俗文化，有以诚为本、敢于冒险的晋商文化，有简约朴素、追求实用价值的饮食起居习俗，有恪守礼法、重视传承的家族孝道文化，有礼仪严谨、隆重热闹的婚丧习俗文化，有趋吉避凶、祥和热烈的岁时节日文化，有健康活泼、体现难度的游艺竞技，有扣人心弦、动人心魄的传说谣谚，有异彩纷呈、流播深远的戏剧小曲……

为了传承和保护山西珍贵的非物质文化遗产，我们立足本土，在大量的文献查阅、调查研究和实地探访的基础上编写了这本书，以期引起更多人对非物质文化遗产的关注和重视，以期为山西乃至全国在开展非物质文化遗产的保护方面提供有益借鉴。

在组织结构上，本书共分为三个专题。

第一个专题为理论研究部分，用知识图谱的方式总结了非物质文化遗产

---

① 习近平对非物质文化遗产保护工作作出重要指示 [EB/OL]. 中华人民共和国中央人民政府网，https：//www. gov. cn/xinwen/2022 - 12/12/content_5731508. htm?eqid = 9a802a940006b7ee000000006646 66f2a，2022 - 12 - 12.

的研究现状，概述了非物质文化遗产的概念、特点和价值，分析了当前非物质文化遗产面临的挑战和危机，结合案例总结了国内关于非物质文化遗产在法律保护、抢救性保护、生产性保护、整体性保护等方面的方法、理论以及实践成效，帮助读者了解其重要性和意义。

第二个专题为开发实践部分。本部分以个案分析的形式，针对山西本土的民间文学、传统音乐、传统舞蹈、传统戏剧、传统体育游艺杂技、传统美术、传统技艺、传统医药、民俗九类非物质文化遗产的开发与保护的实践进行了详细的介绍与分析，每一类型的非遗均选择了知名度和等级较高的项目进行分析，通过总结其中的成功经验，为其他非遗项目的保护和传承提供借鉴。

第三个专题为产业打造部分。尽管山西拥有丰富的非物质文化遗产，仅依靠个人和小团体的力量，仅有个别项目做大做强，对于非遗的保护和长远发展来讲只是杯水车薪，需要依靠政府、企业以及社会的共同努力才能真正为非物质文化遗产的保护提供有力支撑。本部分同样主要以案例的形式，分析介绍了山西在非物质文化遗产保护，特别是在产业化发展过程中的努力。

本书由太原师范学院地理科学学院解智涵、太原师范学院设计系柯雯共同编写。其中，第一专题由解智涵、柯雯共同编写，第二专题由柯雯编写，第三专题由解智涵编写。本书在编写过程中得到了太原师范学院以及相关领导的大力支持和关心帮助，获得太原师范学院碳中和研究院的资助，特此予以表示感谢。

期望通过本书的出版，能够唤起社会各界对非物质文化遗产的关注和重视，激发更多人参与非物质文化遗产的保护工作。同时，也希望本书能够为相关政策制定者、学者、文化工作者等提供有益的参考和借鉴，共同为保护和传承非物质文化遗产贡献力量。让我们携手努力，共同守护那些承载着人类历史和文化记忆的宝贵遗产，让它们在新的时代绽放出更加璀璨的光彩。

受学术水平和时间的限制，在调查研究和文本编写过程中难免有错漏与不足之处，敬请专家与读者批评指正。

编 者
2024 年 1 月

目　　录

第一篇　理论研究

第二篇 开发实践

第三篇　产业打造

第一篇
理论研究

第1章　非物质文化遗产研究概述

　　非物质文化遗产是人类文化的瑰宝，伴随历史的发展进程，非物质文化遗产在区域群体间世代相传，与群体生活的自然环境与社会环境频繁互动且高度融合，成为凝聚群体情感、推动形成情感认同和群体认同的重要力量。非物质文化遗产是人类共同的财富，保护非物质文化遗产是保护文化多样性的重要实践。在不同的地区和区域其文化传统不尽相同，有着各自的标志和印记，其价值不仅体现在人类文化遗产通过丰富多彩的文化表现形式来表达、弘扬和传承，也体现在借助各种方式和技术进行的艺术创造、生产、传播、销售和消费，是推动人类文明进步的重要力量。研究和保护非物质文化遗产意义重大且十分紧迫。现代物质条件的极大丰富和生活节奏的快速转变使得人们的生活方式和思想观念有了巨大的变化，对一些传统文化和传统习俗开始漠视，特别是随着现代城镇化速度的加快，城镇和农村的边界的快速消融，农村人口数量的加速衰减，城镇人口结构的迅速转变，人们对于文化的认同和情感正在逐渐减退，这也使得非物质文化遗产的保护难度日益增加，许多非物质文化遗产面临着发展动力不足、传承人难以赓续、市场转型艰难、遗产原真性缺失等诸多问题。尽管国家和社会团体在非物质文化遗产的保护方面已经采取了诸多的措施，也制定了许多配套的法律法规和政策制度，但所取得的效果和成绩总是不令人满意，甚至很多措施成为非物质文化遗产保护的阻力和桎梏，难以发挥其保护的初衷和实际功能。因此，在研究现有保护和开发机制的前提下，总结实践中的成功经验，探索出一条促进非物质文化遗产保护，适应市场化发展需要的非物质文化遗产保护和开发模式十分必要且迫在眉睫。

对于非物质文化遗产的保护与开发由来已久，人们在对自然风景区和历史遗址加强保护的同时，学者们也开始注意到许多文化遗产的保护不仅是历史遗迹等以物质形式存在的遗产，而且有许多是以非物质形式存在的遗产如传统技艺、节庆活动等，同样有传承和保护的价值，并提出了"非物质文化遗产"的概念，从此非物质文化遗产的概念开始深入人心，得到了学界和政界的认可。2003年10月17日，联合国教科文组织在法国巴黎召开了大会，正式通过了《保护非物质文化遗产公约》，中国作为较早的缔约国之一，按照公约的要求加强了对非物质文化遗产的保护，做了大量的非物质文化遗产项目遴选、申报、评审，以及对应的保护和开发工作，"非物质文化遗产"保护的理念开始在国内深入人心。与此同时，在国家层面，我国颁布了一系列非物质文化遗产保护的法律法规，如在2005年3月31日国务院颁布了《关于加强我国非物质文化遗产保护工作的意见》，在2011年2月25日第十一届全国人民代表大会常务委员会第十九次会议上通过了《中华人民共和国非物质文化遗产法》（后文简称《非物质文化遗产法》）；在地方政府层面，各级地方政府紧跟国家的步伐，颁布了各自的保护非物质文化遗产规定，非物质文化遗产的制度保护也上了一个新的台阶。此后，"非物质文化遗产"的概念可以说深入人心、落地生根，"非物质文化遗产的保护研究"这一命题成为学术界研究的崭新领域，民族学、人类学、地理学、旅游学、美术学等人文学科的学者都从自己的研究领域提出了非物质文化保护的理论，保护非物质文化遗产成为国家、学者和普通民众的普适性的行为。

1.1　相关研究计量统计分析

为了更加清晰地了解国内关于"非物质文化遗产"研究的现状和发展情况，本书借助文献收录较全的 CNKI 中国知网作为检索工具，检索相关文献。检索过程中以"非物质文化遗产"和"非遗"分别作为主题词进行检索，

剔除不相关文献和期刊封面等内容，截至 2022 年 10 月，共检索到相关文献
数达到了 40506 篇，其中学术期刊文献数达到了 24472 篇，学位论文也达到
了 3064 篇。从文献发表数量的变化情况来看，在 2002 年之后对相关主题的
研究呈现出了明显的指数增长趋势，国内学术界对于非物质文化遗产这一命
题的研究及相关的研究成果可以说是已经达到了汗牛充栋的规模，其变化趋
势如图 1－1 所示。在浩如烟海的非物质文化遗产研究的文献中进行进一步
的筛选和整理，筛选出发文级别较高、文章影响力较强的文献，将 CSSCI 中
文社会科学引文数据库和北大核心期刊收录作为限制条件，对文章进行进一
步精简，检索到相关文献 5585 篇，说明这一研究主题的文献中高水平研究
成果也相对较多。从发表时间分布来看，在 2005 年之后，相关的研究呈现出
了指数增长的趋势，在 2012 年达到了最高峰，2012 年之后，CSSCI 中文社会
科学引文数据库收录的高质量研究文献有所减少，具体情况如图 1－2 所示。

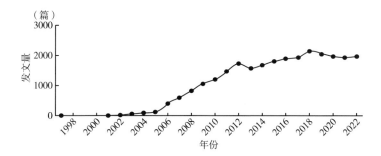

图 1－1　非物质文化遗产研究 CNKI 收录文献时间分布

资料来源：笔者根据中国知网数据整理。

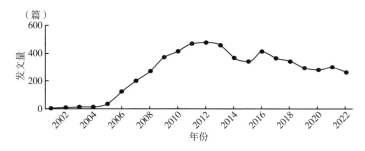

图 1－2　非物质文化遗产研究 CSSCI 收录文献时间分布

资料来源：笔者根据中国知网数据整理。

1.2 相关研究可视化分析

1.2.1 可视化分析在非遗研究中的应用

随着相关研究的不断丰富、研究主题不断多元化，仅仅通过相关研究文献的数量无法精确、全面地判断研究趋势和研究重点，需要进一步对相关的文献进行处理，将相关文献数据进行可视化的转化，通过关键词的文本共现、时间线分析、关键词突现以及聚类分析等方式，可以在一定程度上清晰地反映出当代非物质文化研究的新变化和新趋势。许多学者将较为流行的多种可视化分析软件应用到了医学、经济学、理学、工学、农学管理学等诸多研究领域，常用的可视化分析软件如 Citespace、Ucinet 和 VOSviewer 等，主要用来对庞杂的研究文献进行文献计量统计和可视化分析。同样，在非物质文化遗产的研究方面，文献计量分析和可视化研究也已经有较多的学者开始应用和尝试。张琪和王东波（2019）借助可视化分析软件将国内外非物质文化遗产研究在学科和关键词进行定量统计之后进行了对比分析，通过研究对比发现国外非物质文化遗产研究中计算机学科参与度十分明显，且影响范围较广。同时，通过主题词、关键词的聚类分析后发现，在非物质文化遗产这一概念下，国外对非物质文化遗产研究的延伸性十分强，现已经形成了 10 个知识体系较为完整的研究子领域。通过进一步对知识流动关系分析发现，非物质文化遗产研究在文化遗产和旅游学领域，文化生态服务系统领域、文化景观领域，食品、医学领域等多个领域都具有较大影响力，特别是在旅游学领域，对于非物质文化遗产的研究促进了学者开始重新审视遗产旅游的定义，研究中也更多地关注无形的、动态的文化属性旅游元素。文庭孝和刘晓英（2016）使用了多种可视化分析软件，将各种软件的优点进行了结合，整理出了截至 2016 年底国内非物质文化遗产研究的知识脉络。在其研究过程中，他们使用了 SATI 对相关的数据进行了统计分析，使用 Citespace Ⅲ、Ucinet 6.2、VOSviewer 1.5 三款可视化分析软件分别绘制了作者合作关系图、机构合作知识图谱和关键词共现聚类视图。通过分析发现，我国学者在非物质文化遗产研究领域的研究主题比较集中，相关的研究成果集中在理论研究方面，技术、应用和实践研究成果相对贫乏。三种可视化的知识网络图谱比较结果表明，在国内的非物质文化遗产的研究领域没有形成具有特色和优势的研究主题，跨区域的研究、跨机构的合作研究、跨学科领域的研究也没有出现太多，闭门造车的研究方式不利于深挖非物质文化遗产的文化资源，也不利于拓展新的研究路径和方向。陈晨和黄滢（2020）同样采用了 Citespace 作为基础分析研究软件对国内非物质文化遗产研究的理论和实践进行知识图谱绘制，选择了CNKI 中国知网数据库在 2003～2019 年有关非物质文化遗产的研究成果作为分析对象进行了分析，通过研究和知识图谱的绘制，将国内非遗的研究划分为缓慢起步、快速增长及稳态发展三个发展阶段，通过关键词的聚类，将研究的热点主要分为概念界定类、可持续发展类和开发管理类三个方向，进一步总结了研究发展方向。此外，许多学者也在各自非物质文化遗产研究领域和角度使用了可视化的分析工具，给予研究现状更直观的了解和分析。

1.2.2　文献数据的选取和采集

通过非物质文化遗产相关研究的发文量变化分析发现，尽管非物质文化遗产相关的研究文献数量总体上一直处于增长的变化，但 CSSCI 收录的文献数量在 2012 年之后出现了明显的拐点，国内高水平的文献数量明显下降，尽管期间有小幅度的增长变化，但总体下降的趋势一直保持至今，对拐点出现之后高水平文献进行梳理，总结研究方向和目标的变化十分必要，其具体情况如图 1-3 所示。为了进一步深入厘清当前研究进展的实际情况，本书借助 Citespace 分析软件来对 2012 之后十年间非物质文化遗产研究相关文献进行可视化分析，以求总结出新时期关于非物质文化遗产研究的新变化。于是，本书在文献来源选取时以 CNKI 数据库中的 CSSCI 中文社会科学引文数据库来源期刊为数据基础，时间限定为 2012～2022 年，将"非物质文化遗产"和"非遗"设为主题词进行精确匹配检索，分别检索到 2611 条和 2340 条相关文献记录，在剔除了不相关的文献和无用内容后，对文章进行了合并，最终 2530 篇文章被选定为研究样本。为了方便使用 Citespace 分析软件对研究样本进行处理，笔者将已经选定的 2530 篇文章在中国知网上使用 Refworks 格式导出每条文章信息数据，信息中包括了文章关键词、作者、发文机构、期刊来源、研究类型等多重信息，这些信息是开展文献可视化知识图谱绘制的重要内容。

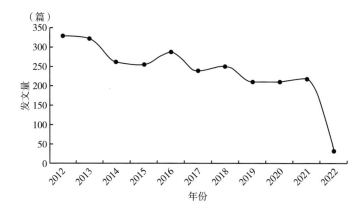

图 1－3　2012～2022 年非物质文化遗产研究 CSSCI 收录文献时间分布

资料来源：笔者根据中国知网数据整理。

1.2.3　发文作者与团队分析

通过作者在高级别期刊的发文数量与合作关系，能够帮助判断学者在该研究领域中学术贡献和学术影响，从而加强各领域学者的合作研究，也可以为学者开阔视野，促进交叉学科研究方法在相关研究中的使用。2012～2022 年，在 CSSCI 收录文献中，宋俊华发表文献最多，发文量达到了 18 篇，有较高的文献研究产量，其研究内容多专注于非物质文化遗产的理论和基础研究，在学术界也有一定的影响力，许鑫、黄永林、谈国新、陈小蓉、马知遥、王霄冰、林继富等作者文献量也都达到了 10 篇以上，其文献数量分布如图 1-4 所示。为了进一步观察分析作者间的合作关系，将从 CNKI 导出的 Refworks 格式的文章信息数据导入 Citespace 软件当中，经过处理后获得了在 2012～2022 年的作者合作关系的知识图谱。通过绘制的作者可视化图谱可知，宋俊华、许鑫、黄永林、谈国新、马知遥等作者的中心度较强，且在其周围也有较多的连线，说明其在研究过程中已经形成了较强的研究合作团队，特别是在谈国新（华中师范大学）、马知遥（天津大学）、陈小蓉（深圳大学）等作者之间及其周围，形成了较为密集的合作关系网，占据了整个知识图谱的中心位置。同时，这些作者之间的合作有一定的连续性和持续性，虽然几位作者并不隶属于同一单位，但仍然能够保持着密切的合作。此外，宋俊华、黄永林、许鑫等作者也形成了较为密集的合作关系网，成为整个作者合作关系知识图谱中几个较为重要的副中心。从作者合作可视化图谱的整体分布情况来看，各节点之间的连线不多，作者之间的合作并不是十分密切，没有形成较为系统全面的合作网络。

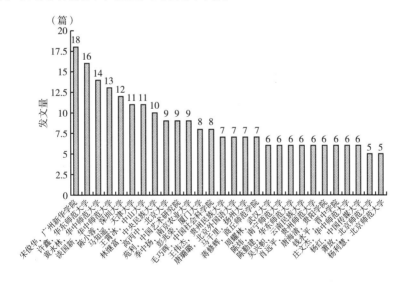

图 1-4　2012～2022 年非物质文化遗产研究 CSSCI 收录文献作者发文数量分布

资料来源：笔者根据中国知网数据整理。

在分析清楚作者之间的合作关系之后，可以通过阅读和查阅中心度较高的作者的主要研究领域和内容，判断其合作对研究成果的影响。以中心度和合作强度都较高的三位作者谈国新（华中师范大学）、马知遥（天津大学）、陈小蓉（深圳大学）为例，谈国新担任华中师范大学国家文化产业研究中心副主任，在其近些年关于非物质文化遗产的研究中，主要从事的是非物质文化遗产的数字化保护和传承。马知遥任教于天津大学，主要从事于传统文化的研究，在非物质文化遗产研究方面主要专注于基础理论的研究和基本问题的探索，同时关注某些非物质文化遗产的保护与传承的实践研究。陈小蓉任职于深圳大学体育部，是国内培养的第一位体育女博士，在非物质文化遗产的研究中主要关注的是体育类非物质文化遗产的传承与保护。由此可见，尽管三位作者的研究领域都是非物质文化遗产，但研究的方向却并不完全相同，加强合作也促进了高质量研究成果的快速产生。

1.2.4 关键词共现与聚类分析

通过高频关键词共线和聚类分析，可以有效地分析出研究的热点和焦点，判断研究发展趋势。关键词是文章核心研究内容的集中体现，通常情况下，在知识图谱绘制过程中，关键词出现频率越高，其代表的则越是在该研究领域的热点和前沿，也能够在一定程度上反映出相关研究的演变路径。在Citespace 软件分析中，关键词共现与聚类分析是其最重要的功能之一。在前文研究的基础上，将相关的 CNKI 知网导出的 Refword 数据导入 Citespace 软件中进行处理和分析，绘制关键词的数量分布图和关键词共现图。结合关键词的数量频率和共现图谱的情况可以看出，在相关的研究中"非物质文化遗产"和"非物质文化遗产保护"是出现频率最高的关键词，在 2012 ~ 2022年，出现该关键词的文献数量达到了 1260 篇和 291 篇，在研究中处于核心位置，也是非物质文化遗产研究领域的印证。在剔除此类数量巨大，对共现分析无实质影响的关键词后，通过关键词的共现结果可以发现，在关于非物质文化遗产的研究中除了关注非遗关键词本身以外，"传承"和"保护"是学者研究的主要焦点。此外，更多的学者注意到"传承人""生产性保护""旅游开发""文化空间""知识产权""乡村振兴"等非物质文化遗产研究的分支方向。"少数民族""乡村振兴""文化空间"等关键词是近年来非物质文化遗产研究的新热点和新方向，反映出在非物质文化遗产的研究过程中也开始关注少数民族中的非物质文化遗产项目，"文化空间"等关键词的突现也表现出非遗相关的研究出现了文化转向和空间转向的变化。另外，学者们在研究中紧跟时代潮流和政策发展需要，将非物质文化遗产保护与传承同乡村振兴的国家发展战略结合起来，同民族自信和文化自信研究结合起来，成为新的研究热点。

为了厘清关键词之间的关系，在关键词共现的基础上对关键词进行聚类分析，绘制聚类分析结果图。在聚类分析结果图中，一类颜色代表着一个聚类下所囊括的研究关键词，图中数字越小意味着该聚类下所包含的关键词数量越多。① 数据计算值也有其各自的含义，其中 Modularity（Q 值）聚类模块值为 0.5971，结果 Q 值 >0.3，数值结果意味着非遗研究关键词的聚类结构显著。图中 Silhouette（S 值）意思是聚类平均轮廓值，在聚类结果中一般认为 S 值 >0.5 聚类结果就是合理的，S 值 >0.7 意味着聚类结果可信度极高，通过关键词聚类计算可知结果为 0.7062，聚类结果可信度高。根据聚类结果可知，在 2012～2022 年对非物质文化遗产的研究当中，共聚类出 12 个关键词，从 #0～#11 分别是"少数民族""保护""非遗""传承""传承人""活态传承""知识产权""文化遗产""音乐艺术""社区参与""传统文化""民俗文化"，说明相关的研究也是围绕这 12 个关键词来展开的。结合关键词语义和聚类分析结果，进一步将 12 个聚类关键词进行分类，有助于深入归纳研究方向。大致将聚类结果分为概念类关键词、非遗属性类关键词和保护方法类关键词三种类型。其中，第一类是概念类关键词，包括"非遗""传承""保护""传承人""文化遗产"五个；第二类是非遗属性类关键词，包括"少数民族""传统文化""民俗文化""音乐艺

---

① 限于篇幅，本聚类分析结果图省略，如有兴趣可向笔者索要。

术"四个；第三类是保护方法类关键词，包括"活态传承""知识产权"和"社区参与"三个。三类关键词也代表着当前非物质文化遗产研究的三个主要内容和方向。首先，概念类关键词有理论基础研究指向，通过概念界定形成非物质文化遗产研究的基础理论；其次，属性类关键词则有研究对象指向，说明在近年的研究中主要针对的是少数民族群体拥有的非遗项目和关注音乐艺术类、民俗类的非遗项目；最后，保护方法类关键词则有实践研究指向，代表研究者关注非遗项目的保护方式，从关键词的内容来看，活态保护和社区参与的方式是学者研究非遗保护的重要途径。另外，也有许多学者开始尝试从构建法律保护体系的角度来寻求保护非遗项目的途径，特别是构建非物质文化遗产的创新知识产权理论，保护非物质文化遗产视角下的创新智力成果。

1.2.5 相关研究时间线分析

时间线分析也是 Citespace 分析的一项十分重要的功能，通过时间线分析可以梳理出在本研究领域中各阶段的研究热点和发展方向。在上述非物质文化遗产关键词聚类图的基础上设定显示方式为 timeline，绘制时间线图，可得各年度的关键词时间线，具体分析如下。

#0 少数民族。在该知识聚类下主要出现的关键词包括法律保护、传统体育、旅游开发、旅游资源、文化空间、空间分布、真实性、可视化、数字化等。由此可见，众多学者主要是将少数民族群体拥有的非物质文化遗产作为重要的旅游资源进行开发利用，同时也注重采取不同的非遗保护方式如法律保护、数字化保护、整体性保护（文化空间）来保护非物质文化遗产的原真性（真实性）。

#1 保护。在该知识聚类下主要出现的关键词包括数据库、对策、木版年画、开发、傣族剪纸、摆手舞、传统舞蹈、城镇化、档案、价值评估、指标体系等关键词。可以看出，在"保护"关键词知识聚类下，学者们主要关注的是具体的非物质文化遗产项目，特别是关注到城镇化对各类非物质文化遗

产保护带来的影响。近些年，在相关研究中也涌现出许多关于非物质文化遗产保护价值评估和评价指标体系构建的文章。

#2 非遗。在该知识聚类下主要出现的关键词包括文化产业、文化生态、文化创新、文化传播、知识图谱、大数据、文创产品、身份认同、文旅融合、保护机制等关键词，说明在"非遗"关键词知识聚类下，学者们主要关注的是非物质文化遗产的文化属性，从非遗项目的文化属性出发来构建保护机制。从时间线上来看，文化生态和文化创新是早期研究关注的重点，而近期研究主要关注文创产品的发展和由非物质文化遗产给文化群体带来的身份认同。

#3 传承。在该知识聚类下主要出现的关键词包括上海、西藏文化精神、主体性、乡村振兴、话语、博物馆、公共文化、传统工艺、白族扎染、伊玛堪、叙事等高频关键词。初期，关于非物质文化遗产传承的研究中，传承是关键，学者们借助国外非遗保护的经验关注地方性非物质文化遗产的传承。此后，随着乡村振兴概念的逐渐兴起，关于非物质文化遗产的研究也更加细致入微，如更多非物质文化遗产项目和内容的实际传承问题，特别是传统工艺类和民俗类的非物质文化遗产。

#4 传承人。在该知识聚类下主要出现的关键词包括口述史、高校、困境、语境、非物质性、传统武术、中国记忆、个人存档、义务等关键词。从关键词的类型和出现相关内容的文章主题可以看出。在研究较早的时期，学者们已经关注到非物质文化遗产传承人的困境，他们是非物质文化遗产能否实现活态传承最重要的环节，特别是考虑到许多遗产项目的非物质性，如手工技艺、口头文学、表演艺术等，增大了传承人保护的难度。在研究方法上注重使用口述史的研究方法来获得研究的第一手资料。随着研究的不断深入，学者们意识到单纯地依靠经济支持并不能起到决定性的作用，传承人在接受资助的同时需要承担一定的义务。

#5 活态传承。在该知识聚类下主要出现的关键词包括手工技艺、民间美术、手工艺、学科建设、产业化、民族地区、共同体、影响因素、中介模式等。根据关键词的时间分布来看，早期学者们主要关注对手工技艺、民间美

术等手工艺技术要求较强的非物质文化遗产项目的保护，希望通过产业化的方式，与高校合作来实现活态传承，随着研究的不断推进，学者们提出了新的活态传承模式，如中介模式（非遗经纪人）等，拓宽了非物质文化遗产活态传承的路径。

#6 知识产权。在该知识聚类下出现的主要关键词包括新媒体、知识产权、保护模式、保护策略、著作权、全媒体、传播机制。前期，学者们关注在新媒体、自媒体出现后加快非物质文化遗产传播途径的方式，随着传播途径的加快，也产生了知识产权保护、著作权保护等法律问题，提出了相应的保护模式与保护策略。

此外，#7 文化遗产、#8 音乐艺术、#9 社区参与、#10 传统文化、#11 民俗文化等也是较强的聚类，是非物质文化遗产研究的重要内容。当然通过不同年度关键词时间线的绘制也可以分析出不同年度关键词的组合共现情况，侧面反映出相关文献研究重点和研究热点的差异。

1.2.6 关键词时间突现分析

关键词突现也是 Citespace 分析中一项十分重要的内容，一般通过关键词突现的时间和强度来判断研究的趋势和脉络。同样，以 2012～2022 年 CSSCI 期刊收录的文献数据作为基础，将 Refword 格式的文献数据导入软件当中，将出现频率最高的关键词分别以突现时间和突现强度进行排序，其结果分别如图 1-5 和图 1-6 所示。突出灰色线条代表了关键词出现的时间，黑色短线代表关键词突现的时间，强度代表了关键词突现强度。其中黑色短线代表关键词高频出现的时间段，是研究的热点与重要方向。

从关键词突现的时间排序结果来看，高频关键词在 2012～2022 年都有出现，但各关键词的突现时间并不相同，其中传承保护、文化建设、民族文化建设等关键词出现时间较早，研究音乐艺术、民间美术等非遗项目的较多，以旅游开发为主题的非物质文化遗产研究主要出现在 2014 年左右。随着文化自信建设的重视和乡村振兴战略的实施，"文化自信"和"乡村振

关键词	年份	强度	开始年份	结束年份	时间区间 2012~2022
传承保护	2012	4.2	**2012**	2013	
文化	2012	2.83	**2012**	2014	
文化建设	2012	2.57	**2012**	2013	
民族文化	2012	4.81	**2013**	2014	
河北省	2012	3.05	**2013**	2014	
音乐艺术	2012	2.62	**2013**	2016	
民间美术	2012	3.95	**2014**	2015	
旅游开发	2012	3.21	**2014**	2015	
赫哲族	2012	2.56	**2014**	2015	
青海省	2012	3.37	**2015**	2017	
群众体育	2012	3.27	**2016**	2019	
社区	2012	3.1	**2016**	2018	
非遗项目	2012	3.1	**2016**	2018	
非遗传承	2012	3.49	**2017**	2022	
标准化	2012	2.59	**2017**	2018	
文化自信	2012	4.05	**2018**	2022	
学术史	2012	2.66	**2018**	2020	
乡村振兴	2012	11.43	**2019**	2022	
非遗	2012	7.01	**2019**	2022	
代表作	2012	3.51	**2019**	2020	
影响因素	2012	3.28	**2019**	2022	
活态传承	2012	2.94	**2019**	2022	
传播策略	2012	2.81	**2019**	2022	
空间分布	2012	3.53	**2020**	2022	
文旅融合	2012	2.74	**2020**	2022	

图1-5 2012~2022年非遗研究CSSCI收录文献关键词突现时间排序

资料来源：笔者根据中国知网数据整理。

兴"两个关键词，分别在2018年和2019年开始突现。关键词突现出现较靠后的则是影响因素、活态传承、传播策略、空间分布、文旅融合等关键词，虽然突现强度不高，但也预示着这将成为未来研究的重要内容。

从相关研究关键词突现强度分布情况来看，突现强度最高的关键词是"乡村振兴"，其强度值达到了11.47，在2019年之后该关键词的突现强度就未有减弱，关键词突现强度达到4.0以上的关键词有"民族文化""传承保护""文化自信""非遗"这四个，其中"民族文化""传承保护"突现强度出现较早，"文化自信"突现强度出现较晚，是近期非物质文化遗产研究的重要方向和未来研究的热点。关键词突现强度大于3.0的关键词达11个，

关键词	年份	强度	开始年份	结束年份	时间区间 2012~2022
乡村振兴	2012	**11.43**	2019	2022	
非遗	2012	**7.01**	2019	2022	
民族文化	2012	**4.81**	2013	2014	
传承保护	2012	**4.2**	2012	2013	
文化自信	2012	**4.05**	2018	2022	
民间美术	2012	**3.95**	2014	2015	
空间分布	2012	**3.53**	2020	2022	
代表作	2012	**3.51**	2019	2020	
非遗传承	2012	**3.49**	2017	2022	
青海省	2012	**3.37**	2015	2017	
影响因素	2012	**3.28**	2019	2022	
群众体育	2012	**3.27**	2016	2019	
旅游开发	2012	**3.21**	2014	2015	
社区	2012	**3.1**	2016	2018	
非遗项目	2012	**3.1**	2016	2018	
河北省	2012	**3.05**	2013	2014	
活态传承	2012	**2.94**	2019	2022	
文化	2012	**2.83**	2012	2014	
传播策略	2012	**2.81**	2019	2022	
文旅融合	2012	**2.74**	2020	2022	
学术史	2012	**2.66**	2018	2020	
音乐艺术	2012	**2.62**	2013	2016	
标准化	2012	**2.59**	2017	2018	
文化建设	2012	**2.57**	2012	2013	
赫哲族	2012	**2.56**	2014	2015	

图1-6 2012~2022年非遗研究CSSCI收录文献关键词突现强度排序

资料来源：笔者根据中国知网数据整理。

主要包括"民间美术""空间分布""群众体育""非遗传承""代表作""影响因素""社区""旅游开发""青海省""河北省"。其中空间分布、非遗传承、影响因素的突现强度较为靠前，从相关的文献内容来看，主要是依托新的数据分析方法和新的数学模型来分析非物质文化遗产的分布规律及其影响因素，是当前非遗研究的重要内容。群众体育、社区、旅游开发等关键词的突现强度接近3.2，但突现变化时间较早，不是近期学术研究的焦点。

总体来看，乡村振兴和文化自信是一段时间以来非物质文化遗产研究的热点和焦点，也说明学界对于非物质文化遗产的研究有明显的政策导向和文化指向。

1.2.7　研究机构和学科分布情况分析

机构、学科与期刊的分布情况也是文献计量研究的重要指标，能够反映出该命题研究的主要方向和研究核心力量。

首先是核心研究机构的分析情况。将 2012～2022 年非遗研究 CSSCI 收录文献导入 Citespace 软件当中用以分析核心研究机构的合作关系，但机构合作情况绘图结果并不理想，并没有形成重要的核心研究机构节点，也说明国内非遗研究机构的学术合作和学术交流仍需要加强。从发文数量的分布情况来看，中山大学是 2012～2022 年非遗研究 CSSCI 收录文献发文数量唯一破百的机构，发文数量已经达到了 137 篇，华中师范大学和中央民族大学紧随其后，是当代非遗研究的重要力量，发文数量突破了 90 篇。另外，发文数量在 50～90 篇的机构达到了 10 个，是当前非物质文化遗产研究的中坚力量，具体情况如图 1-7 所示。

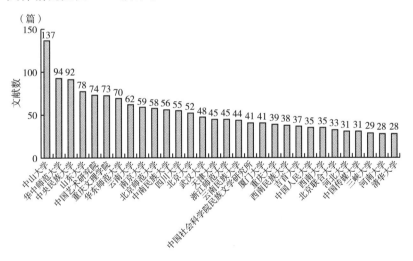

图 1-7　2012～2022 年非遗研究 CSSCI 收录文献学科分布

资料来源：笔者根据中国知网数据整理。

从 CNKI 中国知网数据库中导出的数据可以用于统计相关研究的学科分布情况，从学科分布结果来看，研究文章主要归到了文化领域，占所有研究的45.6%，此外音乐舞蹈、美术书法雕塑和摄影、旅游、体育、戏剧电影和电视艺术等学科对非物质文化遗产的研究也十分关注，文献数量基本持平，其中音乐舞蹈达到了6.3%，美术书法雕塑和摄影为6.06%，旅游研究达到了5.66%，体育学科达到了4.96%，戏剧电影和电视艺术为4.81%。

1.3 相关研究发展现状和趋势分析

通过对2012~2022年收录在CSSCI文献数据库中文社会科学引文数据库中关于非物质文化遗产文献的计量分析和可视化图谱的绘制，可以总结出当前和今后一段时间内非遗研究的重点和焦点。

1.3.1 传承与保护仍将是近期非遗研究的重要课题

非物质文化遗产的传承和保护是非遗研究贯穿始终的问题，特别是随着现代化、信息化进程的不断加快，非物质文化遗产传承和保护的难度也越来越大，面对新问题、新任务、新挑战，不同学科、不同领域的学者们从不同的研究视角来探析非遗传承和保护，得出了许多有益的成果与经验，对于非遗的传承和保护问题逐渐深化。当然，传承和保护对于非物质文化遗产来说一直是不可分割的，保护的目的和落脚点就是让非物质文化遗产能够永续传承，而传承的实现依赖于采取措施是否得当、有效。

非物质文化遗产的保护是一项复杂且系统性工程，保护体系的构建、完善绝非易事，需要在不断拓宽认知的深度和广度的情况下不断充实和巩固。从学者们研究视角总结和对比分析来看，国内学者对于非物质文化遗产保护的研究也主要包括了分类保护、产业化保护、数字化保护、整体性保护、法律保护、教育性保护六种类型。马知遥（2021）认为，随着非遗保护研究和实践的不断深入，取得的成果是喜人的、可见的，形成了行之有效的保护机制，解决了非遗保护中实实在在遇到的问题，例如，非物质文化遗产保护模式更加科学化、精细化，推动保护工作的可持续发展；非物质文化遗产学科体系建设逐渐成形，有力地将各类资源进行了整合；非物质文化遗产保护研究和实践对象由"物"到"人"转向明显，从文化和技艺的物质载体研究转向对非遗项目传承人主体本身的研究，从非遗项目名录确定转向对项目保护模式、保护技术和保护理论的研究，从项目传承人的认定、资助转向对传承人素质提升、产权保护和承担义务的研究；非物质文化遗产也由单纯的政府保护逐渐吸引到民间力量参与其中，百姓保护意识和参与意识逐渐提高，文化氛围逐渐浓烈，从开始的逐利逐渐回归到生活化的场景当中，重新焕发出生命力，人民的文化认同感在非物质文化遗产保护和传承当中明显提升。

尽管对于非物质文化遗产的研究已经取得了很多的成绩，但仍然有许多问题需要进一步解决，许多学者对未来关于非物质文化遗产保护与传承的研究进行了预判。段晓卿（2021）对非物质文化遗产研究文献进行统计分析和对比分析后认为，当前在非遗研究实践性不断增强的情况下，新媒体、生产性保护、文化生态、文化空间等关键词在近期研究中逐步升温，未来的非遗研究中也将是重点的研究方向。马知遥（2021）认为在未来非遗保护与传承的研究中，需要重点解决以下六个方面问题：一是非遗传统文化属性和当代社会发展理念冲突的问题；二是社区成员参与非遗保护，在保护模式选择上主动性不强，科学性不够的问题；三是非遗保护体系筹管理和协调推进的问题；四是如何提高人民群众对非遗保护的参与感、认同感和获得感的问题；五是发挥高校教育功能，建立非遗研究学科，加强专业建设和人才保护的问题；六是将非遗作为公共文化的一部分加强文化建设和管理，发挥媒体作用，提升品牌影响力的问题。徐雅雯（2021）从文化遗产管理和研究国际化的角度出发，总结了当前文化遗产管理的范式演进经历了从"保存主义"到"保护主义"再到"遗产化"阶段的过程，认为非遗研究的崛起原因在于世界遗产管理（与研究）话语权的"东移"和"去欧洲化"或"去西方化"的推进，总结了文化遗产研究的新范式——批判性遗产研究，并对未来研究进行了展望：一是要加大理论研究，积极参与文化遗产研究理论框架的构建与国际对话；二是要在学术界推广批判性遗产研究范式，无论是立法、生产、传承等非遗研究实践都要辩证地看待和评价，以更广的视角（如全球视角）、更多维度的（人、物、时间、空间）视角去分析非遗保护和传承实践，关注对遗产的基础哲学问题的探讨；三是加强非遗保护研究的学科交流，推动实现理论性思考向更深层次推进。

1.3.2　乡村振兴是未来非遗研究发展的重要切入点

党的十九大报告指出，必须始终把解决好"三农"问题作为全党工作的重中之重。此后，在 2018 年 9 月，中共中央、国务院印发了《乡村振兴战略规划（2018 - 2022 年）》全面布局乡村振兴战略，2021 年 4 月 29 日，十三届全国人大常委会决议通过《中华人民共和国乡村振兴促进法》，立法的通过也说明国家对乡村振兴的关注进入了新的高度。

"产业兴旺、生态宜居、乡风文明、有效治理、生活富裕"是乡村振兴战略实施的目标，这一战略目标的实现离不开深厚的文化底蕴来作为基础和内在动力，没有文化振兴就没有乡村振兴。非物质文化遗产是民族文化、民间文化的重要象征和载体，对乡村非物质文化遗产进行深度、系统的挖掘，可以有效促进文化内核的创造性继承和创新性发展，有助于彰显深厚的中华民族文化底蕴，更有利于促进乡村振兴战略目标的达成。林青（2018）探讨了在乡村振兴战略的实施下，非物质文化遗产传承和保护的课题，指出了存在的问题和挑战。她认为保护非物质文化遗产就是保护中华民族的根脉，非物质文化遗产所承载的精神价值在乡村振兴战略的实施过程中得到彰显。现阶段最大的问题主要包括传承断层、缺乏全球视野、法律法规的不完善等问题，在总结域外非遗保护经验的基础上提出了建议，其中重点就引导社会力量参与非遗保护以及完善传承和生产性保护机制作了分析。黄永林（2019）以乡村发展的相关数据为基础，分析了乡村振兴下非物质文化遗产保护和利用的关系，通过数据分析发现当前乡村发展中，村落数量在退化减少，农耕文化根基在动摇，乡村社会"空心化"严重，城乡差距逐渐拉大，乡村文明正在衰落，非物质文化遗产的保护和利用可以有效促进乡村文化产业发展，振奋乡村文化精神。王万平（2021）认为在新时代非物质文化遗产与乡村发展的产业环境、生态环境、乡风环境和治理环境"同频共振"，在乡村振兴过程中承担着"筑底"和"奠基"的作用，特别是在乡村振兴的语境中来讨论非物质文化遗产的发展，弘扬非物质文化遗产是乡村由文化自觉走向文化自信的过程，也是传统农业社会中乡村文化创造者在边缘化后的再崛起，文化内核的再创造、再生产、再繁荣过程。康丽（2020）讨论在乡村振兴和非物质文化遗产保护过程中遇到的实践困境，总结了国际经验，分析了产生困境背后的新文化保守主义的行动哲学。她认为《保护非物质文化遗产公约》内容以及相关的文件中提出了多边对话、相互尊重、以社区为中心等一系列工作原则，但在国内保护实践的逐步内化过程中出现了明显的"水土不服"问题，问题根源在于新文化保守主义者在非遗保护中的内心矛盾，在"固守文化传统、坚持其对社会秩序的权威生产"和"承认并遵循文化传统有着因袭于过往、创造于当下的过程性特质"之间摇摆，需要在微观层面和宏观层面寻求调和。

　　乡村振兴战略的实施为非物质文化遗产研究提供了新的研究视角和新的理论，在乡村很多地方都保存了最原始、最完整的非物质文化遗产，特别是乡村作为公共生活空间对重塑乡村公共生活文化有着特别重要的意义。随着城镇化、城市化的推进，乡村地区面临着人口流失和老龄化、社会"空心化"，非物质文化遗产面临着后继无人的局面，乡村振兴的重要任务就是要在处理好乡村面临的各种社会问题的同时，增强文化自信、振兴乡村文化，解决非物质文化遗产在乡村传承的问题。林继富（2021）提出了空间赋能的思路，通过挖掘、激活民众传统生活空间蕴藏的潜在动力和创造力，通过协调空间生产要素激发其内生动力，赋予文化生态保护区在传统生活空间基础上新建空间和网络关系空间的能量，汲取并利用非物质文化遗产蕴含的智慧和能量，促进文化生态保护区空间建设的可持续平衡发展。谭萌（2021）以清江一带土家族民间文化"撒叶儿嗬"作为个案讨论了公共生活视域中非物质文化遗产发展与乡村振兴耦合机制的问题。她认为乡村振兴战略的实施是当代重塑乡村公共生活的重要诉求之一，非物质文化遗产作为民间文化回归公共生活重要方式，在一定程度上是调动和激发民众能动性的强大力量，是基层治理赋能的重要源泉。非物质文化遗产的保护与发展可以借助乡村工作重心由发展经济向推动乡村全面振兴转移的发展契机，在协调多元主体以及多元话语间的矛盾中起到润滑剂的作用，维护公共生活的和谐和整体性，从而激发乡村建设和发展的内生动力。

1.3.3 民族文化和文化自信是非遗保护的精神源泉

在党的十八大之后，习近平总书记高度重视文化建设，曾在很多重要的场合谈到了民族文化、文化自信，向外界传递出了他对传统文化体系和民族文化价值的认同和尊崇。2014年10月15日习近平总书记在文艺工作座谈会上强调，增强文化自觉和文化自信，是坚定道路自信、理论自信、制度自信的题中应有之义。① 习近平总书记在党的二十大报告中强调，"全面建设社会主义现代化国家，必须坚持中国特色社会主义文化发展道路，增强文化自信，围绕举旗帜、聚民心、育新人、兴文化、展形象建设社会主义文化强国"。② 我们需要深刻认识到，深厚的传统文化是中华民族持续发展的重要源泉和不懈动力。而深层的文化自信，则是实现中华民族伟大复兴的坚实支撑和动力源泉。因此，我们必须致力于厚植优秀传统文化的根基，建立强大的文化自信，以此为我们的强国自信提供更为基本、深沉且持久的力量支撑。这不仅是当前文化保护学术研究的重要任务，也是我们必须高度关注和重视的时代课题。

在学术界，学者们一直非常关注全球化和文化多样性的话题，特别是随着信息化、现代化速度的加快，各民族各群体之间有了更多直接交流对话的

---

① 十八大以来重要文献选编［M］. 北京：中央文献出版社，2016：135－136.
② 习近平：高举中国特色社会主义伟大旗帜 为全面建设社会主义现代化国家而团结奋斗——在中国共产党第二十次全国代表大会上的报告［EB/OL］. 中华人民共和国中央人民政府网，https：//www. gov. cn/xinwen/2022－10/25/content_5721685. htm，2022－10－25.

机会，其结果则是文化冲突之后的文化陨落和文化遗弃，传统的民族文化往往会被现代流行文化吸收、融化或替代，理解、包容、兼容并蓄并没有在对话中成为主旋律，保护文化多样性成为十分迫切的命题。在 20 世纪 90 年代，我国著名的社会学家费孝通提出了"文化自觉"的观点，用以应对全球一体化的势必发展，总结解决人与人关系的途径与方法，此后学者们开始了赓续文化自觉的思路，开始了对民族文化、传统文化保护的研究。非物质文化遗产作为民族文化、传统文化重要的存在形式，由人民的勤劳与智慧创造，更被人民世代相传，因其独特的遗产价值而被守护，它承载着民族记忆，是乡愁情感的凝聚表达，是生活情趣的现实表现，更是文化情怀的生动反映，在非物质文化遗产的形成过程中，因与独特的自然环境和社会环境互动和适应，在不同的地区表现出在非遗展现中所呈现的观念表达、表现形式、知识、技能及相关的工具、实物、手工艺品和文化场所有明显的差异，形成了独特的特点，代表了不同的文化属性，因此保护非物质文化遗产就是保护文化多样性的具体实践。何星亮（2005）从哲学的角度对非物质文化遗产保护和民族文化现代化进行了思考，他认为传统文化保护和民族文化的现代化并不冲突，建设现代的民族文化，如果失去传统文化的根基只能成为空中楼阁。因此，传承中华文化，主要在于继承和发扬中华的民族文化，在这个过程中也要继承和发扬非物质性文化。需要注意的是，如果一个民族没有对文化进行创新和更替的能力，也就不可能对其传统文化进行保护，保护非物质文化并不是也不能因循守旧、故步自封，需要在现代化的过程中寻找民族文化、传统文化之中的特色，在保护和发扬的过程中寻求创新和突破，才能让民族文化、传统文化在现代化的浪潮中焕发生机和活力。王涛（2013）认为对于非物质文化遗产的内容中必然会存在"精华"与"糟粕"，它们往往是一个密不可分的有机整体，对于非物质文化遗产的保护需要秉持"兼容并包"的态度和方法，这是一种行动姿态，更是文化自信的体现。张举文（2018）认为当前的非物质文化遗产保护运动是帮助中华文化生活实现转变，从文化困惑到文化自觉再到文化自信的良好契机，在这个文化转变的过程中可以清楚地反映出中华文化的自愈机制：面对文化冲突和文化融合，坚守核心信仰和核心价值观这一根本，在共存中谋求共生，在杂糅中寻求包容，以同化异，融异生新，不断更新，激发出了中华文化雄厚的生命力，在度过社会阈限和文化阈限期之后，最终建立新的日常生活模式。这种中华文化的自愈机制以多元信仰的宇宙观和传统文化的价值观作为基础，若要激发这种文化的自愈机制，需要将传统根植于一个文化的核心信仰与价值观体系，才能激发文化传承实践者的认同，展示其文化自觉与自信，让遗产的传承焕发活力。

非物质文化遗产对于民族精神、文化自信的提升不仅仅停留在理论研究的层次，许多学者也结合具体的非遗项目探讨文化自信的建设路径。陈学凯（2012）以昆曲为例进行研究分析，认为守护昆曲的历史与艺术文化价值是其非遗保护的核心任务，昆曲本身的存在和艺术表现就是文化自信的体现。对于昆曲的文化自信需要作为传承者的我们开展丰富实践，努力地展示，在不失去原真性的基础上创新和发展，才能使昆曲所传达的文化自信不被视作空洞的口号。瞿滢（2018）在对湘西土家三棒鼓文化遗产进行研究时，根据该项文化遗产由落寞到逐渐复兴的过程总结了族群内文化自觉形成的过程。在文化自觉形成的过程主要存在地方精英、文化精英、政治精英和普通民众等多角色，地方精英首先通过个体经历叙事在本群体间和普通民众中建立"原生纽带"，并在文化差异中逐渐意识到文化边界的存在，边界内的群体逐渐更新了身份认同，在文化内生化的过程中寻求更大范围的实践。夏禾（2020）在对国家级非物质文化遗产——滇剧进行研究时认为，国家的政策引导是人们对传统民族文化进行保护形成文化自觉的触发点，进一步从文化自觉提升到了文化自信的层面，在滇剧的保护实践中寻找到了文化展示的专属文化空间——牛街庄滇剧博物馆和牛街庄社区滇剧传承基地，是当前民间力量在参与保护传统文化，激发文化自觉，展现文化自信的重要做法。

我国作为拥有五千年悠久历史的文明古国，在灿烂的历史长河中已经形成了优秀的历史文化，掇菁撷华，形成了中华传统文化的精髓，才有了今天的非物质文化遗产。在现实研究当中，无论从非物质文化遗产的理论研究还是实践研究来讲，保护更多的意义在于不让我们的传统文化、民族文化出现断层，因此，研究非物质文化遗产保护并不只是保护遗产本身以及遗产的传承者，更重要的是在保护中赓续文化基因，延续文化根脉，为实现文化强国、现代化强国积蓄更多的精神力量、文化力量。

1.3.4　文旅融合和旅游开发是非遗研究的重要方向

对于非物质文化遗产的保护，不只是依靠政府输血式的抢救，还需要借助市场的力量、民间的力量，充分调动社区文化精英和文化参与者的积极性，发挥非物质文化遗产的教育功能、社会功能，将其与生俱来的文化价值转化为经济价值，帮助非物质文化遗产恢复造血能力，旅游开发和文旅融合则成为价值转化最为重要、最为便捷的途径。在非物质文化遗产的概念被提出以后，学者们就开始高度关注，将其视为一种重要的文化资源，通过旅游开发活动来实现其经济价值。

非物质文化遗产的概念由国外引入，对其旅游开发的实践也较早，宋立中（2014）整理了《旅游研究年鉴》（*Annals of Tourism Research*）和《旅游管理》（*Tourism Management*）两种著名的旅游学术期刊在之前 20 年中有关非物质文化遗产旅游研究的文献，对其研究主题、热点和学术变化进行了梳理，通过总结发现在两种期刊中关于非物质文化遗产研究的内容相对较为集中，主要包括了非遗旅游真实性和商品化、非遗旅游活动的政治性质（民族认同、权力博弈、社区赋权、立法保护等）、非遗旅游活动给社区、环境带来的影响以及非遗旅游活动产生的动力机制等内容，研究主要以文化人类学和社会学等学科的相关理论作为理论依托，在研究方法的使用上，以传统的参与观察法、问卷调查法、深度访谈法作为基础研究资料，配合统计分析软件、地理分析软件进行实证分析，取得了较为丰富的研究成果。雷蓉（2012）、范春（2013）、肖绪信（2017）等学者在不同时期对国内非物质文化遗产的旅游开发与保护进行了整理和综述。雷蓉对 2003 年至 2012 年十年之间的非遗旅游开发研究的文章进行了分类和阶段划分，认为当前关于国内非物质文化遗产旅游的研究主要集中于三个方面，分别是探究非遗开发与保护的关系，探究非遗旅游开发对策，探析旅游开发模式。他认为国内外研究内容的差异说明了国内外在非物质文化遗产观点方面存在根本性的不同，国外更注重对非物质文化遗产概念性问题和保护策略问题的研究，主张珍视遗产价值并加以保存，国内学者则更多地关注非物质文化遗产保护与开发的问题，强调对资源的利用，国内外对待非物质文化遗产不同的观点和视角，体现了中西方在价值观和哲学思考方面的差异，值得我们去深思其中的原因。

在相关的实践研究当中，学者们主要讨论了非物质文化遗产文旅融合发展思路以及旅游开发模式创新等问题，在研究的方法上，高级期刊文献中使用了更多的实证分析研究方法，如模糊综合评价法、因子分析法、主成分分析法、网络文本分析、MATLAB 软件仿真分析模型、德尔菲专家调查法和层次分析法等，在研究主题和内容的选择方面，学者们关注了非物质文化遗产的空间分布与旅游效用，非遗旅游活动的开发风险、开发潜力、开发适宜性，以及在经过旅游开发之后产生的社会效益、游客满意度、开发活态度和非遗项目的原真性等，通过相关讨论为解决非物质文化遗产旅游开发中的实际问题提供了新的思路和路径选择。

首先，许多学者根据非物质文化遗产空间分布形态、结构，在分析总结影响因素的基础上提出了旅游开发的模式。在探讨项目分布的空间结构时，学者们主要使用了 GIS 空间分析技术并应用其中的最邻近点指数、核密度、全局空间自相关分析等方法对其非物质文化遗产的等级结构、空间分布特征进行研究。李亚娟和罗雯婷（2021）使用 ArcGIS 空间分析技术对国内 55 个少数民族中的国家级非物质文化遗产项目的空间分布状况进行了研究，从资源丰度、旅游经济发展及旅游化程度三个维度构建区域旅游响应的分析框架，阐释非遗资源分布与旅游发展之间的相关性。高彩霞等（2021）研究了京津冀非物质文化遗产的空间分布，重点对非遗项目与国家 5A 级旅游景区分布的相关性进行综合分析与评价，提出非遗旅游项目的开发需要主动对接高级别旅游景区的资源吸引力等方面的优势，推动高质量发展。郑雪莲和田磊（2021）同样使用了 ArcGIS 空间分析技术以及回归分析方法总结了山东省非物质文化遗产的分布特征，指出非遗和旅游融合的路径主要通过资源驱动渗透、产品驱动重组、市场驱动延伸三个方式来实现。

其次，学者们根据非物质文化遗产旅游开发中遇到的适宜性问题、开发风险问题、社会效益问题等，开展了非遗资源旅游开发评价及体系构建。李烨等（2014）对非物质文化遗产进行旅游开发风险因素进行了识别，认为开发风险主要表现为三个方面，分别是由旅游客体带来的文化内涵丧失，由进行旅游活动给主体传承机理带来的干扰风险，以及由环境变化带来的文化环境破坏风险，在对三种风险进行细分的基础上采用模糊综合评价法构建了评价模型，将天津市的表演艺术、工艺美术和民俗三类非物质文化遗产旅游开发活动作为实证分析对象进行了开发风险分析，分析认为不同类型的非物质文化遗产面临的来自三方面的风险也有较大的差异，应分类采取开发行动。尹华光等（2012）考虑到居民感受对非物质文化遗产旅游活动可持续发展的影响，采用了主成分分析法、方差最大化旋转和交叉分析的方式构建分析模型，从而对居民的主要感知因子以及不同人口学特征的居民对各项因子的感知差异进行了分析，对非遗旅游活动的开展提供了新的研究视角；非物质文化遗产旅游开发需要充分考虑资源的开发条件、效益、潜力等诸多因素，充分适应其外在的环境。陈炜等（2011）以西部地区 6 项手工技艺类非物质文化遗产作为实证分析对象，采用了层次分析法（AHP）和德尔菲法（Delphi）构建了旅游开发适宜性评价指标体系，确定指标体系各因子的权重，结合聚类分析的方法探讨不同类型间手工技艺类非物质文化遗产旅游开发适宜性的区别，以及同一类型中不同手工技艺间的异同点和各自存在的优劣势等问题。此外，刘莎（2014）、朱赟（2015）、邱燕（2018）等也就非物质文化遗产旅游开发的适应性进行了分析，在评价因子和方法选取上作出了改进。

最后，学者们采用统计分析方法对非物质文化遗产旅游开发后的实际效果构建模型进行了实证分析，主要关注了社会效益、游客满意度、开发活态度和非遗项目的原真性等。邓小艳（2010）以建构主义原真性为基础理论分析了非物质文化遗产的旅游开发活动，她认为在旅游开发活动中非物质文化遗产的绝对真实是不存在的，所谓的真实只是建构的结果，而建构后的真实性也是相对的、多元的，需要从互动和动态的角度来理解原真性。在该观点的基础上构建了非遗旅游原真性建构模型，并将土家族摆手舞作为研究对象进行了探讨了模型的应用问题。尹乐和李建梅（2013）从利益相关者的角度，利用 AHP 分析方法对皖东地区的非物质文化遗产旅游资源开发进行了评价，从旅游者、旅游经营者、政府和居民四个利益相关者角色分析了旅游价值和旅游活动影响。杨艳（2021）基于网络文本分析法，将携程旅行网中关于对南京市非遗景点点评的内容作为样本数据进行采集挖掘，提取其中的高频词汇，通过词频分析、语义网络分析、情感分析获得了游客在非遗旅游体验活动的感知，总结体验感知要素、质量及情感倾向，文本分析的结果显示南京市的非遗旅游活动主要存在环境体验、消费体验的感知较弱，尤其是服务体验、休闲体验很不明显的问题，也反映出在对南京市的非物质文化遗产进行旅游开发时缺乏对游客休闲需求的关注。

非物质文化遗产作为一项十分重要的文化资源门类，是重要的"旅游吸引物"，借助旅游产业的跳板作用可以促进其当代价值的充分实现，进一步地，通过深入的文化内涵挖掘、活态利用以及广泛的文化交流，能够促进文化认同的形成，认同的形成将是文旅融合产业发展的内核与驱动源。尽管旅游行业是敏感性极强的行业，容易受到社会各种因素的影响而短暂地进入停滞状态，但从长远的角度来看，旅游行业是极富有生命力的，文旅融合与旅游开发是非物质文化遗产突破生存、发展瓶颈，获得生命动力的重要途径，在未来关于非物质文化遗产保护、开发的研究当中，文旅融合和旅游开发仍将是学者们研究的重要方向。

第2章　非物质文化遗产概念与演变

2.1　非物质文化遗产概念的缘起与背景

非物质文化遗产概念的提出经历了漫长的过程，其目的是让人们警醒非物质文化多样性的消逝，认识非物质文化所蕴含的内在价值，重视文化在区域发展中的作用，采取实际行动共同保护非物质文化遗产。在 2003 年 10 月 17 日联合国教科文组织第 32 届大会上，《保护非物质文化遗产公约》（以下简称《公约》）顺利通过，这是人类历史上非物质文化遗产保护事业的重要里程碑。我国于 2004 年 8 月批准加入了《公约》，成为第 6 个加入《公约》的国家。《公约》在如此短的时间里生效，并得到世界各国的欢迎，尤其是发展中国家的拥护，证明非物质文化遗产的价值顺应了当今各国的需要，符合各国的共同利益。可以说，非物质文化遗产概念的提出是世界范围文化工作者共同的智慧结晶和实践结果，随着非物质文化遗产概念不断深入人心，保护成果的不断显现，保护非物质文化遗产已经成为人们的普遍共识。

首先，非物质文化遗产保护是在人地关系急速变化，生态危机深度显现的情况下提出的。在第二次工业革命发生之后，人们试图改变之前顺从者的地位，希望成为自然界的主宰，并以牺牲自然环境为代价来完成初始的财富积累。在这一时期，人地关系呈现全面不协调的变化趋势，人地矛盾迅速激化，出现了全球性的生态问题和环境问题，"酸雨""臭氧层空洞""全球变暖""生物富集""物种灭绝"这些名词第一次出现在了人们的视野里，人们不得不开始关注由此引发的一系列问题，大气污染、水体污染、土壤污染、农药污染等问题一直围绕在人们的生活环境周边，成为人类生活的梦魇，正快速侵蚀着人类有限的生存空间。文化的产生与人类生产、生活息息相关，与自然环境相互影响、相互依存，文化与人的关系形成了复杂系统，依托与之相适应的自然环境，人类创造了诸多灿烂的地域文化，如以妈祖文化为代表的海洋文化，以客家文化为代表的丘陵文化。然而，随着人地关系的不断恶化，人地之间的平衡被打破，许多灿烂的历史文化也随之湮灭。人们在文化和环境的消逝中思考应该如何同自然界相处，生态学认为，人类的文化必须建立在对自然极度尊重的基础上，具有与自然一致的观念，并认识到人类事务必须在与自然的和谐平衡中进行。面对诸多的问题和来自各界的呼吁，建立尊重自然、与自然环境和谐相处新格局成为大众所需、人民所盼，文化也从人统治自然的文化过渡到人与自然和谐的文化模式，既要保护多元的生态环境，更要保护多元的文化世界。在这样的背景下，联合国教科文组织适时地通过《公约》就是顺应发展大势，为人类思考文化与人地关系提供新的思路和理念，让人们知道在实践中应该保护何种文化、什么应该视为遗产。

其次，非物质文化遗产保护理念的提出反映出人们在"现代化""全球化"后对生活方式巨大转变的深刻反思。"全球化"这个词，最早是由特·莱维于1985年提出的，但其实际的发展历程明显要远早于概念的出现。随着生产力的高速发展，无论是资本、商品、服务、劳动以及信息都逐渐超越了原有市场和国界的范围进行扩散，对人们的生活产生了颠覆性的变化。随着互联网技术的不断更新升级，多媒体技术的普遍应用，现代交通工具的极速发展，人们的生活似乎坐上了高速列车，在生活便捷度明显提高、世界距离被不断拉近的同时，我们也会发现，西方的生活模式、消费模式、文化模式都在全球化的浪潮中逐渐成为世界共同的发展模式。同时，人们也对现代便利的生活条件产生了高度依赖，个体需求在不断被满足中又不断被扩大。在这样的背景下，对于个体物质欲望的满足和对于物质条件的追求成为人们终生的奋斗追求，个人主义、拜金主义、享乐主义悄然盛行，让人们的思想与行为陷入了混沌当中。面对现代化所带来的一系列负面影响，人们开始深入思考"现代性"给人们带来生活方式和思维方式的转变。波兰社会学家齐格蒙特·鲍曼在《现代性与大屠杀》中指出:"现代性是现代文明的结果,而现代文明的高度发展超越了人所能调控的范围,导向高度的野蛮。"这里所谓"高度的野蛮",既是指对于自然资源毫无保护地掠夺,也是指人类的欲望和道德失去了控制和束缚。保护非物质文化遗产理念的提出正是人类有识之士对未来世界的一次深度思考,思考未来世界应该拥有什么样的生活方式,未来世界应该拥有什么样的文化自觉。

再次,保护非物质文化遗产理念的提出是弱势民族或群体在文化主权与精神独立等方面的集体诉求。据不完全统计,在有记载的 5000 多年的人类历史上,共发生过大小战争 14531 次,平均每年 2.6 次。[①] 在人类历史进入 20 世纪后,先后又爆发了两次世界规模的战争,给人类带来了极其深重的灾难。战争的伤疤可以抚平,但不能忘记,人们也开始反思战争产生的原因,为了防范这类灾难的再次降临,联合国教科文组织应运而生。在《联合国教育、科学及文化组织组织法》[②] 中向世界人民宣告了以下内容:

"战争起源于人类之思想,故务需于人类之思想中筑起保卫和平之屏障。

"人类自有史以来,对彼此习俗和生活缺乏了解始终为世界各民族间猜疑与互不信任之普遍原因,而此种猜疑与互不信任又往往使彼此间之分歧最终爆发为战争。

"现已告结束之此次大规模恐怖战争之所以发生,既因人类尊严、平等与相互尊重等民主原则之遭摒弃,亦因人类与种族之不平等主义得以取而代之,借无知与偏见而散布。

"文化之广泛传播以及为争取正义、自由与和平对人类进行之教育为维护人类尊严不可缺少之举措,亦为一切国家关切互助之精神,必须履行之神圣义务。"

---

① 崔佳. 人类战争的历史 [M]. 沈阳:中华工商联合出版社,2014.
② 中国联合国教科文组织全国委员会秘书处.《联合国教科文组织组织法》[EB/OL]. 中华人民共和国教育部网站,http://www.moe.gov.cn/srcsite/A23/jkwzz_other/200510/t20051021_81409.html,2005-10-21.

分析联合国教科文组织宣告的内容，我们可以理解为文化在维护世界和平中具有重要作用，而人类产生冲突的原因之一便是在文化地位上的不平等，在维护世界和平的道路上还需要重点解决文化地位不平等的问题，尽管不同国家和地区的文化不平等的直接诱因是多样的，如政治、经济、军事、技术等，但内在的文化差异应该是其深层次的原因，因此，依托文化促和平是联合国教科文组织的三大使命之一。文化的存在形式是多种多样的，既可以是存储形态的文化，也可以是现实活跃的文化，既可以是物质实体，也可以是社会关系的反映，还可以是名家经典或故事，更可以是心理状态的体现。在20世纪70年代初期，玻利维亚政府就极力呼吁世界关注正在消逝的民俗文化，向时任联合国教科文总干事提出了通过国际立法的方式来解决民俗保护中遇到的问题，特别指出在媒体泛滥的现代社会中，当原生态的民俗文化被通过各种方式传播使用时的版权问题，呼吁全世界共同关注、珍惜正在消逝的这份宝贵的文化财富，提案的重点在于指出国外对于民俗不恰当的使用，但也为民族文化的保护提出了新的解决思路——民族文化不能因为在技术和文化地位上存在的不平等行为而受到损害。此后，随着非物质文化遗产概念的提出，人们对文化不平等的认识也有了新的提升，作为人类文明的重要表现形态，非物质文化遗产也是最能体现不同国家、民族、地区文化差异的文化形态，当然也是最容易诱发文化不平等现象的文化形态。因此，联合国教科文组织以保护非物质文化遗产为切入点，解决文化间的不平等现象成为组织发展的重要战略之一。相信在世界的未来文化体系中，绝不是一种文化对另一种文化的强权和覆盖、替代和淹没，而是要坚持文化的多元共存，在保护文化生态的前提下发展。对于文化学者来说，需要不断地加强研究，为非物质文化遗产学研究提供理论支撑，构建学科研究体系和范式，为实现联合国教科文组织的宏愿而作出努力。

最后，在全球化、现代化发展的时代大背景下，保护非物质文化遗产理念的提出符合人类的共同的发展需求，是全人类的共同愿景。全球化、现代化是当前世界发展不可逆的历史潮流，随着世界各国、各地区的经济合作分工不断加深，整体性成为趋势，相似性在增加，差异性正在弱化，人类的创造性在减弱，文化认同和价值认同却逐渐超越了本土化的发展趋势。正如前文所提到的，无论是各国人类面临的生态问题、现代性问题，还是文化不平等的问题，在全球化的背景下必然最终是全人类共同的问题，需要人类共同去面对和解决。向云驹（2008）认为，联合国教科文组织开展的非物质文化遗产保护，是一场前所未有的全球性文化保护运动，需要建立起全球统一的认识、全球协调的法律性规则和全球认可的文化价值。非物质文化遗产的保护在全球化背景下是文化多样性的熔炉，是延续人类文化、实现文化可持续发展的重要保障。《公约》开宗明义，在公约宗旨中指出《公约》订立的四个目的：保护非物质文化遗产；尊重有关社区、群体和个人的非物质文化遗产；在地方、国家和国际一级提高对非物质文化遗产及其相互欣赏的重要性的意识；开展国际合作及提供国际援助。

　　从公约宗旨内容来看，非物质文化遗产保护反映出在全球化和社会转型进程中对少数群体的关注，提出了对社区、群体和个人，对少数群体或弱势群体的重视，为同少数群体或弱势群体的平等对话创造条件，通过对话形成对其文化相互欣赏、相互尊重的意识。同时因为非物质文化遗产特殊的存在和价值，保护其能够延续和生存是人类普遍的意愿和共同关心的事项，尽管各社区、原住民、各群体，有时是个人都在非物质文化遗产的生产、保护、延续和再创造方面发挥了重要作用，但毕竟力量是单薄的，需要通过开展国际合作和援助，减弱由全球化、现代化所带来的严重威胁，从而为丰富文化多样性和人类的创造性作出贡献。

2.2　国外非物质文化遗产概念的嬗变

　　自 2003 年联合国教科文组织《保护非物质文化遗产公约》提出"非物质文化遗产"概念以后，这一概念在长期的学术探讨与发展中已经逐渐成熟并深入人心。站在较高的国际视野上，非物质文化遗产已经被世界各国人民广泛熟知，保护行动也取得了很多的成绩。"非物质文化遗产"作为一个专业术语是与"物质遗产"相对而称的。1982 年，联合国教科文组织根据发展需要和现实需求，内部特别设置了一个叫作"非物质遗产"的管理部门，对相关的文化遗产进行研究与保护，可以说到了 20 世纪 80 年代，"非物质遗产"的概念才开始出现。在联合国教科文组织通过的《公约》中对非物质文化遗产概念进行了明确："非物质文化遗产"指被各群体、团体或有时被个人视为其文化遗产的各种实践、表演、表现形式、知识和技能及有关的工具、实物、工艺品和文化场所。"非物质文化遗产"包括：口头传统和表述，包括作为非物质文化遗产媒介的语言；表演艺术；社会风俗、礼仪、节庆；有关自然界和宇宙的知识及实践；传统的手工艺技能。

　　《公约》的顺利通过给了非物质文化遗产概念一个权威的解释，但国外对非物质文化遗产概念的讨论仍然没有盖棺定论，许多学者对概念的科学性、概括性，以及概念中的语义指代进行了更加深入的研究。但从非物质文化遗产概念的形成过程来看，大致概念的形成经历了多次的嬗变与重新修订，可以分为五个阶段，在不同的阶段其形式和内涵有着较大的差异：首先是在 20 世纪五六十年代它是"无形文化财"，在 70 年代它是"无形文化遗产"，在 80 年代它被称作"民间创作"，在 90 年代它是"人类口头和非物质文化遗产"，进入 21 世纪以后，随着《公约》的通过，"非物质文化遗产"这个概念被正式确定下来。当然，其外在形式与内在含义的不同也代表保护重点的差异。

　　首先，"无形文化财"概念的提出。"无形文化财"一词本身具有很强的东亚文化色彩，是由日本率先提出并付诸实践的。其中，日本京都大学教授左右田喜一郎起到了巨大的推动作用，他学成归国后极力在社会上推广文化的价值与生产能力，在一次学术公开演讲中将"文化价值论"介绍给听众，将德语概念中的"Kulturgüter"使用直译法翻译为日语"文化财"，此后在其著作《文化价值与极限概念》（1922）中进一步对"文化财"的概念和"文化价值论"进行了深入的阐述，在学术界引起了极大的反响，"文化主义"在日本成为当时学术热点与潮流，"文化财"一词也随之在民间、学术界和政府中流行。第二次世界大战之后，日本经济实现飞速发展，社会发生巨大变革，也迫使政府、国民开始重新审视文化的作用。1950 年，日本在 20 年代文化财价值论的基础上审议通过了《文化财保护法》，其中，"文化财"的定义被确定为"作为文化活动客观成果的，具有文化价值的诸事象或诸事物"。

在该法案中将文化财保护的范围进行了确定，包括了有形文化财、无形文化财、民俗资料、纪念物、埋葬文化财等，让人们对"文化财"的概念有了新的认识。此后，为了进一步区分保护等级，优化保护机制，陆续还提出了"人间国宝"认定制度、"重要无形民俗文化财指定制度"等一系列概念，这些概念的提出和措施被视为非物质文化遗产保护理念的雏形。受日本的影响，韩国也在 20 世纪 60 年代通过了自己的《文化财保护法》，以国家的名义对韩国濒临危机的传统文化进行集中保护。对比两国对于"文化财"的概念，内容几乎是一致的，主要的差异来自具体的方案的执行。同时，两国对非物质文化遗产保护另一个突出的贡献还在于开创了把"人"定为"国宝"的先河。

其次，"无形文化遗产"概念的提出。从"文化财"到"文化遗产"更多的是联合国教科文组织在文化保护实践中对日本保护制度的扬弃。在日韩等国的"无形文化财"保护理念中，最值得深究的便是"文化财"一词的使用。"财产"一词意味着当下拥有和当下使用的"私有"性质，其内涵更加强调文化作为"物"的固有价值；在早期联合国教科文组织在进行文化保护的过程中也更多地注重物的价值，对于文化的认识也相对较为局限，主要关注的是在战争中损害的艺术作品、纪念品、文物、遗迹等，因此在早期的国际公约中"文化财产"出现的频率是较高的。其中，在荷兰海牙通过的《关于武装冲突情况下保护文化财产公约》（又称《海牙公约》）是当时联合国教科文组织较早以"文化财产"的形式来对文化事项进行保护的公约。在随后的保护实践中，人们发现"文化财产"更多强调的是缔约国家在文化保护中的主体责任，有其明显的局限性。而这种"文化财产"的消亡不只是一个国家的损失，是全人类共同的遗憾，如果使用"文化遗产"一词则更能强调其作为人类共同遗产所具有的文化价值。词语的变化主要还是源于工作理念的改变，在 20 世纪 60 年代，联合国教科文组织开始逐渐参与各国的遗产保护，如意大利的水城威尼斯、印度尼西亚的婆罗浮屠等文化遗产的保护等，他们认为"文化是人类共同遗产"，因此，对这些遗产的保护理应由国际社会协力完成强调的是全社会全球对文化保护的共识。于是，1972 年在法国巴黎通过了《保护世界文化和自然遗产公约》，"文化遗产"成为国际通用文化概念，而《保护世界文化和自然遗产公约》的内容框架中反映出来的是联合国教科文组织正在努力消除"文化财产"是所在国的私有财产与"文化遗产"的世界共有属性这两种概念之间的鸿沟，从而来保证文化能够延续，也首次提出了为后代而保护文化，提倡文化存在的可持续性，与"文化遗产"的外在形态相对应地提出了"无形文化遗产"。

再次，"民间创作"概念的提出。在 20 世纪 80 年代，非物质文化遗产被称作"民间创作"，该名词的出现与在 1989 年通过的《保护民间创作建议案》有关。1989 年 11 月联合国教科文组织的第 25 届巴黎大会，以保护民间传统文化之名，通过了《保护民间创作建议案》。和之前的文化保护公约一样，在该建议案中同样没有直接使用"非物质文化遗产"的概念，而是用"民间传统文化"来对现在的"非物质文化遗产"进行指代。在该建议案中，联合国教科文组织将民间传统文化进行了定义：民间创作（或传统的民间文化）是指来自某一文化社区的全部创作，这些创作以传统为依据、由某一群体或一些个体所表达并被认为是符合社区期望的作为其文化和社会特性的表达形式；其准则和价值通过模仿或其他方式口头相传。它的形式包括：语言、文学、音乐、舞蹈、游戏、神话、礼仪、习惯、手工艺、建筑术及其他艺术。

从法案中对所指的民间创作的内容来看，其内涵与后来的非物质文化遗产的概念基本无异。与之前"无形文化遗产"概念相比较而言，民间创作体现出了多方面的优势：一是更能体现出保护对象所具有的民间传承性质，这些文化的产生大多是依靠民间力量的创作，它们得以延续的主要原因也在于民间自发的传承和保护行为；二是概念中摆脱了对形态的表达，不再区分有形或者无形，相比于之前"无形文化财"的概念，具有跨越式的意义；三是充分认识到民间文化也是人类的共同遗产，对各国人民和各社会集团来说，文化是促进其更加接近以及确认其文化特性的强有力手段；四是在增进各国人民和社会集团接近和文化特征确认的基础上，能够更有效地促进国家间开展保护行动和救援行动。但同时，这一概念的使用也存在一定的不足，主要反映在对保护对象历史延续的表现和其价值内涵的表现。

从次，"人类口头和非物质遗产代表作"概念的提出。在联合国教科文组织宣布了对民间创作的保护之后，可以说大大激发了缔约国对文化保护的热情，同时也使各国在实践中越来越清晰地意识到有大量口头遗产正面临类似于物种灭绝一样消失的危险，教科文组织做了大量的宣传和教育工作，告诫这些遗产所有者以及所在政府部门采取行动去认识这些口头遗产的价值，采取更有效的行动去保护这些珍贵的文化遗产，特别是关注那些精神价值更高，对民众和社区具有象征意义的"非物质遗产"。在这样的知识理念下，1997 年 6 月，在由联合国教科文组织和摩洛哥教科文组织在马拉喀什共同举办了"国际保护民间文化场所专家协商会议"，在这次的会议上，人们正式产生了"口头遗产"的概念，其所指代的就是"各种各样的民间文化表达方式"。在随后的讨论和活动中，人们意识到"口头遗产"和"非物质遗产"存在较多的关联，是密不可分的一个整体。思想和行动的碰撞孕育出了人类"口头和非物质遗产"的名称。在此后的联合国教科文组织会议上"口头和非物质遗产"已经逐步替代了"民间创作"的提法。在 1997 年 11 月联合国教科文组织的全体会议上通过了《宣布人类口头和非物质文化遗产代表作申报书编写指南》，在该项文件中正式对"口头和非物质遗产"的概念进行了界定，内容上基本沿用了"民间创作"的基本内容。

紧接着，在 1998 年联合国教科文组织正式公布了《宣布人类口头和非物质遗产代表作宣布计划条例》。其中代表作的范围是：各民族人民世代相承的、与群众生活密切相关的各种传统文化表现形式（如民俗活动、表演艺术、传统知识和技能，以及与之相关的器具、实物、手工制品等）和文化空间。

其中，条例还对"文化空间"进行了解释和说明。在该条例中，"文化空间"被指定为非物质文化遗产的重要形态。在人类学的研究概念中，文化空间被确定为一个集中了民间和传统文化活动的地点，但也被确定为一般以某一周期或是某一事件为特点的一段时间。这段时间和这一地点的存在取决于按传统方式进行的文化活动本身的存在。2000 年，计划开始正式组织各国开展申报工作。联合国教科文组织先后在 2001 年、2003 年和 2005 年宣布了三批代表作名录，包括中国昆曲艺术在内的 90 项代表作得到认定。

通过对"人类口头和非物质遗产代表作"进行评选和公布，在世界范围内起到了巨大的宣传作用，让人们真正意识到文化保护的意义和危机，也大大提高了发展中国家各类代表作的可见度和知名度。

最后，"非物质文化遗产"概念被最终提出。从最终的结果来看"人类口头和非物质遗产"项目的诞生，直接促成了"非物质文化遗产"概念的产生与认同，也使得各国在自然和文化遗产之外的遗产保护中达成了共识，此后"非物质文化遗产"这一概念在国际上广泛传播。在两个概念的过渡和转变过程中，有两个十分重要的文件起到了至关重要的作用：一个是《世界文化多样性宣言》，一个是《保护非物质文化遗产公约》。

在 2001 年联合国教科文组织在法国巴黎总部召开的第 31 届大会中，审议通过了《世界文化多样性宣言》。该宣言中的第一条文化多样性——人类的共同遗产就强调了文化存在时间和空间的差异，是文化多样性的直接体现，这种文化的多样性是人类群体间、社会间独特性的直观表现，也正是因为存在文化的多样性，才促使了文化碰撞、革新和交流的发生，为文化创新提供了灵感与素材。从这个意义上讲，文化多样性是人类的共同遗产，应当从当代人和子孙后代的利益考虑予以承认和肯定。

《世界文化多样性宣言》的通过与发布有其独特的意义。在此之后，尊重文化差异，尊重区域间的文明成就成为成员国的共识，在尊重的前提下，敌对、仇视和冲突在文化保护中成为过去式，取而代之的对话、协商、交流，彼此在共情、理解中积极寻求认同和共识，共同维护多元文化格局，在包容发展中共同维护文化的多元共存。

21 世纪后，另一个影响较大文件便是在 2003 年 10 月 17 日联合国教科文组织第 32 届大会上通过的《保护非物质文化遗产公约》。《公约》是非物质文化遗产保护的纲领性文件，对"非物质文化遗产"的概念进行了明确的界定，对遗产项目范围也进行了圈定，从国际和缔约国层面对所主要采取的非物质文化遗产保护措施进行了说明，成立了保护基金会用以开展保护行动。《公约》的修订与颁布标志着以联合国教科文组织为主导，缔约国积极参与的非物质文化遗产保护工作机制已经建立，相关的保护立法也已经完备，非物质文化遗产的保护进入了新阶段。

从国际非物质文化遗产概念的嬗变历程来看，尽管只是一个名称的变化，但经历了对"有形"和"无形"的思考，经历了对保护主体和遗产所有的思考，也经历了对遗产保护方式的思考，正是因为这些深入的思考和扬弃，非物质文化遗产才改变了其原有的自生自灭的状态，实现了从小范围自发性保护到全球性的国际援助和国际合作的跨越，也是人类对文化财富深刻认识的过程，只有认识、观念、态度的改变，才会对人类的智慧遗产更加敬重，也才能促进联合国教科文组织宏愿的完成。

表 2 – 1 列出了联合国教科文组织关于保护非物质文化遗产的主要文献或事件。

表 2 – 1　　**联合国教科文组织关于保护非物质文化遗产的主要文献或事件**

日期	主要文献或事件
1966 年	联合国教科文组织大会通过了《国际文化合作原则宣言》。该《宣言》为在教科文组织框架范围内制定文化政策奠定了基础
1970 年	召开了关于文化政策的体制、行政及财政问题政府间会议（意大利，威尼斯），开始提出与"文化的发展"和"发展的文化维度"相关的理念
1972 年	《保护世界文化和自然遗产公约》获得通过。当时就有一些会员国对保护非物质遗产（虽然当时并未形成这个概念）的重要性表示了关注
1976 年	世界遗产委员会成立，1978 年首批遗址列入《世界遗产名录》
1978 年	玻利维亚政府建议为《世界版权公约》增加一项关于保护民俗的《议定书》
1982 年	世界文化政策会议（墨西哥，墨西哥市）承认后来被称为"非物质文化遗产"的那一类问题越来越重要，并将"非物质因素"纳入了有关文化和文化遗产的新定义中
1982 年	联合国教科文组织成立保护民俗专家委员会，并在其机构中建立了"非物质遗产处"
1989 年	在教科文组织第 25 届全体大会上通过《保护民间创作建议案》

续表

日期	主要文献或事件
1993 年	在韩国的提议下，联合国教科文组织执行局 154 次会议通过决议，建立"人类活财富"（living human treasures）工作指南，1994 年启动该项目的行动计划，专门针对"人"——对社会有突出贡献的"民间艺人"或"传承人"的保护而设立
1996 年	世界文化发展委员会的报告《我们具有创造的多样性》指出，1972 年通过的《世界遗产公约》无法适用于手工艺、舞蹈、口头传统等类型的表达文化遗产。报告呼吁对此进行深入研究，正式承认这些遍布全球的非物质遗产和财富
1997 年	联合国教科文组织与摩洛哥国家委员会于 6 月在马拉喀什组织"保护大众文化空间"的国际咨询会，"人类口头和非物质遗产"作为一个概念正式进入联合国教科文组织的文献并在相关举措中得以采纳
1997 ~ 1998 年	联合国教科文组织启动"宣布人类口头和非物质遗产代表作"项目
1998 年	政府间文化政策促进发展会议在瑞典斯德哥尔摩召开
1999 年	联合国教科文组织与史密森尼学会在美国华盛顿特区共同举办国际会议。《保护民间创作建议案》全球评估：在地赋权与国际合作，对《建议案》通过 10 年来的效果和争论进行全面评价
2001 年 5 月	宣布第一批"人类口头和非物质遗产代表作"，19 项代表作获得通过，中国昆曲入选；同年 10 月，成员国通过《文化多样性世界宣言》，包括一个行动计划
2002 年 9 月	联合国教科文组织召开了第三次国际文化部部长圆桌会议，会议通过了保护非物质文化遗产的《伊斯坦布尔宣言》，《保护非物质文化遗产公约》进入起草阶段
2003 年 10 月	联合国教科文组织第 32 届全体大会通过《保护非物质文化遗产公约》；同年 11 月，宣布第二批"人类口头和非物质遗产代表作"，28 项代表作获得通过
2004 年	阿尔及利亚于 3 月 15 日交存了《批准书》，成为《保护非物质文化遗产公约》的第一个缔约国。2004 年 8 月 28 日，经全国人民代表大会常务委员会批准，中国成为第六个加入该《公约》的国家
2005 年	宣布第三批"人类口头和非物质遗产代表作"，43 项代表作获得通过，中国维吾尔木卡姆艺术以及与蒙古国联合申报的蒙古族长调民歌被宣布为代表作。全世界的代表作总数达 90 项
2006 年 11 月 18 日至 19 日	保护非物质文化遗产政府间委员会的 24 个成员国在阿尔及利亚阿尔及尔举行该委员第一届会议，制定行动指南，讨论列入人类非物质文化遗产代表作名录的标准等问题
2007 年 3 月 18 日	联合国教科文组织第 33 届大会通过的《保护和促进文化表现形式多样性公约》生效。经全国人民代表大会常务委员会批准，我国于 2006 年 12 月 29 日加入该公约

续表

日期	主要文献或事件
2007 年 5 月 23 日至 27 日	联合国教科文组织保护非物质文化遗产政府间委员会第一次特别会议在中国成都召开（简称"成都会议"），就《公约》规定建立的"人类非物质文化遗产代表作名录"和"亟须保护的非物质文化遗产名录"的入选标准，将教科文组织于 2001 年、2003 年和 2005 年宣布的 90 项人类口头和非物质遗产代表作纳入《人类非物质文化遗产代表名录》的相关问题，建立非物质文化遗产基金的财务条例草约，咨询机构的认证标准及程序，以及就贯彻《公约》18 条规定的计划、行动和活动方案等 12 项议案议题进行了广泛的讨论和深入的辩论后，制定、审议并通过了国际社会保护人类非物质文化遗产的一系列制度化规则
2007 年 9 月 3 日至 7 日	保护非物质文化遗产政府间委员会第二届会议在日本东京举行（简称"东京会议"），进一步审议"成都会议"制定、通过和讨论的一系列规则，决定首批"人类非物质文化遗产代表名录"和"亟须保护的非物质文化遗产名录"于 2009 年 9 月正式收录，同时呼吁各缔约国在"非遗"保护工作中要高度重视"社区参与"，积极推进"人类活财富"体系的建立，对传承人及其制度化保护采取切实措施
2008 年 2 月 18 日至 22 日	联合国教科文组织保护非物质文化遗产政府间委员会第二次特别会议在保加利亚首都索菲亚举办（简称"索菲亚会议"），就两年来该委员会为《公约》的实施而通过的一系列规则制度进行复议和讨论
2008 年 6 月 16 日至 19 日	《保护非物质文化遗产公约》缔约国大会第二届会议在联合国教科文组织总部法国巴黎召开，大会通过了保护非物质文化遗产政府间委员会制定的《公约》实施细则

资料来源：笔者根据中国非物质文化遗产网数据整理。

2.3　国内对非物质文化遗产概念的研究与思考

我国较早就参与了国际非物质文化遗产保护的行动，成为其中的重要力量，但从文献出现和变化情况来看，国内对于非物质文化遗产概念的研究则是在 2003 年《保护非物质文化遗产公约》公布之后才开始。

作为缔约国，我国认真履行了《公约》所要求的义务，在 2005 年，国务院办公厅《关于加强我国非物质文化遗产保护工作的意见》（以下简称《意见》），同时也颁布了《国家级非物质文化遗产代表作申报评定暂行办法》，正式开启了我国非物质文化遗产保护的序幕，也正式开始以非物质文化遗产之名，对国内各类民俗活动、表演艺术、传统知识和技能进行研究的序幕。在《意见》中对非物质文化遗产的概念和范围作了如下界定。非物质文化遗产指各族人民世代相承、与群众生活密切相关的各种传统文化表现形式（如民俗活动、表演艺术、传统知识和技能，以及与之相关的器具、实物、手工制品等）和文化空间。非物质文化遗产的范围包括：口头传统，包括作为文化载体的语言；传统表演艺术；民俗活动、礼仪、节庆；有关自然界和宇宙的民间传统知识及实践；传统手工艺技能；与上述表现形式相关的文化空间。

在 2011 年，我国在非物质文化遗产保护立法方面又有了新的动作，经全国人大常委会第十九次会议审议通过后，颁布了《中华人民共和国非物质文化遗产法》，在这部法律中对非物质文化遗产的概念也进行了新的确定，对《意见》中的概念解释也作了修改。具体为：本法所称非物质文化遗产，是指各族人民世代相传并视为其文化遗产组成部分的各种传统文化表现形式，以及与传统文化表现形式相关的实物和场所。

其中专门对《意见》概念中的文化空间进行了修改，指定为与文化表现形式相关的实物和场所。

在非物质文化遗产概念融入中华文化的语境下，如何去理解其内涵和外延，以及由此带来的一系列问题，在学术界引起广泛的讨论。例如，概念中的非物质所指和能指是什么？什么是文化表现形式，非物质文化遗产与民俗文化有何区别？什么是文化空间？在《非物质文化遗产保护法》中为何会对"文化空间"一词进行专门的修改？时至今日，相关的讨论仍然没有定论。

首先，关于非物质文化遗产中"非物质性"的讨论。许多学者首先研究的问题就是非物质文化遗产的"非物质性"。引起讨论的关键点之一在于概念中否定词"非"字的解释。乌丙安（2007）认为"非物质"并不能用"无形"等词语来代替，我国在将这个词语引入后采用了前者来表达，应当被理解为在形式上看不见、摸不着的文化遗产类型，而这种非物质的认知可以通过实践过程来理解。刘壮（2008）等认为"非物质性"只是非物质文化遗产的存在形式，他们在对概念变化进行比较后指出，文化遗产应该包括两个组成部分：文化和文化产物，其存在既有物质方式，也有非物质方式。所谓"非物质文化遗产"，即是以非物质方式传承下来的那部分文化遗产。侯洪澜和齐明（2012）认为非物质文化遗产概念的内涵是复杂的。其中"非"的否定词不是否定物质的存在，而是否定它的凝固性和确定性，认为概念所指的"非物质文化遗产"是以民族传统文化为基础，具有生命延续力，且不断变化创新的文化形态和文化方式，应该是既有非物质的部分，也有非物质的部分。在这个保护体系中，人作为核心成为联系非物质和物质之间的核心，形成复杂的多元关系，使其保持生命活力。

至今，对于"非物质性"的讨论仍在继续，讨论的焦点脱离不开对非物质文化遗产中的"物质"的哲学分析。对非物质文化遗产的概念是复杂的，对其理解的困境主要是由于这一外生性概念在其内化过程中所产生的一系列问题。总结代表性的观点可以发现，在非物质文化遗产这个概念下，"物质"和"非物质"存在辩证统一，物质有非物质的内涵，而非物质更有物质的承载。对非物质文化遗产的保护既不能脱离了文化的存在形式，更不能脱离了文化传承与文化内核。因此，在未来的概念讨论中可以尝试跳出对其存在形式的禁锢，从其生命延续和传承角度去理解。

其次，关于非物质文化遗产与民俗文化的差别。在非物质文化遗产概念进入中国以前，文化研究者已经对民俗文化研究进行了大量的铺垫性工作。高丙中（2006）认为非物质文化遗产概念是一个整合性概念，主要包括六种类型，在概念引入之前，民俗学、人类学、民族学、社会学以及戏剧、音乐、艺术等学科都在进行研究，且取得了丰富的研究成果，非物质文化遗产概念的出现是对新变化的顺应，能够有效整合原来分散的研究对象，形成新的知识生产群体，为非遗学的形成打下基础。陈华文（2008）认为从科学的角度来讲，非物质文化遗产应该作为一种文化形态来归类，但由于内涵具有极强的整合作用，包含的类别和形态过于丰富，是人们产生认识模糊的原因。杨文艺和顾晓晖（2017）认为，非物质文化遗产保护运动持续已久，同时也遗留诸多理论难题，他们认为当代中国社会语境中的"非物质文化遗产"的概念化过程是一个多元文化力量间的文化博弈、文化协商过程，相比于"民族民间文化遗产"的说法，非物质文化遗产的概念是政府思维的体现，是一个政府概念。

非物质文化遗产保护的过程也是地方文化重构的过程，还是地方民俗文化重新整合的过程，从学术界对于两者关系的讨论来看，非物质文化遗产具有更强的整合性，也更利于地方传统文化认同的重建。因此，非物质文化遗产概念的提出并不能单纯地认为是新瓶装旧酒，与民俗文化并不能画等号，在这样的认识下，非物质文化遗产的概念是一种推陈出新，并已经形成一个社会实践和学术活动的新领域。

再次，关于"文化空间"的讨论。在非物质文化遗产概念变化的梳理中，"文化空间"成为学者们争论的焦点所在，在英文原文中，"culture space"，兼具了空间和时间的指代寓意，在传入国内后，有学者将其翻译成为"文化场所""文化场域"等多种形式，都无法充分表达其内容所指，也因此引起了学者们的关注和讨论。

对于"文化空间"的表述，联合国教科文组织的表述是多样的。在《宣布人类口头和非物质遗产代表作条例》中，"文化空间"一词被解释成为：一个集中举行流行和传统文化活动的场所，也可定义为一段通常定期举行特定活动的时间。这一时间和自然空间是因空间中传统文化表现形式的存在而存在的。

在《人类口头及非物质遗产代表作宣言》中，"文化空间"一词被解释成为：具有特殊价值的非物质文化遗产的集中表现。

联合国教科文组织官员爱德蒙·木卡拉将"文化空间"解释为：某个民间传统文化活动集中的地区，或某种特定的文化事件所选的时间。

也正是因为其不确定的表述，学者们对这一概念进行了深入的分析和讨论。陈虹（2007）结合已经公布的三个典型的文化空间，分析认为文化空间是特定活动方式和共同文化的形式及氛围，因此才能表现出"文化性""时间性"和"空间性"的特点，明确文化空间的概念有助于申报相关类型的非物质文化遗产。向云驹（2008）对文化空间进行了系统的分析，他认为文化空间与文化景观、文化自然双遗产之间存在明显的差异，不可混为一谈，应该被认为是非物质文化遗产的类型，文化空间应该是和文化表现形式等量齐观的，而文化空间的存在既可以"地域"为主，也可以"时间"为主，但无论是以哪种存在形式为主但都必须符合标准的文化现象，否则不能视作是文化空间。张春丽和李星明（2007）认为对于文化空间依据不同，理解也存在较大差别，为体现非物质文化遗产保护的整体性、完整性，将物质载体明确归入非物质文化遗产保护范畴中比较合适，但如果将其作为单独的一种非物质文化遗产类型来确定的话则有所不妥，是不可取的。向云驹（2008）关于文化空间作为非物质文化遗产类型的观念是学术界较为普遍的观点，认为我国在文化空间类型的非物质文化遗产保护和申报工作存在明显的滞后性，需要对文化空间的概念和内涵进行明确，明确保护范围和界限，才能有针对性地对文化空间采取有意义的行动。

　　由于非物质文化遗产的概念是一个外生英译词汇，因此在融入中国的非物质文化遗产保护实践中，必然会带来许多的争论，特别是对概念的严谨性和科学性的争论。宋俊华（2006）提出了对非物质文化遗产概念重构的构想，认为这一概念存在多方面的缺陷，包括概念变化过程中的术语不统一，概念描述内容名实不副，概念内涵所指不确定，也没有彻底清理之前概念的各种缺陷等。刘壮和牟延林（2008）认为非物质文化遗产概念是英文思维用汉语思维表达的结果，不能单纯地从英语直译来解释完整案例，需要我们结合《公约》的界定，甚至通过必要的概念修正来明确其地位。总而言之，非物质文化遗产作为一个外生词是一个内涵丰富、元素复杂的概念，在引入中华文化的过程中必然会引起诸多的困惑，需要我们用多维角度去认知和关注，才能帮助理解非物质文化遗产所指的实质，真正地对非物质文化遗产进行有效的保护。

第3章 非物质文化遗产的特点、价值与评估

3.1 非物质文化遗产的特点

无论非物质文化遗产概念如何变化，其目的都是要真实地反映描述对象的本质属性。在对非物质文化遗产的研究中，许多学者也对非物质文化遗产的特点进行了总结和分析。牟延林（2011）认为非物质文化遗产的特殊性主要表现在外部形态和内在规定上，将遗产特点总结为五个方面，分别是传承性、社会性、无形性、多元性和活态性。王文章（2010）认为非物质文化遗产是一项综合性较强的遗产类型，他将非物质文化遗产的特点总结为独特性、活态性等七个方面，同时也指出对于具体的项目来说，不能同时满足全部七个特点，只能有所侧重地展示其中的部分特点。

在对概念进行深入理解的基础上，同时参考国内外学者的论文、著作，我们认为非物质文化遗产应该具有以下四个方面的特点。

3.1.1 活态性

非物质文化遗产更珍视人的价值，珍视动态的、精神的、观念的因素，珍视人的创造力，独特的情感表达方式、思维方式，珍视群体不同的世界观、价值观、审美观等。区别于文物、遗址、遗迹、自然遗产、文化遗产、

文化景观等，非物质文化遗产的存在与人的存在有着高度的契合，尽管非物质文化遗产有物质的外在形式，但脱离开人的存在，脱离了人的技术、技艺、语言、仪式等行为活动，其价值将不能充分地体现。活态性可以说是非物质文化遗产最核心的特征。举例来说，昆曲是世界上现存最古老的戏曲种类之一，同时也是我国最早入选《人类非物质文化遗产代表作名录》的遗产项目，具有极强的艺术性和表现力，人们不愿意也不希望昆曲的存在只是服装、戏台、乐器，或者只是影像资料中冰冷的数字代码，它的表现、传承都需要语言和行为，是动态的过程，唱、念、做、打、舞的艺术表演，需要演员具有精湛的功底，戏曲的呈现是动态的过程。各类角色的塑造需要人来完成，是动态的过程，锣鼓、弦索、笛、箫、笙、琵琶等伴奏乐器与昆曲内容高度融合，它们的制作、演出，需要演职人员的配合，同样是动态的过程。虽然冠之以遗产之名，但对于非物质文化遗产的保护绝不能像保护其他类型的遗产一样，采用钢化玻璃围起来、用栅栏圈起来的保护模式，敬畏感固然要有，但把非物质文化遗产封冻起来只会让生存和传承变得更加艰难，只有让非物质文化遗产动起来、活起来，重视人在非物质文化遗产中这个最活跃的因素，才能让非物质文化遗产火起来，重新焕发生机。

3.1.2　传承性

许多非物质文化遗产项目都有着悠久的历史，2008 年入选《人类非物质文化遗产代表作名录》的蒙古族长调民歌的历史可以追溯到 2000 年前，13 世纪以来的文学作品中已有记载。同样入选《名录》的古琴艺术，在中国已有 3000 多年的历史，演奏技法复杂而精妙，而且有着独特的记谱法，大量乐谱都是人们口头流传下来的。这些非物质文化遗产的延续没有优质的存储媒介，人脑记忆、口传亲授成为传承的重要途径。

与活态性不同，传承性强调的是非物质文化遗产的代际传播。在科学技术不发达的年代，非物质文化遗产能够延续依靠的便是代际传承，一些工艺技术、技巧无法用文字记录，只能通过口传心授的方式得到延续，一旦失去了继承人，失去了生存的土壤，就意味着非物质文化遗产的"死亡"。同时，独特的传承方式，使得非物质文化遗产被打上了鲜明的家族、师徒、民族、区域的烙印。从非物质文化遗产的概念来看，在《公约》中的概念里明确提到了"被各群体、团体或有时为个人视为其文化遗产……"，也说明了非物质文化遗产因被群体或个人视为有价值而倍感珍惜，也是非物质文化遗产延续性的动因。

3.1.3 民族性

从已经申报成功的案例来看，民族性是非物质文化遗产非常重要的特征。在历史的长期发展过程中，民族内部形成了共同的语言、文字、历史，形成了共同的生活习俗、节日节庆，形成了稳定且相似的价值观念和道德伦理，依托各自特有的文化表现形式形成了独特的文化景观，是民族身份认同的重要标志，对研究人类文明的演进具有极高的价值。但在全球化、现代化的过程中，受到世界流行文化的影响，民族文化正在逐渐成为小众的、边缘的、濒临灭绝的文化，亟待人们采取措施加以保护。民族性特征主要是指一种文化被某个民族或少数群体所独有，通过独特的表现方式来展现民族独特的思维方式、历史观、宗教观、艺术鉴赏、审美情趣，一旦形成便具有了较强的稳定性。在非物质文化遗产保护的语境下，民族性是重要的特点之一，它能够反映民族的发展脉络，也是保护文化多样性的具体体现。非物质文化遗产的民族性特征主要表现在三个方面，一是从认同群体来说，是被少数群体所认同，二是从文化表现形式来说，非常独特，三是从反映的文化内容来说，别具一格，已经深深地打上了民族的烙印。目前收录在非物质文化遗产名录中的项目较多都有着鲜明的民族性特点，例如，2009 年入选《人类非物质文化遗产代表作名录》的匈牙利南部的莫哈奇面具狂欢节源于莫哈奇的克罗地亚少数民族，在狂欢节期间，人们头戴木质面具、身披羊毛大斗篷，整个城市沉浸在节日盛宴和音乐之中，狂欢节不仅是一种社会活动，还表达了一种归属于一个城市、一个社会群体和一个民族的认同感。再如，2008 年入选《人类非物质文化遗产代表作名录》新疆维吾尔木卡姆，它是集歌、舞、乐于一体的大型综合艺术表现形式，"木卡姆"这个词有多重含义，可以指代或包含文学、音乐、舞蹈、说唱、戏剧的艺术形式，也是表达民族认同、宗教信仰等文化意义的词语，在文化交融的过程中，成为反映维吾尔族人民生活和社会风貌的百科全书。

3.1.4　地域性

地域性特征是指非物质文化遗产具有明显的地域文化色彩，在非物质文化遗产项目的筛选及申报上，首先强调的便是基于其地域性的区别。例如，对于木卡姆艺术来讲，目前入选《人类非物质文化遗产代表作名录》的有阿塞拜疆木卡姆、伊拉克木卡姆、沙特木卡姆音乐，以及中国的新疆维吾尔木卡姆艺术，尽管这些非物质文化遗产项目名称中有相似之处，但由于发源地区不同，地域环境存在明显差异，文化艺术传播的语境和环境亦不相同，其艺术呈现和表达也各具特色，因此四种木卡姆艺术并不能因为名称的相似便被认定为一种艺术。同时，由于过去那种适合木卡姆发展的社会与宗教的城市环境已不复存在，保护木卡姆艺术也变得十分紧迫，四种木卡姆艺术也均在 2008 年以独立申报或联合申报的方式入选了《人类非物质文化遗产代表作名录》。

"十里不同风，百里不同俗。"从公布的入选《人类非物质文化遗产代表作名录》和入选我国国家级非物质文化遗产的项目来看，多数的项目名称之前均冠之以地名，如阿尔及利亚古拉拉地区的阿赫里、乌干达树皮衣制作、蒙古族传统艺术呼麦、塞梅斯基的文化空间与口头文化等，这些非物质文化遗产形成均与独特的地域环境有着密切的联系。非物质文化遗产地域性特点的形成主要受到两方面因素影响，一是从文化产生、发展的过程来说，文化与地域环境有着浓厚关系，二是人在文化创造和传播过程中的区域认同。首先，非物质文化遗产与地域环境有着浓厚、密切的关系。文化的形成是一个长期积淀的过程，在这一漫长的过程中需要和当地的自然环境达成

"和解"，融为一体。正所谓"靠山吃山，靠水吃水"，非物质文化遗产的形成和发展一定程度上反映了对地域环境的适应与协同的过程。例如，福建莆田地区长期与海洋环境共生，形成了极具特色的妈祖文化，并逐渐成为流传于中国沿海地区的传统民间信仰。在广袤的草原之上，那达慕成为蒙古族传统的群众性盛会，展现了草原民族生产方式、宗教信仰及民俗风情等的缩影。其次，非物质文化遗产的地域性表现为文化在边界相对模糊的区域范围内传播，在文化创造和传播过程中体现出文化拥有者对区域的认同。非物质文化遗产是区域文化的精华，人作为文化的创造者和传承者，群体对区域文化不自觉地形成一种向心的、认同的力量，这种力量维持了社区或种群的团结、延续和发展，同时也逐渐成为地方之间区分和对比的标志，非物质文化遗产也是这种区域认同的产物。

当然，非物质文化遗产还表现出一些文化遗产的共同特征如濒危性、生活性、综合性等特点，但对于非物质文化遗产而言，主要表现出的特征包括活态性、传承性、民族性和地域性等。总结非物质文化遗产特点的基础可以帮助人们更充分地认识蕴含其中的价值。

3.2　非物质文化遗产的价值

遗产价值是人们采取行动对非物质文化遗产进行保护的最初动因，同时也是普查、整理、申报、保护和研究等工作的重要前提和理论依据。从哲学的范畴来讲，价值指客体能够满足主体需要的效益关系，能够表示客体的属性和功能与主体需要间的一种效用、效益或效应关系。非物质文化遗产的价值就在于能够满足人们在历史、文化、教育、精神、审美等方面的多重需求。对于非物质文化遗产价值的认识也是相关研究的重要内容。蔡丰明（2006）认为绝不能单纯地只是从"认知传统文化"的角度来定义非物质文化遗产保护的意义与价值，在非物质文化遗产的存在能够更好地弥补已经在社会洪流中缺失的文化特征与精神内涵，可以促进现代社会生活的和谐和价值观念的重构。营丰和陈志勤（2009）讨论了非物质文化遗产的本源性价值，他们认为非物质文化遗产的价值具有多样性，若从传承物质文化遗产的人与这些非物质文化遗产的关系出发，可以发现非物质文化遗产新的价值，因此需要重新把握、认识、梳理相关的保护活动和工作。此外，国内许多学者对非物质文化遗产的价值体系进行分析，王文章（2010）认为非物质文化遗产的价值是丰富的，其价值体系由历时性价值、共时性价值和现实性价值三部分构成。汤立许（2018）认为身体性是体育类的非物质文化遗产最显著的特征，历史价值和身体价值是其基本价值，文化价值、科学价值、娱乐价值则是其衍生价值，教育价值、道德价值、经济价值等则是其次级衍生价值。

在梳理总结非遗价值研究成果的基础上，将非物质文化遗产的价值归纳为七个方面，包括历史价值、文化价值、精神价值、科学价值、审美价值、教育价值、经济价值。

3.2.1　历史价值

历史价值是非物质文化遗产最基本的价值内涵，是过去时代流传下来的历史财富，是活态性、传承性等基本特征的生动体现，承载着丰富的历史资源。每一项非物质文化遗产都有其产生的特定历史条件以及延续的历史过程，在流传过程中与特定时代的历史特征有机融合，通过这些非物质文化遗产我们可以了解到特定历史时期的生产发展水平、社会组织结构和生活方式、人与人之间的相互关系、道德习俗以及思想禁忌，这就是其历史价值的意义所在。例如，蒙古族长篇叙事民歌《嘎达梅林》产生于 20 世纪 30 年代的科尔沁草原，是第二批入选的国家级非物质文化遗产，民歌反映并歌颂了蒙古族英雄嘎达梅林为保护草原和百姓，与当时残酷的封建王爷、军阀英勇斗争的悲壮事迹，在民间口耳相传。而在当时的官方记录中，嘎达梅林则是土匪流寇反面形象，民间传颂让世人看到更全面的嘎达梅林。

就传承方式而言，非物质文化遗产往往以口头的、民间的、活态的和非官方的形式存在，能够反映不同历史时期人们的生产生活水平、社会组织结构和生活方式、道德习俗及思想禁忌等史书中不作重点记录的内容。在很大程度上能够弥补正史典籍的缺失和不足，是对历史生活、历史事件的活态记录，可以帮助人们更全面地认识已经逝去的历史。因此，非物质文化遗产也被称为活态历史。

3.2.2 文化价值

非物质文化遗产的文化价值是指作为一种文化现象和文化实物能够满足个人或群体对文化的需求。非物质文化遗产包含着丰富的文化资源，民族或群体间的差异表现在其不同的文化模式，例如农业文化模式与草原文化模式的不同，国家与国家之间文化模式的差异等，它们共同丰富、充实和维系着人类文化的多样性，为世界文化的发展提供了智慧结晶，强化了非物质文化遗产的文化价值。在《联合国教科文组织非物质文化遗产名录》中将非物质文化遗产划分为口头传统和表现形式，表演艺术，社会实践、仪式、节庆活动等五种类型，在我国的《国家级非物质文化遗产代表性项目名录》（截至第五批）中非物质文化遗产分为了民间文学、传统音乐、民间舞蹈、传统戏剧等十种类型，收录了包括扩展项目名录在内的共计 5 批次 1506 项，加上省市县级的遗产名录，项目内容则更加丰富。这些非物质文化遗产项目共同点之一便是其所含有的文化属性，都承载着各群体、民族的文化传统，是文化精髓所在，更是文化身份的象征，它们呈现给我们的是历史时期的生活实践、文化传统，但同时也影响着我们今天的生活。因此，文化交流与共享、促进文化认同与文化自信都是非物质文化遗产的文化价值体现。

3.2.3 精神价值

精神价值的传承是非物质文化遗产延续千年的根本保障。非物质文化遗产承载了群体或民族的价值观念，深刻地影响了文化的发展历程，正确认识非物质文化遗产的精神价值对构建文化认同、建立文化自信具有重要的意义，建设和谐社会具有重要意义。

　　非物质文化遗产具有鲜明民族性和地域性特征，常被视作维系群体、民族的精神纽带，在现实生活中也充分发挥了精神纽带的作用。民族精神是一个民族在历史长期发展当中所培育而成的精神状态，由种族、血统、生活习俗、历史文化、哲学思想等熏陶、融汇而成，也可说是一个民族的内在状态和存养。民族精神表现在一个民族的节操、气度、风范和日常行为规范上，但民族精神这个名词过于抽象化，需要一定的媒介或外物呈现出来，非物质文化遗产则较好地承担了这份重任，扮演了承载民族精神的重要角色。许多非物质文化遗产项目都具有承载民族精神价值的重要作用。凤阳花鼓是安徽省凤阳府的传统戏曲剧种，也是首批入选国家级非物质文化遗产项目。苏兆龙（2011）分析了凤阳花鼓作为非物质文化遗产所包含的精神价值，他认为凤阳花鼓的精神价值主要体现在两个方面，分别是放言无惮的批判精神和达观幽默的人生态度。在凤阳花鼓的代表曲目《讨饭歌》中花鼓艺人以花鼓女的口吻诉说自己生活的艰辛和对现实的无奈，处于社会最底层的花鼓艺人受尽欺凌、风餐露宿，以自己讨饭的亲身遭遇，控诉社会的黑暗与冷漠，充满了对所处社会的批判，感情激愤同时在质朴的语言中也流露出对生活的热爱。孟姜女传说在战国时期即见端倪，明清以来大为盛行，成为民间文学和戏曲的重要素材，在她的身上我们看到了忠贞的爱情。宜兴手工紫砂陶技艺作品工艺精湛、举世无双，产生于宋元，成熟于明代，迄今已有 600 年以上的历史，在技艺传承人的身上我们看到的是追求卓越、精益专注的可贵品格，像这样饱含精神内涵的非物质文化遗产，我们国家还有许多。可以说，每一项非物质文化遗产都有其深刻的精神价值，对于现代生活来说弥足珍贵，具有极强的启迪和教育意义。

　　虽然非物质文化遗产的精神价值并不常被提及，却是其赖以延续和发展的根基，是民族生生不息、开拓进取的力量源泉。我国历史文化悠久，形成了内容丰富多彩、表现形式多样的非物质文化遗产，是中华民族宝贵的精神财富，在现代化、信息化高度发展的今天，保护非物质文化遗产除了要保护其的外部存在形式，更需要注重从内在精神层面保留、保护民族特有的心理模式、意识形态。同时也为了更好地适应现代社会的发展，需要在坚持和弘扬民族精神的同时，不断与时俱进，注入新的内容和活力，提高民族精神的现代性价值，在延续中不断发展、创新，赋予非物质文化遗产新的、与时俱进的精神价值。

3.2.4　科学价值

非物质文化遗产是历史的产物，是劳动人民在长期的社会实践中创造和发展起来的，其形成过程就具有许多的科学因素或成分，具有一定的科学研究价值，对于现代人了解当时社会生产力的发展情况、科学技术发展水平等均有很大帮助，同时也能够为现代科学技术等方面的发展带来一定启示。非物质文化遗产的科学价值主要体现在两个方面，一是部分非物质文化遗产的产生具有一定的历史背景，反映了特定时期科学技术的发展水平，二是部分非物质文化遗产看似已经过时，与时代发展趋势格格不入，但却对现代科学研究、社会发展具有指导和借鉴意义。

首先，在过去的很长一段时间里，人类对自然、对科学的认识是有限的，在有限的认知条件和知识水平下从事生产劳动，可以说，非物质文化遗产是对过去人类生产生活经验的总结，甚至许多现在衰落、濒危、亟须保护的非物质文化遗产项目在当时的生产生活条件下是辉煌的、必需的，代表的是特定历史时期科学技术发展的最高水平。例如，江西省景德镇有瓷都之称，自五代开始生产瓷器，宋朝时已初步建立了完整的成型工序，元朝在实践经验总结的基础上发明了瓷石加高岭土的"二元配方法"及青花釉下彩绘技术，让瓷器在实用性和美观性上都有了大幅度的提高，到了明清时期，国家在珠山设御厂，生产工序也更加完善，采矿、淘洗、施釉、烧窑等十四道工序环环相扣，专业化程度极高，景德镇手工制瓷业至此达到了历史的最高峰，代表了当时制瓷技术的最高水平，时至今日给我们后辈留下了"景德镇手工制瓷技艺"这项国家级非物质文化遗产。在谈到古人对生活生产经验总结的成果时，不得不提的便是在2016年入选《联合国教科文组织非物质文化遗产名录》的"农历二十四节气"，它是黄河流域人们长期对天文、气象、物候等进行观察、探索并总结的结果，指导着民众的农业生产活动和日常社会生活，是我国古代先民所独创的一项优秀文化遗产。其产生、发展与传播适应了农耕时代的经济生产方式与社会生活需求，并在传统中国人的生产生活中发挥了极其重要的作用。

其次，作为历史社会的产物，很多人会以现代的视角去审视非物质文化遗产，认为过去的文化产物具有浓厚的封建迷信色彩和经验主义思维，缺乏现代科学严谨的判断与剖析，甚至很多文化产物从现在看来是有害的、不可取的，与时代发展相背离的，因此也需要摒弃其中的糟粕。摒弃糟粕之后会发现，非物质文化遗产的价值绝不仅仅是对生活经验的总结，很多项目都代表了当时最高的生产力水平和人们对自然界的认知水平，具有极高的科学研究意义和价值。例如，近些年，中医药在医学中的科学价值被质疑，认为中医疗法不能像西医一样药到病除，也认为中医治疗过程没有统一的标准，需要证明其功效、安全性和质量，这也是中医药饱受诟病的原因之一。但在很多实践中，中医疗法都发挥了重要的作用，例如，在新冠疫情暴发之后，中医疗法在治疗的过程中发挥了重要作用，患者在服用了中药制剂之后取得了很好的治疗效果。中国科学家屠呦呦因提炼出了青蒿素而获得诺贝尔生理学或医学奖，为世界防治疟疾作出了巨大贡献。在一次演讲中她说："青蒿素的发现是传统中医献给世界的礼物。"在五批次的非物质文化遗产中中医诊法相关的项目达到了 182 项，对推动现代医疗技术的发展仍然有巨大的作用。非物质文化遗产通过为现代科学技术提供借鉴意义而体现出来的科学价值可见一斑。

时至今日，当我们以非物质文化遗产的视角来讨论过去的文化现象和文化事物时，不能只是为了保护而去保护，更需要用科学的眼光去审视它，挖掘其中的科学价值，吸纳其中的精华为现代生产生活所用。

3.2.5　审美价值

审美是一个主观性极强的词汇，是随着历史发展不断变化的，是随着人类审美经验和审美能力的发展而不断更新的，但审美价值却是客观存在的，非物质文化遗产的审美价值体现在作为外物客体，能够引起人的审美感受和心理效能。在非物质文化遗产中存在大量珍贵的艺术珍品，如绘画、剪纸、雕塑艺术、表演艺术、口头文学等，向世人展现了民族的生活风貌、艺术情趣以及独特的文化创造力，是开展艺术研究的宝贵资源，具有极高的艺术价值。非物质文化遗产多源于生产生活日常，是民众的生活智慧、生活情趣的精华与感悟，既有展现简单朴素之美的生活生产工艺技术，也有体现庄重神秘之美的宗教音乐，更有对工艺追求精益求精之美的绘画、雕塑、刺绣，它们是非物质文化遗产拥有者对生活的感悟，是大众的审美意识的外显艺术。

在艺术研究中将审美层次由浅入深划分为三个层次，可以简单总结为：以外在表现形式为依托的形式美，在形式美之下作品的形象体系指向，是在审美结构中凸显的人格美、情操美、道德美、理性美等，以及在作品中的象征意蕴，需要深入分析与体会。借助美学研究中的审美层次来分析非物质文化遗产，可以帮助我们更好地分析和理解其中蕴含的审美价值。

首先，非物质文化遗产具有形式之美。虽然非物质文化遗产着重强调的是其中的非物质的部分，但将其中的物质部分剥离出来也是不可取的，外在物质或精美绝伦，或巧夺天工，或别具一格，用多么华丽的辞藻来修饰都不为过，而这些物质部分往往能够展现非物质文化遗产的形式之美。非物质文化遗产源自生活，体现了群众对生活中美的追求和情趣的追求，在我国入选的各级非遗保护项目中有诸多精美艺术品，如木版年画、剪纸、锦绣、石刻、玉雕、木雕等，既在生活中起到了装饰作用，更是难得的艺术瑰宝。以玉器为例，我国琢玉工艺源远流长，扬州玉雕就是其中的代表，扬州也是我国玉器的主要产区，扬州玉雕也在 2006 年入选了首批国家级非物质文化遗产代表性项目名录。在扬州发掘的汉代墓葬中就出土不少玉器，这些玉器品类繁多，造型优美，且已采用透雕、阴线刻和浅浮雕手法，在玉器中均是上品。扬州玉雕选材考究，克服路途之远，使用各地的高品质玉料，有新疆的白玉、青玉、碧玉，辽宁的岫玉、玛瑙、黄玉，江苏的水晶，湖北的绿苗、松耳石，广东的南方玉及巴西的玉石、缅甸的翡翠、阿富汗的青金。手工雕琢技术也十分复杂，其制作工艺在几千年的传承中保持着扬州传统的地方文化特色，将阴线刻、深浅浮雕、立体圆雕和镂空雕等多种技法融为一体，形成浑厚、圆润、儒雅、灵秀、精巧的特点，具有秀丽典雅、玲珑剔透的艺术风格。历代扬州玉雕分别保留了不同时期的艺术特征，如西汉的《白玉蝉》以和阗玉雕成，采用"汉八雕"的手法，线条凝练挺拔，推磨极见功夫；清代的《大禹治水》多种手法并用，属于稀世珍品，当代的扬州琢玉艺师全面继承了传统的扬州玉雕优秀技艺，锐意创新，在实践中遵循"量料取材，因材施艺"的琢磨工艺规律，结合时代的要求，不断提高"相玉"能力及雕琢技艺，创作了大批构图新颖、造型优美、做工精致的产品。

其次，非物质文化遗产具有形象之美。形象美在美学研究中是各类文艺作品的形象体系指向，其被包含在美的外在形式之下，是一种情操美、人格美、理性美、道德美，是文艺作品中重要的审美因素，而这种形象之美在民间文学类、传统戏剧类的非物质文化遗产项目中体现得较为充分。例如，白蛇传传说肇始于唐五代时期，基本成型于南宋，至迟到元代已被文人编成杂剧和话本，明代冯梦龙编纂的拟话本《白娘子永镇雷峰塔》是该传说最早的较为完整的文本。2006 年白蛇传传说入选了第一批国家级非物质文化遗产，白蛇传传说是我国民间文学中的一颗璀璨明珠，所塑造的白娘子、许仙、法海和小青等人物形象，表达了广大人民对人性解放的渴望。明清以降至于现当代，民间的口头文学与各类民俗文艺的改编、搬演相互渗透、相互融合，使白蛇传最终成为故事、歌谣、宝卷、小说、演义、话本、戏曲、弹词，以及电影、电视、动漫、舞蹈、连环画等各种文艺形式的经典题材，白蛇传极大地丰富了中国民间文艺的宝库。它故事奇绝，人物生动丰满，其中的白娘子是中国艺术长廊中一个重要的典型形象。

再次，非物质文化遗产具有意蕴之美。在美学研究中意蕴美指的是文艺作品的象征意蕴，它是形象或意境的象征意味，是较深层次的审美，如在作品中渗透着的丰富情感，也比如说作品中表现出来的某种精神，故事的某种主旨，必须在深入把握作品的内容的基础上才能逐渐领悟。川江号子是重庆市申报的第一批国家级传统音乐类非物质文化遗产，是川江船工们为统一动作和节奏，由号工领唱，众船工帮腔、合唱的一种一领众和式的民间歌唱形式，是船工们与险滩恶水搏斗时用热血和汗水凝铸而成的生命之歌，体现了自古以来川江各流域劳动人民面对险恶的自然环境不屈不挠的抗争精神和粗犷豪迈中不失幽默的性格特征，是船工们豁达人生态度的体现。北京景泰蓝技艺又名"铜胎掐丝珐琅"，因成熟于明景泰年间，故名"景泰蓝"，景泰蓝制品造型典雅，纹样繁缛，色彩富丽，具有宫廷艺术的特点，给人以"圆润结实、金光灿烂"的艺术感受，传承过程中坚守工匠之心，体现的是人民群众对品质的追求。

3.2.6 教育价值

教育对人类进步和发展的意义不言而喻，我国历来高度重视教育工作，把教育视作提高民族创新活力、提升全民素质的关键抓手，同时也十分重视从中华五千年文化中汲取文化养分，继承和弘扬中华优秀传统文化，增强文化自信，为中华民族伟大复兴筑牢深厚文化根基，提供强大精神力量。非物质文化遗产产生于广大人民群众的日常生活中，与人民群众紧密联系，是群众生产生活智慧的结晶，蕴含着丰富的思想内涵，既具有娱乐和审美功能，同时又兼具道德教化和知识普及的作用，是重要的文化教育资源。我国发展历史悠久，具有丰富的非物质文化遗产资源，具有活态性、传承性、民族性、地域性等特点，具有深刻的教育功能，是开展人文知识教育、思想政治教育、创新创业教育的重要教育资源。

利用非物质文化遗产开展人文知识教育。非物质文化遗产内容丰富、包罗万象，涵盖了生活中的各个领域，联合国教科文组织通过的《保护非物质文化遗产公约》中将非物质文化遗产分为传统手工艺、表演艺术等五种主要类型，在我国的非物质文化遗产保护体系中将非遗分为民间文学、传统技艺、传统音乐、传统舞蹈等十个类型，涵盖历史、文学、艺术、音乐、哲学、宗教、道德、语言等多方面的人文知识，是开展人文知识教育的重要素材，在教育的各个阶段也可以充分利用非物质文化遗产资源，许多省份近年来都开始探索通过让"非遗"走进校园、把"非遗"技艺编入教材等方式来开展人文知识教育。"花儿"是流传于我国西北一带的传统民歌，也是较早入选非物质文化遗产名录的国家级非遗项目，宁夏较早开始在南部六盘山区的西吉、海原、盐池等地农村中小学课堂教唱"花儿"，组织专门人才编写了相关教程以备教学使用，同时还在各地培训了大批教唱"花儿"的音乐老师，开创了非物质文化遗产传承和教学的新典范，加深学生对"花儿"的认识，提高了学生的人文素养。

利用非物质文化遗产开展思想政治教育。非物质文化遗产犹如一座宝库，蕴含了极其丰富的思想政治教育功能，在社会教化、文化传承、思想引领等方面都能够起到积极的推动作用。若注重在教育过程中挖掘其中的思政元素，可以在保护非物质文化遗产的同时，为思想政治教育提供重要的活动载体。在全国大力推动课程思政改革的背景下，挖掘非物质文化遗产的思政元素并融入课堂教学当中，帮助学生深刻领会其中的精神价值，必将使思想政治教育更生动、更具生命力，更能提高思想政治教育的吸引力和渗透力。在非物质文化遗产中发掘思政元素主要对蕴含在其中的历史、文化、审美、科学价值，特别是其中的精神价值进行挖掘，应用到教学实践当中，以丰富的教学素材和教学内容帮助学生在思想上提高认识，塑造学生高尚的道德情操，厚植爱国主义和集体主义的情怀，增强民族自尊心和自豪感，在学习中培育和践行社会主义核心价值观。在非物质文化遗产中有丰富的爱国主义教育资源，例如，傈僳族刀杆节是云南当地特有的民族节日，节日中"上刀山，下火海"是主要的习俗表演活动，傈僳人民即以过"刀杆节"的方式纪念明代爱国将领王骥，刀杆节既是傈僳族人民自然崇拜的产物，更是傈僳族人民爱国主义精神和不畏艰险的民族精神的体现。再如，在民间流传的杨家将、穆桂英、花木兰的传说，经过传统戏剧、小说的演绎加工而变得家喻户晓，如今被收录在了《国家级非物质文化遗产名录》当中，传说故事跌宕起伏，情节紧凑，主人公面对强敌挺身而出，浴血奋战，其强悍、坚强和敢于牺牲的英雄气概彰显了中华儿女不屈不挠的民族精神。像这样优秀的思想政治教育元素在非物质文化遗产中还有很多，无不体现中华民族的优秀传统美德，且很多都具有较高的参与性和实践性，学生能够亲身参与其中，通过增强体验、拉近距离也会让其中的精神价值更容易理解。相信通过深入挖掘、整理，必将使其中的精神价值得到渗透，帮助学生更直观、生动地理解其中的思政内容。

利用非物质文化遗产开展创新创业教育。人是非物质文化遗产中的灵魂，是活态性的重要体现。在非物质文化遗产的保护过程中需要大量优秀的人才参与其中，帮助重构非物质文化遗产的文化生态环境，也需要在其中不断注入新的活力和新的要素，创新非物质文化遗产的保护和传承模式，才能使非物质文化遗产走出当前的发展困境。当前，国家大力提倡创新创业教育，提出了"大众创业 万众创新"的响亮口号并予以了大量的资金、政策支持，取得了巨大的成绩和实效。同时，国家将高校作为创新创业的孵化器，将高校作为培养人才的摇篮，通过创新创业教育来培养学生的创新精神、创业意识，提高学生创新创业能力和实践本领。在这样的背景下，保护非物质文化遗产和开展创新创业教育是高度契合的，将保护非物质文化遗产作为开展创新创业教育的抓手开展深入的实践教育活动，必将推动学生创新能力和实践本领的提高，同时这也是新时代赋予高校开展创新创业教育的崭新课题。许多高校以"互联网 +""挑战杯"等创新创业比赛为平台，以非物质文化遗产保护为切入点，取得了丰富的教育成果，许多项目已经孵化为专家工作室和优秀的文化创新企业，带动了大学生的就业。

3.2.7　经济价值

非物质文化遗产是历史、文化、精神、科学、审美等多重价值的综合体，更是其社会价值的体现，社会价值在市场的运作和中介作用下可以转化为经济价值，随着经济的快速发展，人们愈加认识到经济价值的重要性。从《保护非物质文化遗产公约》的颁布开始，人类非物质文化遗产保护已经走过了 20 个年头，由于受现代文化冲击和物质条件的改善，失去了原有的文化土壤与环境，非物质文化遗产的生存仍然十分艰难，政府的扶持和输血还是非物质文化遗产能够延续的最主要原因。随着人们认识的不断深入，来自民间的保护力量逐渐参与非物质文化遗产的保护，并逐渐成为其中的重要力量，但如果仅仅依靠民间力量的自觉行动是远远不够的，需要注入更多的活力。研究非物质文化遗产的经济价值，恢复非物质文化遗产的造血功能，从产业化的角度来转变非物质文化遗产的保护模式，强调外在保护和自我发展，逐渐成为人们的共识。通过挖掘非物质文化遗产中蕴含的各类价值，将其转化为文化资本，最终实现其经济价值成为人类保护非物质文化遗产的重要实践方向，并且已经取得了丰富的成果。

非物质文化遗产来源于群众的生产与生活，与劳动活动密切相关，考虑到诸多非物质文化遗产具有生产性质和特点，在学界和业界提出了生产性保护的保护方法，在国家层面也出台了相关的政策予以支持，2012 年文化部颁布了《关于加强非物质文化遗产生产性保护的指导意见》，将生产性保护定义为在具有生产性质的实践过程中，以保持非物质文化遗产的真实性、整体性和传承性为核心，以有效传承非物质文化遗产技艺为前提，借助生产、流通、销售等手段，将非物质文化遗产及其资源转化为文化产品的保护方式。此后又公布了多批国家级非物质文化遗产生产性保护示范基地，让许多曾经充满神秘感的非物质文化遗产揭开面纱，逐渐走进群众的生活当中。一些与非遗生产相关的企业、作坊、工厂开始发挥其示范带动作用，扩大传承人和当地民众就业途径，切实增加他们的经济收益，提高了传承非遗事项的积极性，一些非物质文化遗产更是借助旅游平台、互联网平台的加持作用实现了转危为机的效果。同时，由于产品质量的提高和品牌影响力的提升，市场上对非物质文化遗产的文化消费需求也在快速增长，使优秀传统文化的影响力不断扩大，在达到育民、惠民、富民的效果的同时，实现了经济价值和社会效益的共赢。

3.3　非物质文化遗产价值的评估方法

对于非物质文化遗产的价值认知一直是学界研究的热点问题，除了对其价值属性进行认定以外，学者们也希望在非遗的价值量评估上寻找到新的突破。对此，学者们结合各类定性定量研究方法，不断寻找适合非物质文化遗产价值评估的研究方法。然而，在研究的实践中，由于价值评估具有极强的主观色彩，不同的方法评价侧重点也有明显的不同，因此，许多现有的评价方法都存在一定的不足，常用的评价方法诸如因子分析法、模糊综合评价法、层次分析法、旅行费用法、条件价值法、投入产出法等都存在一定的局限性。在前面的研究中详细论述了非物质文化遗产的多重价值，在实际的价值评估中学者们更强调非物质文化遗产的经济价值，通过一系列衡量指标构建评价模型来分析非物质文化遗产的文化资本转化能力，特别是作为旅游资源进行开发的能力。主要的研究方法如表 3 – 1 所示。

表 3 – 1 　　　　　　　　　　非物质文化遗产价值评估方法总结

序号	主要评估方法	代表文献	方法特征
1	ASEB 栅格分析	朱叶和高源（2015）	相较于传统的 SWOT 分析，ASEB 栅格分析把消费者的体验纳入分析范围，但分析存在主观性较强的问题
2	RMP 分析	欧阳正宇（2012）	能够较为清晰地分析资源价值品质，但主观性较强依旧是较为尖锐的问题
3	因子分析法	梁圣蓉（2011） 李江敏和王青（2020）	有效避免了权重对于评价的影响和判断，可以作相关性分析但数据精度要求较高
4	模糊综合评价法	郭剑英和余晓萍（2009） 李烨和王庆生（2014）	能够帮助有效确定隶属关系，但权重确定有较大的难度
5	层次分析法	苏卉（2010） 杨立国（2019）	通过确定层级和指标权重来进行评价
6	旅行费用法	向秋霜（2019） 张海燕（2020）	将环境质量和替代市场作为重要参考计算出具体的价值，但易受到其他因素制约
7	条件价值法	张军伟（2016） 舒仕钵（2017）	通过模拟市场行为对非物质文化遗产价值进行确定，但主观性较强

非物质文化遗产固然是一种价值极高的文化资源，但在实际的保护行动中对非物质文化遗产价值的认知还缺乏系统科学的理论来指导，这也是许多

学者致力于价值评价研究的原因。郭剑英和余晓萍（2009）以国家级非物质文化申报条件为依据，以四川西部少数民族地区的非物质文化遗产为研究对象，使用模糊综合评价法构建了非物质文化遗产的综合评价体系。体系中重点考虑了非物质文化遗产的社会和历史文化、旅游和科学价值并将其作为一级指标，并通过专家小组和层次分析法确定了各级指标的权重，最终得出了研究对象的价值分值，为进一步进行非物质文化遗产的保护和评级提供了依据。王纬伟和杨豪中（2010）提出了构建非物质文化遗产综合评价体系的总体构想，认为在保护的过程中需要根据非物质文化遗产动态变化的特点进行分类型、分阶段的评价，综合评价的主要内容包括价值评价、濒危评价、保护评价等，同时结合相关理论的最新研究成果，对评价方法、指标体系等内容要在充分调研的基础上进行不断的调整与完善。陈小蓉等（2017）在分析我国非遗保护模式时，以 100 个体育类非物质文化遗产为评价对象构建了较为系统的综合评价体系，该评价体系主要分为申遗评价（包括价值和濒危评价）和申遗后评价（保护评价）两个部分，其中在申遗评价中主要考虑从原真性、文化认同等文化价值，文化传承、世存量等历史价值和休闲建设、社会教育等时代价值来衡量存在价值，将技艺濒危、原真性濒危、环境威胁、城市规划威胁作为其濒危性评价的指标。申遗后评价主要进行保护评价，从政府、传承群体、社会三个角度构建评价指标体系。

　　除了构建综合评价体系外，对非物质文化遗产的经济价值特别是旅游价值进行评估评价是学者们研究非遗价值的重要方向。相比于社会历史文化价值、科学价值，经济价值更易通过量化的方式来体现，也是非物质文化遗产价值研究中较好的突破口，也形成了较为丰富的研究成果。肖爱连和陈亮（2014）用 FCE-AHP 分析法构建了两套非物质文化遗产的产业化评价模型，用产品化指标、商品化指标以及产业影响程度来作为评价模型的准则，通过指标来衡量改善和弥补的可能性，进而提高非遗的宜产性。邱燕（2018）以黄山市为例探讨了非物质文化遗产的产业化问题，主要从资源吸引力、开发价值、开发条件和开发态度四个方面来综合评价其旅游开发的宜产化问题，确定了多类项目的旅游开发宜产化评分结果，对开发行动具有指导意义。王萍等（2017）以山西省的非物质文化遗产资源为分析对象从区域非物质文化遗产资源富集程度、非物质文化遗产与空间载体综合景观、投资环境三个方面建立区域非物质文化遗产资源旅游利用潜力评价模型，以层次分析法和专家打分法确定权重，并以 ArcGIS 10.0 叠加分析将单项测评结果综合为总评价值。当然，基于非物质文化遗产价值进行旅游开发评价的研究视角还有很多，除了上述研究角度外，学者们通过构建数学模型对非物质文化遗产的濒危性、活态化、开发适宜性、风险性、吸引力等方面进行了评价，均加深了对非物质文化遗产经济价值的认识。

　　非物质文化遗产来源于生活，在传承的过程中其价值被不断地重视和挖掘，对非物质文化遗产价值评估绝不仅仅是对价值的认识，其重要性在于能够对非遗产业发展提供指导，从评价过程中看到量化后的开发危害、弱点与不足，在酌盈计虚中为非物质文化遗产保护寻找到更多适合的发展路径。从评价研究的方法来看，以层次分析法、专家打分法构建评估模型是该类研究的主要思路。由于在评价过程中既需要考虑多名专家的意见，也需要根据遗产项目类别确定增加或减少相应的评价指标，因此，完全客观统一的评价模型是不存在的，只能通过实践的检验来不断提高其科学性。

第4章 我国非物质文化遗产保护行动

濒危性是对非物质文化遗产进行保护的重要原因，由于失去了文化土壤，其存在与发展异常艰难，需要全人类加快行动步伐，采取有力措施，形成保护合力，挽救在危机边缘的非物质文化遗产。我国在开展非物质文化遗产保护理论研究的同时，保护行动也在加速推进当中，尝试从构建完善的法律保护体系，结合现代信息技术建立系统保存方式，激发内生动力开展生产性保护等多个角度出发，减缓非物质文化遗产的衰亡速度，甚至通过文化创新来转换赛道帮助非物质寻找到新的发展路径。从保护行动的实际结果来看，许多保护行动是有意义的、取得成效的、可以被推广的，更是值得被借鉴的。

4.1 法律保护

与其他保护形式相比，法律保护最明显的特征在于具有强制约束力，能够有效规范非物质文化遗产的保护行为，维护相关人员的合法权益，在提高社会对非物质文化遗产认识的同时，提高保护的自觉，是被国际社会公认的最直接、最有效保护形式之一。日本、韩国、法国以及其他欧洲国家较早地采用立法形式来对非物质文化遗产进行了保护，取得了明显成效，在国际社会中被广泛推广。相比于国际上的非物质文化遗产立法保护，我国的法律保护行动是迟滞的，起初只是在部分法律中有所体现。例如，在 1990 年通过的《中华人民共和国著作权法》中首次确认了"民间文学艺术作品"享有著作权，在 1997 年国务院颁布的《传统工艺美术保护条例》中提出了要保护和促进传统工艺美术行业发展。2004 年，我国正式加入了《保护非物质文化遗产公约》，我国在非物质文化遗产保护上正式同国际接轨，承担起更多的责任，特别是随着非物质文化遗产项目调查的开展，保护实践的实施，立法保护的进程也逐渐加快。2011 年，随着我国首部单行非物质文化遗产保护的法律《非物质文化遗产法》的诞生，我国非物质文化遗产的法律保护体系得以正式构建。从现有的法律保护体系来看，国家法律及相关文件、国务院法规及相关文件、国务院各部委规章及相关文件、地方性法规及规章共同构建起了我国非物质文化遗产保护的法律体系。据中国非物质文化遗产网统计，自我国加入《保护非物质文化遗产公约》以来，我国先后出台涉及非物质文化遗产保护的国家级法律 9 部，相关文件 14 部，出台部门规章及相关文件 70 部，颁布地方性法规 35 部，相关文件 89 部。从已有公布的法律法规和相关的研究来看，我国现有的非物质文化遗产的法律保护模式主要包括以行政法律为主体的公法保护模式和以知识产权为主体的私法保护模式两种模式。

4.1.1 公法保护模式

所谓公法保护，是指国家从公共利益出发，用以调整国家与公民、国家与国家以及国家与社会关系而修订的行政法律法规，如宪法、刑法、行政法等。其中，行政法是非物质文化遗产公法保护中的重要组成部分。行政法律有国家强制力作为后盾，具有保护性强、力度大的特点，在保护非物质文化遗产方面具有独特的优势。当前，非物质文化遗产法律保护主要的行政法规以《非物质文化遗产保护法》为基本法，为各级政府依法开展保护行动提供了基本遵循，在公法保护模式下，非物质文化遗产建立起了基本的保护制度，如确立了普查和名录制度，明确了传承人的权利和义务，明确了行政保护主体的职责等。

《非物质文化遗产保护法》是非遗公法保护体系中最重要的组成部分，其优势主要表现在以下几个方面。首先，行政法保护具有目标的公益性，行政法保护以维护社会公平正义、维护最广大人民的利益为出发点和最终落脚点。各级文化主管部门具有主动履行对非物质文化遗产进行宣传、调查、建档的义务，还体现在对传承人不作为的惩罚性活动，查处破坏有关非物质文化遗产一切事务的行为，行政法具有高效的特点，行政机关依据行政法所做的行政行为具有强制力和执行力，达到制止破坏非物质文化遗产行为的目的。其次，行政法可以从多个角度通过多种途径来保护非物质文化遗产，针对具体行政行为采用行政许可、处罚、强制、奖励等，针对抽象行政行为制定审查规范性文件。

当然，行政法律在非物质文化遗产法律保护中有诸多局限。非物质文化遗产传承需要建立适宜的保护机制，非物质文化遗产的传承人和技艺的延续也需要平台和资金，行政法律法规的存在解决了非物质文化遗产传承中"输血"的问题，解决了保护过程中资金短缺、平台建设等问题的后顾之忧但这并非长久之计，恢复非物质文化遗产的造血功能是法律保护实施的重要目标和要求，但单靠行政法律的强制力是难以从根本上解决的。在行政法律的落实上，需要相关法律的配合实施，需要其他相关法律和制度的配套落实，但在实际的保护行动中并没有实现较好的衔接。同时，公法保护模式在激发传承人保护积极性方面存在明显的欠缺，公法保护强调的是非物质文化遗产的公共属性，在相关利益遭受侵害时，必须有政府对于公共利益维权的参与，于是产生了"搭便车"的问题，这虽然有利于共同目标的形成，但同时也会忽视个人的利益需求，让法律保护的实施和落实效率大大降低。

4.1.2　私法保护模式

除了公法保护外，私法保护也是我国在非物质文化遗产法律保护中的重要保护方式。所谓私法保护，就是依据民事法律，追究侵权者的民事责任，以达到恢复物权的完美状态的目的。在非物质文化遗产法律保护领域适用的私法主要包括著作权法、专利法、商标法等。这些法律虽然不是专门为保护非物质文化遗产而单独设立，但在涉及的诸多侵权问题上都需要借助相应的法律条文来解决，在维护传承人权益，激发保护主体的积极性方面起到了巨大的促进作用。

非物质文化遗产是一种渐进式创新的传统性知识存在，具有"可知识产权性"，将非物质文化遗产作为一种知识产权进行保护在国际上正逐渐成为广泛共识。非物质文化遗产保护的目的，与知识产权的价值取向一致。非物质文化遗产知识产权保护是由经济利益驱动的，知识产权领域中的非物质文化遗产保护侧重于保护其所有人（包括国家、民族及社群）在非物质文化遗产的开发和利用中的各种利益，尤其是经济利益。非物质文化遗产知识产权保护的首要目的，在于建立一种对非物质文化遗产合理开发利用的调整机制，实现利益平衡。基于此，多数学者认为私法保护能够成为公法保护的重要补充，同时，构建知识产权保护体系是当前非物质文化遗产私法保护实践中的重要方向。

著作权法保护。《中华人民共和国著作权法》（以下简称《著作权法》），于 1990 年 9 月在第七届全国人民代表大会常务委员会第十五次会议上审议通过，其间分别于 2001 年、2010 年、2020 年经历三次修正。《著作权法》保护旨在保护文学、艺术和科学作品作者的著作权，包括了文字作品、口述作品、音乐、戏剧、曲艺、舞蹈、杂技艺术作品等在内的具有独创性并能以一定形式表现的智力成果。而这些艺术作品囊括了诸多的非物质文化遗产类型。在非物质文化遗产的创作过程中适用著作权法保护具有诸多优势，例如，能够可以避免歪曲作品原意，防范非法盗用或篡改等对作品的各类侵权行为。黄梅挑花工艺有限公司因侵犯"黄梅挑花"民间传承人的著作权而查处，被认为是全国首起非物质文化遗产盗版侵权案件。利用著作权保护也存在一定的缺陷，例如，著作权保护在保护传承人权益的同时，也可能会限制非物质文化遗产的传播和发展，使其成为特定个体或团体的私有财产，导致公众无法自由地欣赏、学习和传承。同时，由于著作权保护的期限性，可能会导致非遗传承人无法获得长期有效的保护，进而影响到其传承的动力和持续性。

商标法保护。《中华人民共和国商标法》（以下简称《商标法》）于 1982
年 8 月 23 日在第五届全国人民代表大会常务委员会第二十四次会议上通过，
此后经历了四次修正，内容涵盖了商标申请、核查、变更、转让以及使用管
理等内容。《商标法》的制定旨在促使生产、经营者保证商品和服务质量，
维护商标信誉，以保障消费者和生产、经营者的利益。非物质文化遗产已经
通过商品化的运作路径恢复了"造血功能"，形成了自己独特的商品标识，
通过《商标法》的保护能够有效维持其"造血功能"的正常运转。首先，
许多非物质文化遗产的呈现途径是商品，这些非遗一旦被注册成为商标就会
得到《商标法》的保护。例如，在山西旅游市场上广受欢迎的推光漆器、东
湖陈醋等产品都已经在商品化上取得了巨大成功，并取得了辨识度较高的商
标。因此，在客体层面上非物质文化遗产符合商品的特征。其次，非物质文
化遗产往往历经数代流传至今，体现的是群体传承的智慧、文化以及精神
等，无论是在表现形式上还是表现方法上，存在地域与群体间的显著差异。
商标的差异显著性特征是其最重要的特征，也是其被官方机构认可的重要条
件。因此，非物质文化遗产所呈现出来的差异显著性特征与商标特征具有共
性。近年来，《商标法》在非物质文化遗产保护实践中的应用，在有效维护
传承人的合法权益上取得了巨大的作用。

专利法保护。专利法保护在非物质文化遗产中的应用也同样较为普遍。
《中华人民共和国专利法》（以下简称《专利法》），于 1984 年 3 月 12 日在
第六届全国人大常委会第四次会议上通过，此后经历了四次修正。《专利法》
的制定旨在保护专利权人的合法权益，鼓励发明创造，推动发明创造的应
用，提高创新能力，在《专利法》的第二条中对发明创造进行了限定，指的
是发明、实用新型和外观设计。在利用《专利法》对非物质文化遗产进行保
护过程中，实用新型和外观设计是应用较多的方面。例如，以传统手工艺、
传统技艺为代表的非遗项目通过外观设计和色彩搭配来申请外观设计专利等
就颇为常见。以国家级非物质文化遗产土家织锦技艺为例，在国家知识产权
局网站上进行专利检索（截至 2023 年 9 月），可检索到相关外观设计专利 6
项，相关的发明专利、实用新型专利 3 项。但需要注意的是，《专利法》对

非物质文化遗产保护存在一定的局限性。例如通过专有权利保护，对象的保护期限是有时间性的，发明专利保护期限一般是 20 年，实用新型专利保护期限一般是 10 年，外观设计专利权的期限一般是 15 年。而非物质文化遗产具有世代相承的特征，其保护应区别于普通知识产权保护中的时限性要求。同时，专利制度在保护非物质文化遗产中存在种种缺陷，如申请的时间长、有保护期限限制以及必须公开其专有技术等，还可以采取商业秘密保护的方式以弥补不足。

4.2　抢救性保护

非遗抢救性保护主要针对处于濒危状态的非遗项目，或是尚未被列入遗产名录中的项目，建立档案是其中的关键。档案的重要价值便是能够成为积累和传播知识的重要载体。非物质性、活态性和动态性是非物质文化遗产最基本的特点之一，它们大多没有文字记载，很多是以口口相传的方式流传下来，特别是在全球化、城镇化的浪潮下，建立非物质文化遗产档案是遗产项目的最具根基性和保障性的工作。通过档案的建立，可以记录和保存每项非物质文化遗产的产生历史、表现形式和价值，确保其得到有效的保护和传承。当前，无论是国际还是国内，通过建立档案的方式对非物质文化遗产加以保护已经成为一种广泛共识。联合国教科文组织在 2003 年通过了《保护非物质文化遗产公约》（以下简称《公约》），要求缔约国"对其领土上的非物质文化遗产进行保护、弘扬和展示"，其中"保护"就是确保非物质文化遗产延续生命力的各类措施，包括这种遗产各个方面的确认、立档、研究、保存、保护、宣传、弘扬、传承（特别是通过正规和非正规教育）和振兴。中国作为较早加入《公约》的国家，一直以来都积极履行《公约》的宗旨和所规定的义务，已经在完善立法保护、设立研究机构、推进社会宣传、增强国际合作等方面取得了长足的发展。截至 2023 年 9 月，已经有 43 个项目列入联合国教科文组织人类非物质文化遗产名录（名册）当中。此外，在国内以《非物质文化遗产法》为主体的法律保护体系当中对非遗建档的主体进行了明确，以法律条文的形式，明确了非遗档案化保护的合法地位。要求"县级以上人民政府根据非物质文化遗产保护、保存工作需要，组织非物质文化遗产调查"。"文化主管部门和其他有关部门进行非物质文化遗产调查，应当对非物质文化遗产予以认定、记录、建档，建立健全调查信息共享机制。""文化主管部门应当全面了解非物质文化遗产有关情况，建立非物质文化遗产档案及相关数据库。除依法应当保密的外，非物质文化遗产档案及相关数据信息应当公开，便于公众查阅。"

总结过去非物质文化遗产档案式保护的类型，主要采取的建档方式包括了以文字、声音、图片、视频记录形式为主的传统档案保护模式，以利用现代信息技术将非物质文化遗产转化为数字化形式的数字化档案保护模式，以及将非物质文化遗产档案纳入综合档案馆（博物馆）中，对其进行专业的保护、管理、展示。

4.2.1　档案式保护

传统非物质文化遗产档案保护模式主要采用文字、声音、图片、视频等记录形式对非遗进行真实、系统和全面的记录，为非物质文化遗产的永续留存以及价值开发奠定了坚实的基础。

文本档案：主要是对于非物质文化遗产进行详细的文字记录，包括传承人信息、历史渊源、传承方式、文化内涵等方面，如传说、民间故事等，可以采用文字记录的方式进行保存，以便保留其深刻的文化内涵。同时，从史料、地方志中的文字记录中寻找非物质文化遗产项目内容也是研究非遗起源、发展的重要依据，为社会公众和学术界提供了深入了解非遗项目的机会，有助于提高非遗项目的可见性和关注度。相关的文字资料可以作为非遗项目传承和保护的基础数据，为政府和非遗保护机构制定保护政策提供依据，同时也有助于提高传承人的社会地位和影响力。促进非遗的跨地域、跨文化交流，使非遗项目能够在更广阔的范围内得到传播和交流，推动非遗的活态传承。早年间，文化部（今文化和旅游部）率先发起编写了《中国民歌集成》《中国戏曲音乐集成》《中国民族民间器乐曲集成》《中国曲艺音乐集成》等非物质文化遗产档案。

音频档案：对于一些口传心授的非物质文化遗产，可以采用录音等方式进行声音记录，以便保留其原汁原味的传承方式。音频记录可以以多种方式进行。最简单的方式是使用录音设备录制口头传承的文化遗产，例如民间故事、传说和歌曲。通过专业的声音记录设备，对非物质文化遗产进行声音采集和整理。包括对其起源、发展历程、表现形式、唱腔、调式等各方面进行详细的声音记录。这样可以保存和再现这些文化遗产的真实声音和韵律，避免它们随着时间的推移被遗忘。此外，音频记录还可以捕捉传统音乐、舞蹈和戏剧等表演性文化遗产的声音。通过这种方式，人们可以在今后的时间里欣赏和学习这些文化遗产，让它们在新的时代里得到新的生机。例如，作为第一批国家级非物质文化遗产项目西安鼓乐代表性传承人的何忠信通过声音记录的方式记录下了西安鼓乐的起源、发展历程、表现形式、唱腔、调式等各方面；在山东省聊城市，东阿阿胶制作技艺非物质文化遗产传承人通过声音记录下了东阿阿胶的传统制作过程。此外，针对不同的非物质文化遗产，可以邀请当地的代表性艺人作为"家乡非遗讲述者"，用声音讲述非遗故事，传递非遗魅力，弘扬非遗文化。

图像档案：随着摄影技术的不断进步，以及经济的快速发展，我们注意到一个新兴的摄影领域，即针对濒临消失的非物质文化遗产保护服务的摄影，由此通过图像摄影的方式对其进行记录并建立档案成为保护非遗的重要方式。这一方式提供了更加有效的手段，用于发掘、抢救、保护、记录、收集、整理和研究这些宝贵的文化遗产。这些努力使丰富多元的民族文化得以展示，进一步促进了人类之间的交流与理解。相比于文字、声音的记录方式，图像档案具有更直观、生动的特点，留存视觉元素和符号，能够真实地记录和呈现非物质文化遗产的面貌和细节，帮助后人更好地了解和认识非遗的历史和文化价值。当前，已经有不少关于非物质文化遗产的图像出版物。例如，由云南人民出版社出版的《非物质文化遗产的田野图像》系列书籍，共 7 册，铜版纸全彩，全书由少数民族专家亲临现场，对彝族、藏族、白族、怒族、傣族、基诺族等不同的少数民族及其不同支系的节日、歌舞、民间工艺、宗教仪式等进行调查和研究，这些图书以清晰的照片为主，配以通俗的文字解说，为读者提供丰富的阅读资料和视觉感受，为我们呈现了少数民族非物质文化遗产的全貌图景。由北京非物质文化遗产保护中心组织编写的《北京非物质文化遗产图典》，是完整系统地介绍北京国家级、市级非遗代表性项目的书籍，涵括了非遗项目的历史渊源、表现形态和文化价值，内容丰富翔实，设计精心奇巧，兼具知识性、文献性和趣味性。总之，图像档案在非物质文化遗产保护领域具有不可替代的地位，这些图像档案不仅可用于学术研究，还可用于公共教育和文化推广活动。借助图像档案，可以将非物质文化遗产引入教育体系，提升公众对传统文化的认识和尊重。

影像档案：采用现代化的拍摄设备和技术，对非物质文化遗产进行拍照、录像等方式的记录，能够更加真实、生动地保存其原始状态。同时，采用影像记录的方式也更有助于非物质文化遗产进行更广泛的传播和更深入的研究。也正是因为影像记录非物质文化遗产直观、生动、真实、传播速度快的特点，让影像视频记录成为非物质文化遗产档案保护使用最广泛的方式。央视拍摄的《非遗里的中国》《了不起的匠人》，上海市文化和旅游局推出的"非遗云展播"活动等一系列关于非物质文化遗产的优质纪录片以及视频作品通过非遗创新秀演、沉浸体验、还原绝技等全新的方式来打开非遗，多维度呈现非遗的创新成果、历史底蕴、中国智慧、东方美学。节目展现非遗在新时代迸发出的焕新力量，呈现非遗时光流变中的一脉相承与继往开来，深受观众好评的同时，也大大提高了遗产项目的知名度。相比于文本、声音、图像记录的方式，影像记录具有明显的优势：首先，影像记录以其独特的视角和形式通过运用现代的拍摄技术和手法，将传统文化、民间艺术和历史遗产等元素融合在一起，呈现的方式更加直观、生动、真实。其次，影像记录的非物质文化遗产具有广泛的内容和题材，影像记录不仅关注传统民间艺术和表演，还涵盖了社会风俗、民间信仰、传统技艺和人文景观等方面。这些影像记录可以深入展现非物质文化遗产的丰富内涵和价值，帮助观众了解不同地区、不同民族的历史和文化，促进跨文化交流和传承。再次，影像记录的非物质文化遗产具有真实性和可信度。影像记录采用实景拍摄和现场录制的方式，能够真实地再现非物质文化遗产的细节和精髓，使观众有身临其境的感觉。此外，影像记录还可以通过专家的解读和诠释，提高观众对非物质文化遗产的理解和认知。最后，影像记录的非物质文化遗产影像记录不仅可以作为见证历史、传承文化的资料，还可以为后人留下珍贵的文化遗产和历史记忆，也为学术研究和艺术教育提供丰富的素材和参考，推动非物质文化遗产的传承和发展，具有极高的价值。

4.2.2　数字建档保护

随着近年来数字技术的发展，各地各级非遗数据库、非遗大数据中心、非遗数字博物馆纷纷建立，极大地推动了非物质文化遗产数字化档案保护的进程。

对于非遗数字化的概念，黄永林和谈国新（2012）认为非物质文化遗产的数字化保护主要依赖于数字采集、数字储存、数字处理、数字展示和数字传播等技术，其目标是将非物质文化遗产转化为可共享、可再生的数字形态。通过新的视角进行解读与新的方式进行保存，满足新的需求，可以更好地管理和利用非物质文化遗产信息，避免其遗失和流失。胡惠林和单世联（2014）认为非遗数字化是以数字采集存储和数字展示传播方式，将非遗资源转换为数字形态复现再生，主要侧重于产业融合和文化遗产保护。温雯和赵梦笛（2022）将我国非物质文化遗产数字化历程划分为"入库""上线""在场"三个历史阶段，认为数字化保护的特征可以概括为形态、传播、体验三位一体，其中"全景式""体验型""立体化""线上线下"数字化场景态势日益显现。尽管非物质文化遗产数字化保护在我国发展历程并不久远，却也已经取得了丰富的成果：建立数字档案、解析文化符号、研习传统技艺、搭建互动桥梁。如今，随着云计算、大数据、区块链等数字技术的快速发展，数字化方式在非遗保护与传承实践之中的应用越来越丰富，相关技术的结合越发成熟，其功能也由最初记录、保存、展示的工具，逐渐演变成为助力非物质文化遗产创新和发展的支撑与动力。可以说，借助数字技术的快车，非遗实现了创造性转化、创新性发展，呈现为更具交互性和感染力的形式，在现代生活中找到了新的契合点，在促进文化交流、服务经济发展、助推文化传承方面起到了巨大的作用，进一步丰富和拓展了非物质文化遗产的传承方式和途径。

随着非遗数字化保护进程的加快，国家也出台了相应的政策用于助力和规范这种保护模式。在党的二十大报告中，习近平总书记指出要"实施国家文化数字化战略，健全现代公共文化服务体系，创新实施文化惠民工程"，①对实施国家文化数字化战略高度重视，将其提升为国家战略并进行了总体安排部署，文化数字化的重要意义不断被凸显。作为中华文化的璀璨瑰宝，在非物质文化遗产领域，数字化相关政策也在引领这一行业快速变革与发展。文化和旅游部在 2021 年发布的《"十四五"非物质文化遗产保护规划》中列出了重点任务，包括非遗记录工程和非遗新媒体传播计划等，细化了相关要求，以便更好地推进非遗保护工作。中共中央办公厅、国务院办公厅在 2022 年印发的《关于推进实施国家文化数字化战略的意见》中明确提出，要实现"中华文化全景呈现，中华文化数字化成果全民共享"的目标，必须强化中华文化数据库数据入库标准，确保数据的准确性和规范性。2023 年，《非物质文化遗产数字化保护数字资源采集和著录》出台，用以指导和规范我国各门类非遗代表性项目数字资源的采集和著录工作，是我国首个非物质文化遗产领域的文化行业系列标准，是对非遗数字资源采集方案编制、采集实施、资源著录方面的业务要求和技术要求。在政策出台、落实和推动的背景下，学界和业界对数字化非物质文化遗产保护模式的实践越来越丰富，所蕴含的文化内涵被不断激活和重塑。

目前，借助数字化技术开展非物质文化遗产档案保护的主要场景有非遗

---

① 习近平：高举中国特色社会主义伟大旗帜 为全面建设社会主义现代化国家而团结奋斗——在中国共产党第二十次全国代表大会上的报告［EB/OL］. 中华人民共和国中央人民政府网，https://www.gov.cn/xinwen/2022 - 10/25/content_5721685.htm，2022 - 10 - 25.

数据库、非遗数字博物馆等。

非遗数据库。建立数据库是开展非物质文化遗产数字化保护的基础。非遗数据库是指用于记录和保护中国非物质文化遗产的数据库系统。它的作用主要有以下几点。一是信息记录和整理：非遗数据库可以收集、记录和整理非物质文化遗产的相关信息，包括遗产项目的名称、地理位置、传承人信息、技艺特点、历史背景等，为后续研究与保护工作提供便利；二是传承人管理：非遗数据库可以记录非物质文化遗产传承人的相关信息，包括姓名、年龄、传承经验等，以便于管理和联系传承人，推动非物质文化遗产的传承和发展；三是文化遗产保护：非遗数据库可以用于制定非物质文化遗产保护政策和措施，通过对非遗项目的详细记录和分析，帮助保护机构制定合理的保护方案，促进非物质文化遗产的传承和发展；四是开展研究和教育：非遗数据库为研究人员和教育工作者提供了丰富的非物质文化遗产数据，可以用于研究、教学和学术交流，促进非物质文化遗产的科学研究和传播。作为数字化保护的关键工具，非遗数据库能够实现非遗及其相关资源的保存与管理，具备标准化录入、结构化存储、多元化检索查询、网络化访问共享等多样化功能。目前，我国的非遗数据库建设具有明显的社会公益性质，既有国家级或地方综合性非遗数据库以及配套的项目资源库、传承人库、科研库、普查库等，如中国非遗数据库、北京市非遗数据库、陕西非文化遗产数据库等，也有各类专题资源库，如中国服饰文化集成、中国剪纸数字空间数据库、中国苗族刺绣艺术数据库等。国家图书馆中国记忆项目通过数字化手段，将中国传统文化的珍贵资源进行保存和推广，其中包括了大量的非物质文化遗产资源。中医药非遗数据库是目前全球中医药非物质文化遗产领域规模最大、内容最全面、权威性最强的数据库服务系统。

此外，随着数字化带来的巨大发展前景，一些民间组织和商业机构也在尝试参与非遗数据库建设。例如，中国纹样专家黄清穗于 2019 年挖掘与再造中国纹样，建立纹样数字库——纹藏（https：//www.wenzang.cn/），致力于为社会提供授权服务。纹样库通过与权威专家合作掌握专业知识，通过图书馆学、信息情报学完成资料筹建，通过田野调研获得民族类纹样，已经建立了民族挑花织锦纹样库、景泰蓝纹样库、贵州纹样库等百余个专题数据库，在此基础上设计了庞大的纹样群组，并构建了相应的信息模型，实现从转录到转译的模式转变。此外，纹藏还加强了与高等院校、商业机构、社会企业的合作，拓展产品生态链，形成了集数据库授权、文化展示、图书出版、文创研发等于一体的市场应用结构。2019 年 8 月，"中华木版年画数据库"（http：//engravings. ancientbooks. cn/）在"籍合网"正式上线。该数据库是以木版年画图像为主体，由彭兴林先生等年画收藏家搜集、整理的，藏品跨越了宋至近代 1000 多年历史，囊括国内 40 多个木版年画产区的风格迥异的木版年画 16000 余幅，是国内收录最完整的木版年画类数据库。数据库所收录的年画图像清晰、著录规范，能够为民俗学者提供查找、浏览和比对等多维在线服务功能。

这些数据库的建设共同构成了我国非遗数字化体系，具有独特的历史、文化、艺术和科学价值和市场潜力，为开展非遗研究、保护传承、市场转化提供了重要的支持和帮助。

非遗数字博物馆。非遗数字博物馆、非遗大数据中心等都是数据库的衍生，是非物质文化遗产实现数字化的重要展示载体。我国拥有丰富的非物质文化遗产资源，这些资源不仅代表着中华民族深厚的历史文化底蕴，也彰显了中华文明的独特魅力。非遗数字博物馆通过虚拟展厅、数字文物、模拟场景等方式，以更加立体、开放、动态、沉浸的方式将非物质文化遗产的精华呈现在观众面前，让更多人能够领略到中华文化的魅力。在解决传承困难、保护不足等问题中扮演着越来越重要的角色，提供了更加可靠的技术支持。

非遗数字博物馆的建设一般包括以下内容：一是资源数字化，将非物质文化遗产资源进行数字化处理，包括文字、图片、音频和视频等多种形式；二是展示传播，通过网络平台、移动应用、社交媒体等多种渠道，将数字化的非物质文化遗产资源进行展示和传播；三是互动体验，通过虚拟现实、增强现实等技术手段，为用户提供互动体验，让他们能够更深入地了解非物质文化遗产的工艺过程和文化内涵；四是教育研究，非遗数字博物馆可以为教育研究提供丰富的资源和便利的条件，支持非物质文化遗产的传承和发展；

五是交流合作，非遗数字博物馆可以促进国内外非物质文化遗产保护机构之间的交流和合作，共同推动非物质文化遗产的保护和发展。

当前，我国已有多家非遗数字博物馆正式上线运营，这些博物馆的主办方涵盖了省（区、市）政府以及各高校和科研机构。从数字博物馆的类型上来看则包括综合类、专题类、行业类等多种类型，许多数字博物馆建设极具特色。其中，文化和旅游部主管主办的中国非物质文化遗产数字博物馆集政策解读、资源统计、项目展示、学术研究于一体，是我国目前最权威、最全面的国家级非遗项目及传承人展示平台，旨在为全社会公众提供权威的非物质文化遗产知识和信息服务。广州市花都区非遗 VR 云展厅是一个利用虚拟现实技术展示和传播花都非遗文化的数字博物馆，整个展览集赏、品、玩、观于一身，打造了一个花都非遗记忆静态观展与互动体验相结合的活态展示虚拟场地，也为非遗传承人提供了更加便捷的创作和展示平台。"ZHI 艺"非遗虚拟展示平台则是一个专门展示传统手工艺之美的非遗数字博物馆。该数字博物馆由南京大学艺术学院建立，由知、制、智三个主展厅组成，意在从认知、制作和知识三个层面以视觉化、审美化和数字化呈现方式展示了手工艺之美，特别是对云锦、绒花、金箔三项工艺进行了深度文化梳理与数字化采集。

数字化的保护方式的出现，拉近了非遗与现代生活的距离，消除了因神秘感而产生的刻板印象，有力地促进了非遗的保护与传播。我国非遗保护协会会长王晓峰指出："非遗与数字的结合，是传统与当代的碰撞，是文化与科技的融合，是传承与创新的对话，是文化数字化扎根群众的实践。数字化助力非遗飞上广阔的'云端'，也进一步丰富了非遗保存保护、传播传承的方法途径。"①

4.2.3 综合档案馆式保护

在当今社会，非物质文化遗产的重要性不仅在于其丰富多彩的文化内

---

① 王彬. 数字化为非遗保护传承"添翼"[N]. 中国文化报，2023 – 08 – 08（002）.

涵，更在于它所代表的历史和传统文化的独特价值。由于非物质文化遗产的特殊性质，其保护和管理成为一项极为重要的任务。在这方面，综合档案馆（博物馆）的作用不可忽视。综合档案馆（博物馆）作为集中保管各类档案的专业机构，以其系统、全面和专业的特点，成为非物质文化遗产保护的重要基地。在这里，每一份档案都得到了精心保存，以确保其真实性和完整性。综合档案馆（博物馆）在非物质文化遗产保护方面的作用首先体现在其收藏和整理工作上，需要在搜集文字、图片和影像资料以及各类实物的基础上，利用现代科技手段对不同的非物质文化遗产项目进行系统细致的分类、编目、整理、存储、管理，确保档案的查找和使用方便快捷。其次，综合档案馆（博物馆）还致力于非物质文化遗产档案的宣传、传习、普及、教育，是开展非遗教育的重要场景。通过举办展览、出版物发行、专家讲座、现场展演等活动，普及推广非遗的独特魅力，深化社会公众对非遗的认识和尊重，为非物质文化遗产的传承和发展提供坚实的群众基础和社会支持。最后，综合档案馆（博物馆）还承担着与各类文化机构、研究机构等相关机构合作与交流的任务，分享保护经验和技术，提高整体保护水平，共同推动非物质文化遗产的保护工作。

　　我国在综合性非物质文化遗产档案馆（博物馆）建设方面取得了显著的进展。2022 年 5 月，中国工艺美术馆·中国非物质文化遗产馆正式挂牌成立，成为新的国家级文化殿堂，主要负责保护、鉴定、修复中国工艺美术和非物质文化遗产项目，典藏和展示文物遗产艺术珍品、物态遗产和活态遗产，开展科学研究、学术交流、公共宣传教育和社会服务，该馆的建成填补了我国工艺美术和非物质遗产国家级博物馆的空白。浙江省非物质文化遗产馆于 2023 年 8 月正式投入使用，该馆的建立标志着中国首座大型区域综合性非遗馆落成，作为浙江省之江文化中心的重要组成部分，该馆具有非物质文化遗产保存保护、传承传播、展示展演、教育研究、创意研发五大功能。它的出现，对于保护和传承浙江省非物质文化遗产具有里程碑式的意义。2021 年 6 月，位于南京市著名 5A 景区夫子庙景区核心地段的秦淮·非遗馆正式开幕，成为江苏省内最大的非遗综合体验中心。该馆具备展示展销、互动体验、传承交流和活化利用的功能，通过图文、实物、视听、手作和交流等多种方式，展现了"非遗盛宴、古都宝典、活态体验、多维呈现"的鲜明特色，是一座沉浸式的数字非遗体验馆。此外，在一些地区也积极推进图书馆、博物馆、非遗馆、文化馆等公共文化机构的非遗智能体验服务，主要是借助图文影像超链接、AR 和 VR 影像、3D 全息投影、智能互动的方式，满足参观者多层次的感官体验，让叙事更为丰满、展示更加鲜活、诠释更加透彻。

综合档案馆在非物质文化遗产保护中扮演着重要角色。通过完善收藏、整理、宣传教育及合作交流等多种手段，综合档案馆为非物质文化遗产的保护和管理提供了坚实的保障。

4.3　生产性保护

关于非物质文化遗产生产性保护的概念学界进行了广泛的讨论，在 2012 年由文化部出台的《关于加强非物质文化遗产生产性保护的指导意见》（以下简称《意见》）中给出了权威的解释：生产性保护指在具有生产性质的实践过程中，以保持非物质文化遗产的真实性、整体性和传承性为核心，以有效传承非物质文化遗产技艺为前提，借助生产、流通、销售等手段，将非物质文化遗产及其资源转化为文化产品的保护方式。[①] 同时，文件明确指出了生产性保护这种方式主要应用于传统技艺、传统美术和传统医药药物炮制类三种类型的非遗领域。《意见》指出对以上三种类型的非物质文化遗产开展生产性保护需要以保护和传承为前提，可以增加非物质文化遗产的内在活力，培养更多的传承人，弘扬优秀传统文化，同时促进文化消费、扩大就业和推动可持续发展。保护和传承始终是生产性保护的出发点和落脚点，保持非物质文化遗产的真实性、整体性和传承性是核心，因此《意见》中多次强

---

① 文化部 . 关于加强非物质文化遗产生产性保护的指导意见［Z］. 2012.

调了坚持非遗生产性保护正确导向的重要性，要求始终把保护放在首位，尊重非物质文化遗产生产方式的多样性，坚持传统工艺流程的整体性和核心技艺的真实性，擅自改变非物质文化遗产的传统生产方式、传统工艺流程和核心技艺则不被视作是生产性保护方式，在这个意义上生产性保护与产业化发展有着明显的区别。经过专家评审、实地考察、评审委员会审议、公示等多轮程序，2011 年和 2014 年我国先后颁布两批"国家级非物质文化遗产生产性保护示范基地"，其中第一批 41 个，第二批 57 个，生产性保护在实践层面得以落实并得到了推广。

　　生产性保护可以激发非物质文化遗产所蕴含的活力，但同样也给人们带来了诸多思考，如避免将生产性保护与"泛产业化"概念混淆，生产性保护模式和机制建设等。随着非遗生产性保护工作的深入推进，针对生产性保护的理论与实践研究成果相继涌现，成为非物质文化遗产研究的新热点。高艳芳和孙正国（2014）认为，生产性保护的核心观念应该回归到人们的日常需求，而生产性保护若要实现发展，离不开文化创意这条关键路径。

　　曹洋和王丽坤（2014）认为，尽管非遗不乏通过产业化发展取得成功案例，但生产性保护与产业化保护不能混为一谈，可以视作存在共同元素的两个交集集合。通过比较"公司＋农户"、手工作坊、"宫廷作坊"三种保护模式认为结合地方实际，因地制宜，不盲目跟风，不变味开发，才是生产性保护地发展的长久之计。罗眉等（2015）认为，理论不足、体系不全、项目不明、实践不足是阻碍非遗生产性保护运行的瓶颈。仇兵奎和许子婵（2021）分析了在非遗生产性保护过程中的生成逻辑与实践模式，认为市场需求、非遗内在属性和社会环境变迁是推动生产性保护发展的动力，创新则是实现可持续性发展的基本保障。同时基于内在价值维度下的非遗类别，对于不同类别的遗产项目提出了五种非遗生产性保护模式。张婉玉等（2021）基于文献综述和社会调研的结果，总结了三类羌族银饰的生产性保护方式，分别是"企业＋基地＋市场""匠人＋用户""政府＋传承人＋项目"模式。受到市场的利益导向、创新乏力、规模限制等多方面的因素影响，三种模式均表现出了相应的短板，认为在互联网环境下结合角色地图和动机矩阵，构建羌族银饰生产性保护平台。此外，许多学界也围绕生产性保护模式进行了理论及个案研究。

根据《意见》精神，将市场潜力作为非遗项目选择的重要标准，积极推行"项目+传承人+基地""传承人+协会""公司+农户"等保护模式，通过将文化旅游和民俗活动等相结合推动生产性保护工作，进一步促进其健康发展与繁荣，许多生产性保护示范基地建设的成功做法也可以为非遗保护提供经验和借鉴。

4.3.1 "项目+传承人+基地"模式

该模式以非物质文化遗产项目为核心，以传承人为灵魂，以基地为依托，通过三者的有机结合，实现非物质文化遗产的有效传承和保护，具有广泛的应用前景。首先，这种模式强调了非物质文化遗产项目的重要性。项目往往具有技术难度大、工艺复杂、价值独特、内涵深刻等特点，通过生产性保护，能够取得显著的社会效益和经济效益。如景泰蓝制作技艺、宜兴紫砂陶制作技艺、雕版印刷技艺等，体现了人类文明的精华和智慧的结晶。其次，这种模式凸显了传承人的关键地位。传承人作为技艺的承载者和传承者，他们身上肩负着维护项目历史、文化和技艺的重任。在这种生产性保护模式中传承人的技艺和经验的传递不再只是一种双向的交流和互动，既有技艺的传授也可以从生产中获取反馈和建议，使技艺不断得到改进和创新。最后，这种模式强调了基地的支撑作用。基地可以是一些企业、社区、传习所或者学校等，为项目的传承提供了必要的场所、资金和人才等方面的支持。同时基地也是将非遗项目推向市场的关键一环。基地依托自身的产业优势，利用专业人士的生产、流通、销售手段，将非物质文化遗产及其资源转化为文化产品，为遗产项目的发展注入更多的活力。

景泰蓝被誉为"北京八绝"之一，因其制品多为蓝色而得名。在明清两代，景泰蓝得到了重要的发展，因制品精美被视作皇室专属用品，是我国金属工艺成熟的发展体现。北京市珐琅厂借助"项目+传承人+基地"的生产模式在景泰蓝制作技艺传承中取得了优异的成绩。北京珐琅厂成立于 1956 年，是我国首批国家级非物质文化遗产生产性保护示范基地，常年致力于景泰蓝的研发设计生产。秉持非遗传承的责任，改革开放以后，企业加大了对景泰蓝的设计研发力度，并不断拓展景泰蓝技艺的应用领域，先后建成了中国首座景泰蓝艺术博物馆、景泰蓝制作技艺研发中心、档案室以及景泰蓝制作技艺体验室。同时，企业也十分重视非遗传承人队伍建设，其中不乏工艺美术大师钱美华、钟连盛等国家级非物质文化遗产传承人。企业通过集中授课、培训、生产一线带徒传艺、技能大赛、外出采风等方式，先后培养了上百名传承人及设计和制作人员，实现了景泰蓝制作技艺传承有序、箕引裘随。企业共培养了包括国家级在内的各级非遗传承人 10 名，高级工艺技师近 50 人。在研发方面，企业投入大量资金，在新型低铅釉色上实现了技术突破，生产产品涉及从室外景泰蓝喷泉到日常用品，将景泰蓝制作技艺扩大融入大众生活。北京珐琅厂每年举办"景泰蓝老物件淘宝大集""景泰蓝皇家艺术庙会"以及相应的深度体验游活动，通过文旅活动不断拓展景泰蓝的影响力。经过多年的快速发展，北京珐琅厂借助非遗生产性保护的东风，实现销售收入、利润、纳税额年均增长 10% 的业绩，真正做到了对非物质文化遗产的真实性、整体性和传承性的保护以及对传统工艺流程的传承。关于"项目 + 传承人 + 基地"生产性保护模式的案例还有很多，实现了非遗项目、传承人和基地的有机结合，为我们的非遗保护和传承提供新的思路和方法。

4.3.2　"传承人 + 协会"模式

"传承人 + 协会"模式同样是在实践中得到认可的一种生产性保护模式，通过传承人和相关协会或组织之间的分工与合作来实现非遗项目的生产性保护。在讨论传承人在非物质文化保护中的任务时，徐艺乙（2012）认为传承人需要承担四种责任，一是要在传承过程中注重对项目原真性的恢复重构，二是要选好和带好传承人，三是要发挥创造力创作经典作品，四是要做好资料档案收集和经验总结。单靠传承人个体显然是无法完成这样系统的任务的。行业协会作为成员自愿组成的民间性组织，是行业主体与政府之间的中介桥梁，主要以组织内成员为服务对象，以非官方的民间活动为主要方式，能够为传承人提供支持和帮助，共同助力非物质文化遗产项目的传承。在这种模式下，传承人通常负责非遗技艺的传授和培训，通过言传身教的方式将技艺传授给下一代，积极参与各种非遗展演活动、参与非遗研究，非遗产品创新研发等。而协会则主要负责组织和管理相关的非遗活动，为传承人提供支持和帮助，协助传承人宣传非遗文化、策划非遗活动，积极参与非遗技艺的收集、整理和研究工作，借助行业协会平台，传承人可以维护自身利益、规范行业行为，相互交流提升，不断完善和提高自己的技艺水平。

宜兴已经有几千年的制陶史，淬铸而大成于明中晚期，早在 2006 年，宜兴紫砂陶制作技艺就被列入国家级非物质文化遗产项目之一。在早期，宜兴紫砂的传承主要是以手工作坊形式而进行，存在着诸多弊端，其作坊结构松散，工艺创新乏力，品质良莠不齐，难以形成合力，也无法满足社会对高品质紫砂壶的需求。2002 年 6 月，宜兴市陶瓷行业协会成立以来一直致力于推动行业的发展和升级，在政策制定、技术研发、市场拓展、企业合作等方面都发挥了积极的作用。同时，宜兴市陶瓷行业协会先后成立了紫砂分会、陶刻分会、原料分会等分支机构，通过细化分工、精准贴近行业服务，开展多项专题活动，增强活力。在实践中，协会依靠镇村力量联合了周边 6 个紫砂专业村加工作坊，实现紫砂信息系统和资源共享和协同工作，逐步从无序向有序发展紫砂的传承，原有的家庭作坊依托组织的帮助，获得了更多的资源，进入了更宽广的平台，得到了更多展示自己的机会。从现在的丁蜀镇西望村等六个紫砂生产专业村的情况看，六个紫砂专业村共有 10233 户，其中有 6112 户在从事紫砂生产经营，占总户数的 59.80%，六个村共有村民 26288 人，其中有 13771 人在从事紫砂生产，占总人口的 52.38%。至 2022 年底，仅六个专业村紫砂从业人员中，具有专业技术职称达 2021 人。并涌现了一批省、市、县"非遗"传承人代表。从收入情况来看，以西望村为例，2021 年收入 5 万~10 万元的有 385 人，10 万~20 万元的有 1460 人，20

万元以上的有 585 人，这就是紫砂技艺传承在振兴乡村中所带来的物质文明，也是"传承人 + 协会"生产性保护优势的体现。[①]

4.3.3 "公司 + 农户"模式

"公司 + 农户"模式是指公司负责订货，并寻找具备手工技艺的农户进行产品生产与加工，随后进行收购和销售的一种合作方式，适用于在一定区域内已经形成规模的非物质文化遗产项目。"公司 + 农户"模式通过将公司和农户联合起来，实现资源共享、风险共担、利益共享的目标，促进了非遗项目生产的组织化和规模化，提高生产效益和农户收入水平，同时也为公司提供了更稳定、更高质量的产品供应。在"公司 + 农户"模式中，公司通常会为农户提供技术支持、资金支持、市场销售等方面的服务，帮助农户提高非遗产品生产效率、产品质量、生产效益和降低市场风险，推动产业的现代化和专业化。同时，公司也会从农户手中收购相应的工艺制品，并对其进行销售，获得利润。公司和农户之间的利益关系可以通过合同、股份合作等方式来确定，使得双方都能够获得稳定的收益和可观的利润。因此，"公司 + 农户"模式是一种具有重要意义和推广价值的非遗生产性保护发展模式。

在实践中不乏利用"公司 + 农户"模式进行生产性保护的案例。"松桃苗绣"是第五批国家级非物质文化遗产，以着色大胆自由，针法绣法多样而形成了鲜明的艺术风格。石丽平作为贵州松桃县"松桃苗绣"的第七代传承人，曾被评为全国非遗保护工作先进个人。她在 2008 年创办"松桃苗绣"的相关企业，从最初的 3 个人发展成拥有 260 人的精英刺绣队伍，培训了 1 万多名传统手工技艺传承人。其中大部分是县城下岗女工、农村苗族妇女和务工返乡人员。公司产品畅销国内，出口美国、马来西亚、沙特阿拉伯等 67 个国家，帮助 130 多名贫困人口实现了脱贫，帮助家庭困难的妇女找到了新路子，为全县 4000 余名妇女提供了创业平台。[②] 青海刺绣是青海民间传统刺

① 史俊堂 . 紫砂传承发展与乡村振兴［N］江南晚报 . 2023 - 06 - 20.
② 肩负传承使命 守望精神家园［N］. 中国文化报，2018 - 06 - 12.

绣的简称，包含土族盘绣、湟中堆绣、贵南藏绣、河湟刺绣、蒙古族刺绣等国家级、省级非物质文化遗产项目。在青海互助土族自治县当地开设的青绣就业基地和非遗就业工坊形成了"企业＋绣娘＋贫困户"的生产销售经营模式。截至 2023 年 8 月，已吸纳近 140 家工坊，年收益总额突破两亿元，长期就业人数近 15 万人，大大促进了当地村民增收。[①] 新合索面尽管只是县级非遗代表性项目，但依托该非遗项目成立了非遗工坊，并充分利用新合乡引坑村现有的闲置场地资源，让全乡原本分散的新合索面"小作坊"联合起来开展技能培训、产品创新、工艺改良、非遗研学、文化展示等，带动新合乡450 余户、1000 余人从事索面加工制作、销售及其相关行业，2021 年新合索面销售规模突破 1000 吨，销售额 1800 万元，索面制作户年平均增收 3.6万元。[②]

4.3.4 非遗生产性保护示范基地建设

对于非物质文化遗产生产性保护示范基地的提法很多人并不陌生。在2012 年 1 月和 2014 年 4 月，由文化部（现文化和旅游部）在经严格的评选后向社会公开了第一批、第二批共计 98 个国家级非物质文化遗产生产性保护示范基地。在 2022 年，又启动了新一轮国家级非物质文化遗产生产性保护示范基地推荐工作。开展示范基地的评选、梳理生产性保护的实践经验和成功做法，发挥示范引领作用，为更好地保护和发展非物质文化遗产提供了借鉴。许子婵和仇兵奎（2016）在总结山西省非遗生产性保护示范基地建设的经验后提出"1＋X"保护模式，依托企业基地，融入多元化发展要素来促进非遗的保护。赖文蕾和刘畅（2022）整理了国内国家级纺织类非物质文化遗产生产性保护示范基地的情况，认为纺织类非遗在助力精准扶贫、促进贫困人口创业方面大有可为。

结合非物质文化遗产生产性保护基地建设的实践案例来看，有许多成功

的做法值得借鉴。一是重视传承人的核心作用。传承人是非物质文化遗产的核心，是保护和传承的关键所在。基地建设应充分重视传承人的作用，鼓励他们积极参与非遗生产性保护示范基地的建设和传承活动。二是重视建立专业团队。非物质文化遗产生产性保护示范基地的建设，是团队力量的体现，基地的发展需要一支专业的团队来运作。这个团队由非遗传承人、工艺师、专家学者、策划人员、市场营销人员等各方面的专业人才组成，他们具备丰富的非遗知识和经验，能为非遗的保护和传承提供专业的指导和支持。三是充分挖掘地方特色非遗资源。非遗生产性保护示范基地依托具有发展潜力的各级非物质文化遗产而存在，对非遗项目的文化内涵、历史渊源进行了深入挖掘与弘扬，使基地成了地方文化的展示窗口，进一步提高非遗的知名度和影响力。四是力求多元化发展。为满足不同人群对非物质文化遗产的体验需求和知识需求，基地建设往往不只是局限于对产品的生产，而是力求实现多元化发展，设立多个展区、展示馆、体验区等，以展示不同类型的非遗项目和传统文化。同时，可以开展丰富多样的互动体验活动，如 DIY 体验、技艺体验、文化讲座等，增强基地的吸引力和影响力。五是加强市场营销和宣传。"酒香也怕巷子深"是非物质文化遗产保护面临的最真实的写照、非遗生产性保护示范基地利用资源优势加强市场营销和宣传，通过线上线下相结合的方式结合各种渠道进行宣传推广，如网络、社交媒体、传统媒体等；与旅游机构合作，开展旅游推广活动，组织各类文化活动和赛事，以吸引更多人关注和参与，有效提高其知名度和影响力。六是选择合适的发展模式。除了前文所述的"项目 + 传承人 + 基地""传承人 + 协会""公司 + 农户"三种保护模式以外，许多生产性保护示范性基地在建设过程中大胆突破桎梏，不断推陈出新，实践了许多新的发展模式，也都取得了较好的成效，如"家庭作坊式""政府 + 传承人 + 项目"。因此，在确定基地的发展路径时应根据当地实际情况和资源来作出合适的选择。

　　非物质文化遗产生产性保护示范基地建设具有十分重要的现实意义，基地的建设与发展有效地推动了非物质文化遗产的动态性保护，既保护了非遗项目的传统技艺和流程，又紧跟现代市场发展需求，推动了非遗项目的创新发展，推动了非物质文化遗产保护分工，政府引导和社会参与高效融合。在政府提供政策支持和资金扶持下，社会企业参与非遗保护的积极性明显提高，进一步丰富了非物质文化遗产保护举措，实现了非遗生产性保护示范基地的认定、传承人的培养、知识产权的保护等方面的工作的有机结合，以确保非遗项目的有效保护和传承。

4.3.5 "非遗工坊" 建设助力乡村振兴

"非遗工坊" 是新时期我国在非物质文化遗产保护实践与乡村振兴融合发展的新举措，具有明显的时代特征和地域特色。由文化和旅游部、人力资源和社会保障部、国家乡村振兴局在 2021 年 12 月共同印发的《关于持续推动非遗工坊建设助力乡村振兴的通知》（以下简称《通知》）对非遗工坊的概念进行了明确。所谓非遗工坊，是指依托非遗代表性项目或传统手工艺，开展非遗保护传承，带动当地人群就地就近就业的各类经营主体和生产加工点。在各地开展非遗保护和乡村振兴的实践中，非遗工坊是各地开展非遗保护、助力乡村振兴的有效载体，在带动当地群众就近、灵活就业方面发挥了积极作用。[①] 通过建立工坊，邀请传承人和艺术家来传授非遗技艺，并提供机会让新一代人学习和继承这些技艺。这样做旨在确保这些技艺的传承和发展，同时也帮助重振经济和文化。非遗工坊项目提供多种非遗技艺的教学，包括传统手工艺、音乐舞蹈、传统节庆等。除了传授技艺，该项目还通过向公众展示非遗艺术品和举办相关活动来宣传和推广非遗文化。

非遗工坊的名称是由非遗扶贫就业工坊转变而来，在《通知》中明确指出在脱贫攻坚任务完成后，非遗扶贫就业工坊更名为非遗工坊，提出非遗工坊以国家乡村振兴重点帮扶县、易地扶贫搬迁安置区为重点，以脱贫人口、监测帮扶对象为重点开展建设，确定非遗工坊的认定责任落在县域，切实打

---

① 文化和旅游部办公厅，人力资源社会保障部办公厅，国家乡村振兴局综合司. 关于持续推动非遗工坊建设助力乡村振兴的通知 [EB/OL]. 中华人民共和国中央人民政府网，https://www.gov.cn/zhengce/zhengceku/2021 – 12/16/content_5661193.htm，2021 年 12 月 7 日.

通非遗工坊建设的"最后一公里"。为了进一步巩固非遗工坊在乡村振兴的
作用，形成示范效应，在 2023 年初，由文旅部等三部门公布了 66 个 2022 年
"非遗工坊典型案例"，涉及的工坊主要以传统工艺类非遗为主，获评案例以
非遗工坊建设为抓手，催生出了一批独具乡村特色的"新工厂"，66 个获评
案例均是以非遗工坊建设为抓手，不仅让农民捧上了文化致富的"新饭碗"，
形成可复制可推广的典型经验和做法，为推动文化产业赋能乡村振兴提供了
新路径。截至 2022 年 6 月，文化和旅游部支持各地共建设非遗工坊 2500 余
家，其中 1400 余家位于脱贫地区，覆盖了 450 余个脱贫县和 85 个国家乡村
振兴重点帮扶县。①

　　"湘西苗绣：让妈妈回家"非遗工坊案例 2022 年入选"非遗工坊典型案
例"，该工坊是由湘西七绣坊非遗工坊依托国家级非遗代表性项目湘西苗绣设
立的。该非遗工坊成立于 2018 年，长期对低收入家庭以及当地妇女开展公
益性的苗绣技能培训，并积极创造提供就业机会与创业平台。工坊通过湘西
苗绣技能培训、传统技艺研究、非遗生产性保护、"非遗 + 农业 + 旅游"等
形式开展非遗保护传承发展工作，截至 2023 年 2 月，工坊先后支持了 1926
名农村妇女带薪培训，吸纳了 367 名低收入人群就业，间接带动 3000 余人
从事湘西苗绣相关产业，其中妇女占比 75%，让 300 多个留守孩子的母亲返
乡就业，真正做到了"让妈妈回家"。湘西七绣坊非遗工坊在挖掘探索传统
技艺类非遗传承的过程中，发展了新型的农村产业集群模式，实现了湘西苗
绣技艺的传承与发展，为非遗助力乡村振兴提供了宝贵经验。② 像"湘西苗
绣：让妈妈回家"非遗工坊这样的工作案例还有很多，总的来说，相比于非
遗生产性保护示范基地，非遗工坊更侧重于在乡村地区推动非遗保护，并促
进贫困地区相关产业的发展，而非遗生产性保护示范基地注重将非遗转化为
生产力，产生经济效益。

---

　　① 文化和旅游部 . 关于"非遗工坊典型案例"推荐名单的公示［EB/OL］. https：//zwgk.
mct. gov. cn/zfxxgkml/fwzwhyc/202212/t20221212_938033. html，2022 - 12 - 20.

　　② 刘珊 . 三部门公布 66 个"非遗工坊典型案例"——非遗助力乡村振兴［N］. 中国知识产权
报，2023 - 02 - 10.

近年来，非遗工坊如雨后春笋般纷纷涌现，覆盖面和覆盖范围越来越广，不仅给贫困地区的人民带来了实实在在的收入，让非物质文化遗产重新焕发生机，让他们更加珍视和热爱自己的文化，更展现出新时代乡村振兴中非物质文化遗产保护的卓越成就。

4.4　整体性保护

整体性保护，即对非物质文化遗产及其生存空间实施整体保护。非物质文化遗产的整体性保护一般认为包含两层含义：一是保护文化遗产项目所拥有的全部内容和形式，这是从文化遗产项目的完整性角度而言的；二是将非物质文化遗产保护与遗产项目所处的自然环境、生态环境、人文环境和相关的制度、习俗等内容，把这一有机系统视为一个整体。这个整体是从文化与环境之间的和谐共存而言的。相比较而言，非物质文化遗产原真性原则的真实性要求对所有的非物质文化遗产项目保护要求来说都适用，而整体性原则并不是对每项非物质文化遗产项目都适用。在实际的操作过程中，整体性原则的第一层含义在一些项目实际操作中可能会产生分歧。整体性原则的第二层含义也要视项目的不同，有些项目适用此原则，有些项目不适用此原则。在非物质文化遗产保护领域，整体性保护是一种重要的思想。它强调的是对非物质文化遗产进行全面、系统、深入的保护，不仅是保护其外在的表现形式，还要保护其内在的精神文化内涵。

国内学者也对非物质文化遗产的整体性保护进行了广泛讨论和深入的研究，主要包括对于非物质文化遗产整体性保护的原则、困难和实践路径等。刘魁立（2004）较早地提出了对非物质文化遗产进行整体性保护的畅想，认为应该将非物质文化遗产视作一个整体，从整体上加以认识、关注和保护，认为非物质文化遗产与有形文化在保护上具有明显的差别，既要保护非物质文化事象本身，更要注重保护它们所依赖的结构性环境，要承认遗产在空间和时间维度上的嬗变，要协调和整合各方面在保护过程中的利益诉求，处理好非物质文化遗产的创造者、拥有者和保护者之间的利害关系。尊重文化共享者的价值认同和文化认同。赵艳喜（2009）认同了刘魁立的观点，认为整体性保护理念在非物质文化遗产保护领域的应用应该涵盖本体、相关环境和人三个要素，在历时性和共时性（时间向度和空间维度）上对非遗进行的综合、立体、系统性保护，以达到保护遗产项目本真性和完整性的目的，进而促进非物质文化遗产的良性、健康和可持续发展。金昱彤（2013）认为，形成非物质文化遗产整体保护的观念是当前全球范围发展的最大趋势，这种保护模式强调了对非物质文化遗产所在的生态文化的整体保护。强调整体保护要从文化本身的结构出发，考虑非物质文化遗产构成的文化特质、文化模式等因素，系统地对文化整体的存续逻辑进行全面而深入的分析，以便制定更加有效的文化保护与发展政策。叶芳芳和朱远来（2013）讨论了非物质文化遗产整体性保护的困境，认为在全球现代化进程加速的语境下，非物质文化遗产发展明显滞后且缺乏竞争力存在事实上的被边缘化，主要的困境表现为民族文化现代化的诉求强烈而困难重重，在群体间还尚未形成整体保护"文化自觉"，在现代流行文化的新潮下传统民俗文化为内核的非物质文化遗产在边缘地带难以求存。俞红艳和肖原（2013）结合滩头年画保护的案例分析提出了开展整体性保护的路径。

　　国内关于非物质文化遗产保护的研究与思考还有很多，同样也形成了丰富的研究成果。对于非物质文化遗产的整体性保护，需要从多个方面进行综合思考。既要相关利益者承担好相应的责任，如政府在整体性保护中普查、建档、资金政策支持的作用，传承人及群体在遗产保护和创新方面的任务，学者在非遗保护中的研究、内涵阐释的作用等，更重要的是形成合理的保护机制，在时间维度和空间维度给予非物质文化遗产发展的土壤，为非物质文化遗产的保护工作注入新的动力和思路。随着研究的不断深入和保护实践的丰富，人们对非物质文化遗产整体性保护的认识在不断提升，提出了富有实践意义的保护措施，如区域性的整体保护、文化空间保护以及文化生态保护区的建设等，都对非物质文化遗产的整体保护具有建设性意义。

4.4.1 传统村落式保护

传统村落是我国宝贵的文化遗产，蕴含着深厚的历史底蕴，被冠以"民间文化生态的博物馆""乡村历史文化的活化石""中华优秀文化基因库"等美誉，背后则承载着中华民族的历史记忆，更寄托着人们浓浓的乡愁。在2012 年 9 月召开的全国传统村落保护和发展专家委员会上，将习惯上所称的"古村落"改为"传统村落"，目的在于突出其文明价值及传承意义。其实，我国具有庞大的村落数量，根据国家统计局网站数据显示，其中拥有不乏特色鲜明、历史悠久的传统村落，截至 2023 年 6 月，全国范围行政村总数为691510 个，在 2023 年 3 月住房和城乡建设部、文化和旅游部等六部门已公布六批中国传统村落名录中，全国共有 8155 个传统村落列入国家级保护名录。① 它既是村民赖以生存的家园，也是孕育中华优秀传统文化的土壤。这些村落中既有古建、古道等历史遗存，也有传统手工艺、民间歌舞等非物质文化遗产遍布在田野乡村，也正因此传统村落成为传统文化的重要载体，是十分重要的文化资源。

对于如何保护好、传承好传统村落所蕴藏的各类非物质文化遗产，挖掘其中的历史文化价值，在现代文明的浪潮下借助传统村落的优势保护其中的非物质文化遗产不受侵袭成为摆在政府、专家、学者、传承人、村民面前一项十分重要的问题。在思考和解决问题的过程中同样也形成了丰富的研究成果。田磊等（2023）以黄河流域的传统村落为例，采用数量空间关系模型、双变量空间自相关分析方法分析了传统村落与非物质文化遗产的空间相关关系，认为受到多种因素的共同影响，两者在空间关联上形成了显著的相关关系。王克岭等（2023）借助部分空间分析和数理分析的方法分析金沙江流域传统村落与非物质文化遗产之间的空间联通格局存在功能上的密切互补性和在空间上的交叠性和复合性，提出了整体性保护与开发的思路。王美等

---

① 陈辉，吕品晶．用心用情保护传统村落文化遗产［N］．光明日报，2023 – 05 – 10．

（2023）认为传统村落具有多学科多维度阐释和分析的基础，是乡村振兴、文化遗产保护、传统文化传承创新、文旅融合发展的国家政策的实践基地，并从人类学研究的视角分析传统村落文化保护研究的方向，以此为基础才能更好地探究传统村落本质及其保护利用路径。从研究的内容来看，既有对非物质文化遗产与传统文化在空间上的关系的讨论，也有对保护路径、文化诠释的讨论，为借助传统村落实现非物质文化遗产整体性保护提供了多种理论依据和选择。

在整体性保护的实践中，同样不乏非物质文化遗产与传统村落融合发展，实现整体保护目标的案例。

坐落于浏阳河市张坊镇的道官冲中国非遗生态村是国内著名的非遗文化村，这里历史悠久、文化浓郁、底蕴深厚、灵动气质，素有"烟花之乡""千年古县"美誉，而道官冲被誉为"手工竹纸制作村"，生产的纸品因为曾在乾隆年间被官府纳用而获得了"贡纸"的美称，除了"贡纸"之外，还有"夯土墙""送春牛"两个本土非遗项目。这座传统村落依托非物质文化遗产为支点，撬动农耕文旅实现有机融合，让原本的"空心村"逆袭成为"网红村"。在志愿者和企业的共同努力下，在道官冲这个传统村落里，建起了"纸上春秋——道官冲古法造纸研学馆"，馆内以各类纪实图片和成品的形式呈现关于造纸工艺的历史传承，让游客沉浸式感受古法造纸传承千年的文化魅力。尽管道官冲原本只是一个仅有 57 户村民居住的小山村，依靠古法造纸、油纸伞、夯土墙建造、春牛灯、木活字印刷术、纸影戏制作等诸多民俗与非物质文化遗产，让往日人迹罕至的村落成为拥有 12 个非遗项目代表性传承人，旅游发展、公共服务、文创产业齐头并进，年接待游客 8 万余人次，创造收入 1800 余万元，带动 100 余位村民就业的发展典范，先后荣获了"湖南省非遗村镇省级示范点""长沙市示范性非遗工坊""长沙市十佳文旅消费新场景"等荣誉，道官冲也被评为纳入湖南省文旅厅 10 条非遗主题研学旅游线路，道官冲依靠非遗实现了在现代化过程中的"华丽转身"。

"嘉兴灶头画"是一种体现江南水乡乡土艺术的中国民间美术，具有极高的艺术、审美和实用方面的重要价值，是研究民俗文化、展现独特艺术表现手法的重要载体，但同样也是面临生存危机的一项国家级非物质文化遗产。特别是在农村日常生活中所用的灶头逐渐被现代煤气灶取代，灶头画也就在现代生活中失去了赖以生存的载体，加之灶画艺人的减少，灶头画几近失传。若使灶头画再现生命力，绝非易事，需要让这种传统艺术形式重新回归人们的生活，这不是依靠单纯的景观与空间布局就可以实现的，而是要为灶头画创建一个活着的"生态圈"。为此，借助传统村落的形式打造浙江嘉兴市国家级非遗项目灶头画主题村，不仅是对灶头画这种艺术形式的展示，更旨在对这项非遗的保护与传承，其中的"传"就是历史的演绎，"承"就是发展的见证。灶画村以传统村落为载体，以独特的艺术手法演绎灶头画的发展历史和独特魅力，打造出独具特色的灶头画文化生态发展区。在传统村落以灶画为核心，将传统文化中的饮食文化、信仰禁忌、民俗节庆、传说故事融入其中，加之以精巧的砌灶技艺、绘画手法，全方位地展现出不同角度、不同层次的嘉兴灶头文化。同时，为了进一步深入地展示灶头画文化，民俗村将灶画与时下流行的体验式活动结合，既增加了3D情景展示、传承人技艺表演等环节，通过农家土灶饭、乡村"灶王节"、画灶头、烧灶头等活动内容，以全方位的感官体验吸引体验者，吸引年轻人的参与，也使灶画的活态传承注入了新的活力。为了进一步扩大灶头画的影响，当地不断拓展灶头画的应用场景，如在现代家庭厨房应用灶头画，展现新型灶头画艺术，制作个性定制的灶头画瓷砖、灶具，设计创意家居展示灶头画装饰，开展灶头画研学旅游活动等，都极大地延伸了灶头画的产业链，也丰富了灶头画的传承模式。①

在实际的非物质文化遗产保护过程中，依托传统村落的外在物质进行整体性保护的例子还有很多，它们用非遗赋能乡村振兴，用非遗讲好新时代乡村振兴的故事。但在这个过程中需要防止将这些极具文化价值的遗产兑换成短期利益，过度地进行商业化的转化，失去了蕴含其中的原真性。如若如此，将会适得其反，也让传统村落和非物质文化遗产加速走向衰亡。

---

① 王晓初. 嘉兴江南灶画村：打造非遗"生态圈"［N］. 中国民族报, 2016－11－10.

4.4.2　文化空间式保护

文化空间这一概念曾是人类学研究的重要范畴,用以描述非物质文化遗产。1998 年 11 月,联合国教科文组织解释了文化空间的概念,并先后评定了 10 项文化空间代表作,在爱沙尼亚、哥伦比亚、俄罗斯等国都有分布。[①]同样,联合国教科文组织在 2003 年通过的《保护非物质文化遗产公约》中,进一步认可了文化空间的提法。我国在非遗保护实践中,对于"文化空间"理念的应用相对滞后,概念理解也比较模糊,以至于在我国四级非物质文化遗产保护体系中并没有文化空间的类型。我国著名民俗学者乌丙安曾提出"非物质文化遗产保护的当务之急是抢救民俗传统文化空间"。在实际的保护工作中,非物质文化遗产的文化空间保护被视作为一种整体性保护的方式。

关于文化空间的概念,在不同的文章中有不同的解释,其中在《宣布人类口头和非物质遗产代表作条例(1998)》中,联合国教科文组织将文化空间定义为"一个集中了民间和传统文化活动的地点,但也被确定为一般以某一周期,或是一个时间为特点的一段时间"。对于这一概念的理解,学术界有着不同的解释,解读中带有场所和空间的指向,忽略了文化空间非物质的特征。在《人类口头和非物质遗产代表作申报书编写指南》中沿用了人类学对文化空间的概念,指定为"可确定为民间或传统文化活动的集中地域,也可确定为具有周期性或事件性的特定时间",从时间性和空间性上理解文化空间。

对比现在已经公布的文化空间代表作,一个拥有独特的明确界线的地理区域是其必有的特征,有的是一个传统村落,有的是一个独立的岛屿,有的是一个有较大影响力的文化广场。但一定的地理区域并不是唯一的特征,在这个特定区域内进行的周期性文化展演形式才是成为非物质文化遗产的前提。理解文化空间的概念,需要清楚文化与空间的关系,特定的空间是骨

---

① 宣布人类口头和非物质遗产代表作条例(1998)[EB/OL]. 中国非物质文化遗产网, https://www. ihchina. cn/zhengce_details/15719, 2010 - 04 - 21.

骼，周期性的文化内容是血肉。文化空间也不应只是被视作一般的场所和文物，它更是一种意义空间，其价值更多地体现在对人在心理、精神层面的作用。

在国外，文化空间的保护已经成为较成熟的保护方式。在联合国教科文组织第 155 次大会上给出文化空间的定义后，已经有 10 项"文化空间"类型的或相关类型的遗产列入了《非物质文化遗产及保护实践范例名录》，且分别来自 10 个不同的国家，如爱沙尼亚、多米尼加、摩洛哥等，占总项目的 2.7%，比例并不高，但却具有十分重要的代表意义。以入选项目俄罗斯"塞梅斯基的文化空间与口头文化"为例，该项目在 2001 年就入选了世界第一批"代表作名录"，代表着俄罗斯在文化空间保护中走在了前列。在发展过程中文化空间成为服务于俄罗斯政治需求，构建民族自觉和地方文化认同的工具。刘朝晖（2010）在对俄罗斯塞梅斯基地区进行考察后总结了其文化空间保护的成功经验。第一，民间力量是文化空间保护的中坚力量，非营利组织和个人承担主要的保护工作；第二，政府是文化空间保护的倡导者而非决策者，鼓励民间自发的捐助行动；第三，在经济活动方面，尊重当地人的生活习惯，保留其传统的谋生方法；第四，文化拥有者对自身文化有着强烈的文化自觉和文化自信，现代文明对其影响十分有限，即使是在项目申报成功后影响也十分有限，反感将自己的文化作为资源资本进行旅游开发；第五，"口传"和他者记述是这个族群中文化、历史、习俗的主要传承方式，文字记载和文献资料很少，同时宗教和教会在整个传承过程中扮演重要角色，宗教礼仪和教义在这种言传身教中得以传承。总体而言，俄罗斯在文化空间保护上取得的成就主要得益于民间力量的大力支持，虽然以服务政治为目的，政府却只以引导者的身份参与，没有强势干预。

在国内，随着非物质文化遗产文化空间保护概念的推广和发展，学者们结合人类学、地理学、旅游学等诸多学科对文化空间进行研究，既包括了内涵概念、构成要素、类型特征的阐释，也有对文化空间保护实践的分析研究。早期国内关于文化空间的研究主要源自人类学的研究，乌丙安（2007）认为，文化空间主要指的是各地反映当地习俗的节庆活动、庙会集市、歌会花儿会等，并且指出民俗文化空间是目前最需要保护的非物质文化遗产类型，呼吁对其加以保护。特别是在当前我国许多地区发展区域特色文化，建设文化名城的过程中，注意保持传统民间习俗，营造良好的年节文化氛围，对保护文化空间具有重要的意义。张博（2007）则认为，文化空间是一种文化生态的表现，作为一种遗产依托一定的物质空间存在，保护其传承方式具有更多的现实意义。苑利（2009）认为，文化空间类的非遗应该特指那些非物质文化遗产异常丰富集中体现的地区，且各非遗项目之间有着强烈的内涵联系、无法剥离的地区。同时还认为文化空间因其有"物"的载体，更具景观价值和开发的可行性，存在整体保护的必要性和紧迫性。相比于人类学的学者，地理学视角对文化空间的研究则更加注重对空间的理解，关注文化空间的构建、解构与重构，文化空间生产与再生产过程中的各种权力和冲突。伍乐平（2016）认为，本土性和地方性知识的背景使地理学者对文化空间的研究由文化的空间分析走向对空间的文化分析，并将地方文化差异作为影响空间差异的重要因素之一，其研究目的在于通过空间文化特质重建文化结构以及群际关系。李星明（2015）认为旅游地因旅游活动的文化属性为旅游者提供了一个文化空间，在旅游活动过程中游客的参与加快了目的地文化空间的演变。研究还认为空间功能的转变是旅游目的地文化空间的形成是根本原因，场景的转变是空间形态的转变。

此外，许多学者结合实际保护案例探讨了文化空间保护的可行性。（1）关于都市城镇案例的文化空间研究。虽然对于文化空间的理论研究存在较多的分歧，但在文化空间存在的物质基础上，学者们已经达成较为广泛的共识，认为历史城镇和古村落是较为合适的物质载体。李渌（2007）认为文化空间本身是遗产，同时也是文化的载体之一，情境再生与景观重塑是保护历史街区文化空间的有效方法。李凌（2014）提出在历史小城镇的规划中，文化空间的保护具有十分重要的意义，并以陕西五泉镇为例，分析了非遗与文化空间的关系，提出通过"物化"的空间载体设计，和非遗建立良好的互动关系，重现相宜的文化氛围和环境。许砚梅（2015）认为文化空间是物质文化遗产与非物质文化遗产之间联系的纽带，将文化空间的理念引入历史文化名城的保护中，将有助于科学规划和文化内涵的挖掘。宋立中（2015）总结了江南都市在晚明以来逐渐积淀而成的文化空间类型和特征，认为这些都市文化空间所体现出的特征是具有多样化的休闲服务功能。保护与重塑这些文化空间，可以提升地域形象，增强其旅游吸引力。关于传统村落中的文化空间保护案例，余压芳（2011）认为少数民族村寨是文化空间最重要的存在形式，时间主导型和空间主导型是文化空间最基本的属性分类，在村寨对于空间的保护最敏感，时间属性却最容易忽略。王虹（2011）认为文化空间的保护与新农村建设并不相违背，在旅游开发的过程中应坚持原真性原则和"文化自觉"，从制度设计和政策措施上给予保障。于中兴（2015）以山东章朱家峪村为例，梳理了"传统村落""文化空间"的概念，分析和研究了古村落在保护中遇到的现实问题，阐明了文化空间在古村落保护中的重要作用，认为随着文化空间的消失，活态的传统文化将不复存在的，传统村落也将失去它的意义。陈桂波（2016）从文化空间与节庆庙会、文化生态区、整体性保护的角度出发梳理了国内学者对于文化空间的研究成果，区别了文化生态与文化空间的差异，指出以村落或者乡镇作为文化空间类项目的基本单位比较合宜。（2）关于民俗、艺术保护案例中的文化空间研究。多数民俗学研究者将文化空间视作各类非物质文化遗产的生存土壤，类比于文化生态研究。萧萍（2015）探讨了音乐类非遗文化空间的流变以及文化传统在当代的调试和变异过程。陈勤建（2016）以上海龙华庙会及宁波梁祝庙会为研究对象，以非遗项目的整体性为出发点，提出了当代语境下作为综合性文化空间——庙会的整体保护及重构方式。季中扬（2013）认为生活是文化空间艺术的源泉，有自我更新的能力，在文化生态区的建设过程中，为民间艺术构建了一个嵌入型的文化生态壁龛，为实现在现代化社会中的活态延续成为可能，同时也是有效的现代传播契机。吉灿忠（2012）分析了竞技武术类非遗在文化空间中所扮演的文化角色，指出竞技武术类非遗正面临着受众群体对文化话语权丧失和不断被边缘化的困境，提出在保护的过程应坚持民间力量在"乡村化"和"城市化"过程中的主导权。

文化空间就像是充满活力的地方生活文化舞台，想要延续其生命力，实现持续发展，就得基于对当地日常生活的保护。在非物质文化遗产保护的实践中，也不乏基于文化空间的整体保护思想对非遗项目进行保护的案例和研究。格萨尔是流传于我国西部地区（西藏、青海、甘肃、四川、云南、新疆）的传统民间文学。这部作品主要讲述了雄狮国王格萨尔，带着坚定的决心和勇气，率领岭国军队四处征战，挽救生灵于水火之中，最终给百姓带来了安宁的生活，功成之后在晚年重返天国。这部史诗融合了神话的庄重、传统民歌的优美、格言俚语的睿智，展现出一幅多姿多彩的艺术画卷，具有雄浑壮丽、多姿多彩的艺术风格。为了确保了活态《格萨尔》史诗的传承延续，国家专门设立了格萨尔文化（果洛）生态保护实验区，可类比于位于乌兹别克斯坦的博逊地区文化空间。从范围上来看，格萨尔文化（果洛）生态保护实验区下辖 6 个县 44 个乡镇、188 个行政村、585 个牧业合作社，是迄今为止全国唯一一个专门针对某种特定文化形态而单独设立的保护区。按照非物质文化遗产整体性保护的理解，文化空间整体性保护要保护遗产所拥有的全部内容和形式，包括传承人和所依存的生存环境、技艺等，通俗上讲就是既包含了遗产的物质部分也包含了非物质部分，两者共同构成了一个文化整体。对照而言，格萨尔的文化生态及其空间主要由自然和人文两种要素构成，在形态上包括了物质和非物质的形态，它们的生存状态可以说直接影响着格萨尔文化的演进形态。《格萨尔》史诗同样也满足了文化空间整体性保护的包含对象。首先在广义上，《格萨尔》史诗的文化生态及其空间主要依靠其自然和人文两个方面的要素，同时也具有了物质和非物质的存在形态，这些要素有格萨尔文化能够传承至今并不断发展的关键条件和空间形态，如传统技艺、历史遗迹、民俗习惯等，他们的生存状态直接影响了格萨尔文化的演进形态。果洛文化生态保护实验区的建设与发展主要依托的便是对格萨尔文化空间的修复和不断拓展，让史诗文化记忆得以在时间和空间上绵延。这些文化空间背后的史诗故事和寓意，作为一种记忆文本，能够随时唤起社区群体的记忆，并供其他群体进行解读。这种记忆文本不仅传承了历史和文化，还维系了社区的凝聚力和认同感。此外，通过汇聚《格萨尔》节庆、风物遗迹信仰实践和传习空间、文化展示空间等元素，构建了史诗文化空间，作为《格萨尔》史诗传统时空再现的工具和传承方式。这种方法确保了史诗的整体性和活态性，为保护实践提供了有力保障。现如今，以社区、政府、学界为主的保护主体，在政策的引导下形成发展的合力，加之多元行动主体的协同努力，正推动《格萨尔》史诗调适自身，使其不断适应时代的发展变化。

4.4.3　文化生态保护区式保护

对于非物质文化遗产的整体性保护，最具代表性的莫过于由我国首创的文化生态保护区的保护方式。关于文化生态保护区，早在 2004 年 4 月 8 日，我国文化部（现文化和旅游部）、财政部就联合发布了《关于实施中国民族民间文化保护工程的通知》，并颁布了具体的实施方案，即《中国民族民间文化保护工程实施方案》。在该实施方案中首次提出了"在民族民间文化形态保存较完整并具有特殊价值、特色鲜明的民族聚集村落和特定区域，分级建立文化生态保护区"，这也是在国家的正式文件中最早提到文化生态保护区概念。此后，随着非物质文化遗产整体性保护理念的不断更新与发展，同时也为了保护非物质文化遗产赖以生存的"土壤"与"空间"，我国进一步提出了构建文化生态保护实验区的实践构想，并在 2006 年 9 月颁布的《国家"十一五"时期文化发展规划纲要》中进一步明确提出了要确定 10 个国家级民族民间文化生态保护区的措施。在 2007 年 9 月，随着第一个国家级文化生态保护区——闽南文化生态保护实验区的正式公布，我国正式开启了通过建立文化生态保护区的实践。自 2007 年的十几年间，我国对文化生态保护试验区的建设已经成功落地，先后已经在非遗相对项目集中、文化特色鲜明、形式和内涵保持完整的 23 个区域开展了国家级文化生态保护实验区的建设，分布在福建、安徽、青海等多个省份，其中青海省拥有 3 个国家级文化生态保护实验区，分别是热贡文化生态保护区、藏族文化（玉树）生态保护区、格萨尔文化（果洛）生态保护区等，是拥有文化生态保护区数量最多的省份。截至 2023 年 11 月，经国家相关部门批准，共设立国家级文化生态保护区 16 个，国家级文化生态保护实验区 7 个，涉及省份达 17 个之多。国家级文化生态保护（实验）区分布具体名单如表 4 - 1 所示。

表 4 - 1　　　　　　　　　国家级文化生态保护（实验）区分布

序号	名称	地区	实验区批复时间	涵盖县级单位数	国家级非遗项目数
1	闽南文化生态保护区	福建省（泉州市）、福建省（漳州市）、福建省（厦门市）	2007 年 6 月	29	58
2	徽州文化生态保护区	安徽省（黄山市、绩溪县）、江西省（婺源县）	2008 年 1 月	9	24
3	热贡文化生态保护区	青海省（黄南藏族自治州）	2008 年 8 月	3	6
4	羌族文化生态保护区	四川省（阿坝藏族羌族自治州茂县、汶川县、理县、松潘县、黑水县，绵阳市北川羌族自治县、平武县）；陕西省（宁强县、略阳县）	2008 年 10 月	9	31
5	武陵山区（湘西）土家族苗族文化生态保护区	湖南省（湘西土家族苗族自治州）	2010 年 5 月	8	26
6	海洋渔文化（象山）生态保护区	浙江省（象山县）	2010 年 6 月	1	6
7	齐鲁文化（潍坊）生态保护区	山东省（潍坊市）	2010 年 11 月	12	14
8	客家文化（梅州）生态保护区	广东省（梅州市）	2010 年 5 月	8	6
9	晋中文化生态保护（实验）区	山西省（保护区：晋中市；实验区：太原市小店区、晋源区、清徐县、阳曲县，吕梁市交城县、文水县、汾阳市、孝义市）	2010 年 6 月	19	32
10	迪庆民族文化生态保护区	云南省（迪庆藏族自治州）	2010 年 11 月	3	8
11	大理文化生态保护区	云南省（大理白族自治州）	2011 年 1 月	12	16

续表

序号	名称	地区	实验区批复时间	涵盖县级单位数	国家级非遗项目数
12	陕北文化生态保护（实验）区	陕西省（保护区：榆林市；实验区：延安市）	2012 年 4 月	25	22
13	铜鼓文化（河池）生态保护区	广西壮族自治区（河池市）	2012 年 12 月	11	9
14	黔东南民族文化生态保护区	贵州省（黔东南苗族侗族自治州）	2012 年 12 月	16	72
15	客家文化（赣南）生态保护区	江西省（赣州市）	2013 年 1 月	18	10
16	格萨尔文化（果洛）生态保护区	青海省（果洛藏族自治州）	2014 年 8 月	6	4
17	武陵山区（鄂西南）土家族苗族文化生态保护实验区	湖北省（恩施土家族苗族自治州，宜昌市长阳土家族自治县、五峰土家族自治县）	2014 年 8 月	10	22
18	武陵山区（渝东南）土家族苗族文化生态保护实验区	重庆市（黔江区、石柱土家族自治县、彭水苗族土家族自治县、秀山土家族苗族自治县、酉阳土家族苗族自治县、武隆县）	2014 年 8 月	6	11
19	客家文化（闽西）生态保护实验区	福建省（龙岩市长汀县、上杭县、武平县、连城县、永定区，三明市宁化县、清流县、明溪县）	2017 年 1 月	8	8
20	说唱文化（宝丰）生态保护实验区	河南省（宝丰县）	2017 年 1 月	1	3
21	藏族文化（玉树）生态保护实验区	青海省（玉树藏族自治州）	2017 年 1 月	6	11
22	河洛文化生态保护实验区	河南省（洛阳市）	2020 年 6 月	15	8
23	景德镇陶瓷文化生态保护实验区	江西省景德镇市	2020 年 6 月	4	3

资料来源：笔者根据文化和旅游部官网公布的数据整理。

关于文化生态保护区建设的研究进展。随着文化生态区整体保护模式的持续推进，在学界也掀起了研究文化生态保护区的热潮，形成了丰富的研究成果。在文化生态保护区的保护理念出现之前，国内学者尝试从多个角度来构建我国的文化生态研究体系，具有代表性的主要是借助文化生态理论和生态博物馆来构建理论框架。在 2007 年之后，随着构建文化生态保护区的非物质文化遗产保护理念逐渐深入人心，特别是国家相关政策的出台，开展文化生态理论研究并应用于文化生态保护区的建设已经成为学术界的重要议题。文化生态理论以生态学理论为基础，将文化视为一个生态系统，并对其进行保护、传承和发展的研究。该理论强调文化与环境的相互依存关系，以及人类在文化生态系统中的重要地位。在文化生态保护区的建设中，学者们提出了“整体性、系统性、可持续性”的原则。整体性是指对文化生态保护区进行整体性的规划和管理，以保护其完整性和原真性；系统性是指对文化生态保护区进行系统性的分析和研究，以保护其动态性和发展性；可持续性是指对文化生态保护区进行可持续性的开发和利用，以保护其可持续性和可再生性。以此为切入点形成了丰富的研究成果。汪欣（2015）认为文化生态保护区建设是一个系统的工程需要整体考虑并协调实施，他结合徽州文化生态保护实验区建设的整体情况，提出文化生态区建设的理论渊源主要有文化遗产的整体性保护原则和文化生态保护理论两个方面，总结我国文化生态区建设的经验和共同特征包括：一是在管理上实现了多方利益相关者的共同参与和付出，既有政府、专家，也有社会民众及团体的付出；二是在国家文化部门的论证审核通过后，在资金上实现了中央、地方，以及民间力量的共同支持；三是在保护内容上针对不同项目的各自特征，采取建立数据库、传承人认定、保护物质遗存等多种方式加以保护，并注重多种保护方式的相互协调结合；四是要在保护区内划定“重点区域”，从综合性保护、抢救性保护、生产性保护、整体性保护等多个方面对处于不同状态的遗产项目在区域范围内注重保护方式上有所区别。陈华文和陈淑君（2016）在中国文化生态保护区建设的第 8 年从建设现状、实践探索等方面进行了总结，特别是文化生态保护区的管理机构建设、规章制度建设、人才引进和使用、展示传承等场所的建设与使用、非遗场所等维护和资金投入、传承人保护、数字化保护、"进校园、进教材、进课堂"工作、非遗宣传普及研究工作以及其他实践探索等 10 个方面的实践探索进行了梳理，并对如何推进文化生态区保护从如何强化管理机制建设、协调行政区、强化数字化建设与规范、完善国家监管机制提出了建议与思考，是对当时国内文化生态保护建设的整体性思考和全面性总结。郭永平（2020）结合哲学理论中的生成整体论对我国文化生态保护区进行了哲理性分析，总结了蕴含其中的实践机制。他认为文化生态保护区是一个特殊的文化空间，保护区即文化区，不能单纯地依照《国家级文化生态保护区管理办法》中所述的按照行政区域划分，在现实中存在文化区与行政区的交叉叠合，存在文化生成和现实管理之间的矛盾。同时指出了文化保护区的建设、修复以及维护的过程就是文化共同体再造的过程，借助文化生成理论的整体理论，在非遗空间再造的过程中，重点将保护人和保护空间的行动结合起来，打破行政区的壁垒，实现区域共同体的再造，通过文化生成凝聚科学、社会、决策和行动的共识，共同推动文化生态保护的新发展。唐仲山（2020）认为我国的文化生态保护区建设是对非遗整体性保护原则的深度践行，并结合青海省在热贡文化生态保护区、格萨尔文化（果洛）生态保护区和藏族文化（玉树）生态保护实验区三大文化生态保护区的建设情况，总结了蕴含其中的共性与差异，对文化生态保护区建设提出了思考，认为在未来的建设过程中要更加关注区域内各文化现象之间的深层次联系，在搭建智力平台的同时，主动对接国家文化保护战略，处理好保护自然生态与保护人文生态关系。

关于文化生态保护区功能的研究。文化生态保护区的最基本职能在于保护区域文化的整体生存环境，而实现文化传承、文化类别的多样性。而在深度建设和保护的过程中，特别是随着社会和经济的发展，人们已经意识到文化生态保护区更深层次的价值与功能，学者的研究主要集中于其旅游价值的发挥，服务乡村振兴，以及构建文化共同体的功能上。谈国新和何琪敏（2022）立足于文化生态保护区建设与旅游业的融合发展关系角度，以迪庆民族文化生态保护实验区旅游发展为案例，探讨了其旅游可持续发展的路径，认为其发展模式主要分为内生式模式和外生式模式，要实现内生式模式的旅游发展，必须保持文化空间的原真性，维护传统生计活动，并营造令人满意的舒适旅游环境。若要实现外生式模式的旅游可持续发展，则要坚持文化保护第一的原则，统筹利益分配机制，并对企业入驻规则进行严格控制。张建忠（2023）利用 ArcGIS 空间分析结合区位熵、资源优势度的计算，总结归纳了晋中文化生态保护区"非遗"分布特征，在旅游开发和利用过程中主要存在以下四种模式，分别是在资源极核区所呈现出的文化产业集群模式，在资源密集区所呈现出的文化旅游小镇模式，在资源次密集区所呈现的非遗博物馆模式，在资源稀疏区所呈现的节庆展演模式。在非遗旅游资源的利用上逐渐形成了富有层次和竞争力的旅游产业业态。林继富（2021）认为空间保护是文化生态保护区建设的基本依托，在国家大力实施乡村振兴战略的背景下，文化生态保护区建设的过程是空间赋能的过程，也是能够挖掘、激活潜藏在民众传统生活空间、场所的活力，能够在传统生活空间基础上赋予新建的空间和网络关系空间以能量，其内生动力主要表现为协调空间生产要素，其主体能动性主要表现为对空间建构的创造力，最终通过内外联动来汇聚共同意识，实现最大效应效能地传承传播非物质文化遗产。刘鹏昱（2023）认为文化生态保护区的建设能够有效助力中华民族共同体意识的形成，他通过文化生态的动态延续性分析，认为国家民族的认同需要以区域文化的认同为基础，而文化生态保护区的建设能够激活区域族群内的共同历史记忆，进而实现族群内生态的整体平衡，通过多种形式的资源转化与文化交流，促进实现族群间的文化尊重与文化理解，最终促进中华民族"多元一体"的共同体意识的塑造。

按照《国家级文化生态保护区管理办法》的文件精神，"见人见物见生活"是文化生态保护实验区建设的基本要求，需要投入一定规模的资金，在相当长的时间和周期内进行深度建设才能完成。而在 2007 年我国第一个文化生态保护区——闽南文化生态保护区批准建设之后，至今在全国范围内已经有 23 个保护区相继批准建设。各地在建设过程中，充分调动利益主体的积极性，发挥群众的聪明才智，积极解放思想，大胆改革创新，实现了非物质文化遗产与传统村落保护、文旅康养有机融合的局面，取得了丰富的建设成果，其保护和建设工作经验值得被广泛学习。这里对部分文化生态保护实验区的工作经验和成果予以总结和展示。

徽州文化生态保护区。该保护试验区始建于 2008 年，是经文化部（现文化和旅游部）批准的第二个国家级文化生态保护实验区，并且是我国第一个跨省的文化生态保护实验区。在 2019 年 12 月实现"转正"，批准设立为国家级文化生态保护区。从区域范围来看，保护区区域范围划定的主要依据是其历史地理因素，包括清代末年时徽州府所辖六县（歙县、黟县、婺源县、休宁县、祁门县、绩溪县），总面积 13881 平方千米，总人口约有 200 万人，具体范围分为三大区域，主要包括如今安徽省黄山市全境、宣城市绩溪县以及江西省婺源县。徽州文化生态保护区是一个充满历史和文化底蕴的地区，其保护着传统徽州文化的独特魅力和深厚内涵。徽州文化生态保护区的建立旨在保护区域内的自然环境、历史遗迹，特别是构成文化生态保护实验区的核心内容——以活态存在并传承的非物质文化遗产，着重传承传统徽州文化，其中包括了区域内的徽派建筑、徽商文化、新安理学、新安医学、徽州戏曲等多个方面，可以领略到独特的徽派建筑风格，品味徽商文化的历史底蕴，感受新安理学的深邃内涵，探索新安医学的独特魅力，欣赏徽州戏曲的精妙之处。在保护与传承的过程中，文化区建设突出保护机制、保护理念、保护内容和保护方法的"四大创新"，坚持正确处理非物质文化遗产保护和发展经济、发展旅游和文化创新的关系，坚持保护为主，抢救第一的原则，坚持遗产保护的真实性和完整性原则，进一步保障和实现保护实验区内民众基本文化权利，不断健全文化生态保护机制，完善非遗保护体系，大力修复徽州文化生态的生存空间，注重推动文化的创新和发展。通过举办各种文化活动、加强文化交流合作等方式，该保护区不断推陈出新，让传统徽州文化在新的时代背景下焕发出新的生机和活力，已经成功打造了具有国际影响力的非遗品牌，如中国非物质文化遗产传统技艺大展、歙砚技能大赛，成立安徽黄山市徽派传统工艺工作站、故宫学院（徽州），故宫博物院成功入驻，在故宫博物院开设徽派传统工艺馆。文化区内含有黄山毛峰、太平猴魁、祁门红茶制作技艺、徽派传统民居营造技艺、程大位珠算法等多项遗产项目列入联合国教科文组织人类非遗代表作名录；国家级非遗代表性名录 21 项，省级 63 项，市级 127 项；国家非遗代表性传承人 33 人，省级 154 人，市级 658 人。总之，徽州文化生态保护区建设取得了遗产丰富、氛围浓厚、特色鲜明、民众受益的阶段性成果，是其通过审核，转正成为保护区的主要原因。

晋中国家级文化生态保护实验区。该保护区设立于 2010 年 6 月，同样是国内较早批准设立的文化生态保护区，其范围包括山西省晋中市全境 11 个县级行政单位，以及太原市和吕梁市各 4 个县级行政单位等 19 个县级行政单位，总面积 2.3 万平方千米，人口约有 627 万。在保护区建设的过程中形成了"一带（农耕文化带）一廊（晋商文化走廊）一区（方言文艺区）一圈（节庆文化圈）"的鲜明地域特色，保存着较为完整的文化生态，在非物质文化遗产保护中卓有成效，内容涵盖十大类非物质文化遗产项目，在保护区内共有国家级非遗名录项目 38 项，保护单位 46 个。在保护区建设之初，当地通过全面的非遗普查建成了较为完整的非遗项目档案体系以及数据库，对一些濒危项目如左权民歌、小花戏等，实施了积极的抢救性记录保护工作，出版了专门的遗产项目图书，通过对非遗项目的调查研究和成果整理，建立健全了非遗代表性项目保护体系。左权民歌、小花戏等项目的保护还得到了当地县政府的大力支持，左权县政府通过企业与民歌小花戏结对子帮扶，举办左权民歌汇全国性大型演艺活动，编写左权民歌和小花戏乡土教材，遗产项目进课堂等方式让左权民歌和小花戏在当地重新焕发生机，全县呈现出"会说话的就会唱民歌，会走路的就会跳小花戏"的生动局面。在资金投入上，当地对具有地方特色的非遗项目进行全方位保护，大力提供场地和资金保障，保护实验区专项经费从 100 万元增至 300 万元。各级政府将保护区建设与文化产业发展等多个民生实事工程相契合，各发展方面的投入达49.31 亿元，引导各类社会投资 17.08 亿元，共计 66.39 亿元，实现了非遗嵌入现代生活的目标。在保障机制上，当地逐渐构建起了组织管理机制、资金保障机制、统一协调机制、法规保障机制、与高校合作研究机制、社会组织保障机制六大保障机制，已基本形成了有人管事、有钱办事，政府主导、社会参与的工作局面。在法治体系建设上，当地出台了各项针对特定项目的保护标准和条例，如晋中市制定并实施了《晋中市太谷传统医药国家级非物质文化遗产保护条例》，平遥县发布《平遥推光漆器技术规范》地方标准，为非遗项目的保护和传承提供了科学、精准的政策依据，增强了非遗传承人的话语权。据了解，从 2010 年晋中国家级文化生态保护实验区建设之初到现在，晋中市各级非遗代表性项目由 50 项增至 929 项，各级非遗代表性传承人由 106 人增至 1388 人。建成非遗专题展示馆 23 个，各类项目传习所 121 个，重建市级文化保护区综合展示馆，为晋中非遗传承人开展常态化传习、展演展示和研学体验提供了设施保障。①

黔东南民族文化生态保护区。在 2012 年 7 月，经国家相关部门批准黔东南苗族侗族自治州设立"黔东南民族文化生态保护实验区"，经过 10 多年的建设，在 2023 年 1 月，黔东南民族文化生态保护实验区成功升格成为黔东南民族文化生态保护区，范围覆盖黔东南苗族侗族自治州全境 16 个县级单位。黔东南享有"生态之州、歌舞之州、人文之州、百节之乡、民间手工艺之乡、苗族侗族文化遗产保存核心地、迷人的民族文化生态博物馆"等诸多美誉。近年来，黔东南州全面依照相关法律法规的规定，特别是根据《中华人民共和国非物质文化遗产法》《国家级文化生态保护区管理办法》等法律法规政策的要求，围绕"遗产丰富、氛围浓厚、特色鲜明、民众受益"目标，以保护非物质文化遗产为核心，以建立和完善非物质文化遗产的项目、传承人（群）、基地（工坊）等名录体系为抓手，创新"非遗＋"融合发展模式，高起点、高标准、高质量、高水平建设黔东南民族文化生态保护实验区。这为适应新发展阶段、贯彻新发展理念、融入新发展格局、推动旅游产业化高质量发展、唱响"民族原生态、锦绣黔东南"奠定了坚实基础。黔东南民族文化生态保护区遗产现有人类非物质文化遗产代表作 1 项 3 处（侗族大歌），国家级非物质文化遗产 56 项 78 处，省级非物质文化遗产 218 项 307

① 白续宏. 活态传承激发非遗活力——晋中国家级文化生态保护实验区建设成绩斐然［N］. 山西日报，2022－11－15.

处，州级非物质文化遗产 329 项 417 处，县（市）级非物质文化遗产 1590 项；非物质文化遗产代表性传承人国家级 48 人、省级 170 人、州级 294 人、县市级 4013 人；非物质文化遗产生产性保护示范基地国家级 3 处、省级 23 处、州级 26 处、县级 119 处，省级非遗扶贫就业工坊 83 家，中国传统工艺振兴项目 11 个，公布认定传习所、展示馆、传习中心、基地 168 家，名师大师工作室 20 家，传承教育示范基地 85 处。在民族文化生态保护区的建设过程中不仅重视对于非物质文化遗产本身和传承人的保护，也极其重视对其生存的现实文化空间进行全面性的保护。黔东南民族文化生态保护区还有全国重点文物保护单位 20 处、省级 99 处、州级 54 处、县级 867 处，10 个"苗族村寨"和 12 个"侗族村寨"列入"中国世界文化遗产预备名单"；世界自然遗产 1 处，全球重要农业文化遗产 1 处，国家自然保护区 1 个，国家地质公园 1 个，国家湿地公园 3 个，国家森林公园 5 个，国家风景名胜区 3 个，国家级水利风景区 7 个，全国乡村旅游重点村 6 个，全国农业旅游示范点 5 个，国家历史文化名城 1 个、名镇 2 个、名村 7 个，中国民间文化艺术之乡 1 个，中国传统村落 415 个，中国少数民族特色村寨 126 个。每年有民族民间主要节日 390 余个，其中万人以上节日就有 120 多个。①

随着保护观念的不断深入，无论是政府、社区、学者或是传承人都已经意识到保护非物质文化遗产，必须对非遗进行整体性保护。我国著名的民俗学专家刘魁立曾指出，保护文化遗产不是对一个个"文化碎片"或"文化孤岛"保护，而是对文化全局的关注。在非遗保护的实践中，只关注非物质文化遗产本身是远远不够的，既要考虑其所生存的结构性环境，也要注重其中的活态因子——传承人的保护。要让非物质文化遗产具有旺盛的成长活力，需要保护与修复并存，修复文化遗产与整体环境的关系，使遗产与人们的现实生活生产息息相关，与经济环境、自然环境、社会环境融为一体，成为生态链中不可或缺的一部分，才能真正实现其活态保护传承的目的。

---

① 重磅！黔东南入选这一国家级名单［EB/OL］. 贵州省文化与旅游厅，https：//whhly. guizhou. gov. cn/xwzx/szdt/202301/t20230131_78047282. html，2023－01－03.

4.5　产业化发展

　　我国拥有极为丰富的非物质文化遗产资源，其中蕴含着丰富的文化价值、经济价值以及社会价值。在遗产保护的实践中多尝试依托这些丰富的遗产资源价值将其转化为文化资产，在市场作用的加持下，实现了经济价值和文化价值的有机融合。部分遗产项目在市场化运作下逐渐实现了从遗产的静态保护到活态传承的产业化发展。尽管在非物质文化遗产保护中讲究原真性、整体性，追求遗产的自然之美，真实之美，在学界和业界进行了广泛的讨论与争论。但更普遍的想法认为只要加以规范和引导，产业化的发展路径可以实现文化效益、经济效益以及社会效益的协同发展和良性循环。特别是在现代化进程加快，信息技术飞速发展的现代社会，传统非物质文化遗产产品的兴趣点和传播性早已失去优势，需要尽快在现代化市场化的过程中尽快适应时代需求，重新激发活力。在这个过程中需要不断完善非遗发展的产业链，提升品牌意识的同时加强标准化建设，提高非遗产品的稳定性，充分利用各类产业化平台优势强化宣传力度，扩大非遗品牌的影响力，在传承与创新的协同发展中共同推动非物质文化遗产事业的发展。

　　而在实际的生产与保护实践中，"非遗＋"产业的发展模式逐渐成熟并在多个领域形成特色。"非遗＋"产业发展模式是一种将非物质文化遗产与现代产业相结合的新型发展模式。这种模式通过挖掘和利用非物质文化遗产的独特价值，将其与现代产业进行融合和创新，以实现保护和传承非物质文化遗产的目标，同时推动经济发展和社会进步。"非遗＋"产业发展模式的核心是将非物质文化遗产的独特价值与现代产业的创新相结合，创造出具有独特魅力和市场潜力的文化产品和品牌。这种模式可以通过"非遗＋数字化""非遗＋文化创意""非遗＋旅游""非遗＋健康养生"等多种方式实现。

　　1. "非遗＋数字化"模式。这是一种将非物质文化遗产与数字化技术相结合的新型模式。这种模式旨在通过数字化手段，对非遗进行记录、保存、传承和推广，以实现非遗的永久保存和可持续发展。数字化技术被广泛应用于非遗的记录、保存、传承和推广。其中，最常用的数字化技术包括数字摄影、录像、录音、数字化文本等。这些技术可以帮助人们准确地记录和保存非遗，并使其能够在互联网上进行传播和推广。通过数字化手段，非遗可以以更加生动形象的方式呈现给新社会群体和年轻一代，点燃他们对非遗的兴趣和热爱。同时，数字化技术也可以帮助非遗传承人更好地保护和传承非遗，避免因传统工艺的失传而导致的文化流失。在项目推广方面，"非遗 + 数字化"模式也具有很大的优势。通过互联网和社交媒体等渠道，数字化非遗可以迅速传播到世界各地，让更多人了解和认识非遗。同时，数字化技术也可以帮助非遗传承人更好地宣传自己的技艺和作品，提高非遗的知名度和美誉度。在未来，随着数字化技术的不断发展，"非遗 + 数字化"模式将会越来越受到人们的关注和重视。

2. "非遗 + 文化创意"模式。主要是将非物质文化遗产资源与文化创意产业相结合，开发具有地方特色的文化创意产品，推动文化创意产业的发展。例如，在传统手工艺、民间文学、民间艺术等领域发掘和利用非物质文化遗产资源，打造独具特色的文化创意品牌和产品，提高文化创意产业的竞争力和市场价值。"非遗 + 文化创意"模式逐渐适应市场发展趋势，既保护和传承了非物质文化遗产，又促进了文化创意产业的发展，为文化和经济的双赢作出了积极贡献。而在这种模式下，非物质文化遗产成为文化创意产业的灵感来源和素材库。通过对非物质文化遗产的深入研究和理解，设计师、传承人可以将其中的元素和精髓融入自己的设计中，创作出具有独特魅力和文化内涵的作品。非物质文化遗产得以以更加生动形象的方式呈现给大众，吸引了更多人的关注和喜爱。这种关注和喜爱不仅有助于提高大众对非物质文化遗产的认识和保护意识，也为非物质文化遗产的传承提供了更多的资源和支持。在实践中，设计师、艺术家、手工艺人、企业家等不同领域的人才共同参与，相互启发，共同创造出具有创新性和实用性的作品。这种合作与交流不仅有助于推动文化创意产业的发展，也为其他产业提供了新的思路和创意来源。

3."非遗＋旅游"模式。主要挖掘蕴含于非物质文化遗产中的经济价值，将资源融入旅游产业中，开发具有地方特色的文化旅游产品，提高旅游业的品质和吸引力，也为非物质文化遗产的保护和传承提供了新的思路。例如，在传统手工艺、民间音乐、民间舞蹈等领域发掘和利用非物质文化遗产资源，打造独具特色的文化旅游线路和景点，吸引更多游客前来体验和了解当地的文化。"非遗＋旅游"模式的利用方式是多样的，在旅游活动中，游客可以亲身参与非物质文化遗产的传承和制作过程，如剪纸、泥塑、刺绣等传统手工艺。通过与当地非遗传承人互动，游客可以更深入地了解非物质文化遗产的独特魅力和文化内涵。通过参观非遗博物馆、非遗村落等场所，感受非物质文化遗产的氛围和历史文化底蕴。通过开发非遗旅游产品，当地可以吸引更多的游客前来参观和体验，从而带动餐饮、住宿、购物等相关产业的发展。同时，非遗旅游对当地的经济发展也是极有助益的，可以为当地创造更多的就业机会，提高居民的生活水平，可以促进不同地域文化的交流和互动，让更多的人了解和欣赏其他地区的独特文化。"非遗＋旅游"模式已经成为提高非物质文化遗产影响力，实现其活态传承的重要方式，在未来，随着人们对非物质文化遗产保护意识的不断提高，相信"非遗＋旅游"模式将会越来越受到人们的关注和喜爱。

4."非遗＋健康养生"模式。主要是将非物质文化遗产中的健康养生元素与现代医学相结合，开发具有地方特色的健康养生产品，满足人们日益增长的健康需求。例如，在传统医药、养生保健等领域发掘和利用非物质文化遗产资源，打造独具特色的健康养生品牌和产品，提高健康养生市场的品质和竞争力。随着现代生活节奏的加快，人们越来越意识到健康生活的重要性，健康养生的理念也已经逐渐深入人心。"非遗＋健康养生"模式是一种融合了非物质文化遗产和健康养生理念的创新模式。这种模式将传统养生方法与现代健康管理相结合，旨在弘扬中华优秀传统文化，同时提高人们的健康水平和生活质量。在这个模式下，非遗项目被挖掘和传承，如中医针灸、推拿、草药等传统医学技艺，以及太极拳、八段锦等传统体育运动。这些非遗项目具有深厚的历史底蕴和广泛的群众基础，能够为健康养生提供有力的支持。另外，现代健康管理理念和方法也被引入这个模式中。例如，通过开展健康讲座、健康体检、健康咨询等活动，帮助人们了解自己的身体状况，制定适合自己的养生方案。这些方法不仅可以帮助人们预防疾病，还能够改善人们的生活质量。"非遗 + 健康养生"模式的优势在于，它能够充分发挥非遗项目的文化价值和健康养生的实用价值。通过这种模式的推广和应用，人们可以在了解和传承非遗文化的同时，为非遗项目注入新的活力，促进其传承和发展。在未来，随着人们对健康养生的需求不断增加，以及非遗项目的不断挖掘和传承，这种模式的普及程度将会越来越高。同时，政府、企业和社会组织也可以通过合作推广这种模式，为人民群众提供更加优质的健康养生服务。

总之，"非遗 +"的产业化发展模式已经成为应用广泛、前景广阔的重要非物质文化遗产的传承与发展模式。通过将非物质文化遗产与现代产业进行融合和创新，在保护和传承非物质文化遗产的同时，提供"源头活水"，推动经济发展和社会进步，真正实现活态传承。相信随着"非遗 +"产业发展模式的不断发展与探索，一定能为非物质文化遗产保护和经济社会可持续发展贡献力量。

下面，将结合研究理论和产业发展实际案例对已经较为成熟的"非遗 + 数字化""非遗 + 文化创意""非遗 + 旅游"等产业化模式进行介绍。

4.5.1 "非遗 + 数字化"

"非遗 + 数字化"是在数字化建档、多媒体呈现的基础上对非物质文化遗产项目进行市场化运作发展而来的。数字化的保护与传承方式是非物质文化遗产顺应社会信息技术快速发展的结果，具有直观性、可编辑性、可复制性、交互性、可搜索性和可远程访问等特点，这些特点使得数字化信息更加高效、便捷地传播和利用。在现代流行文化的冲击下，新一代的年轻群体对非物质文化遗产缺乏了解和兴趣，认为非物质文化遗产过于陈旧和保守，缺乏时代感和创新性，传承土壤在冲击下逐渐被侵蚀。非物质文化遗产代表着民族的历史、传统和智慧。对于年轻人来说，了解和传承这些文化遗产不仅可以增加对民族文化的认识和认同感，更可以增强民族自豪感和文化自信心。特别是面对年轻群体对非物质文化遗产保护与传承的意识逐渐淡薄的情况，数字化的呈现形式在保留非物质文化遗产的传统和特色的基础上，融入现代元素和创意元素，使其更具有时代感和吸引力，更容易被年轻一代和新社会群体所接受，不仅具有独特的美学特征和艺术价值，还能够带给年轻人全新的审美体验和感受。此外，非物质文化遗产也是培养文化创新和文化交流的重要平台。年轻人可以通过学习和传承非物质文化遗产，激发创新灵感，创造出具有个性和特色的文化产品。同时，非物质文化遗产也是连接过去和现在、东方和西方的桥梁，有助于促进不同文化之间的交流和理解。

动漫和网络游戏中的非物质文化遗产。动漫和游戏是当代年轻人最喜爱的活动之一，动漫和游戏同非物质文化遗产的跨界融合，是一种将传统文化与现代娱乐形式相融合的创新方式。随着动漫产业和游戏产业的快速发展，越来越多的动漫作品和游戏设计中开始融入传统文化元素，其中包括我国大量优秀的非物质文化遗产。

根据中商情报网消息，截至 2023 年 6 月，我国网络游戏用户规模达 5.50 亿人，较 2022 年 12 月增长 2806 万人，占网民整体的 51.0%，网络游戏企业整体营收状况向好，并在稳定中逐步提升，游戏产业的发展已经成为中国消费经济中的重要力量。[①] 在游戏内容中，非物质文化遗产的呈现形式多种多样，具有融入开发的巨大潜力，许多学者也对网络游戏与非物质文化遗产的跨界融合进行了研究。权玺和张成祜（2023）分析了现有的网络游戏与非物质文化遗产融合的形式与模式，对通过与网络游戏实现跨界融合来实现非物质文化遗产的创新发展进行了研究。他们认为，当前的网络游戏是最具交互性、参与性和创新性的非遗数字平台，在寻求游戏快感的过程中以一

---

① 2023 年上半年我国网络游戏用户规模达 5.50 亿 占网民整体的 51.0% ［EB/OL］. 中商情报网，https：//www. 163. com/dy/article/IEGOUCSU051481OF. html，2023 – 09 – 13.

种更加立体生动的画面呈现非物质文化遗产的特点，特别是网络游戏往往会以游戏剧情推进的方式来加深玩家对故事的印像，也使得游客有更长的时间停留在非遗文化的环境当中，再现非物质文化遗产的独特魅力，加深文化印象。

目前的网络游戏主要包括了 PUZ 类的益智游戏、PRG 类的角色扮演类游戏、MOBA 类的多人在线战术竞技类游戏，这些网络游戏中也融合了越来越多的非物质文化遗产的元素。从非遗元素融合的方式和机制来看，既有以非物质文化项目为设计主线的"主体型融合"，也有通过游戏情节、角色设定、场景设计中植入非物质文化遗产项目元素的"元素型融合"，这种网络游戏与非遗的跨界、出圈、融合创新是在数字化保护非物质文化遗产的重要实践，实现了游戏与非遗的双向赋能，更实现了经济效益与社会效益的平衡和相互转化。随着全球化的深入推进和信息技术的快速发展，各种文化交流、交融、交锋更加频繁，文化在综合国力竞争中的地位和作用更加凸显。年轻一代作为国家和民族的未来，必须具备高度的文化自觉和文化自信，才能在全球文化交流中把握主动权，为国家和民族的发展贡献力量。长期以来，党和国家一直高度重视对年轻一代文化自信的培养，采取了一系列措施增强文化自信建设，通过将中华优秀传统文化与现代文化相结合的方式，引导年轻一代了解和认同自身文化的内涵和价值。而年轻一代的文化自信也体现在他们的消费观念和消费喜好上，随着年轻人对传统文化的认同和文化自信的增强，他们在日常生活娱乐的消费中对"中国风"产品需求也明显提升，"国潮"逐渐绽放异彩，各行各业顺应发展潮流加速拥抱潮流新趋势，在各自的品牌中融入更多的国潮元素，受到了广大新青年消费者的青睐。而在游戏中加入更多"国潮"元素也是游戏厂商为了满足玩家对传统文化的追逐，为了吸引更多的年轻人，常常会在游戏中打上"古风""国潮"等标签，其实际的内核就是传统文化，而作为传统文化中的重要组成部分，非物质文化遗产也就理所当然地成为广大游戏厂商在进行游戏开发时更多使用的文化元素，摆脱了虚构的束缚，非遗也卸下了历史的包袱。例如，在当前的许多现象级网络游戏中，如《王者荣耀》《和平精英》及《逆水寒》等游戏中，我们能看到大量的非物质文化遗产元素被融合进来。这些元素不仅体现在部分游戏场景、活动内容以及角色服饰和技能道具的设计上，甚至有的完全以非物质文化遗产为主题进行设计展现。

从非遗融入网络游戏的维度来看，主要包括美学维度、故事维度以及机制维度三种维度。首先，在美学维度上，主要是通过音乐、图像等方式融入游戏，给予感官上的冲击力，在游戏中营造出浓厚的文化氛围。例如在国风故事手游《忘川风华录》中就以京剧角色梁红玉为原型设计了游戏角色，在角色上设计了精美的头冠与流苏，以京剧表演的服饰给予玩家眼前一亮，且该游戏由大型国风音乐企业做企划，一些古琴艺术、古筝艺术、琵琶艺术等音乐类非物质文化遗产也恰当地融入其中。在爆款游戏《王者荣耀》中精心设计了游戏角色"上官婉儿"的越剧角色相关的限定皮肤，实现了国家级非遗项目越剧和网络游戏的破圈融合，也以游戏的形式科普了越剧文化，游戏中的庆阳香包、广东醒狮等限定皮肤也都是各地非物质文化遗产项目的代表。其次，故事维度进行植入，主要是通过游戏中的故事情节中以非遗元素作为推动发展的重要因素，给玩家以非遗价值的认同。例如，在以中国神话《山海经》等为背景设计而来的爆款网游《古剑奇谭》中有一个游戏环节就是帮助玩家收集制作"绢人"的材料，而"绢人"正是有着"中国芭比娃娃"之称的中国传统手工艺品，是北京市市级非物质文化遗产。通过收集道具的过程了解背后的传承故事，而在游戏情节的设计中得到了非遗传承人的指导和精心设计，在联手打造游戏过程中实现了游戏与非遗碰撞的火花。网游《原神》依据传统节日海灯节设计活动剧情，同时专门设计了节庆霄灯的游戏场景，在游戏任务中嵌入了趣味灯谜等传统习俗活动，推动剧情发展，营造出了浓厚的节日氛围。最后，在游戏机制上的融入，主要是将非物质文化遗产项目的机理作为游戏的主线机理开发游戏，增加剧情、角色、任务等方式，提高互动性和参与性，使玩家能够更深入地了解和体验非物质文化遗产的魅力，为网络游戏增添独特的文化内涵和特色，也让玩家对遗产项目有了更全面、更深刻的理解，为非遗提供新颖的传播途径。例如，游戏《匠木》就是以传统木结构建筑营造技艺（榫卯）为基本原理设计而来的，在游戏中，玩家需要按照正确顺序拖拽游戏道具的榫卯物件并按照要求完成拼接才能有效渡过挂架，在不乏趣味性和益智性的同时通过游戏体会榫卯结构的精妙。通过网络游戏与非物质文化遗产的有效融合实现了现代科技与中华传统文化的完美邂逅，非遗助力网络游戏 IP 深度开发，更为网络游戏赋予正能量，非物质文化遗产借助数字网络游戏的独特艺术语言，进行创新性的解读和诠释，有效地激发传统文化的生机与活力。

动漫也是当代年轻人喜欢的娱乐方式之一。动漫是一种能够将文字、图像、声音等多种元素融合在一起的艺术形式，它以独特的魅力和丰富的表现力吸引着越来越多的年轻人。从产业发展阶段来看，动漫产业属于朝阳产业，与此同时，我国的动画制作水平不断提高，优秀的作品层出不穷，国内的动漫市场也已经呈现出了十分强劲的发展势头，已经有越来越多国产动漫在国内展映的基础上走向了国际市场，2023 年，国产动漫电影《长安三万里》在暑期档上映，各种文化元素交融在一起，展现出了盛唐时期的壮丽景色和独特韵味，电影采用了中国传统的水墨画，结合了古代乐器的演奏和现代音乐的元素，让观众更加深入地感受到盛唐时期的文化氛围，最终收获票房 18.24 亿元，居动画影史第二位，而《长安三万里》这样的优秀作品仅仅是国内动漫市场发展的一个缩影。动漫在体现形式上，有长篇动画、短篇动画、剧场版动画等形式，在内容上涵盖了从科幻、奇幻、冒险到校园、恋爱、日常生活等题材，突破了原有影视作品的想象力和表现力。通过动漫感受到画面中的色彩、线条和构图的艺术感，欣赏到独特的音乐和音效，满足不同观众的需求。对于年轻人来说，动漫不仅是一种娱乐方式，更是一种表达自我和寻找归属感的方式。在动漫的世界里，他们可以找到与自己相似的角色和故事情节，也可以通过动漫来表达自己的想法和情感。同时，动漫也是社交的一种方式，通过观看和讨论动漫，年轻人可以与志同道合的朋友交流和分享。

动漫同样也是非物质文化遗产数字化转化的重要形式。作为一种受到诸多年轻人喜爱的现代科技新语言，许多学者也尝试从多个角度对通过动漫的形式来传承非物质文化遗产进行了研究。张琳钦（2017）认为，动漫发展与非遗传承具有相互促进的作用，非遗内涵丰富极大地充实了动漫产业资源库，而动漫产业可以为非遗传承搭建现代化传播的桥梁，在当前社会特别是年轻一代对动漫产业有强大精神需求的情况下，两者具有融合发展的巨大潜力。郭国锋（2022）分析了通过动漫形式融合来实现非遗文化传承的重要意义，提出了传承与融合的策略。他认为，非遗文化传承与动漫的融合在空间上实现了拓展，通过构建传承桥梁搭建起了文化共生关系，既符合文化产业发展的规律，也推动了动漫衍生视觉产品和实物产品的快速发展。

我国对于非物质文化遗产与动漫产业相融合的尝试早已有之，在我国动画电影的起步阶段就已经涌现出了大量优秀的优秀作品，文化工作者就开始从中华传统文化的宝库中汲取灵感，融入创作。万氏兄弟在其首部动画电影长片《铁扇公主》中，开始从中国的非物质文化遗产汲取养分，大量采用中国戏曲文化的造型元素，使得该片具有了独特的民族特色，与迪士尼动画形成了鲜明的对比。1955 年，上海电影制片厂美术片组在民间木雕、泥塑的启发下，尝试拍摄了木偶片《神笔》。同时，他们还成立了动画片《骄傲的将军》摄制组，以探索民族形式的动画电影发展之路。这一举措成为中国动画电影发展史上的重要里程碑，标志着中国动画电影开始寻求自身的独特性和民族特色。在随后的长远产业发展进程中，中国动画以文化遗产为基础，不断丰富美术造型、扩大创作题材、拓展表现空间，并创造了一系列杰出的精品之作。《大闹天宫》《天书奇谭》《金色的海螺》《鹬蚌相争》等杰出的动画作品，在创作过程中深度汲取了中华民族丰富的优秀传统文化，例如民间剪纸和民间文学等，为动画创作提供了源源不断的灵感。这些作品中，大量出现了非物质文化遗产的元素，展现了对传统文化的深入挖掘和传承。而近年来，随着非物质文化遗产保护理念被民众持续关注，在越来越多的动漫作品中涌现出了"非遗"元素，成为动漫出彩增色之处。在 2015 年，"现象级"电影《大圣归来》上映，该片对经典小说《西游记》进行了现代化的创新演绎，引发了公众的广泛关注和热议。影片的票房收入高达 9.56 亿元，观影人次达到了 2800 万，因其广泛的影响力和卓越的票房表现，在当年的全国电影票房榜中位列第十。《狐妖小红娘》是一部于 2016 年首播的头部国产动漫。在该动漫播出之初，项目组便与国内知名的非遗传承人展开了深入紧密的合作，将诸如"余杭油纸伞""蔚县刻纸""陕西皮影""凤祥泥塑"和"哈密刺绣"等非遗项目的独特魅力展现给了广大观众。在 2016 年上映的《大鱼海棠》中，角色造型设计采用了《山海经》的素材，同时配以莲花灯、石狮子、龙头船、油纸伞、灯笼等非物质文化遗产元素的装饰，精致与华美的风格，同样受到了观众的广泛好评。2019 年上映的《白蛇：缘起》脱胎于白蛇传的民间传说。在 2021 年上映的《雄狮少年》中，广东醒狮这一国家级非遗项目被直接作为创作主线，成功展现了文化自信和民族精神，赢得了观众的赞誉。

从非遗项目借助动漫和网游等数字化传播方式传承的现实情况，我们可以看到动漫和网游在数字互动娱乐产业的文化赋能和非遗的数字化传播中发挥着独特且不可替代的作用。结合形势来看，无论是在网游还是动漫中，都往往会以美学的形式来呈现，所以"非遗 + 网游"和"非遗 + 动漫"的数字化沃土仍需进一步耕耘培植。相关的数字化企业同时也应该在设计和创作过程中以把握非遗项目的文化内核为着力点，注重非遗传承的真实性、完整性，将更加真实、原真的文化遗产和文化场景传递给观众，进一步提升观众的体验感知和价值观认同，真正激活非物质文化遗产的生命力，成就数字化呈现与非遗传承的双向同行。

影视作品和综艺节目中的非物质文化遗产。现代的数字化传播方式，能够有效地为非物质文化遗产提高曝光度、美誉度和知名度。近年来，在影视作品和综艺节目中加入非遗元素，成为公认的"流量密码"。当前，关于如何在各类影视作品和综艺节目中融合非物质文化遗产的研究并不多，但实践的成果是丰富的。从影视作品的类型来看，既有以非物质文化遗产为主线的影视作品和综艺节目或纪录片，也有将非物质文化遗产作为重要文化元素推动剧情发展的影视作品，也有以非物质文化遗产项目为重点的单元结构式的综艺节目。影视作品和综艺节目融合非物质文化遗产的类型主要分为以下几类。一是故事情节融合。一些影视作品和综艺节目会将非物质文化遗产的故事情节融入剧情中，如传统手工艺、民间传说、历史文化等。通过剧情的展开，观众可以更深入地了解非物质文化遗产的历史背景、文化内涵和艺术价值。二是场景再现。影视作品和综艺节目通过再现历史场景和传统文化氛围，将非物质文化遗产的元素融入画面中。观众可以通过观看影视作品和综艺节目的场景再现，感受到非物质文化遗产的独特魅力和文化价值。三是音乐舞蹈融合。非物质文化遗产中丰富的音乐和舞蹈元素也是影视作品和综艺节目创作的重点之一。影视作品和综艺节目通过运用传统音乐、舞蹈等艺术形式，呈现出独特的文化风格和艺术魅力。四是人物形象塑造。影视作品和综艺节目通过塑造具有非物质文化遗产特色的角色形象，展现非物质文化遗产的文化内涵和艺术价值。这些角色可以是对非物质文化遗产进行传承和发扬的人，也可以是在非物质文化遗产中获得灵感和力量的主人公。五是细节呈现。影视作品和综艺节目通过对非物质文化遗产的细节呈现，如传统手工艺的制作过程、民俗风情的表演方式等，让观众更深入地了解非物质文化遗产的独特魅力和文化价值。

影视作品和综艺节目融合非物质文化遗产的类型多种多样，不同的类型可以呈现出不同的文化内涵和艺术价值。通过这些融合方式，影视作品和综艺节目不仅可以让观众获得愉悦的观影体验，还可以传承和发扬非物质文化遗产的价值和意义。《国家宝藏》《传承者》《万里走单骑》《了不起的匠人》《舞千年》等综艺节目，以其细腻具象的记录与讲述方式，将博大精深的中华文明与独具匠心的非遗传承故事真实呈现在观众面前，赢得了持续的好评。同时，《长安十二时辰》《鬓边不是海棠红》《去有风的地方》等电视剧以其精良的制作和精彩的剧情，展示了不同程度、不同类型的非遗风貌，引发了收视热潮。此外，《非遗里的中国》《我在故宫修文物》等纪录片采用多元互动方式，体现了新创意与老手艺的碰撞以及创新与传承的对话，向非遗传承人的深厚积淀与工匠精神致以崇高的敬意。

纪录片、影视作品和综艺节目在普及非遗知识、推动非遗出圈上发挥了重要作用。中国的非遗项目浩如烟海，博大精深，截至2023年底，共认定了1557项国家级非物质文化遗产代表性项目，有43项列入联合国教科文组织非物质文化遗产名录、名册，位居世界第一。非遗犹如一座文化宝库，积淀了千年的智慧之光，为影视创作提供了源源不断的灵感。作为一门集视觉与听觉于一体的艺术形式，影视作品和综艺节目可以生动展现非遗技艺的独特魅力，并将对技艺的解读巧妙地融入故事情节，让观众在欣赏中领略其中的奥妙与精妙。如此一来，影视作品不仅传递了非遗文化的内涵，让更多的人被古老的艺术所吸引，引发了人们对传统文化的热爱与关注，实现了有力的科普。

《正好遇见你》这部时下大热的电视剧，就像一场非遗技艺的盛宴，是一部非常成功的非遗题材的作品。它以一档虚构的大型文化类节目《传承》为主线，通过节目组的日常故事，将花丝镶嵌、缂丝、沪式旗袍、玉雕、陶瓷、古典舞、敦煌舞、京剧、木版水印、钟表修复、漆器、戏服制作等十几种非遗技艺串联起来，让人在轻松愉快的氛围中领略到非遗技艺的魅力。这部剧融合了综艺、纪录片等节目形态，科普知识的严肃氛围被巧妙地削弱了，取而代之的是轻松愉快的学习方式，潜移默化中感受到非遗技艺的深厚底蕴和无穷魅力。

2022 年播出的电视剧《传家》以非物质文化遗产"海派旗袍"为主线，展现了 20 世纪 20 年代到 40 年代的女性服饰文化。剧中，海派旗袍作为主要的女性角色衣饰，该服饰曾入选上海市市级非物质文化遗产名录。在当时的时代背景下，旗袍经历了从传统的满族式旗袍到现代时装的蜕变，是东西方文化融合的具体符号。观众在欣赏旗袍之美时，也能领略到不同年代的独特风格。

近期备受瞩目的电视剧《后浪》以世界级非遗项目——传统中医的传承为主题，引发了广泛的关注和热议。该剧以中医传承为主线，通过丰富的故事和高品质的创作，展现了中医传承的艰辛历程，同时也让更多的年轻观众认识到，中医传承不仅是对技艺的传承，更是对精神思想和文化的传承。在剧中，观众不仅能够看到中医技艺的传承，更能感受到中医精神、思想的传承。这种传承不仅是技术的传承，更是对中医药文化、思想的传承和发扬，对于推动中医药文化的传承和发展具有重要的意义。

近期备受关注的热播剧《去有风的地方》，引发了观众对白族扎染、白族刺绣和木雕等充满民族特色和匠人精神的非遗工艺的浓厚兴趣，剧中角色对非遗的关注更是获得了联合国教科文组织的肯定与赞赏。此剧不仅展示了非遗工艺的魅力，还深入探讨了非遗传承所面临的困境，同时呈现了非遗引发的电商经济和旅游打卡热潮。2024 年初，《纽约时报》在推荐 2023 年优秀国际剧目的文章中，将《去有风的地方》列为唯一入选的中国电视剧。非遗成为影视创作的"流量密码"，而影视作品也助力小众非遗为大众所熟知，展现了非遗在当代社会的价值和意义。

弘扬优秀传统文化是当代影视作品的重要使命之一，还有很多影视作品中都融入了非物质文化遗产元素，如非遗题材剧《一代匠师》，专注于呈现福建仙作木雕工艺的传承与发展历程。以工艺类非遗酱菜制作工艺为主线的作品《芝麻胡同》，讲述了北京沁芳居酱菜铺老板严振声及其家庭在时代变迁中的经历。而围绕国粹京剧展开的电视剧《鬓边不是海棠红》则用浓郁的笔触描绘了乱世中的清新。这些作品均以官方的语言风格，严谨、稳重、理性地展现了非物质文化遗产的重要性和魅力。

"非遗＋影视"的结合已成为影视创作的新趋势和新亮点，它不仅引领了观众对历史、美学与生活的深度感知，还为非遗的传播提供了新的契机。在大火之后反思创作过程中给人留下深刻的思考，如何巧妙运用影视化的手段来传播非遗？如何以年轻人喜爱的方式扩大非遗的受众群体？如何将传承与创新完美融合？如何生动展现非遗所承载的文化内涵？……这些都是影视从业者们面临的诸多创作挑战。然而，面对重重挑战，他们已经交出了一批高品质的作品作为答卷，并正在不断尝试更多与非遗相关的创新性创作。可以肯定的是，非遗与影视的双赢局面已经开启，在不久的将来，我们可以看到更多更优秀的影视作品。

除了影视作品外，非遗与综艺节目的融合往往更能起到较大的传播保护效果。相比于其他影视剧综艺节目节奏快，内容丰富多样，具有极强娱乐性，能够满足年轻人的快节奏生活需求的同时能够带给观众轻松愉快的感受。在观看综艺节目的过程中，观众可以放松身心，减轻压力，享受节目带来的欢乐。在综艺节目中往往会邀请众多明星作为嘉宾参与其中，有了明星嘉宾的助力，宣传效果自然不可小觑。综艺节目在紧跟时代潮流，关注社会热点问题的同时，还承担了弘扬民族优秀传统文化的任务，使得观众可以在观看节目的过程中了解更多社会动态和热点问题，进一步拓宽了视野。综艺节目娱乐、社交、知识获取的多重属性，越来越受到年轻人的喜爱。在这样的情况下，越来越多的节目制作者开始在各类综艺节目中加入非物质文化遗产的元素，达到了较好的宣传效果。2023 年，以综艺节目见长的湖南卫视推出了爆款综艺节目《乘风破浪的姐姐》第四季，而在成团之夜除了精彩的节目表演之外，让观众难以忘怀的便是她们身上的国风造型，她们身着以青花瓷元素为特色的典雅素净定制礼服，仿佛将中国传统文化融入了时尚。这种独特的风格充分展现她们的个性和魅力，同时彰显了中华文化的深厚内涵。当然，这并不是这款综艺节目第一次体现中华文化中的非遗元素了，在多期的节目中，都使用了各级各类非物质文化遗产元素。例如，在上述节目中，女嘉宾阿朵以一位致力于非遗文化传承与宣传的文化大使身份出现。她长期在湘西、贵州、云南等少数民族聚集地学习当地优秀的民族文化，并以苗族鼓舞非遗传承人的身份参与节目。在节目中，她将传统非遗文化苗族鼓舞与现代流行音乐实现了完美结合，展现出了民族音乐和民族文化的独特魅力。通过她的表演，使更多的人得以了解苗族鼓舞这项珍贵的非遗。

除了在综艺节目中穿插关于非遗元素的形式外，许多节目制作也会以非遗作为主线开发相应的综艺节目，起到了巨大的宣传效果。例如，在 2023 年 5 月，浙江卫视推出了《还有诗和远方·非遗篇》这一文化旅游类探寻体验节目。该节目致力于传承中华历史文脉，由嘉宾组成的非遗研学团通过非遗线索深入挖掘当地文化特征，展示各地非遗传承人的真实生活与精神风貌，让观众从非遗的历史性中认识中华文明。自播出以来，该节目备受关注，共计 115 个全网热搜，微博主话题阅读量达 8.6 亿余次，短视频侧主话题总观看量达 19.7 亿余次。[①] 此外，光明日报客户端、人民日报海外版官网等 60 多家媒体发布了节目相关内容并点赞了节目的立意。除了《还有诗和远方·非遗篇》之外，浙江卫视还精心制作了《丹青中国心》《戏剧中国心》《大运

---

① 张熠. 从诗画山水到古韵非遗，《还有诗和远方·非遗篇》收官 [EB/OL]. 上观新闻，https://web. shobserver. com/wx/detail. do?id=643916，2023 - 08 - 07.

河》《江南》《国宝搬家记》等文化类综艺节目，让观众在感受大好河山的同时感受中华文化博大精深，其中的点睛之作便是其中的非遗。

综艺节目与非物质文化遗产的结合，对提高非遗的知名度和影响力起到了巨大的推动作用。作为深受大众喜爱的娱乐形式，综艺节目拥有广泛的受众群体，具有娱乐性和互动性强的特点。借助综艺节目的影响力，非遗往往能够成为引领观众对当地文化和旅游资源产生兴趣的重要资源，从而产生极高的商业价值和社会价值。这不仅能吸引更多人参与非遗的传播和保护，还能促进地方经济的发展和文化创意产业的繁荣。我们期待未来有更多优秀的综艺节目能够加入保护和传承非遗的行动中来。

短视频创作中的非物质文化遗产。近年来，短视频作为一种新型视听传播方式迅速成为人们喜闻乐见的娱乐方式。与传统的媒体平台相比，短视频平台具有互动性强、传播效率高、影响力广泛的优势，在传播过程中，受众可以通过评论、点赞和分享等方式参与传播过程，使得信息的传播更加广泛和深入。借助数字化新媒体以及短视频平台的优势进行数字化的生产与保护已经成为非物质文化遗产再生产的重要形式。特别是自2018年以来，抖音以其迅猛的发展速度，在国内短视频行业中崭露头角。非物质文化遗产也借由此平台，搭上了数字时代的快车，实现了创新性和创造性的转化。巨量算数在2022年发布了抖音非遗数据报告，根据报告数据，在2021年6月至2022年5月的统计周期内，1557项国家级非物质文化遗产项目中抖音覆盖率达到了99.74%，总播放量达到了3726亿次，获赞总数达到了94亿次，最受欢迎的10项国家级非物质文化遗产项目分别是相声、黄梅戏、柳州螺蛳粉制作技艺、京剧、豫剧、越剧、象棋、舞狮、烤全羊技艺、秧歌等，在众多的抖音非遗的创作者中"70后""80后"和"90后"是创作的主力军，分别占到了20%、35%和26%。凭借短视频平台强大的传播能力，非遗产品的销售得到了极大的推动。报告期内，非遗好物销售同比增长量高达668%，紫砂壶、生丝刺绣、法根糕点、龙井茶等非遗产品成为热销商品。从宣传和营销的效果来看，抖音直播和电商的助力效果显著。抖音非遗项目直播场次同比增长642%，抖音非遗创作者平均每天直播1617场，获得直播打赏的非遗主播人数同比增长 427%；打赏总金额同比增长 533%，平台上老字号品牌销量同比增长 617%；平台上获得收入的非遗传承人数量同比增长 34%。借助短视频平台等新媒体的赋能，非遗逐渐实现了年轻化、时代化，越来越多的年轻人开始关注和喜爱非遗文化，学习并传承非遗技艺。"00 后"购买非遗产品的热情最高，好物成交额同比增幅达到了 959%。① 可以说短视频平台给予了人们沉浸式体验每一种非遗的形式。

短视频在非遗传播中的独特优势主要表现在三个方面。一是能够打破非遗传播的地域性。非遗具有典型的地域性特征，与人们生活的环境与方式有着密切的联系，地方文化是其核心内涵与特色，也正是因为地方性所体现的观感新奇等原因，让非遗成为短视频中的宠儿，让地方戏曲、民俗节日等内容频频成为短视频内容的热搜。而"非遗＋短视频"的传播形式，实现了传播和传承在地域性上的破局，在传播的受众方面实现了破局，让不同地域的用户借助短视频平台进行沉浸式的体验，加之完美的制作流程和兼具精巧和趣味性的剪辑，激发了受众的购买欲望和学习、传承非遗的积极性。短视频平台方积极响应国家政策号召，为非遗传播推出专项计划，并提供流量扶持，如抖音推出了"非遗合伙人计划""看见手艺计划""新农人计划"等，使得独具特色的地方民俗文化、地方传统技能和地方表演艺术等非遗向更广的用户群体展现出来，为非遗的传播和传承提供了有力支持。二是有效降低非遗项目营销成本。非物质文化遗产之所以陷入传承传播的困境，其主要原因之一在于传播路径的狭窄。在短视频新媒体崛起之前，非物质文化遗产的传播主要依赖于政府资助的展览、展演以及论坛活动，抑或是制作相应的纪录片和宣传片等。尽管这种传统传播方式能够获得政府和当地民众的支持，但其成本较高，费时费力，且传播范围相对有限，参与其中的非遗传承人也较为有限。随着时代的发展，短视频平台应运而生，具有拍摄门槛低、参与成本小、传播时间碎片化、内容主题突出、AI 大数据智能推送等特点和便利。利用短视频平台进行非遗传播，能够在较小的宣传成本下获得更多的传

---

① 巨量算数：抖音 2022 非遗数据报告［R］. https：//trendinsight. oceanengine. com/arithmetic - report/detail/719？source = bgyq421，2022 - 07 - 17.

播效益，为非遗的地方文化建构提供了新的渠道。同时，短视频平台给大量的普通创作者提供了展示自己的机会，在 MCN 机构以及相应的创作团队的共同帮助之下，通过与非遗创作者的签约合作、企划创作等，关于在非遗内容创作上有了保障，逐渐形成了人人共享，全民传承的良好氛围。三是让非遗市场化和品牌化转向成为趋势。随着抖音等短视频平台大火而来则是各种商业机会与商业资源，更为非遗传承人们创造了更多的就业与变现的机会。随着 MCN 运营模式的逐步成熟，大量非遗 IP 伴随商业化的发展过程不断涌现，非遗也逐步实现了短视频流量密码转化流量变现，大量关于非遗产品的直播带货开始在短视频平台涌现。除了通过直播带货的方式实现价值变现之外，非遗短视频也能在一定程度上实现线下引流的效果，间接促进当地旅游业的发展。在现实的工作中，借助短视频平台传承非物质文化遗产的成功案例不胜枚举。

李子柒是国内知名的美食短视频创作者，是成都非遗推广大使。她从 2015 年开始了关于美食短视频的创作，在 2016 年凭借短视频《兰州牛肉面》获得广泛赞誉，至今在各大视频平台都积累了大量粉丝量，在国内外都具有巨大的影响力。她以最朴实、最自然的方式将中国传统美食呈现在公众视野中，通过图像化的影像呈现和美学包装，精准把握时间和节奏，以严谨、稳重、理性的语言风格，讲述着传统文化的魅力故事。李子柒在短视频中呈现了大量的传统手工艺类的非物质文化遗产，有笔墨纸砚、胭脂眉黛膏、千层底布鞋、羊毛披风、秋千、面包窑、实木洗手台、竹沙发、蚕丝被、木衣架、木灯罩、竹灯罩、竹摆件、玉米皮物件等。她的视频作品唤醒逐渐模糊甚至陌生的中国文化记忆。李子柒的成功源于她能够用新的短视频形式来展现非物质文化遗产和传统文化。

像李子柒这样借助短视频平台取得成功的例子还有很多，他们都借助现代新媒体技术和流量，与非遗融合，取得了巨大的传播效果和品牌效益。抖音账号"江寻千"的拥有者是一位"95 后"湖南年轻女孩，账号视频内容涉猎极广，收获了千万粉丝的喜爱，粉丝量达到了 3000 万人左右。其作品以治愈系美食美物制作、非遗手工艺等见长。她的视频内容还原了 1300 年前的荔枝酒、宫廷美食龙须酥、三不沾、茶百戏等古法美食，以及糖画、纸鸢、鱼灯、茶百戏、干花香薰、蜂蜜香皂等诸多传统手工艺。作为传统民间艺术"打铁花"非遗传人，拍摄的打铁花视频让观众极为震撼，全网播放量超过 2 亿次。有"男版李子柒"之称的视频博主彭传明是一位来自福建的"80 后"农民，对中华传统文化有着特殊的热爱，他的视频以田园风格作品为主，没有华丽的辞藻和语言，也不需要精彩的故事情节来衬托，只有原始的敲打声、研磨声、破竹声、柴油发动机的轰鸣声。他古法还原文房四宝、十里红妆的全过程系列视频累计播放量 7.6 亿次。

显然，"非遗 + 短视频"在市场化、产业化的过程中已经取得了巨大的成功，但也存在着诸多的问题，例如，传统技艺类非遗短视频占据了视频内容的大多数，出现了一家独大的局面，项目宣传明显不均衡。在非遗领域中，传统技艺类别的短视频在平台、创作者和观众中受到了广泛的关注和热捧。由于这种趋势受到政策引导的影响，观众可能会对非遗形成刻板印象，从而对非遗产生理解物化的风险，而忽略了非遗的人文底蕴和内在精神传承。部分非遗短视频以标准化的生产和运营代替了原真性的生产保护模式，造成了对非遗原真性的破坏。因此，在借助短视频平台加强对非物质文化遗产的市场化、品牌化的宣传运营的过程中，多元主体的监管、引导是不能缺位的，才能使原生态的非物质文化遗产不被流量变现浪潮所裹挟。

数字藏品与非物质文化遗产。非遗数字藏品是伴随着数字经济的快速发展而来的衍生产品。近年来，我国数字经济快速发展，Web3、元宇宙、数字藏品也随之爆火，成为数字经济领域的热门话题。数字经济本是一种基于数字计算的经济形态，它以数据作为生产要素，通过信息网络进行传输、存储、处理和应用，进而推动经济的发展。在数字经济中，互联网是核心基础设施，大数据是生产要素，云计算是技术支持。通过互联网，人们可以随时随地获取和交换信息，打破了传统经济中的地域限制和时间限制。大数据则通过对海量数据的收集、分析和应用，为企业提供了更加精准的市场预测和更加个性化的产品和服务。云计算则为大数据的处理和应用提供了强大的技术支持，使得数据的处理和应用更加高效和便捷。

数字经济正在改变着我们的生活方式和生产方式，为全球经济的发展注入新的动力。与此同时，随着数字经济的飞速发展，非遗数字藏品这一新型文化产品逐渐崭露头角。Web3、元宇宙、数字藏品等新兴概念和新兴技术的出现，不仅为非遗数字藏品的创作和发行提供了更为广阔的空间，也为非遗的传承、保护与发展注入了新的活力。非遗数字藏品，顾名思义，是将非遗文化元素与数字技术相结合，通过数字化手段进行创作、发行和收藏的一种新型文化产品。它以非物质文化遗产为载体，以数字技术为手段，以创新为动力，为非物质文化遗产的传承和发展开辟了新的道路。

数字藏品是对区块链技术的应用形式之一，是特定的作品或艺术品生成的唯一数字凭证，在数字化发行、购买、收藏和使用作品或艺术品过程中，提供真实可信的数字版权保护。2022年5月，为进一步推动文化服务供给体系的完善，中共中央办公厅、国务院办公厅联合发布了《关于推进实施国家文化数字化战略的意见》。该意见对加强文化数字化建设、实施文化产业数字化战略提出了明确且具有指导性的要求。随着数字藏品的出现，这一领域逐渐成为数字化文化消费的重要场景，为大众提供了新的消费选择。2023年1月，国内数字藏品平台数量累计达到2449家，其中不乏中文在线、视觉中国、科大讯飞等A股上市公司。与此同时，数字藏品的一级消费市场展现出火爆态势，月销售额甚至超过了2亿元。除了民间资本市场热衷于数字藏品及平台的建设以外。不少"国家队"也建设了自己的数藏平台，并相继发行了数字藏品。例如，央视推出了"央数藏"、新华网推出了"新华数藏"、人民网推出了"灵境人民艺术馆"等，央媒旗下的数字藏品平台已达7家。它们发行的数字藏品种类繁多，既有电影、音乐、潮玩，也有各类数字文创、艺术家作品。同时，国内许多博物馆、知名景区也纷纷跟进，结合自身特点，推出了各具特色的文创数字藏品，拉近了公众与文物、文化遗产的距离。央视网旗下数藏平台"央数藏"上线的2022个"创世数藏S"标价为128元，销售火爆，一分钟内即售罄，这充分证明了数字经济在中国文化传统传播中的重要作用。

非物质文化遗产作为农业文明时代的产物，其发展和传承已经在信息化现代化的发展过程中遇到巨大阻塞。其原因是现代的年轻人对我国的非物质文化遗产缺乏了解，加上许多非遗没有找到传承人，现濒临消失。如何将优秀的非物质文化遗产弘扬、传承和保护下去，是几代文化学者最重要的课题。数字经济的快速发展帮助非遗找到了一条新的发展之路，打破阻碍和瓶颈。非遗数字藏品的出现，不仅丰富了数字经济的产品形态，也为消费者提供了更加多样化的文化消费体验。通过数字化手段，可以将传统的非物质文化遗产以更加生动、形象的方式呈现给更多的人，让更多的人了解和认识非物质文化遗产，从而促进非物质文化遗产的传承和发展。随着数字化技术的不断进步，非遗数字藏品的制作和发行也变得越来越普及。一些非遗传承人利用数字技术将传统的手工艺品进行数字化转化，制作成具有独特魅力的数字藏品。这些藏品不仅保持了传统艺术的精髓，还通过数字技术呈现出更加丰富多彩的艺术效果。数字藏品的限量发行也使得它们更加具有收藏价值和投资潜力。

非物质文化遗产与数字藏品的结合，为非遗保护提供了新的保护与传承路径。在数字经济发展领域，国内已经涌现出了一批优秀的数字藏品平台。这些平台积极挖掘和利用中国传统文化，特别是优秀的非物质文化遗产进行创作，不断探索数字藏品与数字营销、IP 孵化、创作者经济相结合的新模式。

"iBox 链盒"是国内领先的数字藏品平台，主要致力于成为国内高品质的一站式数字藏品与数字 IP 资产管理机构。特别是在利用数字技术进行非物质文化遗产的保护方面，"iBox 链盒"进行了大量的尝试，与国内众多的工艺美术大师、非遗传承人进行了广泛且深入的合作，发行多款优秀的非遗数字藏品，特别是通过数字化技术的再创作，将优秀的非遗作品以数字化的形式呈现给人们，走出了一条独具特色的非遗数字化保护之路。"iBox 链盒"与中国工艺美术大师、皮影戏代表性非遗传承人汪天稳老师合作，将皮影艺术雕刻作为创作源泉，推出了一系列数字藏品，并将打造数字皮影元宇宙主题藏馆作为合作目标。"iBox 链盒"与国家级非物质遗产代表性人物张方林联合推出数字剪纸藏品《百鸟朝凤》《松鹤延年》，在数字藏品市场上得到了良好反响。"iBox 链盒"与首批国家级非遗项目——高密扑灰年画国家级代表性传承人吕蓁立合作，推出了高密扑灰年画数字藏品系列产品《代代富贵》，与平阳木版年画国家级非遗传承人赵国琦合作，推出的数字藏品《亘古一人》，与国家级非物质文化遗产京绣传承人、河北保定市工艺美术大师梁淑平推出的数字藏品《鹤鹿同春》均好评连连，受到了数字藏品市场的广泛欢迎。

数字藏品的出现对于非物质文化遗产的数字化保护产生了诸多的变化，促进了非遗的保护与传播。一是可以助力保护非遗产权。将数字技术和区块链技术应用于非物质文化遗产，可以实现其确权。通过区块链技术的记录，每次交易都将被永久保存，为买家提供溯源和真伪验证的依据。在出现侵权行为时，这些记录可作为有效的证据，为权利人提供有力的维权支持。二是可以助力非遗产品拓宽变现渠道。数字藏品能够将非遗文化转化为数字资产，并在元宇宙平台上进行销售和交易，从而为数藏平台和非物质文化遗产传承人提供直接的收入来源。三是助力非遗在新时代引起更多人的关注。数字藏品以新颖、有趣的方式引起伴随网络成长起来的新的社会群体的关注。这种新型的传播方式不仅拓宽了非遗文化的传播路径，也让更多人通过数字藏品来了解和欣赏非遗文化。同时，数字藏品还具有线上带动线下的引流作用，为相关产业带来了更多的商业机会和发展空间。现如今，这些古老的非物质文化遗产通过数字技术再次焕发生机。数字藏品的出现让非遗传承找到了新的路径，数藏行业的繁荣，实现着非物质文化遗产全新的文化价值和社会价值。在非遗数字藏品的制作与发行过程中，我们应注重对传统艺术独特性与价值的保护，持续强化法律与伦理监管，以确保数字藏品的合法性与公正性。唯有如此，我们才能更有效地传承与保护这些宝贵的文化遗产，让更多人得以欣赏与收藏这些精美的非遗数字藏品。

4.5.2 "非遗＋文化创意"

文化创意行业是一项同时具有创造财富和就业潜力的新兴产业。它借助人的智慧、技能、天赋以及高科技对文化资源进行创造与提升，通过知识产权的开发和运用，产生出高附加值产品。文化创意产业以创新为核心，以知识产权为手段，以文化为主要内容，以科技为支撑，以人才为基础，以市场为导向，以品牌为引领，以资本为动力，以价值链延伸为方向，以跨界融合为特征，以国际化发展为目标，涵盖了文化艺术、新闻出版、创意设计、文化旅游、广告、影视制作、网络信息及动漫游戏等多个领域，是一个具有高度融合性、渗透性、关联性和辐射性的新兴产业。联合国教科文组织认为文化创意行业包含文化产品、文化服务与智能产权三项内容。

我国对于文化创意的形式和形态作了规定，并且明确提出了国家的主要任务就是发展文创产业，国内各省相继出台了众多政策、举办各种活动来宣传文创产业、扶持文创产业的发展。例如，上海发布《关于加快本市文化创意产业创新发展的若干意见》（简称"上海文创 50 条"）总结了历年来推动上海文创产业发展的各项政策及经验，为其他省份发展文创产业提供了借鉴。北京市首个文化金融服务中心在国家文创实验区投入使用，用一站式专业服务打通文化与金融，企盼文化企业走得更远。成都出台了《建设西部文创中心行动计划（2017—2022 年）》，通过 5 年努力，投入 1.1 万亿元，使成都成为西部地区文创发展的引擎。西安举办了"最中国·看西安"文化旅游系列活动，用文化 IP 展示西安多元化的文化旅游资源和城市风貌。山西省拥有丰富的旅游资源、深厚的文化底蕴，省内各大文化、文物单位一直在为深化文旅合作、加快建设旅游强省进行着积极的探索和尝试。2017 年山西成立了山西博物院文化创意发展中心、山西省图书馆文化创意发展中心，并将山西省文化馆等 14 个单位确定为省级文化单位文创产品开发试点，享受国家级试点单位等相关政策支持。

关于文化创意与非遗的国内外研究形成了丰富的研究成果。国内关于文创产品的研究有很多。例如，曾涛在《我国地区文化创意产业竞争力评价研究》中以我国 2003 年到 2012 年 31 个省（区、市）的数据为样本，运行结构方程模型展开研究，依据研究结果有针对性地对我国各地区的文化创意产业提出发展策略。张学东在《文化创意产业园发展模式研究》中通过分析得出文化创意产业园必将是今后文创产业发展的重要载体，并根据北京、广州、天津等几个文创产业园的发展状况，提出了园区普遍存在功能定位不清、缺乏创意人才、产业同构明显、公共服务平台不完备、产业链不完整等问题，并提出相应的解决措施。曾文豹在《中国文化创意产业发展模式探究——以北京文化创意产业发展为例》中以北京文化创意产业的发展为基础案例，在此基础上对文化创意产业的定义和中国文化创意产业的发展进行了重点介绍。通过对日本、美国、英国等其他国家文化创意产业发展的成功经验分析，明确了中国文化创意产业发展存在的差距，从而为促进我国文化创意产业明确方向。王新生在《晋祠文创产业发展情况调研》中分析了晋祠文创产业发展的优势和现状，以相似地区的文创产业发展模式为参考，为晋祠发展文创产业规划了可行的发展路径。

国外文化创意产业的发展较我国而言要先进很多。美国是文化创意产业起步最早的国家之一，也是目前文化创意产业最发达的国家。美国文化创意产业规模庞大、门类齐全，文化创意产业的产值远超其他传统行业。在欧洲，英、德、法等国家的文化创意产业也处于国际前列。在亚洲，韩国近年来文化创意产业以惊人的速度发展，韩剧、网游被世界各国人民所熟知。日本的文化创意产业已成为日本经济发展的重要支柱，是世界上最大的动漫制作和输出国。我国文化创意产业起步晚，与国外文化创意产业的发展相比存在不小的差距。日本的柯南小镇位于日本鸟取县，是《名侦探柯南》作者青山刚昌的出生地。小镇中柯南的身影遍布大街小巷，大桥、大道、路标、指示牌，甚至井盖都是以柯南为主题的。小镇里有以青山刚昌动漫作品为主题的博物馆，也有柯南侦探社供游客购买柯南周边商品。每年约有 13 万以上的游客前来参观购物。

在研究过程中，课题组主要对平遥、五台山以及云冈石窟的文化创意产品开发以及与非物质文化遗产保护的协调发展作了较为深入的研究，对山西非物质文化遗产的文创产品开发进行了总结与分析。

山西非物质文化遗产内容丰富，拥有国家级非物质文化遗产共 182 项，省级非物质文化遗产共 765 项。从内容分布上来看，以传统技艺为主，传统戏剧和民俗也较多，而曲艺与传统体育、游艺与杂技等项目较少。2017 年山西成立了山西博物院文化创意发展中心、山西省图书馆文化创意发展中心，并将山西省文化馆等 14 个单位确定为省级文化单位文创产品开发试点，享受国家级试点单位同等相关政策支持。各机构、各企业、各高校都纷纷加盟文创产业，并提出若要发展山西文创产业，不妨文旅结合，将景区作为突围的"桥头堡"。

在政策方面上，山西省给予非物质文化遗产保护大量的政策支持，为非物质文化遗产和文化创意产业的有机结合搭台唱戏。党的十九大以来，山西省非物质文化遗产保护工作进入一个崭新发展时期。山西省原省长楼阳生在山西省第十二届人民代表大会第七次会议上所作的政府工作报告中指出，要把文化旅游业加快培育成战略性支柱产业。

2017 年 4 月 12 日，山西博物院文化创意发展中心、山西省图书馆文化创意发展中心成立揭牌。山西省将山西省文化馆、山西省非物质文化遗产保护中心、山西省文化产业发展中心、山西网络文化艺术中心、山西大剧院、太原美术馆、太原市非物质文化遗产保护中心、大同市少年儿童图书馆、阳泉市图书馆、长治市非物质文化遗产保护中心、临汾市非物质文化遗产保护中心、运城市非物质文化遗产保护办公室、太谷县文化馆和交城县非物质文化遗产保护中心共 14 个单位确定为省级文化单位文创产品开发试点，享受国家级试点单位等相关政策支持。

2018 年 2 月 1 日，山西省首个"非物质文化遗产文创基地"落户太原五一广场。该基地由省工艺美术集团与省文化馆共同打造。基地由非物质文化遗产展示区、创意蜂巢文创公寓、非遗晋味老街坊、群众文化小剧场和画廊五大区域组成，是一个集展示、研究、传习、创作、表演、体验、交流等多种功能于一体的综合性现代化的非物质文化遗产展示平台。非物质文化遗产展示区有铁货、中药炮制、砂器、陶瓷、葫芦、玉雕、木雕、刺绣等国家级、省级近 30 家非遗项目企业入驻；创意蜂巢文创公寓将通过文创公寓个性化的建设及孵化方案，解决文创人才培养问题，为优秀的高校尤其是艺术类院校创业大学生解决后顾之忧；非遗晋味老街坊则通过非遗小屋、老街坊的形式，全方位展示山西省各地非遗特色小吃和制作技艺；占地近千平方米的画廊和小剧场，可承办各类展览和优秀传统剧目演出。此外，山西工美集团在参与组织山西品牌中华行、山西品牌丝路行的过程中，将山西非物质文化遗产整合归结为"晋酒·晋醋·晋药·晋艺·晋韵·晋风·晋味·晋茶"八大晋字品牌进行整体宣传推广，并在山西省文化和旅游厅的支持下建设了近5000平方米的山西省非物质文化遗产展示馆、非遗小舞台、晋韵小剧场、非遗书屋和2000多平方米的山西省非物质文化遗产文创基地及非遗文创超市。

2018年6月9日是我国第13个文化和自然遗产日，山西省文化厅、山西省工美集团主办的"非物质文化遗产系列活动"在太原市鼓楼街举行。活动中有舞狮、锣鼓、腰鼓、灯笼秀、扇子秀、晋风神韵展演。山西三大流派剪纸、面塑、瓷器、砂器、木版年画、澄泥砚等山西非遗传承人也在现场与观众热情互动。来参加活动的观众不仅可以在非遗书房读非遗书、品非遗茶、赏非遗精品，在晋韵小剧场体验风筝、皮影、编织、DIY织布、灯笼、陶艺等非遗小手工制作，还可以参观馆内晋酒、晋醋、晋药、晋艺、晋风、晋韵、晋味、晋茶八大晋字非遗展。

2018年7月21日，由山西省文化厅、山西省旅游发展委员会、山西工美集团共同举办的首届山西非物质文化遗产博览会在忻州市代县雁门关景区开幕。本届非遗博览会是为了积极响应山西省委省政府提出的"要加快把文化旅游业培育成战略性支柱产业"的目标要求，致力于推动文化旅游深度融合而举办的。博览会以"保护·传承·转化·发展——非物质文化遗产融入现代生活"为主题，历时3个月，在太原、忻州、晋城、临汾四市举办，成为非物质文化遗产传承人展示绝活绝技的大舞台，成为山西省非物质文化遗产融入现代生活的主渠道。博览会中有非遗传统节目《杨家战鼓》、古典舞蹈《绽放》、非遗民俗展演《舞狮＋舞龙》等，有漆器、刺绣、剪纸、非遗食品等传统手工艺品和非遗技艺产品展示等。展会增强了交易合作功能，激活展会市场化运营的新引擎，为适合驻场销售、驻场展演的非遗项目与景区牵线搭桥，推动项目在景区扎根，与景点联姻，促进双方长期交流合作。

2019年3月，山西省文化和旅游厅举办首届山西省文化旅游创意产品设计大赛，本次大赛的举办旨在贯彻落实国务院和山西省委省政府关于加快推动文化文物单位文创产品开发的意见和部署。大赛征集作品的类目包括但不限于传统工艺美术大类，围绕"雕、刻、剪、绣、塑、漆、瓷、陶、金"等技艺和材质，通过艺术加工和创意转化，解决旅游文创商品同质化问题，形成突出山西地域特点、景区特色、精美便携的文化创意产品和旅游景区文创商品。

2019年4月11日，太原市第一个非遗研究基地、太原市文化产业示范基地以及首批太原市非遗文创试点项目正式在杏花岭区小窑头村的非遗文旅小镇挂牌落户。太原市小窑头非遗文旅小镇是太原市第一家以非遗资源为建设基础，以文化产业发展为动力，以旅游开发为支撑的特色小镇。已经成功引进西华门舞狮、晋绣、太原漆器传统制作工艺、太原面塑、贾氏泥塑等21家非遗项目入驻非遗小镇。

2019年5月5日，由阳泉市文旅局等联合主办的2019年旅游创意产品大赛暨文化旅游产品交流会圆满落幕。本次交流会从2019年4月30日开始，吸引了国内外文旅产品设计生产经销厂商到娘子关参展，还邀请了本土特色非遗节目，为八方来客进行现场展演，实现了文化和旅游的深度融合。在兴隆古街的非遗文创展厅，进行了娘子关展销文化旅游产品展销合作交流签约仪式，阳泉市文旅局与参加此次产品交流会的厂商签订协议，谋求共赢。

2019年6月8日，由山西省文化和旅游厅主办，山西省非遗保护中心、山西省民间文艺家协会协办的2019年山西省城"文化和自然遗产日"系列主题活动在太原食品街全面启动。非遗日的主题为"非遗保护，中国实践"，口号是"在生活中弘扬，在实践中创新""传承文化根脉，共筑民族未来""非遗保护，你我同行"。"舞动三晋·鼓舞山西"锣鼓展演、"威武雄壮·惟妙惟肖"舞狮展演、"三晋民俗"旱船表演以及"唐风晋韵"旗袍秀展演齐上阵，再现晋风神韵。山西省各大非物质文化遗产项目流派的传承人也齐聚食品街，国家级非物质文化遗产传承人柳惠武、张宏亮等现场进行传统技艺展示，剪纸、面塑、制陶、泥塑、陶笛、刻瓷、砂器、瓷器以及香薰烛艺等现场展示展演展销，游客纷纷驻足，了解非遗文化和文创产品。

结合前期对平遥、五台山、云冈石窟的文创旅游开发情况，综合山西省内的非遗文创产品开发实际，本书总结出山西在非物质文化遗产文创产品开发上表现出以下四种特征。

一是具有地域性。在设计非遗文创产品前，设计师充分挖掘非物质文化所具有的地域特色，将其富有创意地进行元素提取与再设计，使顾客仅需通过非遗文创产品的外观形象便可以了解到当地特有的地域文化。山西省旅游文创产品中的一种冰箱贴，就是选取典型地域景观，采用剪纸化的处理手法，将旅游景点中特有的景观打印在相纸上，使用高透光人造水晶及软磁贴制成的。这种充满地域特色的旅游文创产品使游客一眼便可识别出它诞生于哪个旅游景点。

二是具有故事性。山西本土丝巾品牌——"山西故事"以山西广灵彩色剪纸、孝义皮影艺术、平阳木版年画、黎城布老虎等山西非物质文化遗产为设计元素，用现代设计语言对优秀的传统文化元素进行创新性设计，创作出一系列丝巾产品。以丝巾向世人讲述着悠久的山西历史故事。丝巾的设计运用了山西省黎城县的传统手工艺品——黎侯虎元素。关于黎侯虎，有一个传说故事——相传2700多年前，商纣王荒淫无度，凶狠残暴，百姓民不聊生。西伯周文王便想要举兵灭商。战前，他们经过了一番军事分析认为：在临商都不远的地方的黎侯国（今黎城县），物产丰富，国君勤政英明，此国不但政通人和，而且军事力量强盛，灭商应先灭掉黎侯国，但终以失败而告终。就在这时有谋士向周文王献计说："黎侯国有一块上天赐予的玉石虎，定是那玉石虎护其周全，若是我们将其窃取回来，此战我们必能大获全胜。"周文王听后便派人从国君府中将玉石虎窃为己有。果然，不久周文王就灭掉了黎侯国。虽然黎侯国被灭掉了，但没过多久周文王与那位献计的谋士便相继病逝。传说那位献计的谋士其实是一位私自下凡的邪神，他与周文王勾结杀害了众多百姓，上天便对他们展开了报复。听闻此传言后的周武王不仅立刻将那块玉石虎归还给了黎侯国，还将逃往别国避难的黎侯国君请了回来，帮助其重建黎侯国。黎侯国的百姓们用布、石材等各种不同材料制作成玉石虎的样子，并取名为黎侯虎，作为镇宅之宝、避邪之物。

三是具有独特性。旅游文创产品的开发，不仅要开发出被消费者广泛接受的产品，也要开发出具有独特性的产品，具有独特性的商品不会流通到大众市场，属某一区域独有、垄断的文化商品，消费者会怀有朝圣的心态去专门购买。在平遥古城景区中有平遥古城纪念币自动售卖机。此纪念币的材质为合金加镀金，共限量发售 2020 枚。游客只需使用微信或支付宝扫码支付 30 元人民币即可购买。除此之外售卖机中还有彩印镀金、彩印镀银的市楼款纪念币、镀银的日昇昌记纪念币，价格在 20 元至 35 元人民币。

四是具有多样性。非遗文创产品面对的客户群体广泛，年龄阶层与收入阶层均有差别，所以非遗文创产品的种类也是多种多样的，产品价格也有高中低档之分。如针对高收入群体的上班族有较为名贵的瓷器装饰品、首饰等；针对学生消费群体有很多价格适中的创意文具类产品；针对已经退休的老年人有价格低廉的拐杖、掌旋球等。其中，掌旋球可以用来锻炼老年人的手指灵活度，其材质、颜色也是多种多样的，可以满足不同消费者的不同消费需求。

从开发模式来看。山西非物质文化遗产的文化创意产品的开发模式主要有以下三种。一是自主研发。自主研发是指从产品的设计到投入生产的一系列决策全都由本公司或企业独立完成。这种开发模式的优点是产品的原创性高，更加具有识别性。如"山西故事"品牌所售卖的丝巾是由该品牌创始人——太原师范学院设计系的一名年轻教师马婷婷带领她的学生们自主研发的产品。据山西故事品牌创始人马婷婷介绍说，她经常将具有山西非物质文化遗产元素的设计带到学生的课堂练习中，让学生们进行创作。其研发的系列作品一经问世大受好评，在米兰设计周——中国高校设计学科师生优秀作品展中荣获金奖。二是企业合作。有的企业、公司由于自身能力有限，需要与其他品牌企业或高校合作开发旅游文创产品。如西堂文化传播公司到 2019 年为止，已与"山西故事""晚风书屋""王的手创""若太科技""狮三百"等众多优秀文创品牌共享合作，还与山西大学、双合成等优秀校企签署了战略合作协议，携手推进跨行业的文化创新发展。三是贴牌生产。贴牌生产也就是我们经常听到的"生产外包"。虽然名称不同，但其本质都是企业为了降低成本，追求利益最大化而委托其他企业进行代加工生产。虽然这样的生产方式可以降低生产成本，节约销售投资，但将其运用于旅游文创产品的开发也存在一定的弊端，例如会导致各地旅游文创产品出现同一化，使旅游文创产品缺乏创意性及地域性特征。

山西非物质文化遗产旅游文创产品开发及销售存在的问题主要表现在以下几个方面。首先，在开发中遇到的问题。一是缺乏被市场广泛认可的设计。非遗手艺人拥有精湛的技艺，但是缺乏设计的专业能力，产品的创新能力不足。非遗产品有着地域和文化的局限，离消费者的生活有一定距离，所以需要通过设计师的创新设计，以我们生活息息相关的产品为载体，使其被广大消费者接受。二是产业链条不清晰。从山西非遗旅游文创产品的研发、生产流程来看，需要策划人才进行市场调研，为产品的研发提供相关理论与现实依据、需要创意人才设计出能被广大消费者接受的产品、需要管理人才负责协调组织整个生产链条。但只有个别大型公司具备这样的完整的组织机构，其余的公司人员少，基本上没有自己的研发团队或生产部门。三是缺乏完善的品质检测流程。市场中售卖的山西非遗旅游文创产品质量参差不齐，当游客购买到质量不合格的产品时，必然会对当地非遗旅游文创产品产生抵触情绪，导致其销量下滑，给消费者造成不良的旅游体验。完善山西非遗旅游文创产品的品质检测流程，提升品质，是山西非遗旅游文创产品在激烈的市场竞争中屹立不倒的重要手段。其次，在销售中遇到的问题。一是产销渠道不对称。大部分手艺人制作的商品通过线下渠道销售，且市场推广手段有限，很多消费者想要购买，却不知可以去哪里购买。二是旅游景点中专门售卖非物质文化遗产旅游文创产品的商店并不多，很多商店销售的产品是从义乌小商品批发市场进货而来，如芭比娃娃、植物大战僵尸玩具、民族特色小背包、精油手工皂等。售卖这样毫无地域特色的旅游纪念品，并不能够起到宣传当地人土风情、弘扬当地非物质文化遗产精神的作用。三是非遗旅游文创产品的经营者大多为当地的农民，缺乏现代化经营理念。他们在景区开发之前都是文化程度不高、在家务农的农民。在当地旅游业发展后，为了生计开始从事旅游产品的销售，他们关注更多的是眼前的利益，缺乏战略性的眼光。四是销售点存在杂、乱、差等问题。例如乔家大院旅游景区。2019 年 7 月，乔家大院景区因过度商业化等问题被取消了旅游景区质量等级。此后，乔家大院进入全面整改期。治理"过度商业化"是乔家大院此次整改的重点，其中也包括解决景区旅游产品单一、陈旧的问题。之前乔家大院出口区是一条长约 255 米、宽 18 米的通道，乔家堡的村民集中在这里摆摊，出售手工艺品、餐饮小吃等。但目前该通道已经整改为旅客休息、客流疏散的绿化道。商贩则搬到了景区外面的商业城，与景区不协调的旅游产品被全部撤走，文创商店新增了晋商石雕、布老虎等祁县非物质文化遗产旅游文创产品。[1]

　　如何做好非物质文化遗产文创产品开发与销售，笔者认为需要从以下几个方面去改进。一是做好市场调研。想要研发出能够受广大消费者喜爱的山西非遗旅游文创产品，第一步便是要做好市场调研，否则再艰苦的研发过程都只是设计师的自娱自乐。市场调研就是要充分了解消费者的喜好，将市场上销售的同类型产品进行对比分析，找出他们的优缺点，探索如何能够研发出吸引消费者眼球、让消费者愿意为此而掏腰包的山西非遗旅游文创产品。二是注重人才培养。相关企业、机构、各大高校都应以创新的思维，着力培育适应山西非遗文创产业发展需求的高素质人才。发掘与培养人才的手段应多种多样，除教育培训、访学交流、增加历练外，还可通过定期举办主题创意设计大赛、技能展示大赛等大型赛事活动来挖掘来自社会专业机构、团体、企业及各大高校的专业人才。三是开发体验类产品。目前山西省绝大多数景点对于体验类的非遗旅游文创产品并没有进行系统性的开发。体验类的非遗旅游文创产品在宣传当地非遗项目的同时，可增加游客旅行的趣味性，是适应时代和公众需求的。它包括情景体验与制作体验两种。情景体验是指将山西非遗元素与景区内外的自然、人文环境结合，经过策划设计，组织编排情景体验节目。制作体验是指进行皮影、编织、剪纸等非遗小手工的制

---

① 方晓. 乔家大院景区被取消旅游景区质量等级［EB/OL］. 澎湃新闻，https：//mp. weixin. qq. com/s/PbRr6057bYMeyJ0pMfNe－g，2019－07－31.

作。开发体验类产品可以使消费者切实地感受到山西非遗的精神、学习到山西非遗的制作工艺。四是拓宽宣传与销售渠道。在互联网高度发达的时代，山西非遗旅游文创产品的宣传和销售应充分利用互联网的便利性。可同时在淘宝、微信、抖音等最受消费者欢迎的网络平台销售山西非遗旅游文创产品。线上线下融合经营，构建全面营销网络，这样既可以节省成本，又可以提高销售额。五是树立品牌意识。品牌既是竞争的产物，又是竞争的手段。在激烈的市场竞争中，山西非遗旅游文创产品能否成为市场竞争中的佼佼者，关键在于能否创造出令消费者认可的品牌产品。产品一旦品牌化更容易在消费者心中留下高大上美好印象。将山西非遗旅游文创产品打造为具有良好形象的品牌产品，更有助于其参与全国乃至国际市场的竞争，同时也可为相关企业带来更加可观的利润。六是走深度融合道路。这里的"融合"是指山西非遗旅游文创产品的开发要与四个方面深度融合。第一，与媒体深度融合，借助媒体的影响力去宣传山西非物质文化遗产精神，打开产品的宣传渠道；第二，与旅游深度融合，这对于提升游客的旅游感受，增强山西文化自信，促进山西非遗文化的传承与发展都起着积极的作用；第三，与科技深度融合，科技对山西非遗旅游文创产品的助力不容小觑，大数据、云计算、人工智能、5G 等科技都能让山西非遗旅游文创产品焕发出别样的生命力；第四，与创新深度融合，可定期举办山西非物质文化遗产旅游文创产品创意大赛，从创意设计入手，改变同质化严重这一窘状。

4.5.3 "非遗 + 旅游"

以旅游开发的方式对接文化市场是对当前非遗进行保护与产业化发展的重要手段与切口。旅游正逐渐成为大众日常生活和消费方式，为非遗保护提供了更为丰富的实践和应用场景的同时，也进一步有效激发了非遗的生机与活力。在现阶段，大力推动非遗与旅游深度融合发展，对于系统性加强非物质文化遗产的保护，促进旅游业的高质量发展，以及更好地满足人民日益增长的精神文化需求，均具有举足轻重的意义。在促进非物质文化遗产与旅游发展的加速融合和高质量发展上，国家出台了一系列文件，都将旅游作为推动非物质文化遗产保护与发展的重要推手。例如，中共中央办公厅、国务院办公厅在 2021 年 8 月出台的《关于进一步加强非物质文化遗产保护工作的意见》，国务院在 2021 年 12 月发布的《"十四五"旅游业发展规划》，文化和旅游部在 2021 年 5 月发布的《"十四五"非物质文化遗产保护规划》，文化和旅游部在 2023 年 2 月发布的《关于推动非物质文化遗产与旅游深度融合发展的通知》等，都为新时期"非遗 + 旅游"的深度融合进一步指明了方向。特别是文化和旅游部在 2023 年 2 月发布的《关于推动非物质文化遗产与旅游深度融合发展的通知》中对"非遗 + 旅游"的融合原则和方向作了明确的要求；明确了社会主义核心价值观的引领地位，既要把握非遗传承的规律，也要深刻把握旅游发展的特点，以保护为前提实现"非遗 + 旅游"的融合在范围上更广、层次上更深、水平上更高；明确了在"非遗 + 旅游"的融合过程中要加强对非遗形式和内涵的尊重，对传承群体的合法权益的保障、对传承环境和空间的保护，要实现对非遗旅游资源的长久保护和永续利用；明确了创造性转化和创新的重要性，在坚持非遗保护与传承的过程中，积极适应现代旅游发展趋势以及由旅游发展带来的变化，实现文化资源对旅游发展的持续供给。

关于非物质文化遗产保护与旅游开发的研究一直是国内外学界的研究热点，并已经形成一定的研究规模，成为持续性的研究热点。近年来，对非遗旅游的研究范围不断扩大，研究成果不断增加。国外有关非遗旅游研究主题主要有：非遗旅游商品化研究、社区赋权、非遗立法保护、非遗旅游获得的经济利益和游客等，现有研究较多是非遗与文化、宗教相结合。从研究方法与理论上看，国外非遗研究较多利用社会学、人类学理论，结合案例分析、模型建构，采用文献资料法、观察法、访谈法、问卷调查法等方法，并且进行多学科交叉研究，但缺少定量研究。与国外相比，国内有关非遗的研究方向比较集中，主要是非遗的保护和传承、非遗旅游开发、非遗空间格局分布等，国内研究区域范围大多数是省域范围。

叶瑞玲（2023）以昂普理论为基础，对西双版纳的非遗资源和旅游需求进行分析，认为融合度不高、游客参与性不强、市场化程度低是制约当地非遗旅游开发的主要问题，提出"五味"俱全的改进思路。在进行线路规划时，应充分了解并满足游客的需求，确保规划的线路符合他们的"口味"。在景区主题场馆的设计方面，应注重提升其"品味"，以展现出更高层次的文化内涵。通过非遗旅游小镇的空间整体建设，应充分彰显文化"韵味"，以展现出独特的地域文化特色。在非遗文创商品开发方面，应突出在地"情味"，以体现当地的独特风情和人文特色。在组织非遗旅游活动时，应注重增强旅游体验的"趣味"，以吸引更多的游客参与并享受其中。高彩霞和刘家明（2021）通过对京津冀地区的非遗旅游资源借助 ArcGIS 进行分析，深入探究了其空间分布特征，分析了非遗旅游资源的分布与国家 5A 级旅游景区的空间关联性，总结了区域内非遗整体分布的特点主要表现为整体呈集聚性分布，外围区县扩散减少的分布格局。在与国家 5A 级旅游景区的关联上，距所属城市中心越近的国家 5A 级旅游景区缓冲区内的非遗数量越多，反之则越少，提出在京津冀地区非遗保护和旅游开发的重点类型应以传统技艺类为重点，借势国家级旅游品牌作为改革与发展方向。鄢继尧等（2023）运用熵值法、K－means 聚类法等方法通过多源数据来构建非遗资源旅游利用潜力评价指标体系，从国家维度识别除了具有相似优势的非遗资源与旅游融合发展类型区。通过整理计算发现，吴越、燕赵、闽台、齐鲁文化区较为理想地实现了资源、载体、支撑"三维目标"的有机统一，非遗资源旅游利用潜力较大，而其他区域则潜力较低。非遗资源旅游利用潜力的空间分布表现出显著的核心—边缘特征。这一特征以行政级别较高的城市和部分历史文化名城、少数民族聚居地为核心区域，同时根据不同类型区域的非遗资源与旅游融合发展需求，提出有针对性的发展策略。刘利（2022）基于产权变化的视角，提出了充分利用社会资本在民族地区开展非遗资源互嵌式开发模式，通过相关产权制度体系的设计实现更紧密的利益联结能够更好地促进非物质文化遗产旅游资源的开发。除此之外，许多学者提出了多种"非遗＋旅游"的融合模式，如以非遗博物馆为代表的静态开发模式，以生态保护区、生态博物馆、实景舞台剧为代表的动态开发模式，以主题公园、节庆活动为代表的综合开发模式等，都为非遗与旅游的融合提供了思路。

　　在研究过程中，笔者以黄河流域省份的非物质文化遗产的分布为例，从批次、数量、时空分布格局、类别等方面分析研究黄河流域非物质文化遗产旅游资源现状，分析非遗旅游资源在黄河流域上游、中游、下游三大区域的数量、密度、集聚度等分布格局；利用核密度估计法和最邻近点指数分析不同类型非遗旅游资源的空间分布特征；运用缓冲区分析作基于5A级景区的缓冲区分析，分析非遗旅游资源与5A级景区的关联，以期推动非遗旅游发展，为黄河流域非遗保护传承提供理论依据，促进黄河流域文化旅游高质量发展，也为其他地区的非物质文化遗产与旅游的深度融合提供借鉴。

　　研究区域与数据处理。以黄河流域流经的青海、四川、甘肃、宁夏、内蒙古、陕西、山西、河南、山东九省区作为研究范围，数据从国家基础信息地理库中国行政边界截取获得。截至2023年，国家公布五批次非遗，黄河九省非遗统计为第一批（2006年）201项，第二批（2008年）439项，第三批（2011年）151项，第四批（2014年）129项，第五批（2021年）122项，共1042项。黄河流域非物质文化遗产数量庞大，为了保证研究对象黄河流域非遗的典型性和代表性，研究中黄河流域非物质文化遗产名录来源于中国非物质文化遗产数字博物网（www. ihchina. cn）先后公布的五批次非物质文化遗产（包括拓展项目）。将数据资料不全项目进行删除，根据非遗的保护地区或单位，借助百度地图坐标拾取系统获取各项非遗的地理坐标，并且运用ArcGIS 10.7将其坐标转化为非遗点要素。最终，934项国家级非物质文化遗产被确定为本书的具体研究对象。

　　研究方法。GIS空间分析法是一种基于地理位置和空间特征属性，对空间数据进行操作和编辑专题地图的研究方法。本书尝试运用ArcGIS 10.7对黄河流域934项非遗进行最邻近指数、地理集中化指数、核密度的估算以及基于5A级景区的缓冲区分析。一是最邻近指数法能够准确反映非遗点在地理空间中的分布类型属于均匀、随机或集聚分布。运用ArcGIS 10.7软件中平均最邻近距离工具对黄河流域各类别非遗及全部非遗进行空间分布类型分析，得到平均最邻近指数及各省区非遗最邻近点指数。用公式表示为：

$$R = r / r_i r_i = \frac{1}{2\sqrt{n/A}} = \frac{1}{2\sqrt{D}}$$

式中，r 表示实际平均最邻近值，r_i 为最邻近距离，n 代表非遗总数量，A 代表区域的面积，D 代表点密度。当 R = 1 时，空间中非遗随机分布；当 R > 1 时，空间中非遗分布趋于均匀；当 R < 1，空间中非遗分布趋于集聚。二是地理集中化指数是衡量地理要素分布集中化程度的指数，将该指数引入黄河流域非遗旅游资源空间分布特征的研究，可以直观地反映黄河流域非遗旅游资源的集聚状况，用公式表示为：

$$G = 100 \times \sqrt{\sum_{i=1}^{n} (X_i/T)^2}$$

式中，G 为地理集中指数；X_i 为黄河流域第 i 个省内的非遗数量，T 为黄河流域非遗的总数，n 为省份总数。G 的取值在 0 ~ 100，值越大则说明黄河流域非遗旅游资源的分布越集中，反之分布越分散。三是核密度估计法。核密度估计法（KDE）在地理空间研究中，用于描述某一事件在地理空间中发生的概率，点越密集，概率越高，反之则越低，核密度估计法用于衡量黄河流域非遗旅游资源点要素的聚集状况，核密度估计如下：

$$\hat{f}_h(x) = \frac{1}{n}\sum_{i=1}^{n} K_h(x - x_i)$$

式中，$\hat{f}_h(x)$ 为黄河流域非遗核密度估计值，X 为预设半径，x_i 为估值点到事件处的距离，核密度值越大，表征黄河流域区域内非遗呈现聚集分布。四是缓冲区分析。缓冲区分析是指定一个地理空间，其空间的范围由区域的半径决定，分析地理要素与周边事物、环境的关联和影响的范围及程度。即缓冲区分析主要用于反映地理要素之间的邻近度，邻近度用来描述地理空间中两个地区距离相近的程度。以黄河流域国家 5A 级旅游景区为研究主体，将黄河流域非遗旅游资源作为客体，进行缓冲区分析和空间连接，反映黄河流域非遗旅游资源对于5A级景区的空间分布和距离可达性。

通过对数据进行运算处理后，获得了在黄河流域非物质文化遗产的分布情况，总结了黄河流域非遗旅游资源时间格局演变。以国家公布的黄河流域非遗的时间为尺度，研究黄河流域非遗旅游资源随时间的格局演变，探究其五批非遗项目的核密度分析，通过差异比较，探究不同时期的非遗的空间聚集程度。运用 ArcGIS 10.7 软件中的核密度工具，按照自然间断法将其分为五个等级，整体分布来看，黄河流域非遗资源的空间分布都是呈现聚集的格局，2006 年至 2021 年各个时间截面的非遗旅游资源聚集区大多都是在山西省和山东省，核密度高值区在黄河流域东南区域。

运用最邻近指数公式分析黄河流域全域非遗旅游资源类型结构分布特征。借助 ArcGIS 10.7 软件计算出黄河流域非遗总体和各类型的平均最邻近指数表（见表 4 - 2）。由表 4 - 2 可知，黄河流域总体平均最邻近指数为0.41，空间聚集明显。从各种类型的非遗来看，传统体育非遗平均最邻近指数为 0.90，在 10 种非遗类型中是最高的，相对其他非遗类型呈现出明显的扩散性空间分布，其他类型的非遗项目的平均最邻近指数为 0.41 ~ 0.82，呈现出集聚性空间分布。综上所得，黄河流域非遗项目的空间分布呈现出显著集聚性特征，非遗旅游资源呈现出集聚性空间分布差异，集聚程度因其非遗类型不同导致差别较大，这与非遗自身活态流变的特点以及非遗流动性强有关。

表 4 - 2   **黄河流域非遗类型平均最邻近指数**

类型	平均最邻近指数
总体	0.41
传统技艺	0.55
传统美术	0.81
传统体育	0.90
传统舞蹈	0.82
传统戏剧	0.61
传统医药	0.43

续表

类型	平均最邻近指数
传统音乐	0.73
民间文学	0.71
曲艺	0.61
民俗	0.69

资料来源：笔者根据相关数据计算整理。

省域间数量差异。对黄河流域非遗进行空间分析，运用 ArcGIS 10.7 中数量进行可视化处理，得出黄河流域非遗省域分布情况，根据计算结果，黄河流域非遗在各省区的分布呈现不均衡分布特征。其中，山西省、山东省分布最为集中，其非遗数量都在 135 项以上，占黄河流域非遗总量的 38.7%，四川省、河南省分布也较为明显，占黄河流域非遗总量的 27.9%。

省域间非遗类型差异。由于各省之间经济发展及人文环境不同，为当地繁多的非遗的产生和传承创造了条件，从而形成了不同地域非遗类型，总体上看不同类型非遗分布涵盖情况，各省非遗以传统技艺、传统戏剧为主，其次是传统音乐及民俗，传统体育、游艺与杂技，传统医药稀缺。传统技艺是劳动人民在日常的生产生活中总结出来的各种经验与技能。传统技艺有着悠久的历史文化背景，要深入学习才能深刻了解的技术、技能。因此，各省一般传统技艺类非物质文化遗产的数量最多，传统体育、游艺与杂技及传统医药数量则相对较少。黄河流域传统戏剧众多，戏剧反映生活，由于黄河流域具有悠久的历史文化，更重要的是与当地特定的生存环境、经济状况有关，传统戏剧最多的省份是山西省。在一定程度上，历史时期落后的经济、闭塞的交通、迥异的方言，使各地区的民间艺术具有多种风格。

空间分布集中程度。空间分布的集中程度用地理集中化指数来描述，表达式中 G 值处于 0 ~ 100，G 值越接近 100，表示黄河流域非遗在各省域内分布越集中；G 值越接近 0，则表示各省域内非遗分布越分散。设 G0 表示非遗平均分布于各省市地理集中指数，若 G > G0，说明非遗呈集中分布，反之，则说明非遗呈分散分布。

将相关数据代入公式（T = 934，n = 9）可计算得出黄河流域非遗的地理集中指数 G = 39.66。假设在黄河流域区域范围内，有 934 项非遗分布在 9 个省区，每个省区的非遗数量为 103 个，此时的地理集中指数 G0 = 33.08。G > G0，说明从省域角度来看，黄河流域非遗旅游资源空间分布呈现集中分布特征。

空间分布密度特征。黄河流域非遗总体上空间分布呈现较强的聚集性，黄河流域非遗类型主要以传统技艺、传统戏剧为主。为了进一步研究分析黄河流域非遗聚集分布的核心聚集区，以及不同非遗类型的核密度聚集区，运用 ArcGIS 10.7 软件核密度估计法，进行核密度估算，黄河流域所有非遗在空间分布上呈现"整体集聚、局部扩散"的分布形态。黄河流域所有非遗在空间分布上形成了四个高密度聚集区，山西省和山东省分别在其省内形成一个高密度聚集区，山西省内的高密度聚集区主要是在山西省太原市，太原市是山西省的省会城市，是山西省政治、经济、文化中心，非遗保护传承情况良好；山东省内高密度聚集区主要是在菏泽市，菏泽市文化历史悠久，特点鲜明，非物质文化遗产资源底蕴深厚，门类较为齐全，价值独特，形成了独具特色的地域文化空间，山西—河南共同形成一个聚集区，河南—山东形成一个聚集区，核密度值由聚集区向外逐渐降低，呈现中心向外围扩散的空间分布结构。这些地区区位优势显著、经济发展较好、交通便捷，尤其交界处人们空间活动频繁，促进文化交流传播。

总结黄河流域不同类型非遗旅游资源核密度分布总结出以下结论：（1）传统技艺非遗旅游资源形成两个高密度聚集区，分别是四川、山西—河南—山东交界聚集区，宁夏—甘肃是次密度聚集片区；（2）传统美术非遗旅游资源核心聚集区在山西、河南、山东；（3）传统体育非遗旅游资源极少，主要集中在山西、山东、河南，在其余省份零散分布；（4）传统舞蹈非遗旅游资源主要在甘肃、山西、山东、河南聚集，形成两大聚集区；（5）传统戏剧非遗旅游资源在山西、陕西、河南、山东交界处共同形成了核密度聚集区；（6）传统医药非遗旅游资源较为稀缺，各省域内分布分散；（7）民间文学非遗旅游资源在山东—河南形成高密度聚集区，其他省域区域分散分布；（8）传统音乐非遗旅游资源核密度高值区在河南、山东，山西—陕西形成次密度聚集区；（9）民俗非遗旅游资源形成山西、陕西、甘肃、河南连片式聚集区，四川、山东分别形成次密度聚集区；（10）曲艺非遗旅游资源相对较少，山西—陕西—山东形成密度核心聚集区，其他省域范围内空间分布较为分散。由以上分析研究可以发现，黄河流域各类型非遗旅游资源聚集分布在山西、河南和山东3个省份。

黄河流域非遗旅游资源与区域内国家5A级旅游景区的空间关联性。5A级旅游景区是区域内重要的旅游品牌，在区域内具有独特的旅游吸引力、完善的基础配套设施和较高的市场影响力，非遗旅游资源靠近5A级景区，可以使非遗产生一定的品牌效应，推动"非遗+旅游"发展，促进非遗保护传承，进而推动非遗旅游的发展。运用ArcGIS 10.7软件中的缓冲区分析，以100千米为最大缓冲半径，对黄河流域5A级景区作多环缓冲区分析，再利用工具栏中的相交工具计算非遗旅游资源的个数。结果显示：青海的东北部地区、甘肃、宁夏、陕西、山西、河南、山东最外环各为一个缓冲区，在这一外环内，景区又形成多个内环，甘肃敦煌鸣沙山月牙泉景区单独形成一个闭环，其区域内的非遗有2项，由一个景区单独形成的缓冲区闭环，其所覆盖的非遗数量极少。四川、山西、陕西、山东4省5A级景区空间分布聚集，形成一个大的组团式缓冲区，共包含489项非遗，占黄河流域非遗总量的52%，从缓冲区分布圈层来看，以5A级景区为轴心的非遗缓冲区数量呈现出"中间多，周围少"的特征。可见，黄河流域5A级景区聚集的区域其非遗旅游资源分布广，黄河流域非遗旅游资源与5A级景区关联性较强。

通过对黄河流域非遗旅游资源的时间演变及地理空间分布格局分析，可以得到如下结论：从非遗时间格局演变角度来看，国家公布的5批非遗项目每一批的聚集区大多在山西、山东、河南三省；从非遗的结构来看，黄河流域非遗旅游资源呈现以传统技艺为主，传统体育、游艺与杂技和传统医药分布较少的特征；从非遗密度来看，山东密度最高，内蒙古密度最低；黄河流域非遗资源整体呈集聚性分布，但区域差异明显，并呈现以山西—山东—河南聚集区为核心逐渐向外围扩散减少的分布格局。由5A级旅游景区缓冲区分析可知：黄河流域 5A 级景区越聚集的区域其非遗旅游资源空间分布越广，黄河流域非遗旅游资源与 5A 级景区存在一定的关联性。黄河流域高质量发展在我国经济社会发展中具有十分重要的地位，黄河流域非遗资源是当代新兴旅游业发展的很好资源之一，独具特色的黄河流域非遗资源要对接 5A 级旅游景区的吸引力、交通可达性、文化创新氛围、资金支持、产品设计新颖、市场广阔等优势条件，把非遗传承和保护工作贯穿于旅游发展的始终。在文旅逐步全面且深入融合的背景下，非遗与旅游相结合，找到了非遗"活化"路径，黄河流域非遗旅游资源众多，利用非遗独特的特点及其自身价值，促进黄河流域区域旅游业的发展，使旅游业发展成为黄河流域新的经济增长点。对于流域非遗旅游资源稀少的地区，要坚持保护为主、开发为辅的方针政策，对现有非遗旅游资源进行整理和保护，切实做好非遗保护工作，进而实现黄河流域非遗项目的保护和可持续发展，推动黄河高质量发展。

　　当然，非物质文化遗产旅游开发的方式和模式有很多，这里主要总结在古镇旅游和研学旅游中非物质文化遗产有机融合的经验。

　　非物质文化遗产与文旅小镇。非遗与特色文旅小镇的结合，是一种将传统文化与现代旅游相结合的创新模式。这种模式不仅可以让游客更加深入地了解和体验中国的传统文化，还可以促进当地经济的发展。在非遗特色文旅小镇中，游客可以参观各种非遗博物馆、手工艺品制作工坊、传统民俗表演等，了解非遗的历史、传承和发展。同时，游客还可以品尝当地的美食，感受当地的民俗风情，体验传统文化的魅力。目前，不乏非遗与古镇旅游开发的案例，形成了特色鲜明的非遗特色文旅小镇。非遗特色文旅小镇是以特色非遗资源为基础，结合旅游资源，致力于传承和弘扬区域特色传统文化，同时对地方经济和文化发展产生积极影响和推动作用的区域概念。这种小镇可以是一个村庄、一个镇或甚至一个街区。在"非遗"成为新的发展热点的背景下，特色小镇在"非遗"道路上应该如何发展是一个值得探讨的问题。实际上，非物质文化遗产作为一个地区或族群的文化标志，天然地成了特色小镇独特性的来源。以非遗为核心，构建一个文化产业价值链是完全可行的。例如，浙江的黄酒小镇和贵州的茅台小镇，都以当地特色的酿酒技艺类非遗为核心要素，进而将产业链条延伸至旅游、文化创意等多个领域。这些小镇的特色与魅力，正是来源于对非遗的挖掘与传承。

福建省宁德市周宁县浦源村的鲤鱼溪，拥有800多年的历史，是人与自然和谐相处的典范。近年来，当地在旅游发展中，坚持以文化和旅游相互促进的原则，保护鲤乡的历史风貌，挖掘鱼祭礼俗、护鱼武术等资源，并常态化开展鱼祭礼俗展演，推动护鱼习俗的活态传承。同时，当地还深入挖掘鲤鱼文化的内涵，大力实施鲤鱼溪生态水系建设工程、明清古街修复工程。还布设了鲤鱼文化非遗馆、博物馆、鲤鱼溪孝道馆、书画院等场馆，引入了黄浦"北路戏""方言评书"等非遗技艺，以及高山云雾茶炭培工艺、花园茶画工艺展示等内容。打响"周宁有鲤"的品牌，进一步推动文化和旅游小镇的融合发展。

福州的城市中轴线上坐落着一个极具历史文化色彩的景区——上下杭景区，是福州历史文化名城格局的重要组成部分。该景区在历史上曾是闽商发祥地和"海上丝绸之路"的重要节点，具有极高的历史和文化价值。因其展示了福州传统商业文化的丰富内涵和独特魅力，上下杭景区还被誉为"福州传统商业博物馆"。近年来，在景区的保护开发过程中更加注重了对非遗文化元素的挖掘和打造，共建设有17处非遗场所，其中商业场所15家、文保场所2家。这些非遗场所主要包含了福州市知名的非遗代表性项目，如茉莉花茶、漆器、俏舞、福州伬艺等。为了进一步推动非遗文化的传承和发展，上下杭景区持续培育打造独立市集品牌"杭肆云集"，并举办形式多样的"非遗＋"文旅活动。积极培育"非遗＋文创IP"，打造"非遗＋游学品牌"，将上下杭打造成为集非遗美食、文创、研学、沉浸式体验、网红打卡等多业态于一体的非遗历史文化街区，取得了良好的反响。

皇都侗歌文旅小镇是一个纯侗族聚居的旅游小镇，总人口数约为2250人，占地面积约2.9万亩，核心区由3个侗族村落组成，这个文旅小镇的特色便是侗族音乐。这里音乐形态多样，侗族大歌更是第一批国家级非遗名录项目。皇都侗歌文旅小镇里，当地的侗族群众无时无刻不在"哆嘎哆吔"（唱歌跳舞），形成了独特的文化景观。在旅游产品组合上，当地打造出了一村一品的音乐特色，3 个侗族村落分别以侗族歌舞、芦笙音乐、侗族体育的主题和核心，成为集民宿体验、养生度假、文化创意、户外运动为一体的国内知名侗族文化深度体验旅游度假目的地，仅在 2018 年景区实现接待各类游客 108 万人次，旅游综合收入 3.24 亿元。

贵州省黔东南州丹寨县是万达集团包县帮扶对象，在帮扶过程中万达集团以本地苗侗文化和非遗为主题和特色投产建设核心产业项目丹寨万达小镇（国家 4A 级旅游景区）。小镇建筑真实还原和体现本地文化特色，在经营业态中非遗产品成为主力，产品占比超过 70%，特别是将丹寨 7 个国家级非遗项目以及 16 个省级非遗项目全部引入，包括石桥古法造纸、苗族锦鸡舞、苗族蜡染、芒筒芦笙祭祀乐等别具一格的遗产内容，此外还包含三大斗艺场馆（斗牛、斗鸡、斗鸟）和三座非遗小院（造纸小院、蜡染小院、鸟笼主题民宿小院）等特色民族文化产业，累计接待客流 2000 万人次，带动全县旅游综合收入超过 120 亿元，旅游产业成为丹寨新的支柱产业。

实际上，非遗的空间展示在特色文旅小镇出现之前就已经存在，常见的形式包括以非遗为主题的街区、体验馆等。例如，成都的宽窄巷和佛山的岭南新天地，这些地方都尝试将非遗元素融入现代城市空间，从而为城市增添文化内涵。然而，这些传统的非遗展示空间往往难以形成完整的产业链条。特色文旅小镇的出现为非遗的展示和传承提供了新的可能性。特色文旅小镇通常拥有丰富的非遗资源和文化底蕴，为非遗的展示和传承提供了更广阔的空间。在这些小镇中，非遗的展示不仅是简单的展览和表演，更是通过完整的产业链条，将非遗与旅游、餐饮、住宿等产业相结合，形成具有地方特色的文化旅游产品，为非遗的传承和发展注入新的活力，促进文化的交流和传播。

非物质文化遗产与研学旅游。研学旅游顾名思义就是以学习为目的的旅行方式，它结合了学术研究和旅游体验，使学生能够在旅行中深入了解所学的知识。随着现代旅游对旅游体验的更高要求，研学旅游逐渐成为广受青年所喜爱的旅游方式。对于青年人来说，研学旅游不仅是一种学习方式，更是一种生活方式，它能够开阔视野，加深对世界的认识和理解。在研学旅游中，学生通常会前往一些具有教育意义的地方，如博物馆、历史遗址、科学实验室等。在专业导师和工作人员的指导下，通过观察、实验、讨论等方式，深入了解所学的知识。在研学旅行的过程中，沉浸式体验当地的文化、风俗和生活方式，也是研学旅游的特色之一，能够增强对不同地域和文化的认识。在素质教育和"双减"政策背景下，研学的重要性不言而喻。其中，研学旅游最为突出的优点在于它能够使学生在旅行中学习、在学习中旅行。这种学习方式不仅有趣、生动，而且能够帮助学生更好地理解和掌握所学的知识。研学旅游在培养学生独立思考、创新和实践能力方面具有积极作用，为他们的未来学习和生活奠定坚实基础。

从非遗保护与传承的角度来看，将非遗传承保护与研学旅行相结合，学生可以沉浸式地体验非遗所处的生态环境，借助专业的活动场地和丰富的实物资料系统直观地了解和认识非遗，增强对非遗等传统文化的理解和认同，激发保护和传承非遗的责任感和使命感。从非遗的育人价值来看，非遗与研学旅行的融合可以有效开拓素质教育渠道，提高学生的审美和认知能力。例如，学生可以在传统戏剧、版画的鉴赏和制作中领略多样的色彩搭配技巧和审美情趣，潜移默化地提高审美能力。在剪纸、刺绣、年画等非遗的创作中，学生可以感知美、理解美、创造美，开阔眼界提高动手实践能力。需要注意的是，要丰富研学旅行课程内容，助推高质量、好口碑课程的开发，提升传统文化的日常参与度，提升学生的实践操作能力。从研学旅行的教育价值来看，非遗与研学旅行的融合可以推动教学改革创新。传统的文化教育和思想教育拘囿于课堂教学和校园活动，单一枯燥，更不论教学效果。而非遗项目研学旅行让学生走出课堂和校园，转变了传统的教学形式，为学校注入了新的教学理念和教学方法。从育人体系的构建价值来说，与非遗进校园、进课堂不同，非遗项目研学旅行课程是一种以实践、体验的方式达到综合育人目标的规范化课程，具有明确的课程目标、专业的课程内容、多样的教学方式、系统的教学过程和科学的课程评价，对人才培养方案的制定和育人体系的构建更具推动性。目前，非遗研学旅行已经在产业和教育对接上十分成熟，有了丰富的研究案例。

　　湖南长沙市雨花区境内拥有一座建筑面积达 4.8 万平方米的非遗馆——湖南雨花非遗馆,其主体结构共四层,集聚 359 个非遗项目,包括中国书法、剪纸等 10 余个世界级非遗项目以及具有湖南特色的湘绣、苗绣等国家级非遗项目 55 个。湖南雨花非遗馆与其他研学活动场所不一样的是,他的招生对象既包括了普通学生,也将市民游客朋友作为研学服务对象,馆内非遗传承人广收学徒,免费传授非遗技艺。是"非遗+"活态传承发展模式的开创者之一,致力于以研学的方式将非遗产品及其衍生品与现代生活和市场紧密对接结合,以实现非遗与现代生活的融合,让雨花非遗馆成为市民和游客朋友们的"家门口的诗和远方"。该馆构建了一个兼具非遗传承与传播功能、本地居民文化消费与中外游客旅游消费的城市文化空间,实现了非遗向民间生活的回归,并在一定程度上促进了文化产业和文旅融合的发展。该馆已接待全国各地游客 50 万人次,研学体验学生 10 万人次,外事文化交流 80 多场,覆盖 40 多个国家,能满足市民游客"吃非遗""玩非遗""赏非遗""学非遗""购非遗"需求,是市民休闲会客的文化场馆。

　　三明市沙县区是小吃文化名城,在历经千年的中原食俗与当地节俗的融合传承中,衍生出具有鲜明地方特色的"沙县小吃"文化,被称为华夏饮食习俗的"活化石"。2021 年,"沙县小吃制作技艺"入选国家级非物质文化遗产代表性项目名录。近年来,沙县打造沙县小吃民俗风情馆、沙县小吃科技馆等,采用移步换景观光互动体验、裸眼 3D 及 AR 互动展示等方式,让研学体验更加多元。同时,推动非遗与研学深度融合,打造了小吃产业园、沙县小吃文化馆和俞邦村等研学参访点,推出以沙县小吃文化为主的研学线路,让研学者感受沙县人"实说实干、敢拼敢上"的精神。

　　三江侗族自治县是全国侗族人口最多、保留民族风情最完整的侗族自治县。侗族历史文化源远流长,以侗族文化打造的程阳八寨景区侗族风情浓郁,是中国侗族文化和侗族风情旅游的集中地,具有丰富的中国侗族原生态旅游资源,因独特的风雨桥、鼓楼、吊脚木楼、四季田园以及其浓郁的民风民俗闻名遐迩。除了依托重要的文化遗产资源外,当地利用丰富的侗族非遗传统文化资源为各院校开展中小学生研学实践教育开发第二课堂;

千年侗寨·秘境程阳——侗族非遗研学课堂，受到了游客的广泛欢迎。主要课程包括：（1）以自治区级非遗传承人韦清花、杨先荣为导师的"指尖上的非遗"课程——侗绣属于刺绣一种，即侗族刺绣。（2）以县级非遗传承人吴凡宇为导师的"非遗传承，侗画三江"课程——侗画（侗族农民画的简称），主要以侗族楼桥风光及民风民俗等元素为题材，簸箕为纸，丙烯作墨，表现手法夸张、生活气息浓郁，是中国侗族的重要文化符号。（3）"千古音律，侗恋程阳"课程——侗族大歌，在 2009 年，侗族大歌被列入人类非物质文化遗产代表作名录。（4）以悠久的种茶和饮茶历史，开发"寻茶去——探究三江茶"劳动实践课程。（5）以当地特色建筑风雨桥、鼓楼为背景开发"木构建筑营造技艺与力学的关系"课程。景区在获评"2020 年十佳研学旅行示范基地""广西第二批中小学生研学实践教育基地"后，2022 年被评定为"第二批自治区级中小学劳动教育实践基地"。

第二篇
开发实践

第5章 民间文学类非遗开发

5.1 董永传说——中国四大民间传说之一

董永传说，是中国民间文学中一则脍炙人口的故事，被视为中国四大民间传说之一，并被列为国家级非物质文化遗产。董永传说讲述的是董永卖身葬父，以孝行感动天地，而后七仙女下凡，与他缔结良缘。此传说最早见于西汉刘向所著的《孝子传》，自此之后，多个地区纷纷流传起相关的故事和表演，至今已近两千年之久。

2006年5月20日，山西省万荣县、江苏省东台市、河南省武陟县、湖北省孝感市联合申报了董永传说，并被国务院列入第一批国家级非物质文化遗产名录，项目编号为Ⅰ-9。

董永传说目前有三种说法。第一种说法为：很久很久以前，在一个美丽的村落里，住着一个叫董永的年轻人。他是个勤劳、善良、孝顺的儿子，为了照顾年迈的父亲，他每天都会不辞辛劳地忙碌着。有一天，父亲生病了，病情很严重。医生告诉他需要一味稀有的药材才能治愈。董永决定去寻找这味药材，哪怕千山万水，他也一定要找到。于是，他留下了一张字条给父亲，便出门了。董永走了很多路，遇到了很多困难。但他没有放弃，一直坚持下去。在经过一片茂密的森林时，他遇到了一位美丽的仙女。仙女被董永的孝心所感动，决定伸出援手。仙女给了董永一颗神奇的草药，并告诉他这颗草药可以治愈他父亲的病。但同时，仙女也告诉董永，这颗草药是从天庭偷来的，不能被任何人知道。董永带着神奇的草药回到了家，用它治愈了父亲的病。但不久后，这件事被村里的恶霸知道了。为了得到这颗神奇的草药，他逼迫董永交出来。董永宁死不屈，坚决不答应恶霸的要求。仙女为了保护董永和草药，化作一道金光消失了。而恶霸为了得到草药，竟然想要杀死董永。危急关头，仙女出现了，她挡住了恶霸的攻击。但同时，她也告诉董永，她因为帮助凡人犯下了天条，必须返回天庭接受惩罚。董永感激仙女为他做的一切，含泪告别了仙女。而仙女为了回报董永的孝心和善良，决定将她的智慧和美丽留给董永。从那以后，董永变得更加聪明和英俊，他的美名传遍了四海。而这个美丽的传说也一直流传至今，成为一个永恒的经典故事。第二种说法为：为了埋葬父亲，董永被卖到当地一个富有地主家做长期劳工。他被要求提供一百匹锦缎。在此过程中，七仙女为了帮助董永，开始为他织布，在短短不到十天的时间里，七仙女就完成了十匹锦缎。她告诉董永，他可以出售这些锦缎以偿还部分债务。在七仙女继续织布的同时，董永卖掉了这些锦缎并偿还了一部分债务。随后，七仙女在十天内又完成了另外十匹锦缎，并将其交给董永。他再次卖掉这些锦缎，进一步减轻了债务负担。锦缎织得越来越多，董永卖掉这些锦缎后遇到了一个恶霸。该恶霸企图强制购买这些锦缎，但董永坚决反对。恶霸威胁要殴打董永，这时七仙女出现并帮助他脱险。后来七仙女带着董永飞到了一片美丽的树林，他们在那里度过了一段美好的时光。然而在一段时间后，七仙女告诉董永她必须返回天庭。七仙女回到天宫后不久，玉帝发现了她私下凡间帮助董永的事情，对此非常愤怒。他命令七仙女返回天界，并永远禁止她与董永在一起。尽管董永对此感到非常伤心，但他理解并感激七仙女为他所做的一切。第三种说法仅仅流传于山西省万荣县，故事梗概为：董永享有孝子之名，但由于家境贫寒，成为地主家的长期劳工。因父亲过世，他无法承担购买棺材的费用，因此被迫卖身以安葬父亲。田家窑的一位名为田仙的女子，看中了董永的勤劳和忠实品质，因此产生了嫁予他的意愿。然而，她的父母因嫌弃董永家境贫寒而极力反对，田仙无法抗命，于是与董永在槐树下私订终身。董永向邻村的付员外借钱以完成婚礼，付员外愿意提供银两，但前提是董永需卖身于付家，而田仙需用织布所得的报酬作为赎金。田仙成功在规定时间内完成任务，两人随即成婚。她所织之布被称为合婚布，被当地人代代相传。直至两千多年后的今天，万荣县小淮村仍保留着结婚送布的习俗。

这就是董永传说的故事，无论是哪一版本的内容，都描写了一个充满孝心、善良、智慧和美丽的传说故事，也反映了纯真美好的爱情，它将永远铭刻在人们的心中，激励着我们去孝顺父母、珍惜家庭、传承美好文化。

历史记载表明董永可能是万荣县人。在万荣县皇甫乡小淮村，有一块刻有"董永故里"四字的门匾石碑，这里还有董永祠堂、家谱、土地庙、大槐树及石门桥等，表明董永可能出生或家住在此地。近年来，万荣县积极推进董永传说的旅游开发实践，首先以"董永故里"为主题，建立非遗旅游景点，如董永文化博物馆、"董永孝子行"石刻、"孝妇贤母"文化广场等。这些景点向游客展示了董永传说的文化内涵和地方特色。其次，通过举办文化活动，让游客更好地了解和体验董永传说，万荣县每年都会举办相关的文化活动，如"董永传说故事会""董永传说文艺演出"等。然后，通过开发特色旅游线路，当地旅游部门开发了一条以董永传说为主题的旅游线路，途经西滩河谷和后土祠等景点，领略董永故里特有的自然风光和美好的中华传统文化。最后，万荣县推出以董永传说为主题的特色旅游产品，如"董永传说民俗文化体验游""董永传说户外探险游"等。当地旅游部门积极开展宣传推广工作，通过各种渠道向海内外游客介绍"董永故里"的自然风光和人文景观。

5.2　赵氏孤儿——民间传说与现代影视的完美融合

赵氏孤儿传说，是一项流传于山西省盂县及其周边地区的民间文学，被列为国家级非物质文化遗产之一。其最早的记载可见于《左传》《史记》，而后《东周列国志》《大元大一统志》《太原志》《大明一统志》《山西通志》等均有记载。2011 年 5 月 23 日，赵氏孤儿传说经中华人民共和国国务院批准，被列入第三批国家级非物质文化遗产名录，项目编号为Ⅰ-88。①

赵氏孤儿传说故事是春秋时期晋国的一段感人至深的历史。晋景公在位期间，屠岸贾这位权臣通过巧妙的谗言，成功地让晋景公对赵氏家族产生了猜忌。在一场残酷的阴谋中，赵氏家族的三百余口满门遭到了血腥的屠杀。赵盾的孙子赵武，当时仅几个月大，被忠诚的义士程婴和公孙杵臼冒险救出，并被带到了盂山（今位于盂县的藏山）藏匿起来。这个偏远的地方成了赵武的"避风港"，他在这里得到了当地百姓的慷慨帮助，并开始了长达15年的隐居生活。在程婴和公孙杵臼的指导下，赵武不仅学习了各种文化知识，还练就了一身出色的武艺。当地有个名叫屠岸贾的权臣，他收养了赵氏孤儿并视如己出。赵武在屠岸贾的家中受到了良好的教育和培养，逐渐成长为一位出色的青年。然而，在他成年后，他与屠岸贾的养女屠岸柔荑产生了深厚的感情，两人相互倾心，打算喜结连理。就在此时，程婴揭露了一个惊天的秘密——赵武其实是赵氏家族唯一的幸存者。这个消息如晴天霹雳般震惊了所有人，尤其是屠岸柔荑。然而，在得知真相后，她仍然坚定地站在了赵武身边，支持他为家族复仇。经过一系列艰苦的努力和斗争，赵武终于得到了公正的待遇，为家族洗清了冤屈。

元代著名戏剧家纪君祥以其卓越的才华，将这个古老的故事首次改编成戏剧作品《赵氏孤儿大报仇》，并将其搬上舞台。这一作品以其深邃的情感和精湛的剧作技巧，打动了无数观众的心灵，成为中国十大悲剧之首。剧本问世400年后，在华传教的法国人马若瑟将其译成法文，并于1731年托人带回法国。这部作品后来被译成英、意、德、俄等国的译本和改编本，其影响力跨越了国界。法国思想家、文学家伏尔泰对这部作品产生了极高的兴趣，他将其改编成话剧《中国孤儿》，并在欧洲舞台上引起轰动。这一改编和演出，使得赵氏孤儿传说成为第一个被传到国外的中国古典戏剧作品，其影响力再次在国际舞台上得到展现。

在明清两代，赵氏孤儿传说还有其他多种剧本问世，如《八义记》《节

---

① 山西省志·非物质文化遗产志［M］．北京：中华书局，2015：19.

义谱》等。这些作品以不同的形式和风格，再次证明了这一故事的持久魅力和广泛吸引力。进入 21 世纪，除了京剧《八义图》，又名《搜孤救孤》这一传统演绎之外，还有诸多剧种和电影电视等传媒形式在演绎这个故事。这些新的演绎方式，利用现代技术和创新理念，为这个古老的故事注入了新的生命和活力。2010 年，由陈凯歌导演，葛优等主演的电影《赵氏孤儿》上映，电影在改编时，保留了原传说中的精华，同时加入了新的元素，用现代摄影技术为观众呈现出一个栩栩如生的春秋世界，也为观众呈现出面对困难时，始终坚持信仰和忠诚、坚强和不屈的光辉形象。这也使得《赵氏孤儿》这一民间文学作品得以被世人熟知，也使得山西盂县的非遗项目因此而得到广泛的开发实践。

为了传承和弘扬赵氏孤儿传说这一非遗文化，盂县做了许多工作。一方面，通过建立传习所、非遗工坊、数字化保护等方式，加强对赵氏孤儿传说的传承和保护；另一方面，将这一传说与地方旅游、文化产业发展相结合，实现了非遗的活化利用。

首先，他们将这一传说与当地的教育体系进行了有机结合，通过在中小学课本中加入赵氏孤儿传说的内容，以及开展文化讲座、组织学生参观文化展览等方式，让更多的年轻人了解和认识赵氏孤儿传说这一非遗文化。此外，盂县还举办了多场以赵氏孤儿传说为主题的文化活动，吸引了众多市民和游客的参与。每年农历四月十五，盂县的庙会都会以赵氏孤儿传说为主题，通过戏曲表演的形式吸引大量观众。举办赵氏孤儿传说故事会，邀请传承人讲述赵氏孤儿传说的历史、传承及文化内涵。

其次，为了更好地保护和传承赵氏孤儿传说，盂县还对其进行了深入研究。他们邀请了专业的文化学者和研究员，对传说的历史渊源、文化内涵和现实意义进行了全面梳理和研究。同时，盂县还积极整理和出版相关的文献资料，为传承和发展赵氏孤儿传说提供了更为科学和严谨的理论依据，为学界和社会提供了翔实的研究资料。

最后，在传承与开发上，盂县也进行了积极的探索，他们注重培养赵氏孤儿传说传承人，通过举办传承人培训班、组织传承人交流活动等方式，不断提高传承人的技艺水平和文化素养。同时，盂县还积极探索赵氏孤儿传说的创新发展，通过与当代文化元素的融合，推出一系列具有时代特色的文化产品和文化服务他们将这一传说融入当地的文艺创作中，如通过小说、诗歌、戏剧等多种形式，让更多的人感受到赵氏孤儿传说的魅力。此外，盂县还寻求更多的创新和传承方式，组织了多场非遗文化展览，将赵氏孤儿传说与其他非遗文化一起展示，加强了宣传和推广的效果。

为了使赵氏孤儿传说在更广泛的范围内传播和弘扬，盂县还加强了与其他地区的文化交流。他们多次参加全国性和国际性的文化交流活动，将赵氏孤儿传说推向了更广阔的舞台。此外，盂县还积极开展对外合作，与国内外的非遗文化机构建立了紧密的联系，共同推动赵氏孤儿传说的传承和发展。

总之，盂县在传承和弘扬赵氏孤儿传说这一非遗文化方面做出了许多有意义的努力。通过教育、研究、传承和交流等方面的综合推进，他们为赵氏孤儿传说的传承和发展奠定了坚实的基础。未来，盂县将继续加强相关工作，让这一非遗文化在新的时代背景下焕发出更加璀璨的光彩，力争将中华民族传统文化与当代社会主义核心价值观完美融合。

5.3 白马拖缰——折射佛教文化的灿烂光芒

"白马拖缰"是一个具有深厚历史底蕴的民间故事，其主旨是报恩。这个故事在山西晋城地区广泛流传，并在旧版的《泽州府志》和《晋城县志》中有所记载。2011 年 5 月，山西省晋城市城区提交的"白马拖缰"传说经国务院批准，被列入第三批国家级非物质文化遗产名录，编号为Ⅰ-89。①

白马拖缰传说的基本故事情节存在三种不同的说法。第一种说法是：有一个砍柴的少年为他的主人打柴，在回去的路上，他遇见了一个老者向他求取一些柴火以取暖。这个少年慷慨地给了老者所需的柴火，老者为了答谢

---

① 白马脱缰：一个关于白马的美丽传说 [N]. 中国青年网，https：//t. m. youth. cn/transfer/index/url/qnzs. youth. cn/jsxw/201712/t20171202_11096064. htm，2017－12－02.

他，送给他一张纸马。在少年砍柴郎遭遇严重的风雪灾难的时候，这张纸马变成了一匹白色的马，帮助少年驮运木炭，从而成功地解决了他的困境。然而，财主在得知了这个情况后，企图将这匹神骏的马据为己有，但是遭到了白马的反抗，甚至将他踢翻在地。最后，砍柴郎骑上了这匹白马，腾空而去。缰绳拖过的地方，至今仍然寸草不生，并且散落着一地的马铃石。第二种说法是：白马寺山原名司马山，唐朝时期，唐僧仅收了孙悟空一个徒弟。一次，当他途经此处，住在司马山脚下的黑龙潭里的一条大黑龙为了吃到可以长生不老的唐僧肉，趁孙悟空不在唐僧身边的时候，用"黑旋风"将唐僧的包裹吹起，唐僧注意到之后立即起身追赶，当追到黑龙潭边时，不幸倒进水中。白龙马发现异常后，立即下水救唐僧。在水底，白龙马找到了被黑龙缠着昏过去的唐僧，却发现黑龙竟是自己的表弟。白龙马要求黑龙立刻放开师父，并严肃地告诫他要多为百姓着想，为民造福。随后，白马驮着唐僧和经书回到之前休息的地方。唐僧醒来后，白龙马请求师父不要告诉孙悟空所发生的事情，因为孙悟空可能会对黑龙采取过激行为。唐僧答应白龙马后，晾干经书并等待孙悟空回来，之后继续上路。后来，人们根据这个传说在唐僧晾经书的地方建起了一座寺庙，称为白马寺，该山也因此被称为白马寺山。这个传说充分展现了白马寺山的由来和白龙马与黑龙之间的深厚关系。这个故事不仅具有神秘色彩，还蕴含了道德教育的元素。它告诉我们应该为他人着想，尤其是为百姓谋福利。同时，它也强调了诚信和宽容的重要性。第三种说法是：据传，在很久以前，大张村附近的山脉中，有一匹勤劳而善良的白马。它时常下山，为山下的穷苦村民提供各种劳作服务，帮助他们减轻生活的负担。在磨面时，白马能够将麦子或玉茭转化为极为美丽的白色或金色粉末。这种能力引发了山下一位财主的贪婪欲望，他希望将白马占为己有。某天，一名盗宝人出现在山中，在财主的帮助下，他们找到了一棵具有神奇力量的千年九曲红果树。这棵神奇的树拥有能使山地裂开的力量，从而找出白马的藏身之处。当两位发现者看到白马正在进食，周围堆满了珍宝时，他们感到非常高兴。盗宝人立即抓住白马，财主则开始贪婪地捡拾珍宝。在白马被牵至山顶之际，它发出了一声长鸣，随即山石崩落，将财主困在山缝之中。随后，白马向北疾驰，使得盗宝人毙命，并在草地上留下了明显的拖痕，铃铛声音一路洒下。为了纪念白马的贡献，村里的百姓在山上建立了寺庙，称之为白马寺。

"白马脱缰"传说在其漫长的发展和演变过程中，逐渐从最初的"报恩"和"白马舍生取义"的主题中展开，形成了一系列内容相似但情节和人物各异的故事。这个传说不仅与当地的白马寺山和白马禅寺的得名有着密切的联系，而且还融入了当地的风物内容，从一个传统的民间故事演变成了一个独特的地方风物传说群。

在这个传说中，白马脱缰的故事情节曲折离奇，人物形象生动鲜明。白马为了救主人而奋不顾身地与恶势力搏斗，最终成功脱险，这一情节凸显了忠诚、勇敢和自我牺牲的精神。同时，这个传说也反映了佛教文化的色彩，体现了佛教中的慈悲、舍生取义的思想。

2002 年，在山西省政府的批准下，晋城市城区政府决定在白马寺山建立省级森林公园，这个地方是"白马拖缰"传说的源头。为了完成森林公园的建设，城区政府投入了大量的资金，累计达到了 3 亿多元。2006 年，晋城市城区政府又投资了 4 万元，组织专业的编剧和导演团队，编排和创作了名为《"白马拖缰"的传说》的情景剧。这部情景剧以生动形象的方式，向观众展示了"白马拖缰"传说的历史背景、故事情节和深刻内涵。城区政府的这一举措，旨在通过艺术表演的形式，让更多的人了解并认识这个古老的传说，从而进一步传承和弘扬晋城地区的文化遗产。2008 年，晋城市城区政府将"白马拖缰"传说列为首批区级非物质文化遗产保护项目，体现了政府对文化遗产保护工作的重视和支持。这一认定为"白马拖缰"传说的保护和传承提供了更为有力的保障。2009 年是"白马拖缰"传说发展的重要里程碑。这一年，"白马拖缰"被列入山西省第二批省级非物质文化遗产名录。这一荣誉标志着"白马拖缰"传说在全省乃至全国的重要地位和文化价值得到了认可。同时，晋城市以"白马拖缰"为原型，改编成了电视动漫作品《白马少年》。这部动漫作品以新颖独特的方式将白马脱缰传说呈现给观众，通过精彩的剧情和生动的角色塑造，不仅传播弘扬了这一非遗资源，也将正直、忠义、勇敢以及乐于助人的人性光辉展示了出来，也表达了人们对文明和谐社会的追求与爱戴，具有深远的社会意义和文化价值。

除此以外，晋城市将"白马脱缰"传说所在的山脉命名为白马寺山，而上述的马铃石也成为白马寺山的一大奇观，同时也被称为晋城"古四大景"之一。近年来，随着旅游业的发展，非物质文化遗产白马脱缰的旅游开发实践也越来越受到关注。晋城市政府也对白马脱缰的文化内涵和历史渊源进行深入的研究和挖掘，包括对白马脱缰的历史起源、传承方式、表演艺术等方面进行了全面的调查和整理。

第6章　传统音乐类非遗开发

6.1　左权开花调——来自山西民间的 Freestyle

山西省太行山区的民间音乐——左权开花调，已于 2006 年 5 月 20 日被中华人民共和国国务院列入第一批国家级非物质文化遗产名录，非遗编号为Ⅱ-1。该音乐独特的演唱风格最初形成于隋代，随着人类文化的不断发展，其在 20 世纪 30 年代从左权民歌中派生出来。左权开花调的歌词构思精巧且新颖独特，衬词衬句更凸显了浓厚的地方色彩，具有很强的感染力。此外，在 2019 年 11 月 12 日，左权开花调入选了调整后的国家级非物质文化遗产代表性项目保护单位名单。

开花调的曲调设计短小精悍，通常以上下两句为主，形成一种对比的形式。下句的曲调通常会有所扩展，这种扩展通常是通过添加一句虚词来实现的，形成了独特的"虚词腔"。这些虚词具有非常鲜明的特色，比如"小亲个呆""啊个呀呀呆"等，都是亲昵而独特的表达方式，是歌词无法完全传达的情感的延伸。这些虚词甚至逐渐成为爱情的专用语，为人们所熟知。尽管开花调的曲调主要是由上下两句构成，但在演唱时，有时会对下句的词和腔进行反复，形成三句的结构。虽然开花调的演唱节拍并没有强烈的节奏感，但也有一定的规律可循，一些曲调具有三拍子的节奏。总体来说，开花调的旋律委婉、清秀，节奏比较规整，给人留下深刻的印象。

在明朝和清朝时期，左权民歌在县境内的传唱范围非常广泛，几乎每个角落都能听到它的旋律。这些民歌的代表性作品包括《绣荷包》《闹五更》

《走西口》《跌断桥》等。每一首歌曲都以其独特的旋律和歌词，生动地描绘了当时人们的生活和情感。随着新文化运动和五四运动的兴起，左权新音乐运动也得到了有力的推动。这场运动对于民歌的歌词和曲调进行了更大的改进和提高，使得民歌的表现形式更加丰富和生动。在这个时期，大量反封建思想的民歌如《绿梅花》《刘梅躲婚》《打辽县》《哭丈夫》等应运而生。这些歌曲以其深刻的歌词和生动的曲调，表达了人们对封建制度的反抗和对新生活的向往。抗日战争时期，"开花调"是晋冀鲁豫边区左权民歌中的一个重要流派。它以小调为主，旋律轻快、活泼、流畅，又富于变化，充满了乐观向上的情感，同时又吸收了北方民间音乐和山西民歌的一些元素，故有"小调之王"之称和"南有大鼓，北有开花调"之说，所以既具有独特的地方风格，又具有广泛的群众性。所以大批反映和追随马克思主义步伐的艺术工作者和民间艺人共同发掘、整理和提高了民间艺术，对左权的民间艺术有着非常重大的保护意义。开花调中，"夸张、谐音、双关、叠字"等手段①以及方言虚词的合理运用，以及即兴创作、随编随唱使左权民歌的表现力进一步增强，流传极广。新中国成立后，民歌的发掘、整理与创新工作得到进一步提高，当地一大批民歌歌手脱颖而出，如传承人刘改鱼、张红丽、石占明等。

目前，左权开花调经过多年的传承和发展，形成了由左权民歌协会、左权民歌传习所两部分组成的传承体系，有 1000 多名会员。左权民歌协会也是中国首批国家级非物质文化遗产项目"开花调"的主要传承单位。左权民歌研究会自 2003 年成立以来，在县文联的组织下，组织了大量的民歌演唱活动和创作活动，先后出版发行了《左权民歌集成》《左权民歌精选》两部大型文艺专集，一批优秀的群众歌曲被收录到各种演唱专辑中。

左权开花调中不仅有许多经典唱段、民歌故事和民俗事象等，更蕴含着丰富的文化内涵和历史信息，具有较高的文化研究价值。许多民歌歌词语言朴实、口语化，具有较高的文学性和艺术性。

---

① 山西省志·非物质文化遗产志［M］. 北京：中华书局，2015：195.

左权开花调是一种具有独特魅力的民间音乐，它以独特的旋律和节奏吸引着众多听众。然而，由于受市场经济和多样性文化娱乐的冲击，左权开花调的艺术特征被越来越多的流行音乐同化。传统特色埋没，个性缺失，这种音乐形式在传承和发扬方面面临着很多困难。为了保护和传承这一宝贵的文化遗产，我们需要对其进行深入的研究和实践。

在左权开花调的开发实践中，首先，要重视的是音乐本身的传承和发展。这包括对传统曲目的收集、整理和改编，以及对新型曲目的创作和推广。在这方面，专业音乐人士和民间艺人应该加强合作，互相学习，共同推进这一事业。其次，左权开花调还需要借助现代科技手段进行推广和传播。例如，可以将其制作成数字音乐、音频书籍等形式，通过互联网、手机 App 等渠道进行传播。此外，还可以将其与旅游相结合，通过开发相关旅游产品来推广这一音乐形式。

在开发左权开花调的过程中，还应该注重培养更多的人才。教育部门可以将开花调纳入音乐教育体系中，通过音乐课程、音乐比赛等形式来培养更多对开花调感兴趣的学生。同时，也可以鼓励社会团体和民间组织开展相关培训和活动，让更多的人了解并爱上开花调。而且政府应该加大对左权开花调的支持力度，可以出台相关政策，对开花调的传承和发展给予资金支持、人才培养等方面的扶持。此外，也可以通过举办相关活动、展览等形式来推广开花调文化，提高其知名度和美誉度。

总之，左权开花调作为一种具有丰富文化内涵和独特艺术魅力的民间音乐形式，需要我们不断地进行实践和探索，只有在政府、专业人士和社会各界的共同努力下，才能让这一宝贵的文化遗产得以传承和发展。

随着时代的发展和社会生活方式的改变，左权开花调也在不断变化，在音乐创作、演唱形式等方面不断创新。因此，保护好左权开花调这一古老的民歌，并使其在新时代焕发出新的光彩，对于丰富人民群众精神文化生活具有重要意义。

6.2　晋南威风锣鼓——气势恢宏的黄土风情

晋南威风锣鼓，是一种充满激情与力量的民间打击乐艺术形式，流行于山西省晋南地区。这种艺术形式起源于遥远的尧舜时期，历史悠久，源远流长，承载着无数代人的历史和文化记忆。在表演时，晋南威风锣鼓的鼓声如雷，震撼人心，粗犷豪放，充满阳刚之气。锣声如海，镗镗作响，排山倒海，让人感受到一种强烈的震撼力和情感共鸣。同时，表演者们的技艺精湛，配合默契，将音乐、舞蹈和技艺完美融合，展现出独特的民族特色和民族精神。晋南威风锣鼓不仅具有深厚的文化底蕴和历史价值，还富有鲜明的民族特色和时代特征。它代表着中华民族的传统文化和民间艺术，体现了广大人民群众的智慧和创造力。同时，晋南威风锣鼓也具有广泛的社会影响力和文化意义，对于促进文化交流、推动民间艺术发展、弘扬民族文化等方面都具有重要的价值。2006 年 5 月 20 日，山西省临汾市申报的晋南威风锣鼓经国务院批准列入第一批国家级非物质文化遗产名录，非遗编号为Ⅱ-56。这充分证明了晋南威风锣鼓的重要性和价值得到了国家级别的认可和肯定。

威风锣鼓是一种独具特色的清音乐，以鼓、锣、铙、钗四种乐器组合而成，不包含弦乐器。这种音乐形式具有悠久的历史和深厚的文化底蕴，其锣鼓经作为演奏的基础和准则，呈现出丰富多变的音乐点，能够表现出多元化的情感和气氛。在民间艺人以特定方言韵律诵读锣鼓经的过程中，他们结合自身对锣鼓音乐的理解，使得诵读过程充满趣味和感染力。威风锣鼓的演奏方式也极具特色。演奏者通过控制力度和节奏，以不同的演奏技巧表现出不同的情感和气氛。在演奏过程中，四种乐器相互配合，各司其职，共同演绎出一曲曲激昂高亢、节奏明快的威风锣鼓。时至今日，一些村镇的锣鼓队仍采用古老的记谱方式，这充分体现了威风锣鼓在几千年的历史长河中，一直由劳动人民口传心授的传统。这种传统记谱方式不仅保留了威风锣鼓的原始风貌，也使得这种音乐形式得以更好地传承和发展。

威风锣鼓的起源被一个流传了数千年的民间传说所紧密承载。传说，距今 4700 多年前的一天，尧王在探访贤能之人的旅途中，路经周府村，也就是现在的洪洞县甘亭镇羊獬村，意外发现一只母羊在沙地上诞下了一个身披青毛、长有独角的异兽——獬。令人惊奇的是，这只异兽仅在三小时后，就与母羊一样高大。一同随行的主管行律的皋陶观察到此羊能用角分辨是非、识别人间的曲直，堪称神羊，因此将它带回以帮助断案。与此同时，尧王的妻子散宜分娩，生下一名女婴，起名为女英。女英坠地能坐，三日能行，五日能言，满月能织，百日通晓天文地理。尧王认为这个地方是风水宝地，因此将此地更名为羊獬村，全家迁居于此。在历山访贤时，尧王遇到了驾牛耕田的舜。经过一番考察后，尧王认为舜具备成为帝王的条件，于是将帝王的位置禅让给他，并将自己的两个女儿许配给他。自此，娥皇和女英分别以历山和羊獬为婆家和娘家，两地群众因此成为亲戚。羊獬村的人称娥皇和女英为"姑姑"，而历山的人则称她们为"娘娘"。每年农历三月初三，娥皇和女英会回到娘家羊獬村，而农历四月二十八，她们则会回到婆家历山。这两个日子，两地的群众会以威风锣鼓的形式来迎接她们的归来，以此展示威风。①

在高度现代化的当代社会中，每逢重大的社会活动，尤其是富有传统色彩的春节和元宵节，全国各地的人们都倾向于以各种传统方式来庆祝这两个全年最为重要的节日。在晋南的临汾地区，威风锣鼓表演无疑是庆祝活动中的一颗璀璨的明珠，它承载着当地人民深厚的文化底蕴和强烈的民族情感。每年农历的正月初二和初三，临汾地区的各个村子都会积极筹备和安排威风锣鼓的排练，通常由村民自发组织的"同乐会"来负责具体的事宜。在正月初二、十三、十四这三天，各个村子会按照一定的顺序在本村内进行游行和表演，这种活动在过去被称为"社祭"，旨在祈求来年的丰收和村子的安宁。到了正月十五这一天，各个村子会选派代表参加由县市举办的娱乐竞赛活动。在这个场合，锣鼓队不仅展示了他们的音乐才能，还通过表演向观众展

---

① 威风锣鼓的起源［EB/OL］. 忻州日报网，http：//www. xzrbw. cn/info/1239/181722. htm，2017 – 08 – 18.

示他们的团队精神和竞争意识。在锣鼓队出发前，他们通常会演奏开场曲牌，以此拉开表演的序幕。而在行进过程中，他们会根据不同的情境演奏一些结构整齐、与行进速度相吻合的曲牌。当队伍行进到观众较多的地方时，每个锣鼓队会展示他们最擅长的锣鼓曲牌进行表演。各村锣鼓队都会根据本村的锣鼓曲牌事先精心编排成套的曲目进行表演。在行进过程中，若两支锣鼓队相遇，将形成一种"对打"竞技局面。此时，双方均会展现出各自独特的技艺以夺取关注和喝彩。比赛开始后，锣鼓声相互交织，节奏鲜明，此起彼伏。经过一段时间的对打，能够保持鼓点清晰、节奏井然的一方便为胜方。而因无法承受对方乐队的干扰，导致演奏中出现混乱和停顿现象的一方则为败方。根据竞技规则，败方须主动为胜方让路，观众将会大饱眼福，享受一场听觉盛宴。这样的表演形式既展示了晋南地区人民的音乐才华和创造力，也传承了古老的传统艺术形式，为现代社会注入了新的活力和意义，成为中华民族文化中的一朵"奇葩"。

威风锣鼓表演者展现出强健的体魄和豪放不羁的性格，充分体现了黄土高原上北方人的豪爽与奔放。锣鼓之声宏大而震撼，音域宽广且富有深度，其深沉浑厚、慷慨激昂的旋律，令人感受到音乐之美。这种表演形式也生动地表现了中华民族的坚韧不拔、威武不屈、英勇顽强的民族性格，以及自强不息、奋发向上的精神风貌。

第7章 传统舞蹈类非遗开发

7.1 天塔狮舞——集惊、险、奇、绝、美的华夏一绝

天塔狮舞，源自山西省襄汾县，是集民间狮舞、武术、书法、杂技和体育于一体的传统舞蹈，也是国家级非物质文化遗产之一。自隋唐时期起源，天塔狮舞便以其独特的艺术魅力传承至今。2006年5月20日，这一独特的狮舞表演艺术形式，经过中华人民共和国国务院的批准，被列入第一批国家级非物质文化遗产名录，编号为Ⅲ-5。

天塔狮舞，这一独特的表演艺术形式，不仅体现了北方粗犷、豪放的特点，同时也展现了南方细腻、精明的艺术风格。在高高耸立的塔台上，舞狮者的动作大起大落，给人以强烈的视觉冲击。而狮子眼、舌、尾的活动自如，更是赋予了这一舞蹈生动逼真的表现力。天塔狮舞甚至能做出口吐条幅之类的表演，让人惊叹不已。天塔狮舞作为中国民间艺术的瑰宝，其独特的历史、文化和艺术价值不言而喻。这一舞蹈形式不仅传承了中国传统文化的精髓，同时也在世界文化艺术宝库中独树一帜。它以独特的方式展现了中华民族的智慧和艺术创造力，成为世界文化交流的重要载体。天塔狮舞的表演者们通过精湛的技艺和丰富的文化内涵，将这一古老的艺术形式演绎得淋漓尽致。他们的辛勤努力和不断创新的精神，使得天塔狮舞得以传承至今，并吸引了越来越多的观众和专家学者对其进行研究和探索。

天塔狮舞通常在春节期间表演，以庆祝新年的到来，并祈求神灵保佑。天塔狮舞在表演之前，舞者们会搭建一个高耸入云的"天塔"，这个塔是用

竹子和彩纸制成的。然后，他们会在塔上安装一只色彩斑斓的纸狮子，这只狮子将由一位经验丰富的舞者扮演。当表演开始时，舞者们首先点燃鞭炮。随着鞭炮声的响起，扮演狮子的舞者会从天塔上跳下来，开始在场地中表演各种翻滚、跳跃和摆姿势的动作。他们的动作非常危险，需要极高的技巧和经验，通常由一至两个人表演，一人舞狮，另一人持绣球。舞狮者通过跳跃、翻滚、扑跌等动作来表现狮子的威猛和灵动。同时，持绣球者则通过变换绣球的移动轨迹，引导狮子完成各种动作。观众们既兴奋又紧张，整个场地充满了欢声笑语。

天塔狮舞不仅是一种娱乐形式，它还承载着许多文化意义。在中国传统文化中，狮子被认为是一种能够驱邪避灾的动物。通过表演天塔狮舞，人们希望能够将邪恶的势力赶走，并带来好运和繁荣。此外，这种舞蹈也是一种团结和协作的象征。舞者们必须密切配合，才能完成各种高难度的动作。这种团结和协作的精神也体现在狮子的制作过程中。人们齐心协力，共同搭建天塔和制作纸狮子。

天塔狮舞这一传统文化活动极其富有趣味性，它不仅为人们呈现了欢快和刺激的表演，更是中华优秀传统文化的载体。在此过程中，舞狮者们通过密切的配合与支持，塑造出一种独特的文化风貌。观众们不仅得以欣赏到精湛的演艺，也深刻地感受到了团结与合作的力量。

天塔狮舞的表演过程如下：在激越的"紧急风"打击乐的伴奏下，一名身着民间彩服的女子，英姿焕发，手中紧握五彩绣球，头上装饰着红色绢花，借着一个虎跳旋子的动作，登台亮相。随即，两头大狮和四头小狮在她的引领下同时进入舞台。在音乐的节奏中，两头狮以直立前蹬的方式翻腾跳跃，竞相抢夺绣球，并互相跳至背上以示亲昵嬉闹。女领狮人则以各种舞动方式，如双手、单手、转身、头花、背花、劈叉顶花、撑地转舵、乌龙绞柱等，展示出其高超的技艺。音乐进入"掏子"的曲段，女领狮人更是通过各种手法和动作的变化，如口衔绳索，交叉飞花等，将表演推向高潮。随后，一名男领狮人穿着白色英雄服，腰扎镶边黄彩带，威武亮相。在狂烈的狮舞之后，双狮以前足搭立领狮人肩头的方式形成"霸王扛鼎"的壮观态势。接着，领狮人展示出精湛而熟练的绳鞭表演，如金龙飞舞、白蛇吐信等，群狮则左躲右闪、落地打滚、俯卧小憩，以示驯服。

在庄重而正式的场合，领狮人仰望高耸的天塔，坚定地走向塔中。他调整呼吸，精准定位，并在慢快有序的鼓点配合下，飞身旋转跃上塔顶。接下来，他进行了一系列灵巧的动作，包括后滚翻上凳，头顶板凳，双足朝天，一手执笔，一手捧纸板。他展示的是临摹康熙御笔的"福"字，向观众传达"福到人间、康宁吉祥"的祝福。根据表演场地的不同，领狮人书写的具体内容可能会有所变化，但总的意义不变。随后，他进行了一系列强烈而震撼的动作，如倒立书写、翻滚踹腿、弓步拉势、托球按掌、顶天立地等。这些动作无不充满力量，表现出大气磅礴的氛围。领狮人随后俯身吹哨，手摇绣球，引导群狮上塔进行表演。在欢快的"扑灯蛾"锣鼓声中，两头大狮一前一后，顺着天塔的阶梯左蹿右跳，钻孔攀登。四头小狮则沿着四角而上，展现出它们的灵巧和活泼。在塔顶，两头雄狮在不足 0.26 米宽、1.33 米长的板凳上进行各种表演。一会儿搔痒、一会儿逗乐、一会儿仰观苍穹、一会儿俯瞰大地，尽显威风凛凛。在领狮人的引导下，两头大狮从右向左直立 180 度跳转到板凳另一端，这一幕犹如瑶池摘星，天马行空。随后它们坐顶掉头，俯身向下，作水中捞月状。四头小狮则像被惊吓到一样，同时伸展四肢如莲子开花。然后一头大狮飞身一撤，像蜻蜓点水一样直立在另一头大狮的背上。它仰天俯地，摇头舞爪，表演达到高潮。在最后的高潮环节，两头大狮前脚腾空直立，左右缓慢旋转 180 度定位，面向观众从嘴里吐出两条长幅。这两条长幅的内容会根据演出的目的进行拟定。演出结束时，领狮人和群狮飞速下至塔底，奔向四周或前台，卸装谢幕，结束这场表演。

天塔狮舞最精彩的表演是在 29 条板凳搭起的 15 层 9 米高的塔顶进行的，而在整个活动中没有任何保护措施。对表演者来说，不仅要具备高超的技艺，还要有大无畏的勇气。

近几年，天塔狮舞国家级代表性传承人李登山和省级传承人梁铁锁通力合作，对传统舞进行了历史性的传承、改革和创新，使这一民族文化瑰宝集惊险奇绝美于一身，声名远扬，誉满四方，获得国家、省、市多项奖励。中央电视台第 1、2、5、7 等频道以及香港凤凰卫视相继拍摄专题纪录片，使得这一古老的传统艺术得以享誉海内外。如今，在山西全域旅游中，天塔狮舞成了临汾文化的一张金字招牌，放射出灿烂的光辉。

7.2 左权小花戏——太行乡间的"亲圪蛋"

左权小花戏，这一精妙绝伦的汉族歌舞小戏形式，起源于山西省左权县，历经千年的传承与发展，至今仍然活跃在该县及其附近的榆社、和顺部分地区。其曲调优美且流畅，宛如山间清泉，沁人心脾，具有易于感人的特点。同时，左权小花戏的结构完整，节奏鲜明，如同美妙的乐章，引人入胜。左权小花戏的曲目众多，其中最具代表性的有《卖扁食》《放风筝》等。这些曲目有的描绘了人们日常生活的点滴细节，有的则表现了人们对美好生活的向往和追求。这些曲目不仅具有高度的艺术价值，还蕴含着深厚的历史文化底蕴。2014 年 11 月 11 日，左权小花戏成功申报为第四批国家级非物质文化遗产，编号为Ⅲ-113。

左权小花戏具有独特的艺术魅力及文化内涵，凸显浓厚的地方特色和本土风情，以当地人民的生活为背景，小花戏反映了人民的生活习惯、风土人情和审美情趣，其中的音乐、舞蹈、唱词、服饰等元素与当地文化紧密相连，形成独具特色的地域文化魅力。

左权小花戏以歌舞表演为载体，舞蹈动作优美轻盈且欢快，展现出鲜明的艺术性和观赏性。同时，唱词内容丰富，以当地的山歌和小调为主，并融入民间故事和传说，凸显其民间性和娱乐性。在表演过程中，以故事情节为线索，通过演绎不同的角色和情节，展现人物性格和价值观。这使得小花戏更具情节性和戏剧性，同时赋予其更丰富的文化内涵和思想深度。

音乐和舞蹈是左权小花戏最重要的艺术魅力之一。其音乐旋律优美、节奏明快，具有很强的感染力和表现力；舞蹈动作轻盈优美且欢快，既具有观赏性又极具表达力。精心编排和设计的音乐舞蹈贯穿整个表演形式，形成独特的艺术魅力。

作为民间文化艺术形式，左权小花戏蕴含着丰富的精神内涵和文化价值。它既反映了当地人民对生活的热爱和对美好未来的追求，也体现了人们对真善美的追求和对生活的批判精神。这种精神内涵使小花戏成为一种艺术形式，更是一种文化载体和精神的象征。

左权县位于山西省的太行山脉中段，其独特的地理环境为小花戏的流传和演变提供了肥沃的土壤。左权方言在很大程度上影响了小花戏的唱腔和表演形式。小花戏的曲调主要来源于广为流行的左权民歌，其中最具代表性的是小调，其次是"大腔"。这些曲调在连曲体中通过间奏和过门相互衔接，形成了舒展动人的曲调，充满了山乡风情。小花戏的舞蹈形式包括了独特的一步三颠、上下起伏、拧身转体、臂划圆、甩扇、神韵随意境迁等元素，①这些元素共同构成了小花戏独特的表演风格。随着时代的发展，小花戏在传承中不断创新。在表演中，小花戏的表演者们不仅运用了传统的左权民歌，还以民歌为素材进行创编，使小花戏不断适应时代的变化。小花戏作为左权县的重要文化艺术形式，历经数年的传承和发展，依旧保持着其独特的魅力和价值。这种舞蹈和音乐形式的完美结合，不仅展示了左权县人民对艺术的热爱和追求，也成为连接历史与现代、传承与创新的重要桥梁。

左权小花戏的舞蹈表演形式主要有以下几种。

大型广场歌舞：在重大节日或者庆典活动中，通常会表演大型广场歌舞，例如"百花迎春""丰收颂"等。这种表演形式的特点是场面壮观、气势恢宏，通常会有百人以上参与，有的负责歌唱，有的负责舞蹈，有动听的音乐伴奏和整齐的乐队表演。

歌舞剧：这种表演形式类似于歌剧，但通常以舞蹈动作来表现情节，如《打樱桃》《菜哥》《槐林会》等。这种表演形式通过舞蹈的多变来塑造人物个性，情节完整，有血有肉，充满戏剧矛盾和冲突。

群舞式：这种表演形式通常是 6 人、8 人、10 人不等的群舞，舞目只有

---

① 太行深处"小花戏"［EB/OL］. 山西戏剧网，http://www.chnjinju.com/html/minjianxiaoxi/zuoquanxiaohuaxi/2022/1123/17933.html，2022 - 12 - 02.

简单的故事情节，随歌词内容进行舞蹈造型。这种表演形式最便于结合形势宣传中心工作，也可以组成大型舞蹈队，参加各种大型集会的街头游行。

左权小花戏作为一种具有深厚民族文化价值的音乐类非物质文化遗产，不仅在音乐领域有着重要的地位，同时也具有丰富的旅游经济价值。近年来，旅游开发成为保护和传播左权小花戏的重要途径之一。

目前左权县主要通过以下方式对小花戏进行开发实践。

旅游节庆活动：以小花戏为主题的旅游节庆活动，如"左权小花戏艺术节"，为游客提供了欣赏小花戏表演、了解其文化内涵的机会，同时也带动了当地的旅游经济发展。

文化旅游线路：设计以小花戏为主题的文化旅游线路，让游客在游览过程中深入了解小花戏的历史、特点和传承保护情况，并有机会亲身体验小花戏的表演技巧。

旅游演艺产品：将小花戏元素与旅游演艺产品相结合，例如在旅游度假区的剧场中演出小花戏经典剧目，或者编排以小花戏为主题的实景演艺节目，吸引游客的目光。

民俗体验活动：举办以小花戏为主题的民俗体验活动，如"小花戏进校园""小花戏体验营"等，让游客在参与中感受小花戏的魅力，并增加对这一非物质文化遗产的了解和认识。

这些实践案例充分展示了音乐文化与旅游产业相结合的效益，不仅推动了旅游产业的升级，也有助于音乐文化的保护和传播。在左权小花戏的传承保护与开发利用过程中，我们应该注重将其与民族文化相结合，并加强与旅游经济的接轨，实现左权小花戏音乐文化与旅游业的相互促进、共同发展。

第8章 传统戏剧类非遗开发

8.1 晋剧——扎根山西的梨园春色

晋剧是中国北方地区的经典剧种，起源于元末明初，由山西南部方言中的梆子腔与当地流行的曲牌、小曲相结合，逐步演变而成。2006年5月20日，晋剧经国务院批准列入第一批国家级非物质文化遗产名录，2019年11月12日晋剧项目入选调整后的国家级非物质文化遗产代表性项目保护单位名单，编号为Ⅳ-18。

晋剧的唱腔以板式变化为主，板式较多，音域较宽，演唱时有较大幅度的上下板变化。主要板式有"大二眼""大三眼""小三眼"。其伴奏乐器有唢呐、笛子、板胡、三弦、琵琶、鼓等。晋剧在长期的发展中形成了自己独特的艺术风格，其唱腔优美动听，通俗易懂，是山西民歌和山西民间音乐的重要组成部分，也是研究中国戏曲音乐艺术的重要材料。晋剧音乐以板腔体为主，兼有少量的曲牌体，音乐结构比较简单，曲调优美动听，表演质朴大方。晋剧有一套完整的表演艺术体系，以"三功五法"为基础，形成了一套完整的表演体系。此外，晋剧的表演形式和内容也具有独特的艺术价值。例如，《打金枝》《卖画劈门》《齐王拉马》《古城会》等都是晋剧的经典剧目。

晋剧主要流行于我国山西省中部、北部，陕西省北部，内蒙古自治区和河北省的部分地区，其在发展过程中不断吸收晋中地区民歌、秧歌等其他民间艺术的韵律和音调等，使得其风格取得各剧的精华并形成自己独特的体系。这些被吸收的艺术形式为晋剧注入了新的元素，使得其音乐、唱腔、表演等方面都得到了极大的丰富和提升。

新中国成立后，全省大部分地区县市以上剧团开始建立健全起来，为山西梆子的繁荣发展奠定了基础。在这些剧团中，最优秀的演员们集中在一起，在省城太原进行演出。为了更好地体现这一地方剧种的特色和魅力，人们正式将其定名为晋剧，意为山西的地方戏曲剧种。这一命名不仅使山西梆子得到了更好的传承和发展，也为其在国内外赢得了更广泛的声誉和关注。随着时间的推移，各地县所属剧团的名称也统一改为某某晋剧团，更加明确地表明了其地方特色和剧种归属。这一时期的晋剧表演艺术也得到了极大的提升，出现了许多经典剧目和优秀的演员，如《打金枝》《卖画劈门》《算粮登殿》等，这些作品不仅在艺术上达到了高峰，也深受观众的喜爱和追捧。

自改革开放以来，晋剧艺术得以焕发新的生机，再次得到了振兴。这一时期，不仅对传统旧戏进行了系统性的整理和保护，使得许多珍贵的历史剧目得以重现于世，同时，还投入了大量的人力、物力，添置了崭新的行头和道具，使晋剧的表演更具观赏性和艺术性。为了传承和发扬晋剧艺术，一批才华横溢的年轻演员在这个时期脱颖而出，如史佳花、宋转转等晋剧新秀。他们在前辈的悉心指导下，凭借扎实的功底和个性的演绎，赢得了广大观众的喜爱和尊敬。这些新秀们在保持传统晋剧艺术精髓的同时，积极寻求创新，将现代元素融入表演中，为晋剧注入了新的活力和魅力。在创编方面，这一时期也涌现出了一批优秀的新戏。如《卧虎令》和《下河东》等新剧目，这些剧目在剧情、舞美、音乐等方面都有所创新，既保留了晋剧的传统特色，又展现了现代艺术的风貌。这些新剧目的出现，极大地丰富了晋剧的表演内容，为观众带来了更广泛的审美体验。2006 年 5 月 20 日，晋剧被列入我国第一批国家级非物质文化遗产名录，这一荣誉不仅是对晋剧艺术的肯定和嘉奖，更是对所有晋剧传承者和爱好者的鼓舞与激励。晋剧的振兴与传承，不仅代表了中国传统文化的繁荣与发展，也为广大观众带来了独具特色的艺术享受。

在欣赏晋剧的过程中，观众仿佛置身于慷慨激昂的历史长河中，亲身感受那些古老的故事和激荡人心的情感。这些绝技绝活儿不仅为观众带来了无与伦比的视觉享受，更让他们深入了解了三晋文化的深厚底蕴。这些精湛的技艺和独特的表演形式，赢得了广大观众的喜爱和全国剧坛的一致盛赞。例如，翎子功是晋剧中常用的表演技巧之一，通过演员巧妙地运用翎子做出各种动作和造型，表现出人物性格和情感的变化；帽翅功则通过演员操纵帽翅的运动状态和节奏，表达出人物内心的矛盾和复杂情感；梢子功则通过梢子的运用表现出人物的精神状态和气质；髯口功则通过演员巧妙地摆弄髯口表现出人物的性格和身份；椅子功则通过演员在椅子上做出各种高难度的动作和造型，表现出人物内心的矛盾和复杂情感；水袖功则通过演员运用水袖表现出人物的情感和性格；脚尖功则通过演员运用脚尖表现出人物的精神状态和气质；喷火功则通过演员口中喷出熊熊烈火，营造出紧张刺激的氛围；杠技则通过演员在舞台上使用木杠进行各种高难度的表演，表现出人物内心的矛盾和复杂情感；甩纸幡则通过演员快速地甩出纸幡来营造出各种场景和氛围，表现出人物的情感和性格。这些绝活儿不仅展示了晋剧表演艺术的精湛技艺，也展现了三晋文化的独特魅力。它们不仅为观众带来了精彩的视觉享受，同时也为晋剧艺术的发展注入了新的活力和动力。

晋剧的唱腔以板腔体为主，兼有曲牌体和说唱体。其中，"乱弹"是晋剧唱腔中最重要的部分，是一种表现剧情和人物情感的音乐形式。其节奏自由、旋律流畅，能够灵活地表现人物性格和情感。"腔儿"是晋剧唱腔中的一种重要形式，常常用于表现人物内心的矛盾和情感。其旋律优美、细腻，能够深入人心，使观众产生共鸣。"曲子"则是晋剧唱腔中的另一种形式，主要用于表现人物的情感和场景的渲染。其旋律清新、优美，能够给人以愉悦和舒适的感受。晋剧的表演也具有独特的风格和特点。在表演中，演员们注重身段、手势、眼神等细节的表现，同时借助服饰、道具等手段来营造出不同的氛围和情感。其中，男演员常以刚健、豪放的气质来表现人物形象，而女演员则以柔美、细腻的表演展现出女性的柔情与贤淑。这些特点使得晋剧在表现民间生活和历史故事时具有很强的吸引力和感染力。

晋剧发源于山西，具有独特的地域文化特征和艺术价值。为了保护和传承晋剧，可以利用其自然环境，发挥地域文化特征的优势，为晋剧的传承和发展提供更好的条件。目前的开发实践主要有以下几种方式。

首先，建立晋剧资料数据库是保护晋剧的重要手段之一。这个数据库主要包括晋剧的剧本、图片、录音和录像等历史资料。这些资料经过科学整理和统计，可以全面展现晋剧的历史、文化和艺术价值。同时，建立晋剧博物馆也是保护和传承晋剧的有效途径。这个博物馆将用于陈列晋剧文化遗产，让更多的人了解和欣赏晋剧的魅力。

其次，口传身授是戏曲传承的主要方式之一。许多知名的艺人，他们是晋剧传承的重要代表人物，不仅具备出色的表演艺术能力，同时也是杰出的教育家。他们掌握着丰富的戏曲文化遗产，技艺精湛，无论是舞台表演还是教学指导，都展现出了极高的专业素养。这些艺人们是非物质文化遗产的活源泉，他们的贡献使得晋剧这一传统文化得以代代相传，具有重要的代表性。这些艺人在晋剧的传承和发展中扮演着重要的角色。他们不仅将自己的艺术经验和技艺传授给年轻一代，还通过自己的表演和教学活动，激发了人们对传统文化的热爱和尊重。这些艺人的努力和贡献，不仅让晋剧这一传统文化得以传承和发展，也为我们今天了解和研究晋剧提供了宝贵的资料和经验。例如，郭彩萍、武忠、李月仙、阎慧贞等都是著名的晋剧表演艺术家和国家一级演员，他们的表演艺术和教学经验为晋剧的传承和发展作出了重要贡献。

利用现代传媒是达到晋剧保护的有效手段之一。现代社会的传媒条件已经十分成熟，传媒工具也是随处可见。在宣传城市文化的同时，适当播放晋剧可以促进晋剧成为大众娱乐内容，走进人们的生活。这将让更多的人了解和欣赏晋剧的魅力，促进其传承和发展。新编古装戏曲也是保护和传承晋剧的重要方式之一。这些新编古装戏曲是在历史与文学的基础上创作的，它们用现代理性的手法来表现古老的戏曲形式，赋予了晋剧新的生命力和活力。例如，《傅山进京》等更多的新编古装戏曲增加了现代理性，为古老的戏曲提供了当代的活力。

作为一项非常重要的非物质文化遗产，晋剧不仅具有深厚的历史文化内涵，还体现着重要的思想价值观念。晋剧源于山西，是当地人民在长期生活实践过程中创造并广泛流传的一种地方戏曲形式，具有鲜明的地域特色和独特的艺术风格。晋剧在历史上的传承和发展中，积累了大量的经典剧目和优秀的表演艺术，成为当代中国戏曲艺术的重要组成部分。作为一种活态文化，晋剧在当代社会中的传承和发展仍然具有重要的现实意义。通过晋剧的传承和发展，可以让更多的人了解和认识中国的传统文化，增强民族文化自信心和认同感。

晋剧，这门具有深厚历史底蕴的表演艺术，不仅是当代历史文化传播的重要载体，更在全时代的特定历史研究中扮演着关键的角色。只有深入理解并掌握其历史传播价值，我们才能在新的政策和发展形势下，创作出更为出色的作品，形成非物质文化遗产的有效传承。因此，我们应该高度重视晋剧的传承和发展工作，以更为积极的态度，推动晋剧艺术的保护、传承和创新。

8.2　河曲二人台——户有弦歌新治谱，儿童父老尽歌讴

二人台是一种广泛流传于内蒙古自治区、河北省张家口市（万全区）以及山西省大同市等地的传统戏曲剧种，它属于二人转的范畴。这个剧种以其独特的表演形式和富有地方特色的音乐和唱腔，深受当地人民的喜爱。在2008年6月7日，由山西省河曲县申报的二人台被国务院批准列入国家级非物质文化遗产名录扩展项目名录，非遗编号为Ⅱ-3。

二人台是一种独具特色的民间戏剧艺术形式，它是多元文化碰撞的结晶，也是黄河文化的重要组成部分。这种艺术形式以其朴实的故事梗概、优美动听的旋律音调、热情激扬的表演手法以及"平易近人"的方言道白，赢得了广大民众的喜爱。二人台的艺术魅力在于其丰富的文化内涵和独特的艺术表现形式。这种艺术形式展现出了民族文化的深厚底蕴，同时以其独特的

艺术表现形式，呈现出了中华文化的多样性和丰富性。它融合了多种传统文化元素，如民间音乐、舞蹈、戏曲等，从而形成了一种独特的戏剧艺术形式。同时，二人台在表演过程中所使用的方言道白，使得它具有了浓厚的地方特色和亲切感，能够让观众更加深入地理解和感受到当地文化的韵味。除此之外，二人台的剧情往往以普通人的生活为背景，讲述着人们的喜怒哀乐、情感纠葛等，从而与观众产生了强烈的共鸣。另外，二人台的表演形式也十分独特，演员的表演十分热情奔放，充满活力，能够让观众沉浸在二人台所营造的艺术氛围之中。

总之，二人台是一种极具生命力和感染力的民间戏剧艺术形式，它不仅是黄河流域特色文化的重要组成部分，更是中国民间文化的瑰宝之一。

清咸丰、同治年间（1851~1874 年），在中国的民间，一些艺人开始在"打坐腔"的基础上进行创新和改编。他们不仅吸收了社火表演中的"踢股子"等舞蹈动作，还充分吸收了蒙古族的音乐元素，将这些元素与原有的"打坐腔"形式相结合，逐渐形成了一种新的表演形式，这就是我们今天所说的二人台。这种表演形式具有很高的艺术性和综合性。它不仅融合了民歌和舞蹈的元素，还兼具曲艺和牌子曲的特点，同时也包含了地方小戏的特色。这种多元化的表演形式，使得二人台在中国的地方戏曲中独树一帜，深受广大观众的喜爱。而二人台之所以得名，源于其早期的表演形式，即由一丑一旦两位演员进行表演，他们载歌载舞，以轻松活泼的方式呈现给观众。这种表演形式在中国的地方戏曲中非常独特，因此被人们形象地称为二人台。随着时间的推移，二人台逐渐发展成为一种具有代表性的地方戏曲，其表演形式和内容也不断地进行着创新和发展。

河曲位于山西省、陕西省和内蒙古自治区交界处，因其地理位置特殊，素有"鸡鸣三省"之称。当地民众把唱山曲看作是自己的生活和表达内心情感的重要方式，位于黄河之畔的地区，拥有众多大小渡口，使得该地区享有晋西北"水旱码头"的美誉。这个称号不仅是对该地区的地理优势的肯定，更是对其成为周边地区贸易中心的认可。由于地处黄河畔，交通便利，使得该地区的商业活动繁荣，吸引了周边地区的商贾聚集于此，促进了当地的经济发展。此外，河曲境内自古以来民歌盛行，有着深厚的文化底蕴，有"户有弦歌新治谱，儿童父老尽歌讴"之风俗。每逢佳节或喜庆之时，人们都会聚在一起，弹着琴、唱着歌，表达自己的喜悦和情感。在田间地头劳作、乡间群聚闲聊、赶车行路、谈情说爱等各个场合都可以听到优美动听的歌声。当地人常常通过唱歌来表达自己的喜怒哀乐，甚至在发火、骂人、打嘴仗时也是如此。可以说，河曲人民无时不唱，无处不歌。这种风俗代代相传，使得河曲地区的民歌文化得以传承和发扬。二人台就是在这种民歌文化的基础上逐渐发展起来的。

河曲二人台的表演形式主要分为两种：一种是以表现故事情节为主的"硬码戏"，另一种则是以舞蹈性强烈且场面热闹非凡的"火爆曲子"为代表。

在"硬码戏"的表演中，唱腔表演是主要的，通常采取"抹帽戏"的形式，演员通过细致入微的表演手法和技巧来展现故事情节和人物性格。这种表演形式注重刻画剧中人物，通过唱腔、动作、表情等手段来表现人物的情感和内心世界，让观众深入了解故事中的人物和情节。

"火爆曲子"是一种舞蹈性强烈、气氛热闹且红火的表演形式，通常也被称为"带鞭戏"。这种表演形式的特点在于它吸收并发展了民间社火走场子的特性。演员们边舞边唱，节奏由慢到快，舞蹈动作和表演形式丰富多样，包括耍扇子、手绢、红绸、霸王鞭等。随着舞蹈的进行，演员们的表演逐渐推向高潮，给观众带来强烈的视觉和听觉冲击，最后戛然而止，留下深刻的印象。

此外，河曲二人台的表演形式还具有其独特的艺术魅力。演员们在表演中不仅展示了高超的技艺，还将当地的民俗风情和传统文化融入其中，使得这种表演形式具有浓郁的地方特色和文化内涵。同时，河曲二人台还与当地的音乐、舞蹈、戏剧等艺术形式相互融合，形成了独具特色的文化艺术形式。

河曲二人台唱词，作为民间文学的一种重要形式，其丰富多彩的内涵和独特的表现手法，深深地扎根于广大民众的日常生活中。它的语言风格别具一格，可以说是"词浅情深、话落有声"，既擅长运用朴素直白的语言，又善于运用各种修辞手法，如排比、对偶、夸张、比兴等，来表达丰富而深刻的情感。

河曲二人台唱词的传统剧目数量众多，有 70 多个，这些剧目大多以生活为背景，描绘了普通民众的日常生活和情感世界。其中，一些剧目如《走西口》《借冠子》《卖菜》《探病》等，以朴实的语言和真实的生活场景，表现了人们对于生活的艰辛和无奈。而另一些剧目如《打金钱》《打樱桃》《打秋千》《挂红灯》等，则以热烈的情感和夸张的手法，表现了人们对生活的热爱和对美好事物的追求。

近年来，河曲县以建设"文旅融合发展先行区"为目标，以打造"黄河长城特色风情名县"为抓手，充分发挥其得天独厚的自然资源和文化资源优势，积极推进文化和旅游的深度融合发展。河曲县拥有着黄河、长城等独特的自然景观和西口文化、民歌二人台等具有地方特色的文化资源，这些资源优势为河曲县的文旅产业发展提供了坚实的基础。为了充分发挥这些资源优势，河曲县建立起由河曲民歌、二人台专家及各级非物质文化遗产传承人组成的强大民歌二人台专家库，设立了河曲民歌二人台传习所、传承人工作室，通过这些措施来保护和传承当地的文化遗产。此外，河曲县还制订了非遗进校园计划，通过将非遗文化引入学校教育体系，让学生们接受并了解非遗文化的深厚内涵与独特魅力，从而让这些宝贵的文化遗产在河曲县得到有效的传承和发扬。为了更好地推广非遗文化，河曲县还组织编写了具有地方特色的非遗乡土教材，通过将非遗文化与当地乡土文化相结合，使得学生们更加深入地了解和认识非遗文化。同时，河曲县还聘请非遗传承人亲自担任非遗文化校内辅导员，通过他们的指导和教育，让学生们更加深入地了解非遗文化的制作技艺和传承方式。这些措施的实施，不仅有效地保护和传承了当地的非遗文化，也为河曲县的文化旅游产业注入了新的活力。

第9章 传统体育、游艺、杂技类非遗开发

9.1 形意拳——山西乡亲的强体"神器"

形意拳,又称行意拳,是中国传统拳术之一,历史悠久,文化底蕴深厚。其创始可追溯到明末清初山西蒲州人(今永济市)姬际可,最初名为心意六合拳。经过数代传承,形意拳逐渐发展成为一种独具特色的拳术,其动作刚劲有力,意念贯穿始终,强调内外合一,形神兼备。2011年5月23日,形意拳经国务院批准列入第三批国家级非物质文化遗产名录,这充分体现了形意拳在中国传统文化中的重要地位和价值。

形意拳,这门源远流长的中国传统武术,核心理念在于内意与外形的高度统一,融合了自然思想与传统文化的武术流派。通过系统地练习三体式桩功、五行拳和十二形拳,不仅可以提高身体的健康水平,更可以培养出一种坚韧不拔的精神品质。这种拳法的基本内容包括三体式桩功、五行拳和十二形拳,它们共同构成了形意拳的完整体系。三体式桩功是形意拳独有的基本功和内功训练方式,被誉称为"万法源于三体式"。这种桩功采用静态的姿势,通过调整呼吸、意念和姿势,来达到内外兼修、强身健体、培养内劲的目的。在练习过程中,需要身体的上下、左右、前后等各个方向都要有对称、协调、平衡等要素,使身体各部位得到充分的活动和锻炼。五行拳结合了金、木、水、火、土五行思想,分别为劈拳(金)、钻拳(水)、崩拳(木)、炮拳(火)和横拳(土)。每一种拳法都代表着不同的五行属性,各有其独特的动作特点和攻防技巧。通过练习五行拳,可以有效地调节身体的

内外平衡，促进身体的健康。十二形拳是仿效十二种动物的动作特征而创编的实战技法，分别为龙形、虎形、熊形、蛇形、骀形、猴形、马形、鸡形、燕形、鼍形、鹞形、鹰形。每一种拳法都以其代表动物的特性为蓝本，融入了传统武术的攻防技巧，形成了一种独特而高效的实战技术。在练习过程中，不仅要模仿动物的动作形态，更要领会其精神内涵，从而达到以形喻义、形意兼备的境界。

形意拳是一种注重阴阳两仪作用的传统武术，通过对手、眼、身、法、步的锻炼，运用劈、钻、崩、炮、横五纲（五行）的练习，以五行相生相克的理论为指导，将理论与实践高度统一起来。这种拳术在练习过程中注重身体的协调性和内在精神的修养，强调以柔克刚、以静制动、以弱胜强的理念。劈、钻、崩、炮、横五纲（五行）在形意拳中扮演着重要的角色。这些动作不仅代表着不同的攻防技巧，还与人的五脏相属，通过练习可以调和阴阳平衡，促进身体的健康。具体来说，劈属金，通过练习可以调肺，增强肺部功能；钻属水，通过练习可以固肾，增强肾脏功能；崩属木，通过练习可以养肝，促进肝脏健康；炮属火，通过练习可以清心，减轻心脏负担；横属土，通过练习可以益脾，促进消化系统健康。

形意拳五纲不仅与五行理论相呼应，同时也与人体五脏存在内在联系。这种拳术注重阴阳平衡、五行相生的理论，体现了中国道家阴阳、五行思想的精髓。通过练习形意拳，不仅可以提高身体的攻防能力，还可以促进身体的阴阳平衡和五行和谐，达到养生与实战兼备的目的。因此，形意拳的确是一个好的拳种，适合不同年龄段和不同身体状况的人练习。

在形意拳的传承方面，一些地方政府和机构已经开始重视传统文化的保护和传承工作，加大了对形意拳等非物质文化遗产的支持力度。同时，一些社会团体和机构也在积极推动形意拳的传承和发展，为形意拳的传承提供了更多的机会和平台。通过专业的培训和指导，提高传承人的技能和知识水平，并鼓励他们将形意拳的技艺传承给更多的人。这些培训可以包括定期的技能培训、文化讲座、技艺交流活动等，以帮助传承人深入了解形意拳的历史和文化背景，提高技艺水平，并加深对形意拳内涵的理解。同时，鼓励传承人参与培训他人的活动，以扩大形意拳的影响力和传承范围。并且采用更加灵活、多样化的方式来传承形意拳，例如在互联网上发布教学视频、组织实践活动等，这些创新方式可以吸引更多年轻人的参与和关注。此外，也可以与相关机构合作，共同推广形意拳文化，扩大其影响力。同时对形意拳的理论进行深入研究和完善，提高形意拳的技术水平和文化内涵。这些理论研究可以包括深入挖掘形意拳的历史、文化、技艺等方面的内容，开展相关的学术研究、学术交流活动等，以推动形意拳理论和技术的发展和完善。通过宣传和推广形意拳的理论研究成果，可以进一步提高形意拳的知名度和影响力。形意拳的传承和发展仍然需要多方面的努力和支持。只有通过深入研究和探索，不断创新和完善传承方式，才能让形意拳在现代社会中得到更广泛的认知和传播。

9.2 打铁花——三晋人民的"火花艺术"

打铁花是流传于中国豫晋地区的一种独特的大型民间传统焰火表演技艺，被誉为国家级非物质文化遗产之一。其起源可以追溯到北宋时期，到了明清时期更是盛行，至今已有千余年历史。打铁花最早被用于战争，当士兵需要突围时，他们将兵器熔化，打成碎片，以杀出重围。随着时间的推移，这种技艺逐渐被运用到民间，成为一种喜庆、祝福的民间活动。

打铁花是一种极富民间特色的表演技艺，通常在庙会、节日等喜庆场合表演。表演者使用特制的铁花工具将熔化的铁汁击向天空，形成璀璨的铁花雨，景象十分壮观。打铁花不仅展示了民间工艺的精湛技艺，也寄托了人们对美好生活的向往和祝福。

2011年4月18日，泽州打铁花习俗成功入选了《第三批省级非物质文化遗产名录推荐项目名单》，证明了泽州打铁花习俗在民间文化中的卓越地位和无可替代的价值。这一入选，不仅是对泽州打铁花习俗的认可，更是对民间传统文化的尊重和弘扬。

2012 年，山西晋城市泽州打铁花习俗以其独特的表演技艺和深厚的文化内涵，成功地正式入选为第三批省级非物质文化遗产名录。这一荣誉的背后，代表着这种民间传统焰火表演技艺得到了更广泛的认可和保护。

打铁花，这一古老的艺术形式，主要流传于黄河中下游的广大地区，特别是在河南和山西两省，更是广为流传。在每年的春节或重大庆典时，这两地的民众便会在空旷的场地上搭起六米高的双层花棚。这座花棚上面密密麻麻地绑满了烟花鞭炮和各种喜庆用品，为即将开始的打铁花表演做好准备。花棚的中心竖立着一根六米高的老杆，这使得整个花棚的高度达到了十米以上。如此高大的花棚在阳光下显得格外醒目。而在这花棚的旁边，设有一座熔炉，用于熔化铁汁。铁汁熔化后，温度高达千余度。在表演开始时，将有十余名表演者手持花棒，依次进行表演。他们会把炽热的铁汁猛烈地击打到花棚上，随即绽放出十几米高的美丽铁花，这些铁花在夜空中绽放，点燃了烟花鞭炮，绚丽多彩的光芒四射，照亮了整个场地。最令人惊叹的是"龙穿花"的表演。这是一段精心设计的舞蹈，表演者们手持烟花鞭炮，随着音乐的节奏，快速穿梭于花棚和熔炉之间。鞭炮在他们手中绽放出灿烂的火花，就像是龙在天空中飞舞，形象生动地展示了中国人民的热情与活力。整个打铁花表演场面十分震撼，火花四溅，犹如铁匠们正在进行一场激烈的铁匠比赛。观众们也会被这种场面所感染，感受到一种强烈的刺激和兴奋。同时，打铁花表演也带有一种喜庆热闹的气氛，更是让现场的气氛达到高潮，让人感受到春节的喜庆和欢乐。

近年来，随着人们生活水平的提高和旅游业的兴起，打火花已经成为一种深受游客喜爱的民间艺术表演。它不仅向人们展示了中华传统文化的魅力，同时也为人们带来了一场视听盛宴。

对于打铁花的传承，政府和相关机构采取了诸多措施来提升打铁花的知名度和市场竞争力。例如，他们设立了专门的打铁花培训机构，通过系统的课程和专业的指导，培养新一代的打铁花工匠。此外，他们还定期举办打铁花展览和比赛，邀请各地的打铁花工匠和爱好者共同参与，展示各自的作品和技艺。这些活动不仅有助于推广打铁花的文化价值，还能够吸引更多人关注和投资打铁花产业。

除了政府和相关机构的支持，许多打铁花工匠也通过自身的努力和创新，使得打铁花作品更加精美和多样化。他们精通各种雕刻、烙画等技法，将铁器打造出各种具有艺术价值的作品。例如，他们以花鸟、人物、山水等为主题，创作出了众多栩栩如生的铁艺品。这些作品不仅展示了打铁花工匠的技艺水平，也为传承和发展打铁花这一传统工艺作出了重要贡献。

对于打铁花的开发，我们可以通过将其元素巧妙地融入家居用品、装饰品等各类产品中，让更多人领略到传统打铁花工艺的精湛之处。这些融合了打铁花元素的产品不仅具有实用性和美观性，更将古老的传统工艺与现代审美完美结合，散发出独特的艺术魅力。例如，可以在家居用品中引入打铁花技艺的纹样和图案，使其在细节之处彰显出别具一格的美学特征；而在装饰品方面，打铁花的工艺元素则可以为空间增添一份古朴而典雅的气息。

此外，为了更好地推广打铁花文化，我们还可以开展相关的培训和推广活动。这些活动可以包括打铁花技艺的培训课程、专题讲座、展览展示等，让更多人有机会接触和了解这一传统工艺。同时，我们还可以利用社交媒体等平台，将打铁花的魅力传播得更远、更广，从而为它的传承和发展提供强有力的支持。这些努力不仅可以让更多人领略到打铁花的美丽和独特之处，也将为传统工艺的发展注入新的活力。

第10章 传统美术类非遗开发

10.1 平阳木版年画——刻在木版上的中国"年味"

平阳木版年画，作为中国优秀的民间艺术之一，起源于古代山西河东路的平阳府（今临汾市）。经过千年的传承与发展，自宋、金到明、清年间，平阳木版年画逐渐崭露头角，广泛流传于民间，深受广大民众的喜爱与推崇。2019 年 11 月，临汾市平阳木版年画博物馆获得了"平阳木版年画"这一非遗项目的保护单位资格。这无疑是对平阳木版年画这一古老艺术的极高认可与保护，也意味着临汾市平阳木版年画博物馆肩负起了传承、发扬这一优秀民间艺术的重大责任。

平阳木版年画以其独特的艺术风格和丰富的文化内涵，成为中国民间艺术的一颗璀璨明珠。然而，随着现代化进程的快速推进和人们生活方式的转变，这一古老的艺术形式面临着前所未有的挑战。在这样的背景下，临汾市平阳木版年画博物馆的成立及其在保护、传承平阳木版年画方面所作的努力显得尤为重要。

博物馆不仅收藏了大量的平阳木版年画珍品，还通过展览、研究、教育等方式，让更多的人了解、认识、喜爱平阳木版年画。同时，博物馆还积极开展抢救性保护工作，对流失于民间的年画进行收集整理，力图全面、深入地保护这一珍贵的文化遗产。

平阳木版年画作为中国民间艺术的瑰宝，其保护与传承工作具有重要的历史和文化价值。临汾市平阳木版年画博物馆在这方面所做的努力，为平阳木版年画的保护与传承开辟了一条崭新的道路，对于弘扬中华优秀传统文化、推动民间艺术的持续发展具有深远的影响。

平阳木版年画作为山西民间木版年画的代表，以其独特的艺术魅力和深厚的历史底蕴，在中国绘画史上留下了不可磨灭的印记。这种民间艺术形式以其广泛而深刻的表现内容，精湛优美的艺术表现，深厚的历史文化底蕴和普遍而多样的审美层次，吸引了无数文化学者的目光。他们从中获得了珍贵且富有价值的形象资料，为民俗文化、戏曲文化、历史文化等各个方面的研究提供了重要的参考。它不仅是中国文化的重要组成部分，更是黄河文化传承与发展的重要载体。同时，它也是世界文化遗产的重要组成部分，对于世界文化的多样性和丰富性具有积极的贡献。

平阳木版年画是中国民间独特的艺术形式之一，其风格粗犷且豪放，色彩纯朴但又不失浓郁的乡土气息。在色彩搭配上，平阳木版年画以大红色、深绿色、普蓝色和黑色为主，色彩凝重而简洁，营造出独特的视觉效果。在构图方面，平阳木版年画非常注重对称和平衡，通常以两幅或四幅一组的形式出现，即使是在单幅年画中，也会追求"对仗"，人物、场景、道具、服饰以及姿态与色彩都需要相仿相对。

平阳木版年画是一种传统的民间艺术，其制作工艺十分独特。在制作过程中，多以阳刻为主，通过突出画面中的某些元素来增强表现效果。但也有一些作品会采用局部阴刻的方式来衬托气氛，使画面更加丰富多彩。染色技法是制作木版年画中非常重要的一环。其中，分版套印和手绘晕染是两种主要的染色技法。分版套印是将不同的颜色分别印刷在不同的版上，然后再将各个版叠加在一起进行印刷。这种技法可以使画面更加丰富多彩，同时也提高了制作效率。而手绘晕染则是在印刷完毕后，用毛笔或其他绘画工具对画面进行局部晕染，使色彩更加自然、柔和。这种技法需要艺术家拥有高超的绘画技巧和对色彩的敏锐感知。在染色过程中，对于颜料的提取和处理也是非常关键的环节。传统的木版年画颜料主要是从矿物和植物中提取出来的，如朱砂、石青、石绿等。这些颜料不仅色彩鲜艳，而且具有一定的透明度。为了保持颜料的透明度，通常会加入一定比例的胶和矾来调整其稠度。这些配方的保密程度非常高，每个艺术家都有自己独特的配方。通过这些配方的使用，可以使颜料更加稳定、持久，同时也能更好地与纸张等材料兼容。

为了驱除邪祟、降祥迎福，汉代民间已经流行在门上画武士、贴门画的风俗。这种风俗在当时非常盛行，甚至成为人们生活中不可或缺的一部分。据史书记载，唐代吴道子曾画"钟馗捉鬼"图贴在门上以避邪祟。这一记载生动地展现了当时人们对于门画的信仰和依赖。自宋代以后，才开始出现彩版套印的纸质年画，因其使用木版雕印，故被称为"木版画"，又因多用于年节，故又称"木版年画"。这一称呼的由来，充分说明了木版年画在当时的使用和流行情况。在明清时期，木版年画达到了鼎盛时期，成为民间百姓家家户户的必需品。这一时期的木版年画不仅在民间广为流传，而且在艺术表现上也达到了巅峰。而山西平阳木版年画更是宋金至明清之际中国民间独树一帜的木版年画。这一描述充分展示了山西平阳木版年画的独特性和价值。它不仅是中国民间艺术的瑰宝，更是人类文化遗产的重要组成部分。

在宋代，山西绛州的画工杨威以其出类拔萃的"村田乐"题材作品而声名大噪。他的画作独具一格，在细节处理和色彩运用上都非常出色，展现了他对乡村生活和民间文化的深刻理解。由于他的画作在市场上非常受欢迎，甚至在汴梁城的纸画市场上都成为炙手可热的商品。杨威的作品不仅受到人们的追捧，也得到了当时文化名流的高度评价。他的画作不仅展示了乡村生活的宁静与和谐，而且将普通百姓的日常生活描绘得栩栩如生，给观者带来了一种深入骨髓的亲切感，为后人留下了宝贵的文化遗产。

南宋时期，金太宗下令将从汴梁掳获的刻印工匠迁至平阳（现今的临汾）。这个决策不仅强化了平阳作为雕版中心的地位，而且逐渐扩大了其影响力，将洪洞、赵城、襄汾、曲沃、稷山等地也纳入其中。这些地方一同成为继汴梁之后，北方地区的重要雕版中心，进一步推动了雕版艺术的繁荣发展。

在明清时期，山西的商业繁荣达到了前所未有的高度，为戏曲艺术和民俗文化的变革与发展提供了强大的物质基础和文化素材。这一时期的商业繁荣对平阳木版画的艺术造型产生了深远的影响，形成了其独特的体系风格。

平阳木版画的制作工艺也相当精湛。刻板师傅们以精细的刀法，将戏曲故事、人物等形象刻画得栩栩如生，令人叹为观止。同时，他们还通过运用各种色彩和线条，将木版画装饰得绚丽多彩，极富艺术感染力。这些制作精美的木版画作品，不仅具有极高的艺术价值，还寄托了人民群众对美好生活的向往和追求。

从形制体系的角度来看，平阳木版画以其多样化的形式满足了人民群众多方面的需求。这包括中堂、屏条、贡笺、拂尘纸、桌围、窗画、门画、灯画、灶画、春联等一整套完整的木版画形式。这些形式既展示了平阳木版画在艺术表现上的丰富多样性，又反映了其与人民群众生活之间的紧密联系。从表现内容的角度看，除了传承驱邪镇宅的传统，如门神秦琼、尉迟恭等形象，以及降祥迎福的传统，如灶王爷爷、灶王奶奶和财神等形象，最令人瞩目的是以戏曲故事、人物为艺术造型的木版画。在平阳（晋南）一带，蒲剧是群众喜闻乐见的艺术形式，也是历代民间文化教育的重要范本。蒲剧的传统剧目有 400 多个，为木版年画提供了取之不尽的素材宝库。这些戏曲故事和人物为平阳木版画注入了鲜活的文化内涵和特色，使其成为一种富有地方特色的艺术形式。①

新中国成立后，随着社会的进步、印刷手段的改进和人们审美观念的转变，木版年画的生存空间逐渐被挤压，其传承和发展面临着巨大的挑战。平阳木版年画，作为中国木版年画中的翘楚，其历史传承也陷入了危机。这种具有深厚文化内涵和无尽情思的民间艺术瑰宝，如今回顾其历史，我们不禁为其曾经的辉煌和现在的困境感慨万千。

在这个变迁的时代，平阳木版年画所经历的兴衰与变迁，无疑成为我们祖先智慧和情感的见证。它既承载了人们对幸福生活的向往，也寄托了世代相传的美好回忆。然而，由于时代的变迁和各种新兴文化形式的涌现，这一古老的艺术形式逐渐失去了它的影响力，逐渐淡出了人们的视线。

尽管如此，我们仍然不能忽视平阳木版年画所代表的民间文化和历史价

---

① 民间文化瑰宝——平阳木版年画［EB/OL］. 临汾台办，https：//gd. huaxia. com/c/2023/06/05/742695. shtml，2023－06－05.

值。它所蕴含的情感、智慧和工艺，以及背后所承载的历史和文化信息，都是我们民族文化遗产中不可或缺的重要组成部分。因此，我们应该积极采取措施，保护和传承平阳木版年画这一独特的文化遗产，让更多的人了解和欣赏它的魅力。

在保护和传承平阳木版年画方面，临汾市平阳木版年画博物馆采取了积极的措施。2019 年 11 月，该博物馆获得了"平阳木版年画"保护单位资格，这表明国家对这一传统工艺品的重视和关注。此外，博物馆可以借助现代科技手段，如数字化技术，对平阳木版年画进行保存、传承和推广。可以通过建立数字博物馆、推出线上展览、制作宣传片等，让更多人了解和欣赏平阳木版年画的独特魅力。同时，也可以开展文化交流活动，与其他木版年画产地进行交流与合作，提升平阳木版年画的影响力和知名度。

在保护和传承平阳木版年画这一珍贵的非物质文化遗产方面，临汾市平阳木版年画博物馆采取了非常积极的措施。2019 年 11 月，该博物馆由于其在保护和传承平阳木版年画方面的突出贡献，获得了由国家认定的"平阳木版年画"保护单位资格，这充分表明了国家对这一传统工艺品的重视和关注。

该博物馆拥有一支专业的团队，他们对平阳木版年画有着深入的研究和理解，并积极借助现代科技手段，如数字化技术，对平阳木版年画进行全面的保存和传承工作。通过运用数字化扫描和高清摄影等技术，他们成功地实现了对平阳木版年画的数字化保存，有效地避免了传统工艺品在时间和环境影响下可能造成的损坏或遗失。

同时，为了进一步推广平阳木版年画，让更多人了解和欣赏到它的独特魅力，该博物馆还积极利用互联网和科技的力量。他们建立了数字博物馆，推出了线上展览，制作了一系列精美的宣传片，从而使用户可以在任何时间、任何地点都能深入了解和欣赏到平阳木版年画的独特艺术价值。

此外，博物馆还致力于开展各种形式的文化交流活动。他们不仅与国内其他木版年画产地进行了广泛的交流与合作，还积极与国际上的相关机构进行交流，使平阳木版年画在国际上的知名度和影响力得到了提升。这些交流活动不仅有助于提升平阳木版年画的影响力，还有效地推动了不同地区、不同文化之间的理解和交流。

10.2　面塑——可以"吃"的艺术品

　　山西面塑是一种非常受欢迎且历史悠久的传统文化艺术形式，其文化内涵丰富，深深扎根于中国传统文化之中。这种艺术形式以其独特的制作工艺和精美的造型而闻名，成为山西省非物质文化遗产中的瑰宝，2008 年 6 月 7 日，阳城焙面面塑经国务院批准列入第二批国家级非物质文化遗产名录，编号为Ⅶ-53。

　　山西面塑作为中国传统文化的重要组成部分，具有不可替代的历史价值和文化意义。它不仅是山西省的重要文化遗产，也是全中国的宝贵财富。通过传承和发扬这种传统文化艺术形式，我们可以更好地了解和认识中国的历史和文化，感受中华民族的智慧和魅力。

　　山西面塑，这一颇具地方特色的艺术形式，其起源可以追溯到古代的"面人儿"和"花馍"。经过数百年的发展，它逐渐从简单的食品艺术演变为具有独特风格和鲜明地方特征的面塑艺术。在山西，面塑作为一种传统文化习俗，被广泛应用于各种庆祝活动，如节日庆祝、婚庆和祭祀等重要场合。它不仅是一种美食，更是一种文化象征，一种人们表达祝福、祈愿和纪念的重要方式。在山西，面塑的制作技艺精湛，形态各异，寓意深刻。每一个面塑作品都蕴含着丰富的文化内涵和历史渊源。从那些精心制作的面塑中，我们可以窥见古代人民的智慧和勤劳，感受到他们对美好生活的追求和向往。面塑在山西的普及程度极高，几乎每个家庭都会在重要的日子制作面塑。这些面塑不仅外观美观，而且口感极佳，让人回味无穷。它们不仅满足了人们的味蕾需求，更在精神层面上给予了人们极大的满足。

　　山西面塑是一种非常复杂的手工技艺，其制作工艺堪称艺术与科学的完美结合。首先，制作面塑需要选用优质的面粉和糯米粉作为原料，这些原料经过精细的调配和搅拌后，再经过发酵、揉面等环节，将它们充分融合，形成一种具有韧性和弹性的面团。接下来，面塑艺人会使用各种工具和模具，将面团塑造成各种形态各异、栩栩如生的面塑作品。这些作品不仅形态逼真，而且颜色艳丽，观赏与收藏价值较高。面塑作品的题材非常广泛，包括历史人物、神话故事、民间传说、戏曲人物等，每一种题材都蕴含着丰富的文化内涵和艺术价值。在制作过程中，面塑艺人需要具备高超的技艺和丰富的想象力，同时还需要对原料、工具和制作流程进行严格把控。每一个环节都需要精细的操作和严格的把关，才能制作出精美的面塑作品。因此，山西面塑的制作工艺不仅仅是一种技艺，更是一种文化、一种情感的传承。

面塑在漫长的历史长河中，经过无数次的演变和进步，逐渐被赋予了丰富的文化内涵，成为中华民族传统礼仪风俗的重要代表之一。这些精美的面塑作品不仅体现了人们对美好生活的追求，还反映了民间传统文化的精髓。山西面塑以其独特的造型和浑厚朴实的风格而闻名于世。这些面塑作品简洁而不简单，每一处细节都经过了精心的雕琢和打磨，展现出民间艺人的精湛技艺和无限创意。它们有的生动活泼，有的庄重肃穆，有的幽默诙谐，充分展现了民间艺术的多样性和丰富性。山西面塑的朴实雅洁也是其独特的魅力之一。这些作品以最自然、最真实的方式呈现出来，没有过多的装饰和烦琐的细节，却散发着一种独特的韵味。它们所传达的是一种纯粹的美感，让人感受到民间艺术的淳朴和真挚。面塑作为自然崇拜、文化意识、造型语言的综合凝聚物，每一件作品都蕴含着深刻的文化内涵和历史价值。它们不仅是一种艺术品，更是一种文化符号，代表着中华民族的传统和历史。无论是从文化传承还是艺术欣赏的角度来看，面塑都值得我们深入研究和珍视。

为了保护和传承这一珍贵的文化遗产，山西省采取了一系列积极的措施。首先，通过建立博物馆或展览馆来展示山西面塑的历史和文化背景，让更多的人了解和认识这一传统手工艺。其次，开展面塑技艺的培训和教育，培养更多的年轻人学习和掌握这一技艺，从而保证其传承和发展。最后，政府也出台了相关政策来支持和鼓励面塑产业的发展，为传承和保护这一文化遗产提供更多的保障和支持。

近年来，随着非物质文化遗产保护与传承工作的不断开展与加强，山西面塑也得到了越来越多的关注和保护。许多面塑艺人和传承人通过创新和探索，将传统技艺与现代元素相结合，使得山西面塑在保持传统特色的基础上，可以满足现代人的审美需求和生活需求，还可以为面塑产业注入新的活力，促进其可持续发展。保护和传承山西面塑这一传统手工艺是我们每个人的责任和使命。只有通过全社会的共同努力，才能让这一文化遗产得以传承和发展，并在现代社会中焕发出新的生机和活力。

第11章 传统技艺类非遗开发

11.1 平遥推光漆器——旅游把平遥推光漆器推向国际

平遥推光漆器产于山西省平遥县，是一种著名的传统手工艺品，于2006年5月20日经国务院批准列入第一批国家级非物质文化遗产名录，编号为Ⅷ-51。

平遥推光漆器是一种享有盛名的传统手工艺品，以其独特的手掌推出光泽而得名，被誉为中国四大名漆器之一。这种漆器源于魏晋南北朝时期，唐开元年间得到了极大的发展，并在明清时期达到了鼎盛，至今已有千年的历史。

平遥推光漆器制作工序精细且繁杂，这些工序需要严格的操作和精细的材料选择，以确保漆器的质量和美观。每一步都需要专业知识和技能，这体现了平遥推光漆器的精湛工艺和深厚文化内涵。工序主要包括：一是制作木胎是漆器制作的基础步骤，需要精心设计和制作，木工和雕刻的精细活儿都需要用到。二是在木胎上披上麻布，然后涂抹生漆和灰泥，这个步骤需要多次进行，每次涂抹后都需要在阴凉处晾干。三是将天然大漆涂刷在已经挂好的灰胎上，使其充分渗透并固定在灰胎上。四是在漆器表面进行绘画和彩绘，这可以请美术画工或专业人员进行。五是使用砂纸、木炭等工具对漆器表面进行打磨抛光，使其表面光滑如镜，这就是推光漆器得名的原因。六是采用镶嵌、镂刻、罩金、刻灰等技艺进行装饰，使漆器更加精美。平遥推光漆器的制作是一项精湛的技艺，需要工匠们具备高超的技巧和耐心。每一步制作过程都需精心操作，严格把关。完成一件平遥推光漆器需要经过多个烦琐的工序和步骤，所需时间较长，耗费大量精力。因此，平遥推光漆器的价格相对较高，但物有所值。这种传统工艺品代表了中华民族传统文化的精髓，具有极高的艺术价值和收藏价值。

这种漆器表面光滑如镜，温润如玉，手感舒适。它不仅具有极高的艺术价值，还非常实用，耐久性极佳。平遥推光漆器的图案和色彩繁多，且寓意吉祥。例如，龙凤呈祥的图案象征着幸福美满，八仙过海的图案寓意着长寿安康，而桃园结义的图案则象征着忠诚和友谊。这些传统吉祥图案和民俗故事的应用，不仅使漆器更加美观，还寓意着祝福和吉祥。这些漆器作品在传承中华优秀传统文化的同时，也展现了精湛的工艺水平。

平遥推光漆器还具有深厚的历史文化底蕴。它是中国传统文化和工艺的代表之一，承载着千年的历史和传统文化的精髓。在今天，平遥推光漆器已经成为中国传统文化的重要符号之一，被广泛应用于文化交流和礼品馈赠等领域。在山西省的晋中地区，有一句家家户户熟知的俗语那就是："平遥古城三件宝，漆器牛肉长山药。"这句俗语形象地概括了平遥古城的三大特色产业——漆器、牛肉和长山药。在这三件宝中，漆器更是被列为首位，成为了平遥古城最为著名的特色之一。这些漆器制作精细、图案精美，不仅实用，更是一件件精美的艺术品。因此，在晋中地区，人们常常将漆器视为珍贵的礼物，用来表达对亲朋好友的尊重和爱意。

如今，随着旅游业的发展，平遥推光漆器产业更是获得了空前的机遇。在市场的推动下，这项传统技艺得到了更多的关注和认可，也促使更多的传承人投身于这项事业中。平遥推光漆器产业的发展并非一帆风顺，其背后离不开政府和各级部门的鼎力支持。政府为保护和传承这一非物质文化遗产，提供了资金、技术等多方面的扶持。同时，各级部门也积极参与漆器的制作、推广和保护工作中，为漆器产业的繁荣作出了巨大的贡献。

为了进一步推动平遥推光漆器产业的发展，平遥不仅举办了一系列丰富多彩的活动，如漆文化艺术节、漆艺创意作品大赛、漆艺精品展等，还出版了《平遥漆艺的发展与创新》一书。这些活动不仅展示了平遥推光漆器的魅力，还为漆艺文化的传承和发展注入了新的活力。书中深入探讨了漆艺文化的历史、现状及未来发展，展示了平遥人民对漆艺文化的热爱和创新思维。政府还积极出台各种政策措施保护平遥推光漆器，《平遥推光漆器髹饰技艺保护条例》也在 2023 年 10 月 1 日起开始施行。这对于规范平遥推光漆器行业健康有序发展、带动民间技艺人才培养、推动中华优秀传统文化创造性转化和创新性发展，具有重大而深远的意义。

11.2 杏花村汾酒——借问酒家何处有，牧童遥指杏花村

杏花村汾酒酿制技艺，这项山西省的地方传统手工技艺，不仅具有深厚的历史底蕴，而且还是国家级非物质文化遗产之一。作为清香型白酒的典型代表，汾酒酿造技艺的独特之处在于其经过数千年的传承，依旧保持着原始的酿造方式，将古老的智慧与现代的技术完美结合。2006 年，杏花村汾酒酿制技艺被率先列入第一批国家级非物质文化遗产名录，编号为Ⅷ-59。这一行动充分体现了国家对这项技艺的高度重视和保护，同时也为汾酒酿制技艺的传承和发展提供了强有力的支持。

汾酒，这款享有盛誉的中国名酒，因产于山西省的杏花村而得名，也被称为杏花村汾酒。作为中国酒最古老的起源之一，汾酒的历史可以追溯到仰韶时期，具有深厚的历史文化底蕴。在 1982 年，杏花村文化遗址中出土了"小口尖底瓮"，这一发现被考古界和酿酒界公认为是"最早的酿酒发酵容器"这也就证实了中国酒文化的历史源远流长，而汾酒正是这一历史长河中的重要一环。

汾酒的独特之处在于其酿造工艺和地理环境。杏花村的先人们利用土地的香气和山水的灵性，通过世代相传的酿造工艺，创造出了清香汾酒。这款酒以清香纯正、醇甜柔和、余味悠长而著称，成为中国白酒的代表性品牌之一。

历经数千年的传承和发展，汾酒依然保持着其传统的酿造工艺和独特的

清香风格。今天，汾酒不仅在国内享有盛誉，还在国际上获得了广泛认可。这一缕始于 6000 年前的清香，通过代代相传，一直延续至今，成为中国酒文化的象征之一。

杏花村汾酒酿制技艺作为国之精粹，其价值不仅在于其历史和文化价值，更在于其独特的酿造工艺和品质。在酿造过程中，每一步都需要精湛的技术技巧和严密的环节把控，才能保证白酒的品质和口感。这种独特的酿造工艺和严格的质量把控，使得汾酒成为清香型白酒中的佼佼者，深受广大消费者喜爱。

汾酒酿制技艺是一门极其繁复且讲究的艺术。第一是进行研磨，磨碎工序是将原料进行破碎和研磨，使其更加细腻，有利于后续的酿造过程。第二是润糁工序，则是将已经破碎的原料进行润湿和浸泡，使其更加柔软，易于发酵。第三是蒸糁工序，是将已经润湿的原料进行蒸煮，使其更加熟烂，有利于微生物的发酵和酒的提取。第四是发酵工序，这是汾酒酿制技艺中最关键的一步，需要将原料和微生物混合在一起，进行长时间的发酵和陈化。第五是蒸馏工序，将已经发酵好的酒进行高温蒸馏，提取出其中的酒精和香味成分。第六，贮藏工序是将已经蒸馏好的酒进行长时间的贮藏和陈化，使其更加醇厚、柔和。

在酿造过程中，汾酒酿制技艺采用清蒸二次清的工艺，这种工艺强调的是一种纯净清澈的酿造过程。它不添加任何杂质，确保了汾酒的品质和口感。同时，这种工艺还要求对原料进行严格的筛选和清洗，对酿造过程中的温度、湿度、时间等参数进行精确的控制，确保每一个环节的质量和稳定性。

汾酒酿制技艺还采用了独特的地缸发酵模式。这种模式有效地避免了土壤中的杂质和杂菌对酒醅的影响，使得汾酒的发酵过程更加清洁、卫生。同时，地缸发酵还更纯粹地体现了粮食的发酵风味，使得汾酒的口感更加醇厚，香气更加浓郁。汾酒独特的口感和香气，使其成为中国白酒中的佼佼者。

目前，杏花村仍保留着 6000 年前仰韶文明时期的古人类文化遗址，这一极为重要的历史遗迹为研究人类早期文明提供了宝贵的证据。它不仅揭示了杏花村深厚的历史底蕴，也为中国乃至全世界的考古学家提供了一个探索人类起源的重要场所。杏花村还完好地保存了大量明清时期的酿酒老作坊、古井、石碑、牌匾、老街等，这些具有极高历史价值的遗迹见证了杏花村酿酒业的繁荣发展。这些古老的酿酒作坊和设施，讲述着杏花村作为中国酿酒业重要起源地之一的历史故事。以汾酒为代表的清香型白酒龙头企业，不仅是中国酒最古老的起源之一，更见证了中国白酒文化的发展。作为中国优秀文化遗产的重要代表，汾酒以其独特的酿造工艺和卓越的品质，成为展示中国优秀文化遗产的窗口。这种古老的酿酒工艺，历经千年的传承和发展，仍然保持着其独特的魅力。在保护国家非物质文化遗产和传承非遗技艺方面，汾酒承担着重要的责任。更为难得的是，一批酿酒老技工仍然健在，他们虽然人数不多，但拥有极其丰富的实践经验。这些老技工们积极参与传统酿制工艺的传承和保护工作，为后人留下了宝贵的技艺财富。他们的存在，不仅让人们得以窥见中国传统酿酒工艺的精髓，更为年轻一代提供了学习和传承的机会。他们的经验和技艺，成为杏花村酿酒业不断发展和繁荣的重要基石。

如今，汾酒集团在继承先人酿造技艺的同时，不仅积极应对从传统手工业生产向现代化工业生产的挑战，而且以一种科学和系统化的方式去研究和制定汾酒的质量标准。为了推动汾酒的国际发展，使中国的这一传统美酒能够被世界各地的人们所熟知和喜爱，汾酒集团不仅致力于推动汾酒的国际化进程，更是提出了一项具有前瞻性的计划——制定中国白酒的国际标准。这一想法的提出，无疑为汾酒的国际发展铺设了坚实的基石。2015 年，汾酒集团率先发布并执行了与国际蒸馏酒食品安全标准接轨的汾酒食品安全内控标准。这一举措不仅使汾酒成为全国白酒行业第一家发布该标准的企业，更淬炼出了远超国际食品安全标准的汾酒酒体。同时，他们还注重培养和引进优秀的技术人才和管理人才，以提升企业的核心竞争力。与此同时，公司与江南大学、山西大学、山西农业大学等高校合作，并建立国家级技术科研中心、博士后流动站，用理论去指导实践，在保护中传承，用传承来保护。

杏花村汾酒不仅代表着中国酒文化的精髓，也体现了人类对美好生活的追求和向往。从深邃的华夏文明中一路走来，向民族振兴崛起的方向奔腾不息；用守护国宝技艺的工匠精神，引领着中国酒文化前行的方向；浓缩于汾酒的非遗技艺，将随着酒香漂洋过海，推动中国文化在全世界传播。对于保护和传承这项技艺，我们有着不可推卸的责任和使命。

11.3　清徐老陈醋酿造技术——贴在山西人身上的标签

清徐老陈醋酿制技艺是山西省清徐县的一种卓越的地方传统技艺，其历史渊源可以追溯到数百年前。经过多个世纪的不断发展和完善，这种技艺已经成为清徐县乃至山西省的代表性文化符号之一。作为一项精湛的工艺，清徐老陈醋酿制技艺需要经过多道复杂的工序，每一步都需要精细的操作和严格的把关。正是这种精益求精的态度和独特的酿制方法，使得清徐老陈醋具有了独特的风味和卓越的品质。2006 年 5 月 20 日，清徐老陈醋酿制技艺经国务院批准被列入第一批国家级非物质文化遗产名录，编号为Ⅷ-61。

清徐老陈醋酿制技艺不仅代表着一种传统文化的精髓，更展现了中国劳动人民的智慧和创造力。这种技艺所代表的不仅是一种食品制造方法，更是一种文化传承和历史记忆。在今天这个快速发展的时代，保护和传承这些非物质文化遗产尤为重要，它们是我们连接过去和未来的桥梁，是我们向世界展示中华文化多样性和独特性的窗口。

清徐老陈醋呈现出黑褐色的色泽，具有清澈透明的体态。而且酸醇浓郁、香气扑鼻、余味悠长，还具有不沉淀的特质，以及独特的"挂碗"特征。开盖清徐老陈醋，一股香酸浓郁的气息便扑鼻飘来，让人瞬间被其独特的味道所吸引。这种醋的酸度虽然高达五度，但品尝起来并不会让人觉得难以忍受，反而是那种"甜绵香酸"的感觉。品尝时，酸味并不会一下子冲击你的口腔，而是逐渐释放，让你感受到醋的细腻味道。同时，这种醋还有发甜、发绵、发香的特点，仿佛在口中品尝到了多种层次的口感。清徐老陈醋的口感醇厚，让人回味无穷，无论是搭配饭菜还是单独品尝，都能带来独特的美味体验。

这种醋不仅在山西省内享有盛誉，而且在全国范围内也具有很高的知名度和美誉度。许多品尝过清徐老陈醋的人都会被其独特的口感和浓郁的风味所吸引，而这种魅力正是来源于其精湛的酿制技艺。在清徐县，老陈醋酿制技艺被广泛应用于各个领域，不仅在食品加工业中扮演着重要角色，还在医疗、保健等领域发挥了重要作用。这种技艺所代表的不仅是一种食品制造方法，更是一种生活智慧和文化遗产，具有极高的历史、文化和经济价值。

清徐老陈醋酿制技艺的工序繁杂，每一步都需要精细的操作和严格的把控。从配料到陈酿，每个环节都至关重要，共同决定了清徐老陈醋的独特品质。在配料阶段，酿造清徐老陈醋的原料主要包括高粱、麸皮、谷糠等，各种原料的配比需要精确控制。这些原料经过精心挑选和严格筛选，以确保其品质和纯度。接下来是蒸料环节，将原料经过磨碎、蒸煮等处理，使其变得易于发酵。这个过程中，温度和时间的把握显得尤为重要，以确保原料能够充分熟化，同时保留其原始的营养成分。在固态醋酸人工翻醅阶段，酿造工人会通过人工翻醅的方式，使原料充分接触氧气，促进发酵过程。这一步骤需要经验丰富的工人进行操作，以确保发酵过程的顺利进行。高温熏醅环节能够增加醋的香味和色泽。通过将发酵后的原料置于高温下熏制，使其产生独特的香味和色泽。这个过程中，温度和时间的把握直接影响到醋的品质。高密度淋滤技术用于将醋中的杂质过滤掉，提高醋的品质。通过精细的过滤和分离技术，去除醋中的沉淀物和有害物质，使清徐老陈醋更加纯净、健康。最后是陈酿环节，将新酿造的醋放在特定的环境中进行陈酿，使其经过一段时间的氧化、沉淀、熟化等过程，形成独特的口感和品质。这个过程中，环境的湿度、温度以及陈酿时间都需要精确控制，以确保清徐老陈醋独特的口感和品质。清徐老陈醋酿制技艺的每个环节都充满了智慧和匠心独运。正是这些繁复而精细的工序，使得清徐老陈醋成为具有独特风味和品质的佳酿。

在 20 世纪 80 年代初，久负盛名的清徐醋业得到了空前的迅猛发展。随着时间的推移，厂房设备等硬件设施有了显著的提升和改进，这使得生产效率得到了极大的提高。此外，清徐醋业在选料、粉碎、蒸料、制曲、包装等环节均实现了机械化，这标志着他们已经进入了现代化生产的行列。通过这些措施的实施，清徐醋业的产品质量得到了保证，同时也有利于提高生产效率，进一步巩固了其在醋行业的地位。

2023 年，山西老陈醋集团积极洽谈战略合作事宜。他们与中国中轻国际就规划新厂进行深入的探讨，旨在共同打造一个全新的老陈醋文旅中心。①在这个项目中，他们还邀请了中国著名建筑师庄子玉的加盟，以实现建筑与自然环境的完美融合。同时，山西老陈醋集团还与多所高校和研究机构建立了紧密的合作关系，包括山西农业大学和山西省生物研究院。他们通过合作，为酿造业提供了强大的技术支持和创新能力，进一步推动了老陈醋产业的持续发展。山西老陈醋集团还与中国食品发酵工业研究院紧密合作，共同深研"东湖创造"项目。通过这个项目，他们希望能够将传统的酿造工艺与现代科技相结合，创造出更具独特风味和健康价值的老陈醋。为了进一步扩大老陈醋的知名度和影响力，山西老陈醋集团还与中国高铁合作，打造了"东湖专列"。这趟专列将穿越全国，向广大乘客宣传和推广老陈醋的历史、文化和产品特色。这一举措无疑将使更多人了解和喜爱老陈醋，同时也为中国的传统酿造业注入新的活力。

---

① 范婉璐，清徐．做大做强醋产业，全力擦亮"山西老陈醋"金字招牌［EB/OL］．黄河新闻网，http：//www.tynews.com.cn/system/2023/06/10/030615894.shtml，2023-06-10.

第12章 传统医药类非遗开发

12.1 龟龄集传统技艺——在中医药中体味华夏文明

龟龄集传统制作技艺具有深厚的文化底蕴和文化价值，是我国最早且保存完好的中药复方升炼剂制作技艺之一。其历史渊源可以追溯到道藏丹经和黄帝内经，处方出自明代嘉靖年间，经过数百年的传承和发展，已成为我国中药文化的重要组成部分。龟龄集传统制作技艺的独特性和珍贵性，使其成为我国中成药宝库中最珍贵的技艺之一。2008 年 6 月 7 日，山西省太谷县（现山西省晋中市太谷区）中医传统制剂方法，龟龄集传统制作技艺经我国国务院批准被列入第二批国家级非物质文化遗产名录，项目编号为Ⅸ-4。

龟龄集传统制作技艺的独特之处在于其升炼技术的精湛和药效的显著。这种技艺通过独特的炮制方法，将多种中药材进行提炼和升炼，从而得到一种高效、安全、可靠的中药制剂。龟龄集传统制作技艺所制得的药品具有强身健骨、补肾益精、祛风祛湿等功效，对于改善人体健康状况具有显著的作用。龟龄集传统制作技艺作为我国中药文化的重要组成部分，具有独特的历史、文化和医学价值。通过对其深入研究和推广，不仅可以丰富我国中药文化的内涵，还可以为人类健康事业的发展提供有力的支持。

龟龄集传统制作技艺步骤严谨，主要包括以下步骤。首先，严格选取药物。龟龄集组方采用珍贵的药材，如鹿茸、穿山甲、石燕等，这些药材都是经过精心挑选和采集的，以确保其品质和药效。在采集过程中，药师会根据不同药材的生长环境、采集时间等因素进行严格筛选，确保药材的新鲜度和质量。其次，独特的升炼技术。龟龄集采用传统的"炉鼎升炼"技术，这种技术能够将原料中的有益成分通过特殊的工艺提炼出来，以增强其药效。在升炼过程中，药师需要掌握火候、时间等关键因素，以确保升炼出的药物有效成分的含量和稳定性。再次，精细的制剂过程。龟龄集的制剂过程非常精细，需要将各种药物成分按比例混合，然后进行研磨、混合、制粒等步骤，最终形成成品。在制剂过程中，药师需要严格控制各项参数，确保制剂的质量和稳定性。最后，严格的品质检验。每一批次的龟龄集都需要进行严格的品质检验，以确保药品的质量和安全。品质检验包括外观、内在质量、药效等多个方面，只有符合标准的产品才能上市销售。

据《当代中国的医药事业》记载，明朝嘉靖二十年（1541年），位于太谷城内繁华的钱市巷的广盛号药店，已经开始提炼并销售享有盛名的宫廷药品——龟龄集。这种药品因其独特的药效和珍贵的药材原料，从一开始就备受皇室贵族们的青睐。经过数百年的沧海桑田，广盛号这家古老的药店逐渐变迁，其名称也随着历史的推进而改变，依次演变为广源升、延龄堂、广升远、广誉远等专门生产龟龄集的药号。这些药号不仅在国内各大城市设立了分号，更是在香港、澳门等地也设立了分号，以其卓越的品质和疗效驰誉海内外。至今，龟龄集仍以其独特的"远"字商标作为品牌标识，传承着其古老而尊贵的血统，成为中国医药历史上一颗璀璨的明珠。这个商标不仅代表着龟龄集的历史渊源，更是对其卓越品质的肯定和传承。在这个过程中，龟龄集的制作工艺也随着时间的推移而不断发展和完善。尽管有关其制作工艺的详细资料仍然有限，但我们可以从广盛号演变的历史中推断出，这些药号在继承和发扬传统龟龄集制作工艺的同时，也不断引入新的技术和方法，以提升药品的质量和效果。

随着人们对健康和医药的关注度不断提高，龟龄集药品的市场需求量也在逐渐增加，也受到许多人的关注和喜爱。一些专家学者对龟龄集的成分、药理、疗效等进行深入研究，并取得了一些成果。例如，研究表明，龟龄集中的中药成分具有改善男性生殖功能、提高人体免疫力、抗衰老等多种作用。此外，一些临床试验也证明了龟龄集对一些常见疾病的疗效。龟龄集在传承过程中也不断进行创新和改进。现代制药技术的引入和应用，使得龟龄集的生产更加高效、安全和可控。同时，通过对古代药方的研究和探索，科研人员不断挖掘出龟龄集的新用途，进一步扩大了其治疗范围和应用前景。

在传承和发展的过程中，龟龄集也面临着一些挑战和困难。例如，传统制药工艺的失传、原材料的短缺以及市场推广不足等问题。然而，通过政府、企业和学术界的共同努力，这些问题得到了有效的解决。政府加大了对传统中药产业的扶持力度，企业加强了对制药工艺的保护和传承工作，学术界则通过深入研究为龟龄集的传承和发展提供了坚实的理论支持。龟龄集作为中国传统医学的瑰宝之一，其传承和发展经历了漫长而曲折的道路。然而，通过不断努力和创新，龟龄集仍然保持着旺盛的生命力和发展潜力。在现代社会中，它将继续发挥其重要的医疗作用和文化价值，为人类健康事业作出更大的贡献。

12.2　道虎壁王氏中医妇科——中医药推动健康中国建设

道虎壁王氏中医妇科起源于太原晋祠，唐宋时期迁居于平遥东泉镇。其疗法传承自王氏直系家族，代代口传心授，具有深厚的历史底蕴。这种疗法以其独特的疗效和神秘的传承方式，吸引了众多患者的目光。王氏先祖深谙医术，他们不仅融汇了清代名医傅山的经典著作《傅青主女科》中的精华，还结合家族传承的秘方，形成了一套独具特色的妇科良方。这套良方主治妇女不育、调经、崩漏等疑难疾病，具有显著的疗效和独特的治疗方式。在国内中医妇科流派中，王氏疗法以其深厚的理论基础、严谨的医学逻辑和精确的推理而独树一帜，占据着重要的一席之地。2011年5月，道虎壁王氏中医妇科成功列入第三批国家级非物质文化遗产名录，项目编号为Ⅸ-2。

道虎壁王氏中医妇科不仅具有丰富的历史和文化底蕴，而且具有独特的疗法和科学性。王氏家族的疗法形成的良方被广泛应用于临床，并取得了良好的疗效，在国内中医妇科流派中占有重要的地位。王氏家族的疗法不仅具有独特性，而且具有科学性和实用性。在王氏家族的治疗中，他们注重患者的个体差异，针对不同的病症和病因，制定个性化的治疗方案。同时，他们还注重患者的心理状态和生活方式，采用综合治疗的方法，帮助患者全面恢复健康。此外，王氏家族还非常重视传承和发扬自己的疗法。他们认为，只有将家族的疗法传承下去，才能更好地为患者服务。因此，他们一直致力于培养家族传承人，并积极与国内外的医疗机构和专家进行合作，推广和发展自己的疗法。

2012 年，国家中医药管理局开始启动全国中医学术流派传承工作室建设项目，旨在通过建设一批具有中医药特色和优势的中医流派传承工作室，推动中医药学术传承与创新发展。该项目将为中医流派传承提供更多的支持和保障，促进中医药学术的传承和发展。这是一个具有深远意义的历史性举措。通过严格的专家评审，首批 64 家中医学术流派传承工作室建设单位被确定，其中包括三晋王氏妇科流派传承工作室。[①] 这一流派传承工作室在众多竞争者中脱颖而出，彰显了其在中医学领域的卓越地位。

2013 年，为了深入贯彻落实《医药卫生中长期人才发展规划（2011 - 2020）》及《中医药事业发展"十二五"规划》，国家中医药管理局对学术流派思想的传承工作提出了新的要求。为了响应这一号召，同年 1 月，晋中市中医院成立了王氏妇科流派传承工作室。令人骄傲的是，该工作室的主创人为晋中市中医院副院长、国家非物质文化遗产道虎壁王氏妇科第 28 代代表性传承人、省级优秀专家王金权教授。

王氏妇科流派传承工作室团队现有人员 16 名，其中主要代表性传承人 3 人，传承人 6 人，后备传承人 7 人。[②] 这个团队致力于挖掘、传承、弘扬、推广学术流派的学术思想和技术，以学术流派的理论、观点和医疗实践中具体技术方法与方药运用为重点。他们不仅关注学术流派的历史传承，还致力于将其理论和实践应用于现代医疗领域，为患者提供更高效、更安全的治疗

---

①② 首批全国中医妇科流派传承人羊城论道 [EB/OL]. 中医中药网，https://www.zhzyw.com/zyxx/zyxw/1322714137FIL57H2G9K6A6K.html. 2012 - 11 - 28.

方案。他们始终以传承历代王氏名家学术经验为己任。自"十五"以来，他们更是增强了学术内涵建设，注重历代王氏中医名家的经验研究与传承工作。在过去的几年里，这个工作室积累了丰富的研究经验，并撰写了《三晋王氏妇科流派研究》一书。此外，他们还发表了系列论文，撰写了学术思想、临证经验等研究报告。难能可贵的是，他们收集并保存了丰富的病历资料和影像资料，为后人对王氏妇科流派的研究提供了宝贵的资料。

通过这些努力，王氏妇科流派传承工作室成功培育了一批新的学术传承人才，这些新的传承者将为王氏妇科的未来发展注入新的活力。同时，王氏妇科的影响力得到了进一步提升，成为中医学领域的一面旗帜。

目前，王氏妇科非遗技艺与旅游的结合尚处于较为松散的状态，需要通过一些具体的措施来加强其结合程度。在走访之后，笔者提出以下拙见。

一是开发中医药非遗项目。可以借助非遗项目，包括中医生命与疾病认知方法、中医诊法、针灸、中药炮制技术、中医传统制剂方法、中医正骨疗法以及中医养生等，进行相关实践和运用，将其设计成旅游产品，让游客在体验旅游的同时，了解和学习中医药非遗文化。这些非遗技艺不仅具有深厚的历史底蕴和独特的文化魅力，而且对于现代人的健康养生也有着重要的意义。

二是建设中医药主题公园。在公园内种植中草药植物，设置中医药文化展示区，介绍中医药的历史和理论，提供中医药养生保健的咨询服务。此外，还可以设置中医诊所，为游客提供中医治疗服务。这种主题公园可以让游客更直观地了解中医药文化，同时也可以为他们提供更为便捷的健康服务。

三是开发中医药养生旅游线路。结合各地的中医药资源，开发中医药养生旅游线路，如药膳之旅、中药材种植园之旅、中医药文化博物馆之旅等。这些旅游线路可以让游客在旅游的过程中了解和学习中医药知识，体验中医药养生的魅力。通过这些线路，游客可以更全面地了解中医药文化，同时也可以享受到由中医药带来的健康服务。

四是推广中医药健康旅游产品。针对不同年龄段和健康需求的游客，推广不同的中医药健康旅游产品，如女性健康调理营等，提供专业的中医健康评估和调理服务。这些产品可以根据游客的不同需求进行个性化定制，从而更好地满足他们的健康需求。同时也可以通过这些产品，让更多的人了解和体验到中医药文化的魅力。

通过以上措施的实施，我们可以更好地传承和弘扬传统王氏妇科非遗文化，同时也能够满足人们全生命周期的健康服务需求，推动健康中国建设迈上新的台阶。

第13章 民俗类非遗开发

13.1 晋祠庙会——源自古代的商业交流盛会

晋祠庙会是山西太原晋源区的一种独特的民俗活动，具有深厚的历史底蕴和文化内涵。它不仅是一种民间信仰活动，还是各种民间艺术展示的总汇，同时也是晋、冀、豫等数省商业交流的盛会。通过参与晋祠庙会，人们可以感受到传统文化的魅力，体验到当地人民的热情好客。2008年，晋祠庙会经中华人民共和国国务院批准列入第二批国家级非物质文化遗产名录，项目编号为X-84。

这项流传于山西太原晋源区的民俗活动，以晋祠为载体，以祭祀圣母诞辰为由头，呈现出丰富多彩的赛神会场面。作为晋、冀、豫等数省商业交流的盛会，晋祠庙会规模宏大、形式多样、参与人数众多，汇聚了各种民间艺术的瑰宝。这一历史悠久的民俗活动，彰显着汉族民俗及民间信仰的魅力。

这项活动以晋祠为载体，以祭祀圣母诞辰为由头，通常在农历四月初八举行。在这一天，人们会聚集在晋祠，为圣母献上供品，祈求她的保佑和赐福。晋祠庙会是一个规模宏大的赛神会，形式多样，内容丰富。在庙会上，人们可以欣赏到各种民间艺术，包括踩高跷、跑旱船、舞狮、舞龙等传统表演。这些表演形式各异，生动活泼，寓意着人们对美好生活的向往和追求。除了各种表演活动外，晋祠庙会还是晋、冀、豫等数省商业交流的盛会。商贩们会聚集在庙会上，出售各种商品，包括食品、日用品、手工艺品等。这些商品不仅满足了当地居民的需求，也吸引了众多外地游客前来购买。参与晋祠庙会的人数众多，规模宏大。从四面八方赶来的游客和当地居民都会齐聚一堂，共同参与这一盛大的活动。人们在庙会上相互交流、分享快乐，形成了一幅热闹非凡的画卷。

晋祠农历七月初二的传统庙会，是一个历史悠久且文化底蕴深厚的活动。本庙会最早起源于纪念西周时期叔虞之母邑姜诞辰的祭祀仪式，已具有近千年的悠久历史。在北宋年间，晋祠周边的村庄逐渐开始进行酬神演戏的迎神赛社活动，也就形成了晋祠庙会的雏形。自明洪武二年给圣母加封号后，晋祠庙会开始纳入官方正统祭祀行列，这使得晋祠庙会具有了更高的历史地位和影响力。在长期的历史发展中，七月初二祭祀圣母的传统盛典，逐渐形成祭祀仪典、演剧酬神和市场交易三位一体的模式。这种独特的模式，使得晋祠庙会成为一个融合了传统文化、民间信仰和地方风俗的综合体。在明清时期，晋祠庙会的祭祀活动兴盛不衰，并一直延续至今。每年农历七月初二，晋祠内外都会张灯结彩，鼓乐齐鸣，人声鼎沸。前来参加庙会的民众络绎不绝，各路神仙和民间艺人也会齐聚一堂，共同庆祝这个盛大的节日。

传统赛神会，又称"圣母出行日"，是从农历七月初一日开始，历时五天的重要宗教节日。这个节日是晋祠及附近百姓的共同庆典，也是他们向神灵表达敬仰和感激之情的机会。在赛神会期间，晋祠水镜台会举行盛大的演戏活动，以酬谢神灵的恩赐。当地的百姓们也会齐聚圣母殿，跪拜叩头，上香祈福，共同祈求神灵的保佑和恩赐。七月初二是祭祀圣母诞辰的正日，也是赛神会的高潮之一。在这一天，"县、乡、村社的官绅、社首及民众，均要斋戒、沐浴、躬至晋祠，致祭圣母之神"。他们在圣母殿前的献殿前，陈设香案祭品，由知县恭读祝文，行礼如仪，表达对圣母的敬仰和感激之情。在七月初四起，是圣母出行日，也是赛神会的另一个高潮。在这一天，地方精英率领四街百姓举办迎送圣母出行仪式，四街组织社火表演。在赛神会期间，商贾云集，各种民间传统风味小吃、工艺、玩具、杂耍纷至沓来，成为太原历史上著名的传统庙会。这个盛大的庆典活动不仅吸引了当地百姓的参与，也吸引了来自四面八方的游客和商贾。人们在这个盛大的庆典中感受到了传统文化的魅力，也体验到了宗教信仰的力量。这个活动为这个地区带来了繁荣和热闹，也为当地的经济和文化发展注入了新的活力。

晋祠庙会承载着丰富的民族传统文化内涵。其深厚的底蕴和独特的传统习俗，使得这个庙会成为了一个备受瞩目的地方。然而，随着时代的变迁，晋祠庙会原有的较为繁杂的祀神仪式逐渐被淡化，演戏也从最初的祭祀神明更多地转为娱乐民众。

如今，人们逛晋祠庙会，不仅仅是为了活跃精神文化生活，更看重的是人际交往。而庙会的重心也渐渐落在了集市贸易上，那些传统的民间文化和民俗活动逐渐减少。人们来这里是为了寻找快乐、看戏、看热闹、会亲访友或交际，逛庙会的人们往往带着一种轻松愉悦的心情，感受着节日的氛围。他们期待着在这个特殊的日子里，能够与亲朋好友相聚，分享彼此的快乐和收获。而在集市贸易中，人们可以找到各种各样的商品和服务，从传统的手工艺品到现代的电子产品，从美食小吃到医疗保健品等。这些琳琅满目的商品和服务不仅满足了人们的生活需求，更增添了庙会的吸引力。与此同时，现代的庙会也不再仅仅是传统的文化活动和民俗表演，更是一个社交的平台。人们在这里交流心得、结识新朋友、分享经验。无论是看戏、看热闹，还是交际，人们都能够在这个庙会上找到自己的乐趣和收获。因此，逛庙会已经成为现代人们生活中的一部分，是一种放松身心、享受节日快乐的方式。

近年来，太原市文物系统一直致力于历史文化遗产的保护、传承和活化利用。在这方面，晋祠博物馆发挥了至关重要的作用。该博物馆依托晋祠得天独厚的旅游资源，深入挖掘文物和文化遗产的多重价值，以创新的方式精心打造了晋祠文化遗产传承与旅游体验综合项目。这个综合项目主要包括七大类，分别是实景演出、文化节事、沉浸体验、数字展示、研学互动等。这些活动旨在通过多元化的方式，让游客更深入地了解和体验晋祠的历史文化遗产。这些活动不仅逐步完成了从静态展示到动态体验的转变，更实现了从传统观光到深度体验游憩的系列转变。在这个过程中，晋祠博物馆不仅注重对历史文化遗产的保存和传承，同时也注重新时代的创新和融合。他们通过与合作伙伴共同开发，利用现代科技手段，赋予了这些文化遗产新的生命力。例如，通过实景演出、文化节事等活动，将文化遗产与现代艺术相结合，为游客带来了更为丰富的视觉和听觉体验。此外，晋祠博物馆还通过数字展示、研学互动等方式，将文化遗产以更加生动、互动的形式呈现给游客。这些活动不仅让游客更深入地了解晋祠的历史和文化，同时也激发了他们对文化遗产保护和传承的热情和意识。

总的来说，太原市文物系统在历史文化遗产的保护、传承和活化利用方面作出了积极的努力。晋祠博物馆通过创新的方式，打造了晋祠文化遗产传承与旅游体验综合项目，为游客带来了更为丰富、生动的体验，同时也为历史文化遗产的保护和传承注入了新的活力。

13.2 河曲河灯会——母亲河畔上的最美灯会

河曲河灯会，也称为"河灯会"，是一项在山西省河曲县广为流传的民俗活动。这个活动具有鲜明的黄河民俗文化色彩，展示了生生不息、奋斗不止的精神，并印证了黄河文化的深厚内涵。它集祭禹、悼亡、祈福于一身，通过放河灯的形式，表达了对逝去亲人的怀念和对未来美好生活的企盼。

河曲河灯会不仅是一个具有鲜明地域特色的民俗活动，也是一个承载了丰富文化内涵和情感表达的文化遗产。它不仅体现了人们对黄河的崇敬和感恩之情，也展示了人们对生命的珍视和对未来的信心。通过这个活动，我们可以更好地了解和感受中国黄河文化的深厚底蕴和独特魅力。

每年的农历七月十五，为了缅怀逝去的亲人并祈求未来的福祉，人们通常会采取一系列的仪式。在这些仪式中，河曲河灯会是一种独特且历史悠久的传统习俗。这个习俗以其深厚的文化内涵和丰富的民间传统而闻名。灯会举办前要举行放河灯祭禹仪式，以表达对大禹的敬仰和纪念。人们会将河灯供于大禹神位前，祭奠大禹，祈求他保佑风调雨顺、五谷丰登。这个仪式庄重而神圣，让人们深刻感受到传统文化的魅力。随后，僧侣将进行经文诵读和佛号吟唱，为河灯会祈求福祉。民众也将制作好的河灯排列在神龛前，向神禹祈求消灾解难，保佑家人平安健康。此刻，整个现场弥漫着虔诚和敬仰的气氛，让人们深刻感受到传统文化的力量。当夜幕降临之际，主持人将会鸣炮并点燃火把，以此为河灯会揭开序幕。僧侣们将诵经，并将神位前的花灯列队送到渡口。船工们将驾驶木船，载着各种河灯，逆水上行大约半公里，在急流中心抛锚停立。此刻，船工们将提着油壶给河灯一个个注入胡油，并依次点亮。待一切准备就绪，乐工们将开始演奏乐曲。随着乐声，一盏盏花灯将被放入河中。① 随着水流漂走，象征着生者对逝者的思念和祝福。此刻，人们会默默祈祷，让思念随着河灯流向远方。除了放河灯外，河曲河灯会还包含许多其他活动。例如，人们会在河边举行庄重的仪式，向黄河中的神灵祈求风调雨顺、五谷丰登。此外，还会表演一些传统的民间舞蹈和歌曲，以表达对黄河文化的敬仰和传承。这些活动形式多样、内容丰富，让人们沉浸在浓郁的传统文化氛围中。

自党的十八大以来，政府和民间持续不断地投入巨大的努力来保护和创新黄河沿岸的古老遗产。这些珍贵的文化遗产，在传承古典文化的同时，也成功地融合了现代潮流，使得它们在现代社会中依然能够熠熠生辉。其中，河曲河灯会作为沿黄地区重要的非遗资源，已经从古代纪念大禹治水的活动演变成现在祈福祝愿的旅游项目。每年农历七月十五，山西、陕西、内蒙古等地的群众会聚集在河曲县，一起参加河灯会。当皓月初升，河面上就会亮起飘动的灯火，宛如满天星辰倒映在长河之中，形成一幅美丽而庄重的画卷。这不仅是对古代文化的尊重和传承，也是对现代社会的贡献和启示。河曲河灯会不仅是一个传统的文化活动，更是一个融合了现代元素的大型旅游项目，吸引了无数游客前来观赏和参与。在这个过程中，政府和民间组织的持续支持和推动起到了关键作用。他们通过制定保护措施、开展宣传活动、加大资金投入等多种手段，确保了河曲河灯会等古老遗产的传承和发展。同时，他们也积极引导这些遗产与现代社会相融合，以适应时代发展的需要。

---

① 【中国传统工艺·非遗山西】河曲河灯节［EB/OL］. 搜狐网，https：//m. sohu. com/a/250607546_534384，2018-08-28.

　　总的来说，河曲河灯会是一个充满传统文化和民间风情的盛会。通过这个活动，人们表达对亲人的思念和对未来的祝福，同时也传承和弘扬了黄河文化。这个盛会不仅让人们感受到传统文化的魅力，也增强了社区凝聚力和文化认同感。

第三篇
产业打造

第14章　景区赋能

——平遥古城非遗活化，深耕资源禀赋激发产业动能

五千年文明看山西。在山西众多的历史遗存中，历经 2800 多年历史的平遥古城，开创了中国以整座古城列入"世界遗产"的先河。平遥古城，位于山西中部，拥有 2500 多年的历史。它保留着明清时期的建筑风貌，成为中国现存规模最大、最完整的古城之一。它以其独特的城墙、街巷和建筑风格吸引了无数的游客和艺术设计师，这些古老的建筑和街巷，蕴含着丰富的历史信息和文化遗产，为艺术设计提供了灵感。作为世界文化遗产地、国家历史文化名城，平遥不仅留存着大量文物古迹，也传承着丰厚的非物质文化遗产资源，包括平遥推光漆器髹饰技艺、冠云平遥牛肉传统制作工艺、平遥纱阁戏人、平遥道虎壁王氏中医妇科 4 个列入国家级非物质文化遗产名录项目；平遥弦子书、票号文化、镖局文化、平遥彩塑、宝剑制作技艺、宝龙斋传统布鞋制作技艺等 19 个列入省级非物质文化遗产名录项目；晋作半哑工家具制作技艺、罗氏手工杆秤制作技艺等列入市级和县级非物质文化遗产名录项目。这些非遗项目不仅代表了平遥古城丰富的历史文化底蕴，也为景区的发展提供了强大的动力。2022 年春节前夕，习近平总书记考察调研平遥古城时指出，要敬畏历史、敬畏文化、敬畏生态，全面保护好历史文化遗产，要统筹好旅游发展、特色经营、古城保护，筑牢文物安全底线，守护好前人留给我们的宝贵财富。①

---

① 全面保护好历史文化遗产，统筹好旅游发展、特色经营、古城保护 [EB/OL]. 晋中新闻网，https：//www. sxjz. gov. cn/xwzx/bssz/content_402331，2022 - 02 - 05。

　　基于此，平遥古城采取了多种措施优化利用非物质文化遗产资源。

　　首先，线上线下多元联动开展非遗旅游活动。景区通过"线上宣传推广＋线下参观体验"的联动模式，为游客提供多元优质的非遗旅游活动。一方面，游客通过微信公众号、小程序等传播、介绍非遗文化，通过直播、社交媒体关键词、话题等方式，将非遗项目推向更广泛的受众群体，吸引游客慕名而来；另一方面，游客线下亲临非遗工坊参观和体验剪纸、布鞋等传统手工艺制作过程，品尝平遥牛肉和莜面栲栳栳等当地特色美食。这些活动不仅能增加游客的旅游体验，也为景区带来了更多的人流量和经济效益。

　　其次，非遗元素深度挖掘优化旅游产品体系。将非遗元素纳入特色旅游纪念品和手工艺品开发设计中。例如，国家级非遗推光漆器在手工匠人们不断创新下，器物图案更时尚，应用场景更多元，从单一的首饰盒延伸到现在的茶具、玩具、文具、首饰等产品。

　　最后，平遥古城不断加强与国内外旅游机构的合作，积极参与各种旅游展览和推介活动，将平遥古城的非遗文化和旅游资源进行全面的展示和推广，吸引了更多国内外游客前来观光旅游。

　　非遗正在平遥古城景区开创着深耕资源禀赋，激发产业动能和创新活力的景区旅游发展新模式，在推动平遥古城旅游业可持续发展的同时，为旅游景区非物质文化遗产保护利用提供了发展范式。

14.1　非遗项目

　　非遗在世界文化遗产平遥古城中，不仅是景观，而且是一种鲜活而生动的真实。在保护、传承、创新中，非遗赋予这座城古色古香的生活气质。尤以"非遗双宝"著称：掌心里的非遗——平遥推光漆器髹饰技艺、舌尖上的非遗——冠云平遥牛肉传统加工技艺。

14.1.1　平遥推光漆器

平遥推光漆器以特有的自然生漆和人工手掌推光的独特工艺著称于世，外观古朴雅致、构造精细、漆面光洁，手感润滑，它是中国四大名漆器之一，是三晋名产，也是平遥城内的"三宝"之首。2006 年，平遥推光漆器髹饰技艺被列入第一批国家级非物质文化遗产名录。

在平遥古城中，也有着一家观赏推光漆的好去处——永隆号，位于平遥古城南大街 57 号，是集推光漆器生产、销售于一体的老字号。前厅是展厅（身兼博览馆的功能），后院则是手工艺人们工作的场所。游客来到此地，除了可以在前厅欣赏琳琅满目的推光漆器，还可以来到后院，亲眼见证推光漆器的"诞生"。

14.1.2　平遥牛肉

平遥牛肉最早起源于西汉时期，历经 1000 多年的传承演变，以其独一无二的色、香、味而名扬大江南北，是中国国家地理标志产品。2008 年，冠云平遥牛肉传统加工技艺被列入第二批国家级非物质文化遗产名录。在两千多年的历史中，平遥牛肉加工手工技艺全面继承了老字号的传统，依托平遥独有的水土风貌，仅凭"一块肉、一撮盐、一口锅"，加之独特的"腌、卤、炖、焖"制作工艺，成就了平遥牛肉的口碑和品牌。平遥牛肉肉质鲜嫩，醇香可口。不添加任何色素的平遥牛肉，色泽红润，肥而不腻，瘦而不柴，组织紧密，回味悠长，是非常值得带回家的平遥特产。

坐落于平遥古城北门附近的平遥牛肉博物馆里，不光能看到平遥牛肉的"前世今生"，更有解牛堂、老作坊等展馆，让你更好地了解平遥牛肉的制作方式。

如今，按照山西省委省政府安排部署，平遥依托牛肉产业、推光漆产业成为山西省首批十大省级重点专业镇之一。随着专业镇重点项目全力推进，牛肉和推光漆全链条品牌化特色优势产业愈发凸显，平遥"中国牛肉之乡""中国漆器之都"品牌愈发响亮。

14.1.3 纱阁戏人

山西作为中国传统戏曲的重要发祥地之一，素有"戏曲摇篮"的美誉。平遥纱阁戏人非遗技艺便是与传统戏曲艺术密不可分的非遗技艺，它以传统的戏剧为题材，集雕塑艺术、纸扎艺术、彩绘艺术、戏剧艺术、人物造型艺术等于一体，是研究中国传统戏剧和民间美术难得的实物资料。其制作方式也比较复杂，要先制作一个木阁，然后在木阁内摆放用稻秸泥和洒金宣纸扎制而成的戏剧人物。一阁一戏，一戏一场，犹如一个小舞台，是一种具有丰富文化内涵的造型艺术。目前，在平遥古城东大街 109 号的清虚观内，保留着一部分最早的一批纱阁戏人。这是清代光绪三十二年（1906 年）平遥纸扎店铺六合斋民间艺人许立廷的作品，原为 36 阁，现存 28 阁，是平遥现存历史最久远的纱阁戏人。在每个约 70 厘米高的木阁舞台里，陈列着 3 到 4 个 50 厘米高的戏剧人物造型，有文有武，有坐有立，生旦净丑，样样皆有；形态优美，面目传神，装束逼真。

纱阁戏人虽已失去实用功能，但依旧闪耀着文化光芒。近年来，在政府和文化部门的努力下，纱阁戏人通过复制复原、全程录像、著书等方式得到抢救性保护记录。美术专业出身的"80 后"肖旭就被戏人身上的脸谱元素吸引，在平遥古城内开店销售脸谱文创产品，并做起脸谱文化研学，吸引数万名国内外游客参与。

14.1.4 晋升油茶

油茶是一种富含多种人体必备的微量元素和矿物质的山西传统美食，它由五谷杂粮和多种坚果炒制后混合，加入开水即可食用。其中，最为典型的代表当属晋升油茶。平遥古城北大街的晋升炉食铺是品尝地道油茶的不二之选。目前，晋升油茶传统制作工艺已被列入了山西省晋中市非物质文化遗产名录。

14.2　非遗传承人

14.2.1　罗氏木杆秤——罗中英

罗氏木杆秤家族，从民国初年起世代以制作木杆秤为生，罗中英是罗氏木杆秤手工制作技艺的第五代传承人。制作木杆秤大小工序加起来有三四十道，需要经过选料、刨木、制粗胚、刨圆、打磨、包铜管、配砣、定刀口、定星位、打眼、装钩、磨光、校正、染色等工序，才能做成一杆完美的秤。每一道工序，都有严格的规矩和制作技巧，都用祖传的专用工具进行手工制作。

随着电子秤等计量工具的推陈出新，木杆秤逐渐退出了历史舞台。为了传承父辈家族的记忆，罗中英开始琢磨如何把传统文化与木杆秤进一步结合起来并发扬光大。在拜访了许多专业人士后，罗中英开始制作"礼品秤""龙凤秤"等，在秤杆上写祝福语，吸引了众多收藏爱好者的关注，让晋商文化发扬光大。

14.2.2　传统手工装裱技艺——杜国强

杜国强是传统手工装裱技艺非遗传承人。传统手工装裱要经过托芯、染料、配料、镶活、备纸、覆褙、上墙、打蜡、砑活、装杆等大小 30 多道工序，不仅是个手艺活，还是个体力活。为了适应市场发展，杜国强也尝试学习其他流派风格，在继承晋派装裱风格的同时，创新实践出自己独特的风格，使得装裱作品大方美观。同时，为了满足不同消费需求，探索当代年轻人青睐的非遗作品成了杜国强的一大研究方向，精美折扇的创新制作也被提上日程。

14.2.3　剪纸——刘传杰

刘传杰是杰艺苑刀刻套色点染剪纸第七代传承人，这项技艺创建于清代，代代相传距今已有百余年历史。平遥剪纸发展历史悠久，它融于人们的日常生活中，晋商祈求来年生意兴隆，家人平安健康，包括婚丧嫁娶、乔迁新居，剪纸是必备品。在继承传统剪纸艺术的剪、刻、镂等技艺和美学观念基础上，刘传杰开拓创新了点染、套色的新手法，风格既粗犷简练又圆润秀丽，独具灵气。刘传杰的作品曾参加过大大小小的民族民间会展、展演活动，其中《中国工农红军二万五千里长征》在人民大会堂展出并被中国历史博物馆收藏，作品《中国梦》《鲁迅》《万众欢腾舞盛世普天同庆迎奥运》被上海世界非遗文化城中国剪纸博物馆收藏。

14.2.4　晋作半哑工家具制作技艺——李天伦

晋作半哑工家具制作技艺目前已有五代传承，已形成系统的生产工艺流程。其家具式样别具山西风格，凸显晋商文化，体现匠人工艺，传承价值大，意义深远。整套半哑工家具制作工艺精细合理，每一件家具都经过选材、烘干、阴晾、取材、划线、结构、成型、雕刻、打磨、上蜡等十几道工序。半哑工家具造型稳健，呈现出圆润厚重，大气挺拔，宽阔雍容和雕刻精细的特点，对刀工、木工、磨工的要求极为严格。山西省现在在综合高中设立专门班级和社团，引导里面的多位学生学习刻字，设置一定标准带领他们学习这门技艺，提高兴趣和积极性。

14.2.5　平遥推光漆器髹饰技艺代表性传承人——薛生金、薛晓东

薛生金和他的儿子薛晓东是平遥推光漆器髹饰技艺代代相传的匠人中最

具代表性的。薛生金的父亲曾是平遥老字号"源泰昌"漆店的掌柜，对平遥推光漆器的制作和经营颇有研究。在父亲的影响下，薛生金从小就对推光漆器十分感兴趣，20 岁刚出头就到平遥推光漆器厂工作，拜名家乔泉玉为师，后来在自家院子建起了推光漆工坊。2007 年，他的漆画作品《玉宇琼楼》被中国国家博物馆永久收藏。2016 年，成立薛氏漆艺研究院。薛晓东是薛生金的长子，是中国工艺美术大师、山西平遥推光漆器行业协会会长、平遥推光漆器髹饰技艺省级传承人。

随着我国不断加强非遗保护传承工作，非遗如何创造性转化、创新性发展，成为传承人的新命题。薛生金和薛晓东父子在平遥推光漆器髹饰技艺的传承和创新方面进行了积极探索。1964 年，薛生金恢复生产了失传的堆鼓罩漆，并将雕填、玉石镶嵌等技法引入传统工艺中，还创造了三金三彩、青绿金碧山水、沥金沥银沥螺等新工艺，将平遥推光漆器的髹饰技艺由过去的 3 种增加到 20 多种，使古老的平遥漆器技艺焕发出新的活力。薛晓东在传统工艺与现代审美相融合方面颇有建树。在《洛神》系列与《鹤》系列等作品中，薛晓东熟练运用擦色、描金、堆漆工艺，大胆融入现代审美理念，作品画面意境深远，层次鲜明，极具视觉冲击力。薛氏漆艺研究院集合教学、纯手工制作、非遗体验为一体，作为平遥推光漆器髹饰技艺的传承人，他们始终秉持着纯手工的理念，希望尽自己的最大努力帮助这一非遗技艺继续向前发展。

14.3　非遗实践场馆

14.3.1　平遥非物质文化遗产保护中心体验馆

平遥首家非遗体验馆位于又见平遥旁边的印象新街。这里入选了刀刻套色点染剪纸技艺、面塑技艺、宝龙斋布鞋、平遥文房刻铜技艺、平遥传统堆绣、平遥麦秆画、宋氏中医胃病疗法、健脾丸制作技艺这八项非遗项目。

平遥县非物质文化遗产保护中心体验馆为平遥非遗项目搭建了一个传播和

传承的发展平台，为非遗的传承与发展提供了更加广阔的空间和平台。场馆静态的非遗展示与动态的传承体验相结合，全方位展现非遗项目的整体面貌以及精神内核，通过展示、制作、销售、研学体验等多种方式的传承、传播非遗文化，促使更多的人对非物质文化遗产保护和传承有一个较为全面深刻的理解和认识。同时，也为手工艺人们提供了一个融入市场、创造经济价值的场所。

14.3.2　平遥牛肉文化产业园

平遥牛肉文化中心是平遥牛肉集团打造的全省农产品加工标杆项目、产业集群提升——平遥牛肉产业融合发展项目的重要组成部分。平遥牛肉文化中心以明清时期平遥牛肉之父——雷金宁的故事为主线，讲述了源于西汉、立于唐宋、兴于明清的传统加工技艺发扬光大的历史过程，讲好平遥故事，讲好平遥牛肉故事，讲好冠云故事，弘扬晋商诚信内涵。平遥牛肉文化中心总投资 4800 万元，总建筑面积 4000 平方米，地下成品库 2000 平方米与 2 万吨平遥牛肉生产线相连；地上两层为文化展示及展销中心，与生产线参观通道连为一体，让游客在参观平遥牛肉加工体验的同时，运用工业旅游的载体，借平遥古城的东风，领略平遥文化的博大精深。平遥牛肉集团自 2011 年开放工厂以来，接待游客人数从早年每年 2 万余人增加至 2020 年的 70 余万人，为宣传平遥文化和平遥牛肉文化作出了积极的贡献。在平遥县文旅局的推荐下，经市文化和旅游局组织评定，于 2022 年 8 月 31 日确定平遥牛肉文化产业园为国家 AAA 级旅游景区。

14.3.3　平遥古城中小学生研学实践教育基地

世界文化遗产平遥古城保护管理委员会作为平遥古城的主管行政单位，采取了一系列的措施凸显古城特色、讲好平遥故事。

一是研学基地打造。在平遥古城成为全国中小学生研学基地之前，平遥古城就已经举办过相关的研学体验活动，这为古城研学实践基地的打造奠定了坚实基础。经过审核与考核评定，22 家单位被古城管委会授牌成为"平遥古城研学实践教育基地"，它们是平遥古城研学体系中的基本单元。22 家单位中既有文化类遗产点和景点比如文庙、城隍庙和博物馆，也有古城居民的非物质文化遗产手工技艺类工作室，包括物质遗存和非遗传承，阐释古城价值的主题和展示方式丰富。

二是课程体系建设。古城管委会与研学基地共同开发平遥古城研学课程，编制研学方案 25 个，出版古城研学的手册一套《平遥古城研学实践教材（一）》《平遥古城研学实践教材（二）》。教材中对研学点活动项目的组织形式进行设计，活动形式有参观解说、讲座、知识竞猜互动问答、PPT 演示讲解示范、观看视频、模拟情景和实景体验、签名祭拜朗诵、动手体验、非遗手工制作、品尝非遗美食等，用多样的形式展示古城遗产价值。其中，《平遥古城研学教材（二）》内容选取了平遥古城 16 个代表性非遗项目，在具体编排上，充分尊重学生的年龄特点和认知规律，将教材内容划分为基地介绍、讲师介绍、活动意义、活动主题、活动项目、成果展示等部分，重点突出了实践体验环节，以此来增强学生的体验感。

三是研学导师培养。古城管委会与其他相关部门主办研学旅行指导培训，参加人员有非遗传承人、教师、旅游管理和从业人员，考试合格者获得平遥古城研学指导教师证书。研学指导教师培训从人才制度上保障了中小学生研学旅行的质量。

经过一系列的准备工作，平遥古城中小学生研学实践教育基地形成了"研学基地＋研学点"的研学实践教育体系。

古城景区公司负责提供中小学生在平遥古城期间的住宿、饮食、景区讲解以及研学点指导教师。住所安排在古城内，可欣赏古城景观，极具有古城特色；午餐和晚餐的地点安排在古老的晋商会所，学生可以一边品尝山西特色美食，一边欣赏山西特色表演；为中小学生提供讲解服务的讲解员是古城景区公司富有经验的高级讲解员；指导学生在研学点学习体验的研学指导教师经过古城管委会培训和考试；住宿和饮食的安排可以使学生了解书本知识以外的平遥，更加贴近生活，经过培训的讲解员和研学指导教师则保障了学生在平遥古城的学习内容和学习质量。

第15章　线路资源整合

——山西非遗之旅，推进文旅融合视角下资源深度整合

在"以文促旅，以旅彰文"的理念指导下，"非遗＋旅游"已成为文旅融合发展的重要一环。在传统观光旅游已经难以满足旅游者消费需求的时代，人们更期待在旅游过程中感受文化熏陶，满足乡愁情怀。传统技艺、民俗文化、民族节庆，独具地域特色的非遗项目让游客耳目一新。非遗旅游景区、非遗旅游小镇、非遗旅游街区、非遗旅游村寨不断涌现，成为越来越多人愿意专程前往的新兴旅游目的地。

在"锦绣山西·多彩非遗"2023年文化和自然遗产日系列宣传活动上，山西省文旅厅发布了十条非遗主题旅游线路，依托"非遗文化"资源为旅游业注入更加优质、更富吸引力的文化内容，充分发挥旅游业的独特优势，为非遗保护传承和发展注入新的内生动力。

15.1　线路一：黄河风情非遗之旅

旅游路线：忻州市河曲县黄河西口古渡景区—吕梁市临县碛口古镇景区—临汾市吉县壶口瀑布景区。

线路介绍：听一曲荡气回肠的河曲民歌，看一回河灯会非遗表演。观看伞头秧歌非遗表演，品尝碛口美食哨子碗秃、碛口红枣。到壶口明清码头体验民俗类非遗项目，观看威风锣鼓非遗表演，一定不要错过黄米蒸饭、黄河

大鲤鱼等特色美食。

15.1.1   忻州市河曲县黄河西口古渡景区

西口古渡位于山西省河曲县境内、黄河东岸之上，沿岸巨石垒砌，顺河而下长约百米。临河远眺，岸右是内蒙古准格尔旗大口渡，岸左是陕西省府谷县之大汕渡。西口古渡整体景区包括古戏台、禹王庙、牌楼和广场。

国家级非物质文化遗产——河曲民歌是流行于山西省河曲县的传统音乐，它形成于何时尚无定论，以歌词委婉，曲调凄美著称，反映生产劳动、情爱相思，具有朴实、真挚、自然的乡土气息。2006 年 5 月 20 日，"河曲民歌"经中华人民共和国国务院批准列入第一批国家级非物质文化遗产名录。"哥哥你走西口，小妹妹我实在难留……"这首著名的山西地方民歌《走西口》就是从河曲西口古渡一带唱起来的，它流传了百余年，不仅山西人会唱，邻近的内蒙古、陕西，甚至更远一点的宁夏、青海、甘肃等地也有许多人会唱。《走西口》道出了一对新婚夫妇生离死别的悲苦与近代山西人外出谋生的艰辛，它的背后有着深刻的社会、历史、自然、地理等原因。

国家级非物质文化遗产——河灯会非遗表演是流传于山西省河曲县的一种民俗活动，是禹文化、鬼神文化和走西口文化相结合的文化产物。河曲河灯会已由古代纪念大禹治水的活动，演变成现在祈福祝愿的旅游项目，祭祀祖先，祈福平安，展望未来。"河灯会"是河曲县一年一度的传统古会，是祈求风调雨顺、五谷丰登、国泰民安的一项重大民俗活动。每到农历七月十五，山西、陕西、内蒙古沿黄河岸的群众聚在河曲县一起参加河灯会，河曲"河灯会"已发展成为晋陕蒙黄河两岸民众共同参与的一项黄河文化盛会。

15.1.2   吕梁市临县碛口古镇景区

碛口镇位于山西省西部的吕梁山西麓、黄河东岸。明清时期至民国年间，凭借黄河水运一跃成为北方商贸重镇，享有"九曲黄河第一镇"之美誉，是晋商发祥地之一。碛口古镇凭借其作为山西重要的水陆交通枢纽的重要地位，成为东西经济、文化之枢纽。码头、大型粮油货栈、票号……它不仅是东西南北货物的集散地，也是晋商商铺、字号密度最为集中的地区之一。历史的辉煌，留下了灿烂的文化。碛口主要景点有"古镇风韵""水旱码头""卧虎龙庙""黄河漂流""二碛冲浪""麒麟沙滩""黄河土林""红枣园林"和以"西湾民居"为代表的一批具有黄土高原建筑特色的晋商"老宅院"。古镇古色古香，脚下是石板路，两边是高圪台，房檐连着房檐，店铺挨着店铺。老店铺、老字号、老房子上有明清风格的砖雕、木雕、石刻，是清代山区传统建筑的典范。主街道顺着卧虎山，从东开始，沿湫水河西去，再逆黄河北上，时曲时折。更有趣的是，古镇后街只有200余米，却转了十八道弯，这些建筑完全依地形而建，街道都用石头铺砌，店铺都是平板门，门前都有高圪台。在主街道南有二道街、三道街，一条比一条短，形成了梯形的建筑格局。

国家级非物质文化遗产名录——伞头秧歌，俗称闹秧歌、闹会子、闹红火，是我国北方众多社火秧歌中的一种，流行于山西省临县及其周边地区，由于"伞头"（领舞者）在秧歌队中占有重要地位，且手执花伞，故而得名"伞头秧歌"。临县伞头秧歌起源于远古祭祀仪式中的民间歌舞类，即"乡人傩舞"。清代秧歌队在祭风、雨、山、河、瘟等神的祈禳仪式中，在黄罗伞盖下有唱祭歌手（即伞头），祭歌内容一般是祈求诸神保佑风调雨顺、四季平安。现存临县伞头秧歌历代歌手"歌录"中，约有1/3以上有祭神拜庙的内容。秧歌队正月初五以前祭神拜庙，初五以后给村里的新婚夫妇、新建宅院等道喜，活动时间一般是正月初二到正月十五。在漫长的发展过程中，临县伞头秧歌吸收当地民间音乐、舞蹈、民歌、戏曲、杂技、武术等艺术，融合成一种有歌有舞的综合性民间歌舞艺术。它以气氛热烈、场面宏大、地方风情浓厚而著称，即兴编词的演唱特点、灵活多变的格律结构、通俗明快的语言艺术、和谐独特的地方音韵都体现了浓厚的地方特色。

15.1.3 临汾市吉县壶口瀑布景区

壶口瀑布，国家级风景名胜区，国家 AAAA 级旅游景区，国家地质公园。黄河流至壶口一带，两岸苍山夹峙，把黄河水约束在狭窄的黄河峡谷中，河水聚拢，黄河奔流至此，两岸石壁峭立，河口收束狭如壶口，故名壶口瀑布。瀑布上游黄河水面宽 300 米，在不到 500 米长距离内，被压缩到 20 ~ 30 米的宽度。1000 立方米/秒的河水，从 20 多米高的陡崖上倾注而泻，形成"千里黄河一壶收"的气概。壶口瀑布是中国第二大瀑布，世界上最大的黄色瀑布。在水量大的夏季，壶口瀑布气势恢宏；而到了冬季，整个水面全部冰冻，结出罕见的巨大冰瀑。

国家级非物质文化遗产——晋南威风锣鼓，早名为"锣鼓"，俗称"家伙"，是起源于尧舜时期、流行于山西省晋南地区的一种民间打击乐艺术形式，历史悠久、源远流长，表演起来鼓声如雷、粗犷豪放；钹音清脆、荡气回肠；锣鸣镗镗、排山倒海，融音乐、舞蹈、技艺于一体，富有民族特色，体现民族精神，有着"天下第一鼓"的美称。

15.2 线路二：上党文化非遗之旅

旅游路线：晋城市泽州县—长治市平顺县—长治市黎城县。

线路介绍：看打铁花非遗表演，吃大阳馔面非遗美食。赏珏山吐月胜景，品珏山养生宴。探访平顺非遗手工纺织技艺，品尝平顺八股油条、上党腊驴肉等特色小吃。品尝非遗美食黎城开花馍，带一只手工黎侯虎开心回家。

15.2.1 打铁花

打铁花是一种大型民间传统焰火，是中国古代匠师们在铸造器皿过程中发现的一种民俗文化表演技艺，始于北宋，盛于明清，至今已有千余年历史。又称铁礼花、铁骊花，其实是"铁犁铧"的谐音，因为打铁花用的是已经报废的铁犁铧。泽州打铁花的辉煌历程，其渊源可追溯至春秋战国时期。彼时，泽州所处的晋东南地区，便已是声名显赫的铁业生产重镇，其采矿与炼铁技艺的兴起，几乎与中华民族悠久的冶炼历史并行不悖。得益于该地区得天独厚的煤炭与铁矿资源，冶炼业在此得以迅猛发展，条件得天独厚。及至明清两代，泽州府（即今之晋城）境内的大阳镇，更是成为采煤、炼铁与铸造行业的璀璨明珠，其繁荣盛况前所未有。因此，在晋城市境内，大阳镇与巴公镇的打铁花习俗尤为显赫，其技艺之精湛，影响之深远，均堪称一绝。

古代，铁业自诩为"老君行"，与太上老君炼丹同属一个行业。所以，铁业生产区有敬老君的习俗。农历二月十五被认为是太上老君的诞辰，十月十五又是民间工匠祭炉神的日子，而太上老君又被认为是炉神。这两日，铁匠们都会在夜间打铁礼花，祭拜老君。打铁花，还是一种祭鬼驱祟的仪式，民间把含冤自尽或不幸早丧的人叫作"屈死鬼"，过去殡葬这类死者便要打铁花，是一种近似于安魂和驱赶邪魔的仪式。所以每逢农历七月十五，也会举办打铁花。出于这种目的，打铁花者会特意选在老槐树下，有意将铁花朝槐树枝叶之间打，好似槐树开花。人们用这种方式寄托对屈死者的同情，祈祷他们能再世成人。打铁花多流传于黄河中下游，以河南、山西最为流行。打铁花表演时，通常在空旷场地搭出高约六米的双层花棚，棚上用柳枝覆盖，并绑满烟花鞭炮和杂货等。旁边设置用以熔化滚烫铁水的熔炉，打铁花表演者轮番用铁棒将高温的铁水击打到棚上，形成十几米高的铁花，铁花又点燃烟花鞭炮，再配上"龙穿花"的表演，场景蔚为壮观，呈现出惊险刺激、喜庆热闹的特点。

15.2.2 黎城开花馍

开花馍又名"笼饼"，亦称"白银如意"，在黎城历史悠久。相传明太祖朱元璋小时家境贫寒，在马员外家帮厨时，偶然吃到顶部全开了花的馍，并大赞："这白白的馍，真像一枝如意花。"后来传到民间，就将这种因放白糖而使白面更加洁白、自然开花的馍改称为"开花馍"了。至今黎城逢年过节，家家户户都要蒸食开花馍。花馍上不同图案自然代表着不同的寓意，也是对新年的一种祈福，这不仅增添了浓浓的年味儿，而且寓意着新的一年蒸蒸日上。

开花馍蒸制工艺独特、工序繁多、技术性较高。蒸馍讲究面粉自然发酵，凭经验勾兑碱水，蒸笼用麦秆铺底，这样蒸出的开花馍均匀绽放如花朵，吃起来口感甜糯、绵软筋实、麦香浓郁。裂开口的花馍预示着笑口常开、万事如意，也因此成了走亲访友的必备品。目前已形成集区域品牌 + 企业品牌 + 产品品牌于一体的"黎侯世家开花馍"系列健康产品。

15.2.3　黎侯虎

黎侯虎是发祥于山西省黎城县的传统手工艺品，因黎城古称黎侯国而得名，是黎城县民间手工技艺的一朵奇葩。黎侯虎起源于商周时期以虎为图腾的民俗，后经过 3000 年历史演变，逐步完善定型于今天集故事、草编、刺绣、剪纸、书画于一身的独特造型。黎侯虎在民间有赐福、镇宅、生财等文化内涵，被誉为中国第一虎。

1998 年农历虎年，黎侯虎被邮电部定为生肖邮票图案，使黎侯虎一下子名闻全国。黎侯虎名扬海内外，它的文化内涵和历史价值再一次引起了人们的关注。2008 年 7 月，黎侯虎被正式确定为北京奥运会民间工艺参展品，奥运会期间将在北京地坛公园向中外朋友进行为期 15 天的展示。黎侯虎传统的制作方法以家庭小作坊为主，为了非遗产业化发展，创造性地对全县的手工小作坊进行整合，聘请民间手工艺人为公司技术顾问，培训家庭妇女为工厂技术工人，采购了先进的激光裁剪机、绣花机、锁边机等，将黎侯虎的制作分为裁剪、缝制、充装、粘贴等几个步骤，工作效率提高百倍以上。仅 2022 年虎年春节期间，黎侯虎订单产生效益已逾 600 万元。

15.3 线路三：长城边塞非遗之旅

旅游路线：阳泉市平定县娘子关—忻州市代县雁门关—朔州市山阴县广武长城。

线路介绍：观看千年鼓乐平定武迓鼓非遗表演，品尝平定黄米枣糕非遗美食、娘子关全鱼宴。北上雁门关，走进代州古城非遗展览中心，观看雁门民居营造技艺、代县雁绣等 16 个非遗项目。到山阴县众福缘亲身体验苦豆豆香包非遗手工技艺。

阳泉市平定县娘子关：娘子关镇位于山西省阳泉市平定县，地处晋冀交界处，是山西的东大门，因地势险要，史称"天下第九关"。娘子关原名"苇泽关"，因唐代平阳公主曾率兵驻守于此，平阳公主的部队当时人称"娘子军"，因而改名娘子关。娘子关素以雄关、险道、秀水、崇山著称，拥有华北最大的岩溶泉群，大小泉眼有几百处，泉水四季喷涌不息，有"京畿藩屏""北域江南"之誉。

15.3.1 千年鼓乐平定武迓鼓

平定武迓鼓主要流传于山西省平定县，它以象征手法表现战争生活，平定武迓鼓保存了一整套古典锣鼓曲牌、演阵图案和耍回套路，演员各自背插单靠旗，女角画"梅花脸"，表演特征与宋杂剧之"装孤"极为接近，具有较高的历史文化价值，是研究古代军中鼓乐、阵法、宋杂剧表演形式和民间祀神风俗的活标本。代表性作品有《朱仝上梁山》《赵匡胤下河东》《李自成进京》等。

现如今，平定武迓鼓已成为民间庙会、闹元宵活动的重要娱乐形式。为了使传统非遗在现代迸发出新的活力，山西省成立了平定武迓鼓艺术团，邀请省市县各级专家、民间鼓乐艺人，共同打造出《大唐娘子军》《巾帼魂踊娘子关》《血战娘子关》等新剧目。2016 年，《巾帼魂踞娘子关》首次闯进第十七届全国群星奖决赛。2017 年，《血战娘子关》在首届山西艺术节期间举办的第十八届群星奖选拔赛中获得优秀作品奖。这是传统非遗推陈出新在文艺产业焕发新生机的伟大尝试，也是传统舞蹈类非物质文化遗产传承与利用的经典范例。

15.3.2 代州古城非遗展览中心

代县位于山西省东北部，雁门关下，是"中国历史文化名城""中国现代民间绘画画乡""中国民间文化艺术之乡""中国特色文化产业示范县"。代县非遗项目繁多，不仅有峨口挠阁、雁门民居营造技艺、上阳花社火等国家级、省级非物质文化遗产，古建、泥塑、砖雕、剪纸、戏曲等传统技艺也异彩纷呈。代县现有非物质文化遗产 106 项，分散于各村落，代州古城非遗展览中心这座代县的"非遗小院"将当地非遗项目聚集在一起，使其有了集中展示的地方，让更多人走进非遗，了解非遗，传承非遗。2018 年 3 月，代州古城非遗展览中心开始筹建，为了更好地宣传和推广代县的非遗项目，"活态传承、活化利用"，非遗展览中心集中展示了古建技艺、面塑技艺、砖雕技艺、木雕技艺、石雕技艺、琉璃漆画技艺、剪纸技艺、刺绣技艺、布艺、泥塑彩绘技艺、壁画艺术、叶雕技艺等 16 家具有代表性和影响力的精品非遗项目供游客参观。

15.4 线路四："碳水王国"非遗之旅

旅游路线：运城市盐湖区—运城市永济市—晋城市泽州县—晋城市阳城县。

线路介绍：品尝河东"新兴久"酱菜、闻喜花馍等非遗美食。参观永济市普救寺、鹳雀楼，体验永济剪纸非遗手工技艺。打卡大阳古镇泽州铁货等非遗项目，欣赏打铁花，品味乡村美食"拧一碗"。在皇城相府欣赏上党八音会非遗表演，品尝阳城烧肝等美食。

15.4.1 河东"新兴久"酱菜

河东新兴久酱菜，最早起源于清末民初。当时，河东人景氏父子曾在西安开办森昌和大同酱园。1949年后，景氏后代传承其父辈技艺，在潞村乔家巷创办"新兴久"酱园。多年来在继承传统工艺的基础上，不断改进、优化配方，所加工生产的酱菜用料考究，口味独到。1958年公私合营，"新兴久"酱园演变为运城县酱菜厂，产品供应运城地区13个县市。酱菜系列已注册商标"河东新兴久"，产品种类主要有酱笋、酱苤蓝、酱黄瓜、甜面酱、黄豆酱、糖蒜、辣酱、酱小菜等，深受顾客青睐。

15.4.2 闻喜花馍

闻喜花馍是流行于山西省闻喜县一带的传统食用塑作艺术，是国家级非物质文化遗产。它历史悠久，与当地的传统习俗联系紧密，在节庆、祭祀、婚嫁、寿诞、丧葬、上梁、乔迁等民俗活动中应用广泛。闻喜花馍既无流传范本供参照，也无现存底样作依据，全凭巧妇信手捏制而成，因而被誉为"母亲的艺术"。随着市场经济的深入发展，闻喜花馍已作为体现山西地方文化特色的名优土特产品，进入了商品市场，销往世界各地，声誉与日俱增。

15.4.3 泽州铁货

国家级非物质文化遗产——泽州铁货，是指山西晋城市的传统铁货铸造手工技艺。晋城，古称泽州及泽州府，自古有"煤铁之乡"的盛誉，北宋时期，泽州（今晋城）为全国著名冶铁区之一，境内的"大广冶"为冶铁官炉，所铸"大观通宝"被誉为史上最美铁母（钱）。明清时"九头十八匠"

更是闻名全国，"大德"钢针畅销海内外，"泰山义"剪刀名扬天下。大批泽州铁货北上内蒙古，南下广东，西去甘肃，就连不起眼的钢针都能远出国门，卖到东南亚一带。

泽州铁货制作技艺将传统生产工艺和现代科技相结合，把艺术的表现手法同健康环保的理念融入铁货制作中。经过公司创作团队的创意、研发，形成了晋韵堂品牌系列铁货产品，其主要分为手工锻造与模具铸造两大类。两者均采用天然植物染色技术进行着色，保证了使用的安全性。目前晋韵堂古泽州铁货开发有限公司已开发铁货产品百余种，涵盖了厨房用具及文化艺术品等众多种类。在创作研发生产的过程中，他们为产品赋予历史和文化内涵，力争把每一件产品做成有生命的产品。

15.5　线路五：芳华艺术非遗之旅

旅游路线：太原市晋源区、小店区—晋中市平遥县—长治市上党区—长治市武乡县。

线路介绍：品尝太原特色早餐头脑，去刘家堡跟着非遗传承人动手制作漆画、烫画葫芦等，观看大型室内情境体验剧《又见平遥》，品尝曹家熏肘、莜面栲栳栳等美食，到平遥县体验推光漆器的制作过程，到长治上党体验传统红绿彩瓷制作工艺，感受"工匠精神"。

15.5.1　头脑

国家级非物质文化遗产——太原早餐"头脑"，是由明末清初著名文人，医学家傅山发明，又名"八珍汤"，由黄芪、煨面、莲菜、羊肉、长山药、黄酒、酒糟、羊尾油配制而成，外加腌韭菜做引子，具有益气调元，滋补虚损，活血健胃，具有抚寒喘和强壮身体的作用。因为早年太原人天不亮就起来吃头脑，也叫"赶头脑"，需要挂灯笼照明，所以经营头脑的饭店门前都挂一盏纸灯笼作标志。已有三百多年的历史，每年农历白露到立春期间，太原市各大饭店、传统早点店大都有"头脑"上市。

山西头脑的传说：明亡后一代名医傅山隐居故里，侍养老母，创制了"八珍汤"让母亲康复。后他将此点传授给一家饭馆，以"清和元"挂牌。"八珍汤"则易名为"头脑"。每当傅山给体弱需补的人看病人时，便告诉他们去"吃清和元的头脑"，意指去吃清朝和元朝统治者的头脑。此品属滋补药膳，是在一碗面糊里，放上三大块羊腰窝肉、一块藕鲜和一条山药，吃时撒上 3.3 厘米长的韭菜节。

15.5.2 刘家堡漆画、烫画葫芦

2020 年开始，刘家堡村进行全面乡村改造，以非遗带动文旅产业发展，振兴乡村文化。在刘家堡村，一座座闲置的旧村舍经过改造完善，"蜕变"为清新雅致的农家小院，成为非遗传承人、民俗艺人的工作室和展示区。在该村非遗文化街，形象生动的剪纸、色彩浓郁的漆画、造型独特的葫芦烙画等非遗商品让人目不暇接。在这里，非遗文化散发出的魅力正吸引着周边游客纷纷前来打卡。

太原市传统漆器手工技艺传承人郭喜梅的梅艺漆坊工作室，一件件古朴雅致、造型独特的文创产品让人爱不释手，其独具特色的工艺令人赞叹。尤其是该工作室迎合市场需求推出的饰品、伴手礼等系列文创产品，更是赢得了众多游客的青睐。"在漆艺的表现手法上立足传统技艺，运用更多的现代漆画表现手段和更多的入漆材料，使画面更具层次感和厚重感。"根据郭喜梅的介绍，目前在传统工艺的基础上，她经过潜心研究在原有彩绘上作出撒金的效果，深受年轻游客的喜爱。为了将这一传统技艺传承发扬下去，郭喜梅每月坚持以非遗进校园方式，深入浅出地介绍非遗大漆课程，引导学生领略非遗文化的精髓，培养同学们传承非遗文化，让更多人了解非遗、亲近非遗、爱上非遗，让中国传统文化焕发新活力。

在山西省工艺美术大师、葫芦烙画技师陈胜的妙艺堂葫芦工艺品工作室

内，一个个形态各异的葫芦经过烫烙之后让人眼前一亮。据悉，陈胜研究葫芦烫画工艺已经有 30 多年，一个个清新古朴的天然葫芦，在他的精心设计下，加以精妙的构图，顿时便充满浓郁的文化味道。记者注意到，妙艺堂的葫芦产品有烫画、茶具、灯具、家居用品等多个品种，尤其是现场摆放的一双名为《步步高升》葫芦鞋引得大家纷纷拍照，精美的做工、独特的造型让人啧啧赞叹。"烙画艺术使葫芦由农家瓜果登上了艺术殿堂，成为一种拙朴自然和高雅精美的民间艺术品，具有很高的鉴赏价值和收藏价值。"陈胜说，"葫芦烫画不仅就地解决了葫芦种植户的销售问题，而且激发了当地群众靠葫芦致富的强烈愿望"。

15.5.3　曹家熏肘

山西省非物质文化遗产——曹家熏肘始于清代后期，以色泽红润、肥而不腻、瘦而不差、凉食清凉爽口、热食回味无穷，咸淡适中，醇香扑鼻著称。曹家熏肘由祖籍大宁名厨曹德广首创，1874 年曹德广举家迁到平遥，落户小城，以厨为业，将首创的熏肘制作方法和平遥肉制品加工工艺相结合，不断改进配方，不断完善制作工艺，使熏肘成为平遥一道名吃，取名"曹家熏肘"。曹家熏肘利用药料、木屑等燃烧时所产生的热烟，使其适当干燥和吸收熏烟中的酚、醛、醇类等成分，可防止食品腐蚀和脂肪氧化，以其独特风味，优良品质和精深的文化内涵，深受中外消费者的青睐和关爱，色、香、味成为汉民族饮食文化的一朵奇葩。

曹家后人继承熏肘传统工艺，以熏肘为业，传承至第四代传人曹延虎，于 1991 年组建平遥县延虎肉制品有限公司，推动非遗曹家熏肘品牌的发展，形成了一个集生猪屠宰产品研发生产、经营、销售为一体的一条龙肉制品加工企业，如今企业拥有职工 106 人，其中技术工人 35 人，熟练操作工 60 人，和省内多家大专院校科研单位有多年合作关系，品种由曹家熏肘单一品牌发展为曹家熏鸡、曹家熏蹄、曹家兔肉、曹家狗肉、曹家香耳、平遥牛肉、五香驴肉、牛蹄筋等三十多种系列产品，产品行销山西、北京、天津、陕西、河北、河南、宁夏、内蒙古、山东、上海、江苏、湖北、湖南等省（区、市）。经济效益稳定增长，在平遥乃至全省同行业中脱颖而出，产品于1996年荣获中国国粹精品博览会"金奖"。山西省食文化研究院"历史文化名食"荣誉称号，"延虎"商标被列入全国首届300家重点保护品牌。2006年3月8日山西省工商局认定"延虎"商标为山西省著名商标。2006年12月9日被商务部授予"中华老字号"企业。2014年山西省产业化办公室批准公司为省级产业化龙头企业。

15.5.4 莜面栲栳栳

省级非物质文化遗产——莜面栲栳栳，是一种形似"蜂窝"的莜面饭，又名"莜面窝窝""推窝窝"，是用莜面精工细作的一种古老而别具风味的传统面食，在山西主要分布于雁北、忻州、吕梁等山区。作为山西一种古老而别具风味的传统面食，莜面不仅有耐饥抗寒、保肝、保肾，造血及增强免疫力之作用，而且有强体、健脑、清目、美容之功能，常食可提高智力、降低胆固醇，治疗糖尿病也有良好的效果。它既是营养丰富的食物，也是降血防癌的药物。

15.5.5 上党八义窑红绿彩瓷制作工艺

八义窑红绿彩瓷烧制技艺，山西省长治市上党区传统技艺，国家级非物质文化遗产。八义窑生产的红绿彩瓷器的诞生地和发源地，早在宋金时期就已开始生产。红绿彩瓷器的种类有碗、盘、瓶、钵、盒、碟、盏、动物、玩具等，图案有折枝花卉、鱼虫、人物、文字等。瓷上绘画以写意为主，兼有工笔、勾画、填涂，技法娴熟，线条流畅，形象生动。红绿彩瓷在配色装饰上风格独特，以白釉为主要底色，红、绿、黄为彩绘主色，洁白的瓷器上，呈现大红大绿的纹饰，色彩明快、艳丽，绘画古朴、豪放，洋溢着浓郁的喜庆气氛。

红绿彩瓷器整个制作过程中，无论是揉捏塑形、拉坯釉烧还是图案色彩，均在保有传统技艺的基础上，加入了更多现代工艺和设计，以更加符合当代审美和需要，突破了八义窑红绿彩传统的釉上彩，充分利用红、绿、黄三个主色的各个色阶，拓展为釉上彩和釉下彩两种制法，并延伸出现代日用瓷和艺术瓷制作两条生产线。目前，八义窑红绿彩已开发出盘、碗、瓶、罐、茶具、餐具、艺术品等 50 多个品种、100 余万件产品。先后在国家级和省市级的文博会、农博会、旅游展览会等大赛中获得 20 多项大奖。

现如今，随着旅游产业与非遗项目深度融合，先后建立起包括八义窑文化博览园、红绿彩博物馆、文化公园、传统陶瓷作坊生产基地、现代陶瓷生产区和游客接待中心区等在内的八义窑红绿彩陶瓷文化产业园区。园区建设的非遗传习所和学生体验区已经成为高等院校和中小学生实习实践基地，全年接待大、中、小学生实践体验超 5000 人次。后续将进一步推动八义窑高标准、高质量、高效益升级发展，打造成山西文化名片，跻身全国陶瓷产业先进行业，不断延伸产业链条，将结合古镇、古村的开发，建设红绿彩生态文化园，开发休闲度假旅游山庄，带动乡村文旅产业大发展。

15.6　线路六：晋商大院非遗之旅

旅游路线：临汾市汾西县师家大院—晋中市灵石县王家大院—晋中市祁县乔家大院—太原市清徐县。

线路介绍：实地触摸师家沟清代民居，品尝汾西"蒸饭"。在洪洞大槐树民俗村体验编制工艺、酿酒工艺等，观赏花样锣鼓、《大槐树移民》等演出。欣赏大院中精美的石雕、砖雕和木雕，体验祁县秧歌、剪纸的魅力，品尝太谷饼，参观晋韵砖雕艺术博物馆。

15.6.1　师家大院

师家沟清代民居，位于山西省汾西县城东南 5 千米处。建于乾隆三十二年（1767 年），历经嘉庆、道光、咸丰、同治年间扩建而成，总面积 40000 多平方米。整体建筑依山就势，以四合院、二重四合院、三合院、三重四合院为主体，大小 31 个院落。各院落分别设正房、客厅、偏房、过厅、书房、绣楼、门房以及仆人、马厩等用房。院落门前与巷道相连，相互之间又巧妙相通，互相联系。有园门、耳门、偏门、楼门、屏门、暗门，上下左右互相贯通且衔接自然，形成了由下而上、楼上楼、院中院的奇特格局。一条用长方石条铺成的人行道长达约 1500 余米，处处与排水道接通，故有"下雨半月不湿鞋"和"关好八大门，锁好十小门，行人难出村"之说。整个村落既有水平方向的相互穿插，又有垂直方向的互相渗透，充分体现了丘陵沟壑区依山就势、窑上登楼的建筑特点。同时又融合了平原地区多进四合院的布局风格。村四周有约 1500 米长的石条人行道，构成环村环行道，环道以外建有酒坊、醋坊、染坊、豆腐坊、油坊、造纸坊、当铺、盐店、药店、学堂、牌楼、祠堂等附属建筑。

15.6.2　汾西蒸饭

非物质文化遗产——汾西蒸饭，又名红豆黍米饭，是山西特有的传统名优美食，有几百年的历史传承，色泽金黄，口感香软、糯、甜，能补中益气、益脾和胃、安神助眠、止泻、乌发，主治咳逆、烦渴、霍乱、胃痛、不思饮食、肺虚咳嗽、烫伤等。

黍米生长在山西大面积的丘陵半坡地，这种地形较适宜抗旱性强的黍子生长，去了壳的黍子比小米稍大些，颜色淡黄。黍米和小米同生于北方，但在北方人眼里，黍米的地位却要高于小米，西北地区有些地方还拿它作为糕点待客。

15.6.3　王家大院

王家大院位于山西省灵石县城东 12 千米处的中国历史文化名镇静升镇，

由静升王氏家族经明清两朝、历时 300 余年修建而成，包括五巷六堡一条街，总面积 25 万平方米，是一座具有传统文化特色的建筑艺术博物馆，为全国重点文物保护单位和 4A 级景区。王家大院的建筑格局，继承了中国西周时形成的前堂后寝的庭院风格，既提供了对外交往的足够空间，又满足了内在私密氛围的要求，做到了尊卑贵贱有等，上下长幼有序，内外男女有别，且起居功能一应俱全，充分体现了官宦门第的威严和宗法礼制的规整。

15.6.4 乔家大院

乔家大院，又名"在中堂"，位于山西省祁县乔家堡村，全国重点文物保护单位，国家二级博物馆，国家文物先进单位，国家级青年文明号，山西省爱国主义教育基地。始建于 1756 年，整个院落呈双"喜"字形，分为 6 个大院，内套 20 个小院，313 间房屋，建筑面积 4175 平方米，三面临街，四周是高达 10 余米的全封闭青砖墙，大门为城门式洞式，是一座具有北方传统民居建筑风格的古宅。乔家大院陈展有 5000 多件珍贵文物，集中反映了以山西晋中一带为主的民情风俗；陈列有农俗、人生礼仪、岁时节令、衣食住行、商俗、民间工艺；还设立有乔家史料、乔家珍宝、影视专题等的陈列。乔家大院是一座雄伟壮观的建筑群体，体现了中国清代民居建筑的独特风格，具有观赏、科研和历史价值。

1990 年，获国家级文物先进单位称号和省级文物系统文明单位称号。1995 年，被命名为爱国主义教育基地。1995 年，被定为山西省爱国主义教育基地。1996 年，被地委行署命名为地级文明单位。1998 年，被评为山西省十大优秀旅游景区。2001 年，被命名为全国文物重点保护单位。2020 年，文化园型景区品牌 100 强榜单，乔家大院排行全国第 14。

15.6.5 砖雕

山西省非物质文化遗产——山西民居砖雕（太谷砖雕）：明清时期晋商

崛起，太谷及其周边地区建房修庙蔚然成风，影壁、脊领、墀头、门楼、花墙等砖雕需求激增，涌现出许多砖窑和砖雕匠人。晋中砖雕目前已成为晋中大院建筑装饰艺术的集中体现，它主要有以下特点：分布广，数量多；土质好，经久耐用；工艺雕刻技法丰富；图案丰富，构图饱满，场面宏大，寓意吉祥。传统砖雕制作工艺分"窑前雕"和"窑后雕"两类。"窑前雕"是砖雕艺人先在泥坯上刻好，然后烧制出来；"窑后雕"则是由砖雕艺人直接在烧好的青砖上雕刻而成。在雕刻技法上主要有浅浮雕、高浮雕、圆雕、半圆雕、镂空透雕、阴线刻（刻画轮廓，如同绘画中的勾勒）、减地平雕（阴线刻画形象轮廓，并在形象轮廓以外的空地凿低铲平）等。晋中砖雕图案分为四类：自然类、社会生活类、吉祥如意类、纹饰类。自然类中常见的题材有梅兰竹菊、牡丹荷花、山川河流、松柏垂柳、飞禽蝴蝶等；社会生活类主要有现实生活类、历史故事类、神话传说类，内容包罗万象；吉祥如意类主要有八宝博古、八仙、麒麟、二龙戏珠、五松图、五子图、五蝠捧寿等；纹饰类常见的纹饰有龙纹、莲纹、牡丹纹、几何纹等。

乔家大院的砖雕工艺题材极为广泛，有壁雕脊雕、屏雕、扶栏雕等，成为乔家大院一道亮丽的风景。

明清以来，砖雕成为建筑装饰的重要组成部分。封建社会的营建制度等级森严，对住宅的修建规模，使用的建材等方面都有严格的规定。但砖雕等装饰工艺却没有受到等级制度的限制，那么砖雕成为当时非常盛行的建筑装饰就不奇怪了，所以民居建筑多有采用。不仅如此，由于不受官方的限制，这就促进了砖雕艺术的快速发展，使砖雕这门发迹于民间的草根手艺，一举跻身于建筑艺术的殿堂。在乔家这座大宅院里，砖雕作品可以说比比皆是，而且题材广泛，寓意深刻。其中最具代表性的是影壁和壁雕。而影壁中最有代表性的有矗立在大门口的"百寿图"照壁、新院的"省分箴"影壁、"在中堂"老院与东南院的"福德祠"影壁等。壁雕最有代表性的有"在中堂"新院正院门对面的"二气生辉"壁雕。这个壁雕由两部分组成，左面云中一轮弯月，下面有莲花莲子与一对鸳鸯，寓"二气交辉"，右面顶部悬一轮圆日，下面有一株牡丹与一对凤凰。日为阳，月为阴，阴阳相合，日月交辉。

鸳鸯莲蓬，有凤来仪，都含有夫妇相合，天长地久之意。"在中堂"新院外偏院门两侧的"喜鹊登梅"与"猫蝶戏菊"更堪称精品。"喜鹊登梅"是中国的传统吉祥图案。梅花是春天的使者，喜鹊是报喜的祥禽。喜鹊登梅寓意吉祥，喜庆。"梅"与"眉"音同，喜鹊落在梅枝上，寓意为"喜上眉梢"。一对喜鹊寓意"双喜临门"。"猫蝶戏菊"壁雕由猫、蝴蝶、菊花组成，猫取谐音"耄"，蝶取谐音"耋"组成"耄耋"一词，八九十岁为"耄耋之年"，菊花不畏秋霜而开放，也有高寿之意。这副壁雕的主题为"益寿延年"。此外，门和门楼、扶栏和前檐墙、墀头和戗檐、烟囱和脊雕等都大量运用了砖雕。这里应该特别提到的是，乔家安放在屋脊上的砖雕脊兽大多为闭口兽，只有少数为张口兽。比如新院门楼屋顶更楼卷棚顶脊端的四个兽头昂首张口，面向正前，极目远眺，似欲腾空而起，极富动感。当地民谚说："官宦张口为民做主，百姓闭口踏实做事。"因为乔家为"民商"而非"官商"，虽然有的也有官职，但多为捐官而没有实职，所以无力为民请命，祖辈专事经商，只能做一些为民施善造福的事，因而还是闭口的好，所以乔家屋脊的砖雕兽头多为闭口兽。

15.6.6　祁太秧歌

国家级非物质文化遗产——祁太秧歌是山西民间流传的一种地方小戏，其渊源可追溯到唐宋时期。明代正统年间，民间艺人口传的秧歌开始在晋中平原流行起来。到清代道光年间，祁县已有了"同乐社""祁太喜乐班""祁太德威社"等秧歌班社。祁太秧歌集音乐、舞蹈、唱、念（道白）、做（表演）、打（武秧歌）于一体，以祁县、太谷及晋中农民的生活故事为表现内容，带有生活气息和地方特色。祁太秧歌是一个既能登台表演又适于在生活中随时哼唱的戏曲歌种，曲调非常丰富，所反映的内容广泛，形式多样，具有浓厚的生活气息和乡土风味，能搜集到的曲子约三百首。

祁太秧歌在山西民歌中别具一格；它曲调淳朴、健康、音调别致，特色鲜明。几百个秧歌曲调各有特点，韵味也各不相同，有的以曲调优美秀丽，节奏舒展、抒情性强见长，如《绣花灯》《采棉花》等；有的则以节奏紧凑、音调简洁，似说似唱，善于叙事著称，如《换碗》《洗衣计》等；有的又因曲调轻快活泼，风格清新开朗，适于载歌载舞的表演，如《看秧歌》《大挑菜》等；也有的曲调低回委婉，适于表现悲剧性的内容，如《起解苏三》《郭巨埋儿》等。特别值得一提的是祁太秧歌的调式非常丰富，变化形态也比较复杂，从调式的交替、转换与综合的方式和手法来看，也是多种多样的，如《看铁棍》结束在"4"音上，这在其他歌种中是少见的。

15.6.7 左权剪纸

省级非物质文化遗产——左权剪纸，是一种用剪刀或刻刀在纸上剪刻花纹，用于装点生活或配合其他民俗活动的民间艺术。由一江晚霞（为艺名，本名杨宪江、李小凤）夫妇创办。一江的姥姥是左权粟城乡石抬头村人，其剪纸闻名一方，她将剪纸传给一江，一江再传其女、外甥女。新中国成立初期，一江剪纸已公开发表，1956 年，一江创作的剪纸作品《农村新景》在《光明日报》发表。1959 年，以《左权民歌》为代表的 32 幅剪纸作品参加全国展览，荣获"全国戏剧美术展览设计奖"，一江受到周恩来总理的亲切接见。

一江晚霞剪纸多以刀刻为主，剪裁为辅，阴刻阳镂结合，刀法细腻，深浅色相间，冷暖色调对比鲜明。其剪纸作品幅面可大可小，色彩有单色（黑、白、红）、彩色、染色、衬色；剪纸中充满了花鸟、人物、动物、景物、汉字图案，并根据立意对上述图案进行组合；题材主要有民俗喜庆类、历史故事传说类、红色左权类等。一江剪纸的代表性作品有《巨龙腾飞》《举国同庆》《九龙壁》《花好月圆》《仙女图》《小二黑结婚》，多次参展，屡获殊荣。2002 年，他们创建了太行山第一家"家庭剪纸艺术馆"。

15.6.8 太谷饼

国家级非物质文化遗产——太谷饼，是山西省传统名吃，因产于太谷县得名。始于清代，太谷饼具有甜而不腻、酥而不碎，味美鲜香等特点，以其香、酥、绵、软而闻名全国，享有"糕点之王"的美称。太谷饼为"晋商饮食文化"的典型代表，著名歌唱家郭兰英那首清脆悠扬的"平遥的牛肉太谷的饼"，更是让太谷饼的美名传遍天下。

太谷饼是面制炉烤的实心饼，当地俗称"干饼""烧饼"。饼呈圆形，直径 11.65 厘米，厚约 2 厘米，边与心的厚薄均匀，表皮为茶黄色，粘有脱了皮的芝麻仁。冷食此饼，酥而不硬，软而不皮，而且储存时间长，久储味道不变，既可作茶点，也可旅行食用。因此，太谷饼还是人们相互馈赠的上好礼品。

鑫炳记作为太谷饼传统制作技艺的传承企业，紧跟时代步伐，挖掘整理晋商文化精髓，投资兴建了集晋商文化宣传、太谷非物质文化遗产展示、旅游餐饮、太谷饼 DIY 制作等于一体的省级工业旅游示范园区，将本地丰厚潜在的太谷饼文化资源转化为文化产业发展优势。园区年旅游观光人数 20 万人次，与周边美宝山庄、三多堂、晋中国家农业高新技术产业示范区、巨鑫农业等共同形成了"北洸休闲游"的格局，被指定为晋中市中小学研学教育实践基地，并与省城 80 多家旅行社签订合作协议，以文促商，以商养文，形成了经济、文化、旅游三位一体的开发格局。

15.6.9 晋韵砖雕艺术博物馆

山西砖雕历史悠久，与徽派砖雕齐名，享有"南徽北晋"之誉。作为彰显地域文化特色的传统技艺，砖雕装饰着建筑，装点着生活。清徐砖雕，即是山西砖雕的代表。2008 年，"山西民居砖雕"入选国家级非物质文化遗产名录。

山西晋韵砖雕艺术博物馆，位于山西省清徐县徐沟镇新庄村，是山西省内唯一注册登记的砖雕专业博物馆。山西晋韵砖雕艺术博物馆前身是 2003 年成立的窑王堡窑砖雕传习所，于 2018 年 6 月开馆。主馆内展出了不同朝代、不同规格、不同地域的众多砖雕作品，以及徐沟古城的复原沙盘。有各个不同历史时期的砖雕艺术品 2000 余件、新创作品 1200 余件。同时，还有不少精美的木雕、泥雕等作品。

晋韵砖雕艺术博物馆正在逐步走出一条在生产中传承培训、收藏中研究保护、展示中研发创意的发展之路，成为一个集砖雕、木雕、泥雕艺术品展览、文化传承、技艺培训、学术交流、展示销售、休闲度假、旅游开发的综合体。

如今的晋韵砖雕艺术博物馆，已是一个集砖雕木雕等非遗项目传承展示研发、饮食文化研究、特色饮食产业、戏剧文化展示表演、研学实践、旅游体验、职业培训于一体的综合性文化旅游产业园。古色古香的砖雕博物馆、木制模型小样博物馆、非遗传承基地，渐成雏形的中国面都与晋菜餐饮基地、戏曲博物馆、晋韵大数据研究中心、红色教育基地等，一派生机勃勃的景象。建筑面积达 1.7 万余平方米、藏品 3000 多件的山西晋韵砖雕艺术博物馆正式对外开放。该博物馆是山西省内唯一注册登记的专业性砖雕艺术博物馆，收藏砖雕实物 2000 多件（套）、现代精品砖雕作品 500 多件、砖雕文献 100 余种、砖雕器具 300 多件。2019 年，山西省文物局委托太原市晋祠博物馆对口帮扶晋韵砖雕艺术博物馆，进行展陈提升，项目于 2020 年顺利完成，新馆展区面积达到 3000 平方米，实训互动区面积达到 2000 平方米。

15.7　线路七：康养休闲非遗之旅

旅游线路：临汾市乡宁县云丘山景区—吕梁市交城县庞泉沟景区—汾阳贾家庄景区。

线路介绍：参观千年古村塔尔坡民俗博物馆，了解乡宁紫砂制作技艺、乡宁花食非遗手工技艺，品尝云丘山太太饼。学习交城堆锦非遗手工技艺，采购当地特产五香调料面，到山西贾家庄体验木版年画、传统扎染、葫芦烙画、传统陶艺等。

15.7.1　云丘山景区

云丘山，位于山西省临汾市乡宁县，地处吕梁山与汾渭地堑交会处，总面积 210 平方千米，主开发景区面积为 35 平方千米，最高峰玉皇顶海拔1629 米，素有"姑射最秀峰巅""河汾第一名胜"的美誉。云丘山是华夏乡土文化地理标志，农历二十四节气的观测点之一，中华农耕文明发源地之一，道教全真教龙门派的祖庭之一，也是中和文化非遗传承地。

15.7.2　千年古村塔尔坡民俗博物馆

塔尔坡古村位于乡宁县云丘山景区境内，至今已有 2500 多年历史，原名榻耳坡，因老子李耳云游天下曾下榻于此地而得名。后世道家闻名而至，并和当地山民结邻而居，渐成村落。1932 年，五龙宫道士为捐资助学以解云丘书院经费短缺之急，将道观所有的榻耳坡地产卖给当地村民。村民出于对附近三座神塔的敬畏，将村子更名为塔尔坡。塔尔坡由于悠久的历史传承，保存完好的标本式乡土文脉，以及极具特色的晋南窑洞民居等原因，已被文化部等四部委选入《中国传统村落保护名录》。

15.7.3　乡宁紫砂制作技艺

山西省非物质文化遗产——乡宁民间紫砂工艺从采矿、炼泥、制作、烧制都是由工人师傅独立完成的，制作均为手工，其中成型工艺需要 30 多道工序。制作原料只有矿和水，没有任何工业添加成分，所以需要等待胎体自然稳定，之后进行阴干。在窑中烧制就需要三天三夜时间，等窑温降下来才能开窑。一件成品的制作大概需要在窑中烧制 3～6 次。"牖见斋"老字号起源于 1741 年。1981 年，乡宁紫砂有了"南宜兴北乡宁"的美誉。作为乡宁民间紫砂工艺的第四代传承人，王丽花认为紫砂工艺的传承，重在坚守。"一旦进入这个行业，就停不下来。"她认为，在传承发展的过程中，也会经历各种各样的挫折，唯有坚持，才能走得更远。

目前，乡宁金砂紫陶工艺美术有限公司可配制20余种颜色的泥料，生产的6大系列共120余款产品已销往全国各地，并通过代理商销到了加拿大、美国、新西兰等国家。其传统技艺也已被列为第五批市级非物质文化遗产代表性项目。

乡宁县启动建设的乡宁紫砂陶小镇，总投资50亿元，占地2000亩，共规划建设11个功能区，分别对接研学旅游、全域旅游、乡村振兴，全方位融入县域红色文化、黄河文化、中和文化，打造全县三大旅游板块枢纽节点，促进紫砂产业与文旅产业深度融合、共同发展，推动当地沉寂已久的紫砂宝矿再次焕发新生机，开创乡宁紫砂新纪元，开辟乡宁转型新路径，擦亮乡宁发展新名片。

15.7.4 乡宁花食技艺

花食，面塑的一种，顾名思义是用面粉制作的手工艺品。乡宁面食文化历史悠久，内容丰富，种类繁多，富有地方特色，是一种由风俗习惯积淀形成的极具代表性的地方文化。

乡宁花食主要包括清明节上坟祭祖用的寒食馍，祭祖上坟用的"子柱""顶子""娃娃子""滚坟鱼"。小孩过岁婴儿满月时，要蒸"牛箍峦"或称"项圈馍""鼓鼓馍""枣花长馍"，象征从此敲响了人生征途的鼓点。小孩12岁要在娘娘庙举行"赎身"仪式，除了通常的礼仪，还要蒸项圈馍。青年人谈婚论嫁过程中用"龙凤呈祥"图案，结婚时蒸花糕馍。老年人过寿时蒸寿桃馍，老人去世后，家人和子侄、外甥要蒸4个"主灵献食"，4盘子"花食"，4盘子"花点"，以作祭奠的礼仪。总之，乡宁花食名目繁多，造型逼真，各具特色。

乡宁花食制作工艺讲究，一个花馍需要7大工序（制酵、揉面、捏形、醒馍、蒸制、着色、插花）100多道小工序，全靠手工揉捏而成。制作手法包括：搓、团、捻、擀、剪、切、扎、按、捏、卷等，所用的工具包括擀杖、剪刀、筷子、梳子、竹签等。捏花馍没有教材，也没有什么图样，全凭一代代艺人口传心授，大大小小的面团在艺人的手里变成各式各样造型逼真、栩栩如生的艺术品。

乡宁花食既可食用，又具有一定的观赏价值，还能为民众寄托美好祝福，是一种综合性的民间美术工艺，具有重要的艺术文化研究价值。

15.7.5　交城堆锦技艺

堆锦，也叫堆花，是一种有着 1300 多年历史的民间画类工艺品。交城堆锦，其以表现花卉静物见长，色彩艳丽、惟妙惟肖，既能美化环境，又具收藏价值，成为吕梁交城特有的地域性传统工艺品。融合绘画、刺绣等多种工艺，包嵌堆贴，纯手工制作完成，具有软体浮雕效果。

交城旺英堆锦艺术制作有限公司将堆锦传统技艺和刺绣现代工艺相结合，创作出了具有浮雕效果的工艺品。不仅使堆锦制品充满现代气息，更让传统非遗手工制品步入了产业化经营的道路。

15.8　线路八：红色沃土非遗之旅

旅游路线：晋中市左权县麻田八路军总部旧址—长治市沁源县太岳军区司令部旧址。

线路介绍：观看左权开花调非遗表演，参观八路军前方总部旧址。前往长治市沁源县太岳军区司令部旧址，激发爱国爱党热情。一定要品尝当地一种香、酥、脆的美食——绵上酥饼，这一美食颜值高又好吃，属于省级非物质文化遗产。

15.8.1　麻田八路军总部旧址

八路军总部纪念馆位于山西省晋中市左权县麻田镇上麻田村，在抗日战争时期，中共中央北方局、八路军总部等 150 多个党政军学商机构陆续驻扎于麻田，这里是华北敌后抗战的指挥中枢，以朱德、彭德怀、邓小平、左权为代表的老一辈无产阶级革命家长期在这里运筹帷幄、决胜千里。从这里走出了共和国的 8 位元帅、6 位大将、26 位上将、63 位中将、300 多位少将，麻田也被誉为太行山上的"小延安"。①

15.8.2　左权开花调

左权开花调，起源于山西太行山区，是一种具有悠久历史的民间音乐形式，其历史可追溯至隋朝。在 20 世纪 30 年代，左权开花调从当地的民歌传统中发展而来，以其独特的构思和创新的歌词而著称，其地方特色鲜明的衬词衬句赋予了这种音乐形式强烈的感染力。2006 年，左权开花调被正式认定为国家级非物质文化遗产。

传承左权民歌的主体多样，涵盖了从民间原生态歌手到国家级非物质文化遗产传承人，以及由县政府和文化部门支持的艺术团体，如"开花调"艺术团和麻田八路军总部艺术团。此外，还有太行山盲人艺术宣传队等民间艺术团体，它们在各自的领域内传承和推广这一艺术形式。左权县政府和文化部门致力于培养新一代的民歌传承者，通过将民歌引入校园，从基础教育阶段就开始培养孩子们对民歌的兴趣。他们还根据学生的年龄和兴趣，编写了专门的音乐教材，将本土音乐资源融入中小学教育中，从而扩大了民歌的影响力，提高了其自然传承的潜力。

15.8.3　太岳军区司令部旧址

岳军区司令部旧址位于沁源县沁河镇阎寨村。1940～1942 年，中共太岳区党委、决死一纵队司令部、太岳军区司令部等重要领导机关驻在这里，是太岳抗日

---

① 张立程，王强. 山西"小延安"振兴之路：红色经济为革命老区注入新活力 [EB/OL]. 中国新闻网，https：//www. chinanews. com. cn/cj/shipin/cns/2022/06－16/news929280. shtml，2022－06－16.

根据地的政治、军事中心。太岳军区司令部旧址保留土窑洞24孔，石磨石碾各一台。其中薄一波、陈赓、王新亭、毕占云住室各一孔，警卫班、参谋部、政治部、司令部、机要部、炊事班窑洞20孔。薄一波、陈赓等老一辈革命家曾在此生活、指挥战斗，领导太岳区的根据地建设工作，具有重要历史价值。

15.8.4　绵上酥饼

绵上酥饼是沁源县郭道镇绵上村的特色食品，旧时，沁源、介休一带的民众过寒食节都要做酥油饼用以祭祀晋国介子推，绵上地区的先人在芝麻粉、大饼基础上，用食油和面，烧饼炉烘烤，饼面撒上芝麻粉，焙成酥软、焦黄、香脆的"绵上大酥饼"。相传刘邦与项羽打仗经过棉上县，当地人将"油酥饼"呈送与刘邦部队，因这种饼子保存久、易携带，深受官兵喜爱。刘邦还专程将绵上厨师请到部队中，烤制这种酥饼，作为部队行军打仗中的干粮，历经2600余年历史流传至今。酥饼色泽金黄、层多而薄、酥脆可口。2011年入选山西省非物质文化遗产。

15.9　线路九：都市深度非遗之旅

旅游路线：太原市—忻州市。

线路介绍：游览晋祠博物馆，赴太原古县城，观看精彩太原莲花落，欣赏定襄花馍、皮影戏、古建模型、树皮画、彩泥塑、琉璃等，品味全省各地的非遗美食，观看西华门舞狮表演等。到忻州古城感受各色非遗项目，观看河曲二人台、原平凤秧歌。剪纸、花馍让人爱不释手，神池月饼、定襄蒸肉让人一饱口福。

15.9.1　晋祠博物馆

晋祠是中国现存最古老的祠庙建筑群，位于太原西南郊的悬瓮山东侧山脚下。晋祠的前身，是供奉周成王的弟弟、晋国始封诸侯唐叔虞的祠庙，始建于汉代，其后又历经北齐、隋、唐、五代、宋、金、元、明、清等各朝的重修和扩建，形成了一个殿堂楼阁、亭台轩榭俱全的庞大建筑群，祭祀的主神也由唐叔虞变为"晋源之神"圣母，还有其他众多的神灵和历史人物附祀。晋祠建筑群的核心区西倚悬瓮山，分为中、北、南三路。中路是全祠的精华所在，自东向西形成一条明显的中轴线，人工水渠智伯渠萦绕左右。晋祠是我国现存规模最大、历史跨越最久远、最具有代表性的祠庙式园林建筑群，被誉为中国古代建筑博物馆。晋祠占地面积 130 余万平方米，存有宋代建筑代表作——圣母殿等宋元明清民国建筑 98 座；宋代彩塑典范——侍女像等宋元明清塑像 110 尊；宋明清壁画 907 平方米；唐太宗李世民御书御制的《晋祠之铭并序碑》、武则天亲自作序的唐代华严经石刻祖本等碑碣 448 通；宋铸铁人等铸造艺术品 37 尊；宋代的巨额牌匾——显灵昭济圣母等楹联牌匾 219 幅，周柏、汉槐等千年以上古树 31 棵；馆藏文物 10037 件（套）。此外，晋祠还留存李白、欧阳修、范仲淹、司马光等历代名人诗词歌赋 400 余首；剪桐封地、豫让刺赵、水母传说、铁人传说、三七分水等流传数百上千年脍炙人口的典故传说数十个；晋祠古庙会等传统民俗节日 10 多个。这里以儒家文化为主，佛、道及民间宗教兼容并蓄，交相辉映；悬瓮山、难老泉、古建园林浑然天成，人文与自然和谐统一，共同构成了晋祠深厚的文化底蕴和璀璨的人文景观。1961 年被国务院公布为第一批全国重点文物保护单位。

水母娘娘的故事于 2008 年被评为山西省级非物质文化遗产。近年来，晋祠博物馆大量收集整理有关水母娘娘传说的资料，并将其改编成情景剧，不定时在晋祠景区上演，尤其是每逢"五一""十一"及"5·18"国际博物馆日、文化和自然遗产日、周末等节假日，博物馆都会为广大游客献上具有晋祠特色的文化艺术表演，更加生动地为游客演绎这段反映劳动人民勤劳、淳朴、善良的传说故事。此外，讲解员还自编自导一些具有晋祠文化特色的节目，如舞蹈《清平乐》《相和歌》《礼仪之邦》、朗诵《历代名人咏晋祠》《太原赋》、快板《守望家园》，以及以文博楷模樊锦诗为原型创作的诗歌《坚守》，通过讲解员的朗诵，让更多人了解文博工作的艰辛，了解文物背后的故事。同时，还与太原市话剧团合作编排《剪桐封地》《三家分晋》《晋祠铁人传说》《唐太宗李世民与晋祠之铭并序碑》等极具晋祠文化的小剧目，在景区实景演出。这些原创节目形式多样、精彩纷呈，蕴含着深厚的人文底蕴和丰富的文化内涵，是推动晋祠文化遗产活起来的重要途径。

15.9.2　太原古县城

太原古县城，明代早期县城、国家级旅游休闲街区，位于山西省太原市晋源区，始建于明洪武八年（1375 年），占地面积约 0.8 平方千米。城墙分东、南、西、北四面，城墙全长 3700 米，高 11 米，下宽 13 米，上内宽 7.95 米，城墙以石为基，采用梅花丁的砌筑方法建造而成，呈现出古朴威严的风格。城墙共计设有城楼 4 座、角楼 4 座、望楼 36 座、魁光楼 1 座、瞭望楼 1 座，穿墙门洞 6 处（共 12 孔）。

城内历史建筑遗存众多，十字街格局清晰，街巷肌理完善，沿袭了晋阳古城 "城池凤翔余" 的古老建筑格局，犹如一只头北尾南的凤凰，自古就有 "凤凰城" 的美誉，是 2500 年晋阳古城文脉的延续。在太原县城，城内外共留存大小寺庙、楼阁、祠堂几十处，比如刘王祠、尹公祠、关王祠、崇圣祠、节孝祠、洪侯祠、梁公祠、赵襄子祠等。城内现存文物建筑 79 处，太原市人民政府挂牌保护的历史建筑达 49 处。其中，文庙被列为全国重点文物保护单位。

如今，随着诸多非遗项目的次第落户，非遗已成为太原古县城独特的文化符号之一，古县城内随处可见非遗文化品牌与古法商铺作坊，诸多山西非遗手工技艺在这里通过收藏展览、技艺展示、研学体验等形式得到展示和传承，让非遗保护 "见人见物见生活"。

古县城内，可以在漏鱼儿店，观看非遗美食漏鱼儿的制作过程，"云品尝" 爽滑鲜美的漏鱼儿；在宝源老醋坊内，学习参观山西人餐桌必不可少的老陈醋的酿造过程；在晋祠桂花元宵作坊前，跟着传承人韩福元体验滚制元宵；在妙艺堂，跟着葫芦工艺传承人欣赏精美的烙画作品，体验陈氏烙画的技法；在晋阳根雕馆，跟着传承人张伟领略了千姿百态的根雕艺术作品，倾听了根雕背后的故事；在晋麦香花馍研习社，跟着传承人续爱花浏览品类丰富的国家非遗项目定襄面塑作品，并且学习制作了简单的面塑。

15.9.3 太原莲花落

太原莲花落，一种融合说唱与表演的传统曲艺，起源于山西太原，表演者通常独自完成讲述、歌唱和伴奏，使用七件子作为伴奏乐器。这种艺术形式的曲目内容丰富，既有长篇叙事如《五女兴唐传》《万花楼》和《呼延庆打擂》，也有短小精悍的故事如《小两口打架》和《夫妻挑水》。

为了传承和发展这一非物质文化遗产，太原莲花落在保持太原方言特色的同时，融入普通话元素，对晋中莲花落进行了深入研究，并在语言风格、唱腔技巧、表演艺术和节奏把握等方面进行了创新。1963 年的一次演出中，经过改革的莲花落获得了巨大成功，标志着这一艺术形式的新生。

2021 年，由太原市委宣传部和市文化和旅游局联合主办，太原广播电视台和市歌舞杂技团有限责任公司共同出品的首部太原莲花落轻喜剧《合浪浪许家》问世。该剧由大同数来宝创始人、山西省曲艺名家柴京云执导，柴京海领衔主演，王名乐担任编剧。王名乐不仅是太原莲花落的传承人，还是中国曲艺最高荣誉"牡丹奖"的获得者。这部作品以新颖的形式为传统的非遗莲花落注入了新的活力。

15.9.4 西华门舞狮表演

西华门舞狮兴起于 20 世纪 20 年代，由当时居住于太原西华门街道的民间艺人张壁始创。西华门舞狮表演通常有跑场子、戏彩珠、滚绣球、母狮下崽等动作，其中最为人称道的就是"母狮下崽"，表演风格生动活泼、幽默诙谐。2009 年 4 月 24 日，西华门舞狮经山西省人民政府批准列入山西省第二批省级非物质文化遗产名录。

15.10　线路十：古建遗珠非遗之旅

旅游线路：大同市云冈石窟—大同市浑源县悬空寺—朔州市应县木塔—忻州市五台县五台山。

线路介绍：走进云冈石窟，观赏令人震撼的东方石雕艺术，参观平城区斑斓虎创意非遗工坊。在浑源黄芪文化园体验黄芪生产、加工技艺。品尝大同勾刀削面、浑源凉粉。参观应县木塔，观看雁北耍孩儿非遗表演，在五台县学习传统彩塑制作，入住半云山居民宿，开启五台山禅意之旅。

15.10.1　云冈石窟（石雕艺术）

位于山西省大同市西郊武周山的云冈石窟，是一处规模宏大的佛教艺术宝库，始建于北魏兴安二年，并在北魏迁都洛阳前基本完成主要工程，雕刻活动持续至正光年间。这些石窟沿山体开凿，总长约 1 千米，拥有 45 个主要洞窟和 252 个附属小窟龛，以及超过 51000 尊石雕佛像，规模从巨大的 17 米到微小的几厘米不等。石窟内的佛像、菩萨、力士和飞天等形象栩栩如生，塔柱雕刻精细，既继承了秦汉时期的现实主义艺术精髓，又为隋唐时期的浪漫主义风格奠定了基础。云冈石窟与敦煌莫高窟、龙门石窟齐名，被誉为中国三大石窟群之一，也是世界石雕艺术的瑰宝。

云冈石窟的雕刻艺术分为早、中、晚三期，每期都有其独特的风格。早期的"昙曜五窟"以其雄浑和质朴的西域风格著称；中期石窟则以精细的雕刻和华丽的装饰闻名，展现了北魏艺术的复杂性和富丽；晚期石窟虽规模较小，但人物形象更加清瘦、比例协调，成为北方石窟艺术的典范。石窟中的乐舞和杂技雕刻，不仅展示了佛教思想的流行，也反映了当时社会生活的一面。

云冈石窟不仅记录了佛教艺术从印度和中亚传入中国的过程，也见证了佛教造像在中国的世俗化和民族化。这里融合了多种佛教艺术风格，形成了独特的"云冈模式"，对后续的敦煌莫高窟和龙门石窟产生了深远影响。云冈石窟标志着石窟艺术在中国的本土化，其中期石窟的宫殿式建筑雕刻和中国式佛像龛的设计，以及晚期石窟的布局和装饰，都体现了佛教艺术在中国的深入发展和中国化趋势。

15.10.2 浑源黄芪文化园

浑源县以"中国黄芪之乡"而闻名，拥有一系列国家级认证和荣誉，包括"国家道地药材生产基地""国家 GAP 种植基地""地理标志证明商标""黄芪 GMP 认证"以及"国家地理标志保护产品"。黄芪的种植历史可追溯至北魏时期，距今已有超过 1500 年。

目前，浑源县的黄芪种植面积覆盖 10 个乡镇，总面积达到 39.5 万亩，其中规范化种植面积为 23 万亩，年产鲜黄芪约 2500 万千克，产值达 5 亿元。多家企业如山西浑源万生黄芪开发有限公司、浑源县泽青芪业有限公司、大同丽珠芪源药材有限公司、安瑞农林科技有限公司等，以黄芪为核心，推动了产业的集约化、高端化和品质化发展。这些企业的产品不仅在国内销售，还远销美国、加拿大、日本、韩国和东南亚等地，年出口量超过 1500 吨。黄芪茶、黄芪酒、黄芪蜜、北芪菇等衍生产品一经推出便受到市场欢迎，销售网络遍及全球。[①]

黄芪文化园是浑源县打造的首个全方位展示黄芪文化的园区，旨在通过高端化、品质化、品牌化和规范化的运营理念，由专业团队管理，并得到北京"一亩田"公司的品牌营销支持，力争在黄芪产业领域占据领先地位。该园区不仅促进了黄芪产业的发展，还通过提供游览、体验和购销服务，延长了浑源的旅游产业链，为当地文化旅游产业注入新活力。

---

① 李红光."中国黄芪之乡"山西浑源县发挥资源优势　三大产业惠农增收［EB/OL］. 中国产业经济信息网，http：//www.cinic.org.cn/xy/tszx/1486355.html，2023 - 10 - 30.

15.10.3　大同刀削面

大同刀削面是山西省著名的汉族小吃，和北京的炸酱面、河南的烩面、武汉的热干面、四川的担担面被誉为"中国五大面食"，起源于元代，是山西名声最大、影响力最广的面食，中厚边薄，棱锋分明，形似柳叶，入口外滑内筋，软而不黏，越嚼越香。其主要品牌有喜晋道面馆、东方削面、老柴削面、七中削面、二板削面等。其制作方法是一斤面里加三两水，打成面穗，再揉成面团，然后用湿布蒙住，饧半小时后再揉，直到揉匀、揉软、揉光，如果揉面功夫不到，削时容易粘刀、断条，最后把面揉成尺余长的桶状，用特制的、弧形的削刀，一手托面，一手拿刀，削出面条即可。食用时可根据自己的口味，加入陈醋、辣椒、葱花、卤鸡蛋、豆腐干等配料。2018年，中国饭店协会授予大同"中国刀削面之乡"荣誉称号；2020年，大同刀削面入选山西省大同市第六批市级非物质文化遗产保护项目；2023年，入选山西省非物质文化遗产保护项目。

15.10.4　应县木塔

应县木塔，又称佛宫寺释迦塔，位于山西省朔州市应县佛宫寺内，始建于辽清宁二年（1056年），是世界上现存最高大、最古老纯木结构楼阁式建筑，与意大利比萨斜塔、巴黎埃菲尔铁塔并称"世界三大奇塔"。佛宫寺释迦塔是现存世界木结构建设史上较典型的实例，中国建筑发展上较有价值的坐标，抗震避雷等科学领域研究的知识宝库，考证一个时代经济文化发展的一部"史典"。1961年3月4日，佛宫寺释迦塔被中华人民共和国国务院公布为第一批全国重点文物保护单位。佛宫寺释迦塔高67.31米，底部直径30.27米，总重量为7400多吨，主体使用材料为华北落叶松，斗拱使用榆木。木料用量多达上万立方米。整个建筑由塔基、塔身、塔刹三部分组成，塔基又分作上、下两层，下层为正方形，上层为八角形。塔身呈现八角形，外观五层六檐，实为明五暗四九层塔。结构九层，其中有四个结构层为平坐层，也称为"暗层"，夹在各明层之间，是一个中空的双层环状结构。在平坐层内柱子之间和内外角柱之间架设不同方向的斜撑，形成桁架结构，有如一层刚性加强层，有效地增强了木塔整体结构的强度。中空的部分增加了明层的净空高度，以便安置较高大佛像。其余五层为明层，每层都供奉佛像，除首层供奉的释迦牟尼金身坐像高达11米外，其上四层佛像尺度相对较小。全塔共使用400余攒不同类型的斗拱，平面则采取内、外两圈八边形立柱，内圈主柱8根，外圈主柱24根，形成内外双层套筒式的平面结构。内柱环绕的空间是佛堂，内外柱之间的空间称为外槽，是供朝拜礼佛活动的通道，称为外槽。外槽外面是各层出挑的平座，外槽内由扶梯可供上下。

15.10.5 雁北耍孩儿

雁北耍孩儿，又称咳咳腔，起源于山西原雁北地区的大同、怀仁和应县一带，是以金、元时代盛行的"般涉调·耍孩儿"曲调为基础，并受其他戏曲音乐和民歌的影响发展起来的。雁北耍孩儿曲调古朴、婉约、豪放、细腻，充满乡土气息，在笛、笙、管、弦的配合下，优美动听，悦耳感人。其演出形式纯属舞台表演，在戏曲综合艺术中以舞见长，传统唱腔在一出戏里，基本上是将主曲（平曲子）多次重复演唱，属单曲体的联套形式，旋律委婉流畅，音质浑厚铿锵，便于抒发悲壮的感情。2006年5月，雁北耍孩儿经国务院批准列入第一批国家级非物质文化遗产名录。

15.10.6 五台县传统彩塑制作

五台民间传统彩塑是流传于佛教圣地五台山及周边区域的一种制作泥塑佛像、神像及民俗彩塑的民间传统技艺，该技艺采用滹沱河精选的澄泥并辅之其他材料经堆积塑形、细致刻画、沥粉彩绘而成；彩塑作品形式包括立体雕塑和浮雕两种。五台民间传统彩塑传承人在制作过程中融合了历代先辈的彩塑制作技艺，经七代人的传承与发展，在艺术风格和材料的应用上形成了自己独特的彩塑创作体系，在五台山及周边宗教庙宇及传统民俗彩塑制作领域中独树一帜；通过理论与实践相结合的方式，传承人培养了一批批彩塑艺术作品制作人才，引领着五台山民间传统彩塑艺术的传承与发展。

第16章 区域联合发展

——晋中文化生态保护实验区，带动非遗区域性整体保护

16.1 非遗区域整体保护的实践

晋中文化生态保护区，是文化和旅游部于 2023 年 1 月公布的全国首批第三个国家级文化生态保护区，包括晋中市的 11 个县区和太原市的清徐县、阳曲县、小店区和晋源区及吕梁市孝义市、汾阳市、交城县和文水县等 19 个县（市、区），以保护非物质文化遗产为核心，对保护区内历史文化积淀丰厚、存续状态良好，具有重要价值和鲜明特色的文化形态进行整体性保护。晋中文化生态保护实验区所处区域，北接草原、南引中原，汾河、黄河文明脉络清晰，草原文化与黄土高原的农耕文化、商业文化相交融，历史文化遗存厚重而独特。这个区域是山西非物质文化遗产项目最集中的重点地区，从其历史典型性、资源多样性、遗存传承性等特点来看，在中华民族多元一体文化格局中占有突出地位，是华夏传统文化的典型代表和重要组成部分。

2021 年 8 月，中共中央办公厅、国务院办公厅印发的《关于进一步加强非物质文化遗产保护工作的意见》（以下简称《意见》），给山西非物质文化遗产工作带来重大发展机遇。《意见》提出，促进文化生态保护区建设与国家文化公园建设有效衔接，提高区域性整体保护水平。山西是黄河国家文化公园和长城国家文化公园叠加区，区内非物质文化遗产丰富，国家级晋中文化生态保护实验区位于黄河国家文化公园主体区，其范围广、特色鲜明。山

西省文化和旅游厅积极推动实验区各项工作，晋中市、太原市、吕梁市政府不断强化主体责任，持续推进实验区巩固提升，形成了非物质文化遗产区域性整体保护的发展模式。

全面提升非物质文化遗产调查研究水平。开展田野调查，对保护区内非物质文化遗产进行系统整理，取得丰硕成果；开展"平遥道虎壁王氏中医妇科""牛郎织女传说"等近 30 个非遗项目田野调查工作；复排晋剧、左权小花戏等优秀传统剧目；编辑出版了《晋中市非物质文化遗产名录图典》《太原非物质文化遗产图典》等书籍或专著。

扎实开展非遗记录工程。完成平遥纱阁戏人、龟龄集传统制作工艺等 10 余个国家级非遗项目的抢救性记录工作；对国家级非遗项目代表性传承人开展抢救性记录工作；收集文水鈲子、汾阳磕板秧歌、孝义碗碗腔等项目老曲谱（剧本）50 余份、老道具 100 多件，对文字、照片、影像资料进行数字化建档保存。

大力营造良好社会氛围。晋中文化生态保护实验区各级部门多次组织非遗项目及传承人参加中国非遗博览会、成都国际非遗节、山西文博会及山西非遗博览会，据不完全统计，近年来各地组织非遗项目展演展示 1000 多场次，参观人数 20 余万人；开展非遗进校园常态化教学薪火工程，通过民俗文化教师培训、校园社团活动、特色教学班、集中展演等方式，让非遗项目走进校园；文化生态保护实验区内各级文化和旅游主管部门选择适合在大、中、小学保护和传承的非遗项目，编著教材、开设课程。

积极发挥非遗基础设施功能作用。建成 1 个市级综合性传习中心，14 个县级综合性传习中心。此外，保护区内已建立 20 所博物馆或展示馆、169 个传习所。太原市群众艺术馆、水塔老陈醋集团、太原市晋剧戏迷协会成为青少年非物质文化遗产传承教育基地。

促进文化旅游深度融合。开发"非遗＋旅游"精品线路，鼓励有条件的项目实施"体验研学"；探索在景区内建设博物馆（展览馆），通过旅游市场激发非遗活力；王家大院、绵山风景区、太谷鑫炳记文化园、榆次官道巷民俗文化小镇等景区引进非遗项目开展"非遗＋旅游"研学活动，将"牛郎织女传说"、石勒传说、介子推传说等引入景区讲解传播。

晋中文化生态保护区地处山西中部，涵盖晋中、太原和吕梁 3 个市 19 个县（市、区）。山西省内约 1/3 的国家级"非遗"位于该保护区内。晋中文化生态保护区内草原文化与农耕文化、商业文化相交融，蕴含厚重而独特的历史文化遗存，是华夏传统文化的典型代表和重要组成部分。由于该区域长期处于农耕文明和游牧文明的交会地带，所以保留着根植于农耕文化中的节俗文化、粟文化、醋文化、酒文化、药文化、武文化、乐文化、农时文化等，具有传承农工并举、商儒结合、耕读传家、乐舞相济等诸多代表性文化项目。

文化生态保护区建设是根据"区域性非遗生态系统"的特点而划定的保护区域，是我国对"非遗"整体性保护的一个创新性的理论与实践探索，"共生共存"是"非遗"与其所处社区自然和社会的特征，文化生态保护区是"非遗"资源富集区，通过对晋中文化保护区内部多元化"非遗"资源利用、建设模式等方面的探讨，总结经验，凝练"非遗"保护利用的"中国模式"，可对其他文化生态保护区"非遗"保护利用起到示范效应。

16.2 非遗区域整体保护的意义

16.2.1 文化传承与多样性保护

区域整体保护有助于维护和传承当地独特的文化传统和实践，这些文化形式往往蕴含着丰富的历史信息和民族智慧。通过保护这些非物质文化遗产，可以确保文化多样性得以保存，避免因现代化进程中的同质化趋势而导致的文化单一化。这种保护措施还有助于增强民族认同感和文化自信，因为非物质文化遗产是民族身份和文化认同的重要标志。通过保护和展示这些遗产，可以促进不同文化之间的相互尊重和理解，为全球文化多样性的维护作出贡献。

16.2.2　社会经济与可持续发展

非物质文化遗产的区域整体保护可以带动当地经济发展，特别是通过发展文化旅游、传统手工艺等产业，为当地居民创造就业机会，提高生活水平。同时，这种发展模式往往更加注重生态平衡和可持续性，有助于实现经济与环境的和谐共生。此外，非物质文化遗产的保护和利用还可以促进教育和技能传承，为年轻一代提供学习和实践传统文化的平台，从而培养他们的创新能力和文化创造力，为社会的可持续发展注入新的活力。

16.2.3　国际交流与文化外交

区域整体保护的非物质文化遗产项目往往具有较高的国际吸引力，可以作为文化交流的载体，促进国际的文化互鉴和友好往来。通过国际合作项目、展览、节庆活动等形式，可以展示国家的文化底蕴和创新能力，提升国家形象和文化软实力。在全球化背景下，非物质文化遗产的保护和传播有助于构建多元共存的国际文化环境，促进不同文化之间的对话和理解，为解决全球性问题提供文化智慧和解决方案。

16.3　文化生态保护区创建措施

16.3.1　做好国家级文化生态保护区总体规划实施和衔接

要增强国家级文化生态保护区总体规划的前瞻性和科学性，以规划为抓手，强化规划的引领和带动作用，把规划实施贯穿到国家级文化生态保护区建设的全过程、各环节。要推动国家级文化生态保护区建设与服务精准扶贫、乡村振兴战略相衔接，促进地方经济社会文化协调发展。要依托国家级文化生态保护区内独具特色的文化生态资源，积极探索将文化生态保护区与乡村旅游、全域旅游发展相结合，推出一批非物质文化遗产精品旅游线路，利用展示场馆、传习中心、传习所和传习点等开展研学旅游和休闲体验旅游等多种形式的旅游活动。

16.3.2 深化对文化生态区域性整体保护的认识

要维护和改善非物质文化遗产的传承条件和实践环境，保护和培育非物质文化遗产传承的文化生态。要增强文化自信和文化自觉，尊重当地居民传承非物质文化遗产的主体地位，增强其参与感、获得感和自豪感，切实改变高比例迁出居民、切断文化传承脉络的做法。要注重认定的非物质文化遗产代表性项目和未认定的非物质文化遗产项目之间、不同非物质文化遗产项目之间、非物质文化遗产与物质文化遗产之间、文化遗产与人文和自然环境之间的互动性和关联性，保持重点区域和重要场所的历史风貌。

16.3.3 加强非物质文化遗产传承实践能力建设

要定期开展国家级文化生态保护区内非物质文化遗产调查，实施非物质文化遗产记录工程。要加强文化生态区域性整体保护理论和实践研究，为国家级文化生态保护区建设提供智力支持和决策参考。要对国家级文化生态保护区内非物质文化遗产代表性项目开展存续状况评测和保护绩效评估，制定落实分类保护政策措施，加大对亟须保护项目的扶持力度。要鼓励、支持和促进非物质文化遗产代表性传承人开展传承活动，组织国家级文化生态保护区内传统工艺传承人群参加研修研习和培训，提高传承能力，增强传承后劲。要充分挖掘国家级文化生态保护区内传统工艺项目资源，将传统工艺培训和传统工艺工作站向区域内贫困地区倾斜，助力当地脱贫攻坚。

16.3.4　营造国家级文化生态保护区建设的浓厚氛围

　　要在国家级文化生态保护区内，办好各种各样的非物质文化遗产展示场馆、传习中心、传习所和传习点。支持区域内传统村落、街区、社区建设，让传统村落、街区、社区成为非物质文化遗产传习和展示的空间。要加强非物质文化遗产普及教育，推动将非物质文化遗产保护知识纳入当地国民教育体系。要利用文化和自然遗产日、传统节日等重要节点在国家级文化生态保护区内开展非物质文化遗产主题传播活动，定期举办非物质文化遗产项目区域性展示展演，培育形成有影响力的非物质文化遗产品牌活动，进一步提高国家级文化生态保护区的可见度和影响力，努力营造全社会共同参与国家级文化生态保护区建设的良好氛围。

第17章 非遗工坊建设

——非遗扶贫就业工坊，奏响新时期乡村振兴的时代乐章

"非遗扶贫"是在文旅融合不断深化的背景下，以保护传承非物质文化遗产，将非遗与现代商业无缝对接，实现贫困户脱贫增收的一种扶贫模式。在非遗众多门类中，传统手工艺非遗项目具有一定的商品属性和市场属性，更容易找到扶贫的着力点。近年来，山西文化和旅游部门把"非遗助力精准扶贫"作为落实习近平总书记关于脱贫攻坚和非遗保护重要指示精神的重要举措，非遗保护形成新的气象和格局，非遗传承实践日趋活跃，非遗扶贫为脱贫攻坚开辟了新道路，注入了新活力，让非物质文化遗产得到有效保护和传承，成为扶贫领域的新亮点。

山西作为全国扶贫开发重点省份，在全国 14 个集中连片特困地区中有吕梁山、燕山—太行山两个，全省共有 58 个贫困县（区），其中 36 个国定县，22 个省定县。经过几年来的奋力攻坚，截至 2020 年 2 月底，58 个贫困县全部摘帽，7993 个贫困村全部退出。非遗在扶贫工作中，发挥着重要积极的作用，据不完全统计，共有包括国家级非遗项目 32 项在内的各级非遗项目 388 项参与扶贫帮扶工作，其中传统工艺类 139 项，主要参与帮扶 3522 人，建档立卡贫困户 1254 人，脱贫 936 人，实现年销售收入近 2028.7 万元。①

---

① 康梅艿，李全宏. 书写在三晋大地上的时代答卷——我省脱贫攻坚全纪实 [EB/OL]. 山西新闻网－山西日报，https：//www. jcgov. gov. cn/dtxx/jrtt/202102/t20210225_1358383. shtml，2021－02－25.

17.1　非遗保护政策向扶贫工作倾斜

　　山西早在 2013 年 1 月就施行了《山西省非物质文化遗产条例》，条例要求"加强非物质文化遗产保护、保存工作，继承和弘扬优秀传统文化"。《晋中国家级文化生态保护区总体规划》明确要求重点引导和支持保护区内的 6 个贫困县（阳曲县、左权县、和顺县、榆社县、昔阳县、交城县）加快县级综合性非遗传习中心的建设。通过这些传习场所，既作为非遗的宣传展示阵地，也是为非遗传人提供传习的空间，更成为扶贫的窗口，建立起传承人、贫困户学习手艺的地方，产品销售的平台。《关于贯彻落实中国传统工艺振兴计划的实施意见》，要求"通过振兴传统工艺促进就业，实现精准扶贫，提高城乡居民收入，增强传统街区和村落活力"。要结合发展繁荣文化事业和文化产业、精准扶贫、新农村建设、少数民族传统手工艺及特色村镇保护与发展、传统村落保护、美丽乡村建设、乡村旅游发展等工作，积极探索振兴传统工艺的有效途径。山西省出台了《山西省非物质文化遗产传承人群、工艺美术人才培训计划实施方案》，要求培训内容向就业增收带动效应明显的项目倾斜，培训对象向深度贫困地区和贫困人口倾斜，帮助当地农村富余劳动力提升职业技能，解决就业创业问题，进一步带动地方经济发展，全力助推山西省脱贫攻坚和乡村振兴。截至 2019 年 8 月底，已先期对 60 名省、市级工艺美术大师进行了回炉式培训。

17.2　非遗项目评定向贫困地区项目倾斜

　　山西非物质文化遗产种类繁多、内容丰富、特色鲜明。非物质文化遗产代表性项目名录体系的建立，能起到规范、引导、激励、扶持的作用。截至目前，全省共有国家级非物质文化遗产代表性项目 116 项，保护单位 168

个，处于全国第一梯队。省级非物质文化遗产代表性项目 537 项，保护单位942 个，国家级非遗项目代表性传承人 150 人，省级非遗项目代表性传承人1109 人。在项目和传承人的评审推荐中，在满足基本申报条件范围的情况下，着重向贫困地区和贫困人群倾斜。以国家级贫困县为例，国家级非遗项目"静乐剪纸""闻喜花馍""临县大唢呐""澄泥砚制作技艺"等，都对提高当地群众脱贫就业，发挥着重要作用。

17.3   活跃传承实践，发展非遗产业

扶贫必扶智，扶智就是扶知识、扶技术、扶思路，帮助和指导贫困群众着力提升脱贫致富。"授人以鱼不如授人以渔。"山西利用广大非遗项目在贫困地区的先决优势，通过成立非遗扶贫就业工坊、传统工艺工作站等方式发展非遗产业扶贫，帮助贫困人口学习传统技艺，增强内生动力，促进就业增收，巩固脱贫成果。

17.3.1   成立非遗扶贫就业工作坊

作为重要的文化资源，传统工艺在带动群众就近就业、居家就业方面具有独特优势，是精准扶贫的重要抓手。山西以传统工艺为重点，依托各类非遗项目，活跃传承实践，在国家级贫困县设立 64 个特色鲜明、示范带动作用明显的非遗扶贫就业工坊、工作室、传习所。目前，忻州市已正式挂牌首批 23 家非遗扶贫就业工坊，针对贫困地区的开展传统工艺技能培训，加快培养一批非遗助力精准扶贫的带头人和带头群体，推动形成一批经营实体，增强贫困地区可持续发展能力；"壶关郭氏羊汤制作技艺"保护单位创办了郭氏羊汤非遗扶贫就业工坊，为当地贫困户提供就业岗位 103 个，年人均收入达 18000 元以上；通过实施非遗项目以产业分红的方式帮扶龙泉镇石岩头村、小北庄村、谷驼村 277 户建档立卡贫困户 634 口贫困人口，户均年增收

800 余元;延伸郭氏羊汤非遗产业链,把贫困户联合起来成立谷驼养殖专业合作社,保护单位选派有技术的人员进行经营管理,并且采取保价收购的产业托管方式进行帮扶,共帮助 4 个乡镇 10 个行政村 176 户 453 口贫困人口,户均每年稳定收入 3000 元的产业收益;创办郭氏羊汤制作技艺讲习所,对贫困户进行制作技艺、肉羊养殖和蔬菜种植的技术培训,直接或间接带动周边 353 户贫困户 672 人从事种植和养殖业,年人均增收 3760 元。①

17.3.2 成立传统工艺工作站

2017 年 10 月,作为全国第 8 个传统工艺工作站,山西忻州(静乐)传统工艺工作站正式挂牌成立。恭王府博物馆和忻州市携手推进非遗与扶贫对接、扶志与扶智结合,在文化扶贫、优秀传统文化传承等方面开展了大量富有成效的工作。依托工作站,忻州在"走出去"和"请进来"中获益明显。如忻州在北京恭王府博物馆举办大型非遗展示月活动,参加第五届中国非物质文化遗产博览会,一批批非遗项目走出山西,向世界亮相。邀请来自中央美术学院、北京建筑大学、中国社会科学院等院校的师生走进忻州,开展相关非遗项目的设计研发工作等。工作站还联合忻州市妇联,组织贫困妇女参与手工产品设计、制作和包装,通过企业引领带动,当地 380 余名贫困妇女居家就业,人均月增收 1500 余元。

17.3.3 提升传承能力,持续开展研修研习

通过开展研修研习,有利于提升非遗传承人群传承能力,以非遗传承人创业带动农村贫困劳动力就业,助力乡村脱贫攻坚。

2015 年,中国非物质文化遗产传承人群研修研习培训计划实施,该计划通过组织非遗项目传承人群到高校学习专业知识、研究技艺和技术、开展交

---

① 边疆. 非遗扶贫的山西实践 [EB/OL]. 澎湃新闻,https://www.thepaper.cn/newsDetail_forward_8496087,2020 − 07 − 28.

流研讨与实践，帮助非遗传承人群强基础、拓眼界、增学养，增强文化自信，提高专业技术能力和可持续发展能力，提升非遗保护传承水平。山西自2017年联合山西大学、中北大学、太原理工大学等5所高校，先后举办了髹饰技艺、剪纸绘画、布艺织造、雕刻技艺、烧制技艺等非遗传承人群普及培训班，培训内容重点向亟待加强的传统工艺倾斜，在培训名额上向贫困县倾斜，为传承人群提供免费的食、宿、学机会，提高他们的审美能力、创新能力和传承能力，使贫困县和贫困人口掌握致富技能，增加收入；启动山西省非遗传承人群和工艺美术人才培训计划，并纳入"山西省全民技能提升工程"。明确每年举办省、市、县培训150期，培训相关从业人员6000人次。覆盖国家、省、市、县四级非遗代表性传承人，各级工艺美术大师，非遗和工艺美术相关从业人员。鼓励结合精准扶贫，以1个村、1个乡或1个县为单位，面向深度贫困地区开展整建制培训。

除了全省范围内的培训计划，各地非遗保护单位也积极参与对贫困地区传承人群的培训。山西戏剧职业学院利用自身优势，开展"壶关秧歌"的整建制培训，以一个剧团为单位，通过高校师资参与剧目的创作和排演，为喜爱戏剧的孩子因贫困无法学习提供条件，激发他们的表演、创作潜质，为今后的深造创造机会。也为院团丰富演出剧目，解决创作难题，提高演出市场的竞争力；"繁峙晋绣"保护单位形成"公司＋家庭绣坊"的规模型企业实体，近年来共培训16期1846名农村妇女学习晋绣艺术，723名学员签约为晋绣坊家庭绣娘，80名优秀学员培训为固定绣娘。同时，辐射带动保德、偏关、岢岚、静乐4个县500余名农村妇女通过刺绣脱贫致富，与忻州特殊教育学校和繁峙职业教育中心两所学校联合开设了四个晋绣专业班（基地）150名学生。使民间绣活繁峙晋绣艺术走入常规化传承。

17.4　打造非遗品牌，助推乡村振兴

据统计，全国列入各级非遗名录的代表性项目90%在县乡一级，可以说

中华民族的优秀传统文化基本上在乡村。非遗资源是文化资源，也是地区资源，打造非遗品牌，对助力脱贫攻坚、实现乡村振兴具有重要推动作用。

17.4.1 持续打造"乡村文化记忆工程"品牌

自 2015 年起，山西省率先启动了"乡村文化记忆工程"，旨在开辟一条全新的路径以保护乡村文化生态。该工程致力于保留并传承广泛分布于民间的"老物件""老传统""老故事"及"好习惯"等丰富多样的文化资源，从而提供具体的方法和平台，确保文脉得以延续，乡愁得以留存。至 2018 年，该工程已在山西省范围内的 693 个乡镇成功试点实施，通过与非遗保护、文物保护、传统村落保护及脱贫攻坚工作的紧密结合，各地因地制宜地开展了特色鲜明的创建活动。同时，该工程还积极引导贫困地区试点乡镇合理利用公共文化服务绩效奖励资金，以进一步提升乡村文化记忆工程的实施成效。①

17.4.2 创新发展山西"三宝"品牌

在 2019 年举行的第四届山西文博会上，省委书记楼阳生指出：珐华器、推光漆、澄泥砚是当之无愧的"山西三宝"，并强调要把"山西三宝"推向国际，进一步弘扬传承传统文化，壮大文化产业。2020 年政府工作报告中明确提出：推动五个有望突破千亿元的特色优势产业提档升级，其中包括重点提升"山西三宝"等工美产品影响力。2020 年 3 月，由山西省人民政府办公厅颁布的《山西省振兴工艺美术行业工作方案》中，提出支持 300 个旅游扶贫示范村根据实际发展"一村"，倡导工艺美术企业在这些示范村设立生产点，以此实施产业扶贫策略。同时，"山西三宝"作为国家级非物质文化遗产，是山西独有的国字号品牌，我们需充分发挥其引领示范作用，致力于

---

① 路鹏程. 见人见物见生活：山西省非遗保护成绩斐然［EB/OL］. 国际在线，https：//sx. cri. cn/20180718/936ef077－8528－b2a5－fe2c－7f1114a41aa9. html，2018－07－18.

将其打造成为山西文化旅游产业的支柱品牌，并进一步发展为文旅扶贫的标志性品牌。

17.4.3 大力创建非遗博览会品牌

2018 年，以"保护·传承·转化·发展——非物质文化遗产融入现代生活"为主题的首届山西非物质文化遗产博览会，围绕黄河、长城、太行三大板块，在雁门关、司徒小镇和壶口瀑布三地举办，200 余个省级以上非物质文化遗产项目参与，全面展示了山西省近年来非遗保护工作的丰硕成果。其中，近半数的展出项目来自贫困县，这些项目传承人表示通过非遗博览会平台，非遗产品得到了很好的展出机会，带动了经济效益。同时，他们通过开展形式多样的"传帮带"活动，带动了贫困县周边人员学习技艺，掌握本领的积极性，通过非遗扶贫，以前没人学的局面得到改善。山西非物质文化遗产博览会将每两年举办一届，努力形成品牌，寻求长效发展。

丰厚的非物质文化遗产是山西的一张"名片"。山西将继续全面深入落实习近平总书记关于弘扬优秀传统文化的系列重要讲话精神，锐意进取，担当作为。以文旅融合为契机，结合乡村振兴战略，加大非遗助力扶贫宣传力度，积极组织非遗项目参加节庆展会，提高非遗项目知名度；积极鼓励传承人在坚持非遗核心技艺的同时，通过传授一招一技，设计一款一品，将非遗产品、衍生品推向市场，引导贫困群众参与非遗产品生产销售，实现创业增收；继续加大非遗手工艺培训力度，吸引贫困人口参与培训，掌握一技之长，尽早脱贫致富；进一步将非遗扶贫工作落到实处，为全面完成文化扶贫任务、打赢脱贫攻坚战，推动乡村振兴战略稳步实施作出应有的贡献。

第18章 非遗工业旅游

——潞绸文化园，赋能工业旅游融合发展新业态

18.1 潞 绸

国家级非物质文化遗产——潞绸，因潞安府而得名，是山西丝绸业鼎盛时期的代表，产于上党长平（主要是今天的高平）一带，是中国三大名绸（山西潞绸、山东英绸、南京宁绸）之一，曾与"杭缎""蜀锦"齐名。潞绸是唐代山西输往国外最多的商品，在历史上只做皇室贡品，御贡明清五百年，有着"南松江、北潞安，衣天下"的历史佳话。潞绸代表了明清时期山西乃至全国纺织技术的较高水平。更重要的是，潞绸作为普通百姓的饰品，融入了民间，作为一种衣着饰品，承载了深刻复杂的审美、习俗等文化内涵，融入了灿烂的中华丝绸文化之中。到明中后期，因自然条件和社会环境发生变化，潞绸的生产出现成本过高、机户无力承担的情况，最终在1660年潞安府机户做出惨烈之举——"焚机罢市"。尽管随后朝廷采取了补救措施，但为时已晚，潞绸逐渐衰落下去。直到光绪八年（1882年），经中丞张之洞专折奏请，长治不再向朝廷上供潞绸，潞绸从此淡出人们的视野。潞绸历史悠久，传统深厚，它所流传积累下来的诸多表现内容，不仅具有艺术欣赏、教化、认知和审美价值，而且是研究当地人民群众精神生活最为鲜活的史料，具有重要的历史、人文、社会、工艺研究价值。

潞绸非遗制造工艺呈现出犹如刺绣的立体效果。潞绸制造工艺大致可以分为：（1）原料选用；（2）经丝（原料分档、浸渍、缫丝、络丝、整经）；

（3）纬丝（并丝、扬返、染色、络丝、卷纬）；（4）织机装造；（5）纹制设计（纹样、匠意、配色）；（6）纸板制作；（7）织造；（8）成品制作。潞绸织造传统设备有：手工轮经车、手工打纬车、络丝车、扶摇机、捻丝车、手工丝织机。织造作品有真丝织锦被面、手帕、水纱、提花绸、花软缎等。

潞绸是山西丝绸业鼎盛时期的代表，作为潞绸织造技艺的唯一传承者，山西吉利尔潞绸集团始终把"传承潞绸文明，重塑潞绸辉煌"作为使命，助推潞绸发展壮大，让国家级非遗产品代代相传。

18.2　潞绸文化园

潞绸文化园的前身高平丝织印染厂建于 1958 年，迄今已经有 66 年的历史，是国家"东桑西移"工程龙头企业、山西省重点纺织企业之一、当时华北地区规模最大的丝绸工业园区，被誉为"太行山上一枝花"，是国家第二个五年计划重点项目，也是周恩来总理亲点的轻工业产业项目。后经吉利尔潞绸集团的兴建和改造，打造为展示潞绸文化与品牌发展相融合的文化产业创意园，是"高平三宝园"之一，包括潞绸历史馆、潞绸体验馆、北京潞绸博物馆、潞绸工业园。2022 年以来，高平市以吉利尔潞绸集团为龙头，以潞绸产业为核心，加快推进潞绸园升级改造，主要依托潞绸文化和国家非遗潞绸织造技艺，扎实推进"农、工、文、旅"一体发展，打造集蚕桑农业、康养文旅、潞绸文化、传统婚俗等产业于一体的潞绸小镇。作为潞绸织造技艺的唯一传承者，吉利尔潞绸集团始终把"传承潞绸文明，重塑潞绸辉煌"作为使命，用手中的"经纬线"秉承工匠精神，传承潞绸织造技艺，发展潞绸文化。

目前公司（吉利尔潞绸集团）共有三大业务板块：潞安府新娘潞绸被、丝麻面料、潞绸文化旅游。

核心产品潞安府新娘潞绸被——致力于打造"最富中国文化寓意"的经典婚被。被面采用厚重、精美获国家级非物质文化遗产的潞绸；被胎选用太行山国家地理标志保护蚕茧，手工拉制，是尊贵的中国新娘婚礼象征物。

潞绸文化旅游，是以潞绸文化产业创意园为依托，集工业旅游、文化创意、参观体验、休闲购物为一体的旅游项目。在这里游客可以亲身体验抽丝剥茧、纺丝织绸、拉胎刺绣等生产过程，感受神奇、悠久的潞绸文化。

美丽的潞绸文化园区坐落于高平市中心位置，居神农北路西侧，这里有休闲草坪、参天古树、国家级工业文化建筑，国家级潞绸织造技艺，是一个富氧含量高、环境优美的文化园区。今在高平市建有潞绸文化园，展示着潞绸过去的辉煌，也讲述着潞绸传人们正在进行的不懈努力。精心布展的潞绸博物馆内，"潞绸衣天下"的字样映入眼帘，馆内划分为圆厅、中厅、中央区和后厅，主要展示了山西丝绸业的起源、潞绸的由来、潞绸技艺的传承。潞绸艺文中心包括潞绸影片鉴赏、潞绸人物志、织造技艺展示，通过重现丝织厂文化，与当今的潞绸发展进行对话，厚植匠心精神。潞绸产品体验馆主要展示有新娘潞绸被、丝绸床品等经典潞绸产品。

高平市潞绸文化园，将活化利用工业遗产真正用"活"了——潞绸织造技艺作为一项"活"着的非物质文化遗产，诞生在"活"着的工业遗产中。早在 2014 年 12 月，这项技艺就入选了第四批国家级非物质文化遗产名录。潞绸是极富地方特色的汉族传统丝织品，现在还留存着古代至今的手工织坊。一条织锦潞绸被，需要用国家级非遗织造技艺，历经大小 298 道工序、375 天才能完成，而且只能在那台同样是工业遗产的织造机上进行。这台织造机虽然被保护起来，但从未停止"工作"。技师说，一旦停下来，它就"死"了，失去了灵魂和价值。同样，生产它们的厂房，也是"活"着的工业遗产。2019 年，潞绸文化园（原高平丝织印染厂）入选第三批国家工业遗产名单。园区内 60 多年前由苏联建造的织造车间厂房及办公楼，就是工业遗产。这些建筑至今保存完整，是见证高平市工业文明史的重要文物之一。这一排排拥有玻璃窗房顶的锯齿形厂房，已经被保护起来，但依然作为一线生产车间在使用。原来，这种厂房的特征是体积大，每排车间占地面积巨大，并且联排建造。这样布局的原因是，首先，有利于连续生产和便捷管理；其次，联排厂房外形呈锯齿形，房顶由玻璃窗组成，既方便生产采光又利于通风。在申请工业遗产保护时，鉴于厂房"健康"状况良好，没有必要迁出旧厂房、另建新厂房，潞安府（吉利尔）潞绸集团创造性地提出：在传承中保护，在保护中利用。

18.3　非遗与工业旅游

工业旅游由工业生产过程、工厂风貌、工人工作生活场景、工业景观等构成。它可以让游客置身其间，亲眼见证一件件产品的生产过程，甚至还可以亲自上阵，参与生产过程。跟普通的观光旅游相比，它更具现场感、参与性和动感，能够最大限度地满足人们的好奇心和求知欲。对于企业来讲，可以化解产能过剩、寻求破茧重生，保护工业遗产、实现转型升级；对于旅游业来讲，可以培育新领域，丰富新产品，增加新供给，构建新增长点；对于工业城市来讲，可以完善城市功能，优化城市空间，注入全新活力，改变城市风貌。

山西省工业旅游基础较好、资源优势明显，但与山水风景游、文化名胜游等成熟的旅游产品体系相比，尚处于起步阶段。因其存在产品单一、质量不高、体验互动性差等一系列问题，目前面临"叫好不叫座"的尴尬境地。近年来，随着"以文塑旅、以旅彰文"的文旅融合的不断推进，非物质文化遗产的产业化应用所伴生的"非遗＋工业旅游"逐渐成为促进工业旅游发展的新思路。

18.3.1　政府主导统筹规划非遗＋工业旅游

各级政府应高度重视工业旅游发展，在构建山西工业旅游高质量发展政策体系和研究出台山西工业旅游发展专项规划等的过程中重视非遗资源的挖掘与应用。在国家层面，工业旅游方面相关的政策法规相继出台，如《全国资源型城市可持续发展规划》《国家工业遗产管理办法》《全国工业旅游创新发展三年行动方案》等，主张以全国资源型城市为主体，以工业旅游示范基地、工业文化遗产为基础的政策框架逐步完善；非遗保护利用领域也陆续出台了《关于进一步加强非物质文化遗产保护工作的意见》《"十四五"非物质文化遗产保护规划》《关于推动传统工艺高质量传承发展的通知》《关于推动非物质文化遗产与旅游深度融合发展的通知》等文件。非遗与工业相互交叉、相互促进，传统技艺类非遗在产业化发展的过程中，积极推进工业旅游示范基地建设和工业文化遗产的保护；工业旅游目的地深入挖掘区域非遗文化，积极融入非物质文化遗产传承和活化利用的进程中，以期实现非遗与工业旅游在文旅融合的大框架下深度交融、互促共进。

18.3.2　提升非遗工业旅游开发质量

观念要"转"。摒弃那种认为工业旅游是工业生产"附属"产品、价值不大的偏颇看法，深入挖掘传统工艺等非物质文化遗产中蕴含的文化精髓，发挥创意，合理改造与包装，让工业遗产和非物质文化遗产迸发出新的生机与活力。通过大力鼓励非遗工业旅游地创建 A 级旅游景区、研究出台非遗工业旅游行业标准等举措，推进山西工业旅游高质量发展。落实要"细"。实践表明，细节决定成败，不仅主题策划、规划设计、营销运营、留住美好回忆等每个细节要做到完美，甚至交通导识牌也要标准化、讲解员培养也要不断优化等。全面推行标准化将是决定未来山西非遗工业旅游发展的重要因素。推进旅游基础设施和公共服务设施建设标准化势在必行，例如省级以上工业旅游示范点（基地）厕所要达到国家 3A 级旅游厕所标准，在高速公路、高等级公路以及城市出入口等位置设立工业旅游交通引导标识牌等。

18.3.3　丰富非遗+工业旅游发展新业态

主要从三个方面进行创新：一是鼓励发展以工业遗产和非物质文化遗产

为载体的研学旅行、休闲体验、非遗工业遗产主题公园等新型工业旅游业态。以汾酒和陈醋酿造、中医药生产等为重点，打造推出非遗传习展示基地、开发研学旅行课程，打造一批工业旅游精品线路。二是创建特色旅游小镇、文化产业园，擦亮石太铁路遗产廊道、三线记忆、煤炭化工、醋酒文化等工业旅游名片，挖掘非遗文化，打造非遗工业旅游"山西样本"。三是提升建设中国煤炭博物馆、老陈醋博园、大同晋华宫国家矿山公园等一批工业博物馆、创业园、产业园，开发非遗工业遗产创意游等产品。

18.3.4　加快科技赋能和数字转型

通过数字化、可视化、互动化、智能化改造，建设一批深受大众喜爱的数字工业博物馆、非遗体验馆。依托互联网和 VR/AR 等技术，创新推出"云参观""云看展""云购物"等工业旅游产品和非遗产品，打造一批线上互动体验场景，推动线上线下融合发展。

18.3.5　积极探索多元主体参与路径

政府出政策规划、企业抓推进建设、社会资本积极参与，各方不仅要闻风而动，而且要各司其职、注重实效。遵循政府搭台、市场运作的思路，出台一系列激励性措施，整合各方资源，引导社会资本参与非物质文化遗产与工业遗产保护与旅游利用，推动非遗工业旅游创新发展。

第19章 非遗数字传播

——新媒体，助力非遗"破圈"创新发展

19.1 新媒体时代的非遗发展机遇

非物质文化遗产是我国文化基因的重要载体，其内在的信仰习俗、特定的生活方式、独特的审美情趣和稳固的价值观，对中华民族伦理道德、价值观、风俗民情、精神风貌的塑造和养成都产生了深刻的影响，构成了中华文明的底色。目前，非遗与生产生活脱节等问题较为突出，在创意设计、市场化运作和科技提升方面还存在一些不足。因此，推动我国非遗创造性转化、创新性发展成为亟须解决的命题。2022年8月，中共中央办公厅、国务院办公厅印发的《"十四五"文化发展规划》指出，要推动非遗融入生产生活，创新开展主题传播活动，推进非遗进校园、进社区、进网络，为推动非遗创造性转化、创新性发展提出了新要求、新思路。

现代数字化技术的迅捷发展，影响了人们认知世界的方式，也改变了传统媒体的线性传播形式，数字化信息产品的开发也呈现出从单向展示向多元化交互性方向发展的趋势。传播好非遗资源，构建数字化公共信息平台，将所采集到的非遗资源存储于网络服务器之中，运用各种手段来传播非遗资源。利用数字化信息技术对非物质文化遗产资源进行保护、开发、传承与传播，是一项重要而艰巨的深远工程。

德国民俗学家保·辛格尔认为，现代技术世界的发达表面上看不利于民间文化生存，但实际上现代技术世界的时间感及交通、大众传媒造成的跨越

式的空间，以及社会分化的强化，促使民俗活动的节奏加快，为民俗提供了更加广阔的空间涵盖面，使之可以通过互联网的通信技术传递到超地方的领域中，并为不同社群的认同和联谊提供机会。新媒体的快速发展，不仅推动非遗展示、展演创新，还会在更深层次上进一步推动非遗内容生产与传播、经营组织方式的全方位变革。为此，紧抓新媒体发展的契机，建立数字化存储、生产、展示、传播全链条，在谋求保护、生产、消费一体化的进程中推动非遗创造性转化、创新性发展。

19.2　数字赋能的非遗发展路径

19.2.1　建设非遗数字化共享平台

　　针对传承人队伍年龄结构老化、技艺面临失传、实物分散且保护困难等困境，进行非遗影像化采集与存储是当下最为紧迫的任务。第一，紧抓国家文化大数据体系建设契机，重点对非物质文化遗产的图片、影像、实物进行整理、归类、记录、编辑、管理和再现，综合应用区块链及知识建库技术、VR、AR 等技术开展多元化、多层次、全方位的动态性采集存储，重点对非遗图形符号、典型纹样、地域属性、时代特征、色彩体系等进行系统性识别、专业化分类，建立逻辑集中、物理分散的非遗基因信息库。第二，用数字化技术对非物质文化遗产实践的动态过程进行动态、立体、高清晰的记录，通过数字勘测、数字复原、数字解读、数字集成等方式，将故事性强的非遗项目拍摄成电影、电视剧、综艺节目等，通过游戏、动漫、网络文学、短视频等数字娱乐产品实现非遗资源向文化消费产品的转化。第三，搭建联通非遗信息资源、公共服务、产品开发、传播消费、版权交易、投融资、创新创业等服务于一体的数字共享平台，实现全国资源共享与要素自由流通。

　　山西省非物质文化遗产保护中心开发了一款非物质文化遗产普查软件，可以通过互联网直接将文字、图片、录像、录音等各类资料上传至保护中心的数字资源库中。早在 2012 年开展的非物质文化遗产资源全面普查中这款软件就崭露头角，由约 80 万名专家、文化工作者、大学生及志愿者组成的普查队伍，深入山西省各地共搜集线索 20 余万条，采录信息 8 万余条，发现重大项目 135 个，采访并登记了传承人 8.8 万人，拍摄照片 21 万余张、视频资料 3000 多小时，录制音频资料 3366 多小时，基本摸清了山西非物质文化遗产资源的种类、数量、分布情况、生存环境、保护现状及存在的问题，并录入非物质文化遗产资源普查软件，为山西省非物质文化遗产保护工作奠定了坚实的基础。除此以外，山西省文化和旅游厅还出台了《山西省黄河流域非物质文化遗产保护传承弘扬专项规划（2021—2035 年)》，明确未来一段时间对相关资源的保护、传承和弘扬措施，并提出将打造山西黄河流域非遗 IP，建立山西黄河流域非遗数据库、梳理黄河流域非遗文化代表性标识、对黄河流域非遗代表性项目和传承人实施全面记录、推进黄河流域非遗档案和数据资源的高效利用等举措。

19.2.2　推动非遗生产与经营创新

"内容＋电商"已成为互联网平台主流的商业模式，近年来"直播＋非遗＋电商""直播＋非遗＋综艺"等新媒体运营模式具有吸引年轻人的天然优势，迎合了年轻人的文化消费习惯和媒介使用方式，搭建了非遗与年轻人联系的桥梁，大幅提升了非遗的知名度。但遗憾的是，一些短视频、直播为了制造噱头而疏于对内容的深度挖掘，一定程度上让非遗展示展演效果打了折扣。今后在这方面应有所改变。第一，重视非遗垂直细分领域的深耕细作，强化内容运营，挖掘非遗文化内涵，重视人文表达，加强对非遗项目人物故事、项目渊源、价值、观念和仪规等内涵的挖掘与传播。第二，提升非遗传播的互动性和趣味性，充分利用非遗项目的奇特性、趣味性等特征，通过非遗话题制造、非遗新媒体创新创意大赛等形式，变被动传播为主动传播，鼓励用户通过"非遗＋直播""非遗 Vlog""非遗小游戏""非遗小程序"等形式创造更多的可能，实现由"蹭流量"向"制造流量"转变。第三，提高非遗资源创造性转化、创新性发展的智能创作能力，充分捕捉非遗受众的兴趣、审美偏好、价值取向和消费能力等个性化特征，通过大数据勾画出不同受众的文化需求，采用"算法决策＋非遗场景式"的创作模式，创作出符合受众审美偏好、能引起受众精神和情感共鸣的非遗作品。

山西省文化和旅游厅以线上、线下相结合的方式，推出以"人民的非遗，人民共享"为主题的非遗宣传展示暨"山西非遗购物节"系列活动。一是借助新媒体平台开展山西非遗直播带货活动，山西"非遗购物节"在抖音、快手、淘宝等热门新媒体平台，通过"晋燃如此""今日国土新闻频道"等本土文化宣传账号进行短视频内容运营及直播带货，讲述山西非物质文化遗产手艺人、匠人、传承人的感人故事，为用户甄选山西非遗好物，其中不乏从 244 个非遗项目产品中遴选出的优秀产品，如山西三宝（珐琅器、平遥推光漆器、澄泥砚）、山西药茶等。其中，成效最为显著的莫过于东方甄选的山西专场文化直播，主播结合历史、文化的知识讲解，结合山西数千年的深厚底蕴，邀请左权小花戏、莲花落、威风锣鼓、山西面食的非遗技艺传承人参与直播现场表演。东方甄选山西专场短视频相关播放量突破 3 亿次，直播间单观看人次超过 2400 万，100 多个山西特产几乎售罄，全场销售额突破 7500 万元，订单数超过 130 万单。二是依托头部电商平台拓宽非遗产品销售渠道，山西省非遗项目在阿里、京东、苏宁、拼多多等众多电商平台开设店铺 45 家，共计上线 839 件非遗产品，涉及 62 个各级非遗保护项目，上线 3 家非遗扶贫就业工坊，开展 17 场专题网上销售直播。[①] 三是积极打造"话题经济"，山西省文化和旅游厅组织全省 204 家非遗传承人、项目保护单位、中华老字号、非遗工坊以及相关企业，联动阿里巴巴、抖音、小红书等平台，设置非遗购物节主会场及话题页，鼓励参与活动的非遗传承人、非遗工坊、老字号等在网络平台发布活动相关话题，进行话题联动。积极开展"云探店""我为家乡非遗好物代言"等非遗相关话题活动，宣传本地区特色非遗产品。非遗购物节与抖音电商深度合作，发起"非遗在身边"线上话

① 李晓井. 东方甄选带动山西"出圈"首日带货突破 7500 万元［EB/OL］. 太原日报—太原新闻网，http：//www. tynews. com. cn/system/2023/05/23/030608557. shtmll，2023－05－23.

题，推出非遗故事主视频，打造山西非遗好物线上市集，开展非遗好物推荐销售活动。开设"金牌导游推荐非遗好物直播间"，在展示非遗产品的同时，讲述产品所蕴含的文化内涵和工匠精神，培育"小而美"的非遗品牌。利用电商大促期间的高流量资源引爆关注及转化，拉近非遗文化与消费者的距离，让非遗文化融入生活，用非遗文化装点生活。

19.2.3　拓展非遗展示展演空间

第一，构建"虚拟+现实"的非遗展示展演场景。场景与场所和空间相比内涵更加丰富，是生活文化设施、社区、多样化人群、文化活动等多要素的组合，并强调其所承载的行为及价值观对城市经济增长和城市社会结构可能产生的影响。一方面，要创新思路，借助5G、人工智能、虚拟现实等信息技术，通过沉浸式体验、交互式参与、娱乐化休闲、符号性消费等方式，打造多维场景，提升受众参与度；另一方面，要重视场景的营造，通过完善非遗传承人生产环境、文化活动、便利设施，形成实体与虚拟场景融合发展的展示展演空间，以文化记忆和价值观为纽带吸引多样化人群的广泛参与，进而产生更具深度的文化参与和文化认同。第二，打造线下与线上协同的非遗社群。加拿大传播学者马歇尔·麦克卢汉将社群分为"部落化—非部落化—再部落化"三个逻辑类型和发展阶段，他认为，随着信息技术的快速发展，去中心化和共时化连接的趋势日益显著，信息密集的环境正在重构"再部落化"的社群关系，在这一变迁的过程中，以聚居和交往活动为核心的本地社群变成了以信息、图像交流为中心的在线虚拟社群。这种在线虚拟社群往往通过共同的话题、兴趣和大致趋同的价值观将人们在虚拟社群中集聚起来，成为网民表达、娱乐、交易、消费的活动空间。非物质文化遗产蕴含的习俗、审美、价值观、生活方式在现代文明的冲击中日益式微，亟须在新的环境中寻找新的认同。推动非物质文化遗产的传承弘扬，既要对非遗传承人及其生活环境进行整体性保护，也要构筑新的虚拟社群，在以非遗为核心文化的网络社群中构建起以集体记忆为内核的新的文化体系，以此唤起文化记忆，实现新的文化认同与活化传承。

19.2.4　创新非遗传播方式

新媒体是新的技术支撑体系下出现的媒体形态，被称为"第五媒体"，其互动性强、传播精准度高，但同时也存在着传播议题分散、系列化水平不高等现象，需要从传播媒介、传播对象和传播展示形态等方面进行全面创新。第一，充分利用5G技术，把短视频、直播等新媒体和报刊图书、电视电影、演艺舞台等传统媒体相互融合，形成多层次覆盖、全方位联通、多角度展示的立体融媒体传播体系，坚持政府引导、市场主导，以"官媒＋自媒体"的形式建立多区域、多层级的传播矩阵，重点吸引社会大众力量形成非遗传播合力。第二，立足于新媒体传播互动性、整合性、多元性的优势，兼顾传播者、信息、媒体、受众和效果五个传播要素，充分发挥社交网络媒体的主阵地作用，建立以非遗类别为横向轴，以数字电视、数字电影、微博、微信、短视频、直播、云游戏、小程序等媒体类型为纵向轴的传播矩阵，对非遗十大类型进行专题式、系列化传播。第三，拓展非遗新媒体传播形式，利用社交平台改变受众单向、被动接收信息的现状，推动传播主体由单一化组织向多元化转变，被动接收向人际、群体、组织和大众传播的多元整合转变与升级，从过去提供单一场景的标准化内容向满足受众从不同场景、不同情境中获取个性化内容转变，实现人际、群体、组织和大众传播的共振效果。第四，夯实我国非遗传播的互鉴路径，构建非遗海外传播网络，积极开展以非遗为主题的对我国港澳台地区以及对国外交流传播的活动，打造"国内传播＋国际传播"的新媒体矩阵，提升非遗的国际传播力与影响力。

山西省在非物质文化遗产保护与传承数字化领域作出了众多实践，通过数字化的呈现，在提高非遗保护水平、丰富保护手段、多样化进行展示、扩展传播途径、增强大众互动体验等方面有着十分重要的作用。《山西省促进民间艺术保护传承若干措施》中提出要推动民间艺术资源数字化工程，将民间艺术打造成为数字藏品，促进民间艺术创造性转化。2023年，山西省文化和旅游厅推出了新春非遗数字文创品，分别是孝义皮影戏、平遥推光漆器髹饰技艺和中阳剪纸。中阳剪纸文创品《猴献桃娃娃》通过数字活化技术，让鲤鱼戏金莲，猴坐怀中献桃的剪纸造型"活"起来，增强了作品的视觉效果，让传统艺术变得活泼灵动。孝义皮影戏文创品《收五毒》运用电影制作及 3D 建模的方式，在还原传统舞台场景的同时，美化突出了公鸡和蝎子打斗的细节场面，活灵活现，让传统皮影戏演出了大电影的效果。平遥推光漆器文创品《和乐仕女图》结合 3D 全景建模技术，生动还原了平遥推光漆器的经典仕女纹样，让观赏者透过屏幕触摸平遥推光漆器丝滑的工艺，感受其千年的风华。

19.2.5　数字化助力非遗传承与保护新路径研究

非遗的活态流变性与脆弱性决定了保护是其精神内核延续和文化价值呈现的前提和基础，通过纵向传承和横向传播的再生产实现非遗的形态演进和价值转化。党的十九大之后，习近平总书记多次强调推动中华优秀传统文化创造性转化、创新性发展，其中也包含加强文物保护利用和文化遗产保护传承的内容。《非物质文化遗产传承发展工程实施方案》《"十四五"非物质文化遗产保护规划》《关于进一步加强非物质文化遗产保护工作的意见》等重要文件相继出台，有力地践行了"坚持创造性转化、创新性发展"的要求，有效地坚守住中华文化立场、传承好中国文化基因。基于"创造性转化、创新性发展"的精神，这一时期我国更加重视非遗与人们日常生活的联系，更加重视释放非遗的经济价值和社会价值，这既符合《保护非物质文化遗产公约》提出的"采取措施""振兴"的精神，也符合《中华人民共和国非物质文化遗产法》提出的"合理利用"与"开发"的规定。党的十八大以来，数字中国上升为国家战略，这一时期发布了较多的文化数字化政策，促进了文化与数字化进一步深度融合，作为文化的重要组成部分，非遗保护在政策鼓励下得到了较大发展。非遗数字化政策的数量逐渐增加、专业性日益增强，体现着国家对包含非遗在内的文化数字化建设的重视程度。另外，非遗和数字化呈现双向融合的趋势。基于"创造性转化、创新性发展"的精神，数字化赋能非遗发展，同时非遗反哺数字经济。非遗为数字经济提供了源源不断的素材，非遗的文化内核与历史积淀让数字经济拥有了更深刻的内涵、更有趣的灵魂。如何让非遗融入现代生活，鼓励和促进地方非遗项目产业化并走向市场，不仅可以满足群众多样化消费需求，感受中华优秀传统文化的独特魅力，还可以实现非遗的生产性保护、活态化传承，助力非遗发源地的乡村振兴。然而，非遗的创造性转化与创新性发展仍然面临诸多困境：如传统工艺难以规模化标准化，传统技艺处在失传边缘，传统审美遭遇市场冷遇等。

2022 年 10 月 29 日中国计算机学会青年计算机科技论坛举办了"数字化如何为山西非遗插上'飞翼'"观点论坛，从数字化视角对非遗表现形式、传承及保护、文化价值等方面进行思辨讨论，对发展新兴非遗产业提出建议。

19.3　非遗传承发展的新媒体实践

19.3.1　非遗直播"出圈"，让传统技艺焕发新生机

近年来，传统文化的传承发展正搭上数字化的快车，尤其是在直播、短视频等新兴媒介形式的助力下，传统文化"火"了起来。

依托互联网平台，非遗传承人在数字时代"乘风破浪"。为了更好地传承非物质文化遗产，非遗传承人纷纷在平台开设直播间。以传统音乐类非物质文化遗产的传承为例，除了二胡、古筝、琵琶等大众熟知的中国传统乐器，埙、独弦琴、箜篌、口弦等相对小众的民乐非遗传承人，通过直播间触达了更多年轻人。独弦琴主播赵霞就是其中的佼佼者。赵霞是京族独弦琴非遗传承人，在平台直播分享京族的传统乐器表演。此前，她苦于无人学琴。如今，"孤独"的非遗传承人通过直播平台找到了数十万"知音"，赵霞已

经收获 40 万粉丝，并先后开设了两个非遗传承点，直播收入也被她投入教学运营中。赵霞的故事是众多非遗人"出圈"求变的缩影之一。借力数字化，非遗焕发出青春活力与光彩。"以古人之规矩，开自己之生面"，通过短视频、直播等新技术、新媒介，非遗有了让老百姓"百看不厌""惊喜不断"的新表达，踏上了广泛传播的"快车道"。一支由吉林艺术学院的在校生和毕业生组成的新国风民族音乐团队，将传统民族乐器融入吉他、键盘等西洋乐器，吸引超 270 万粉丝关注，让百万网友看到了一种新的民乐演奏方式。"90 后"二胡音乐人周子珺在短视频中，将流行音乐改编成适合二胡演奏的版本，一改大众对于传统乐器的印象，展现了民乐的多面性，吸引了不少年轻人的关注。随着"国潮风起"，非遗文化的传承与发展也迎来了新的机遇。

19.3.2　非遗赋能产业发展，为公共文化服务注入新动能

顺应数字产业化和产业数字化发展趋势，推动非遗产业化发展，将非遗故事撒播到五湖四海，将五湖四海的老百姓请进非物质文化遗产文化空间，有利于提升非遗文化的大众认知度，也有利于增强公共文化数字内容的供给能力，提升公共文化服务数字化水平，进一步激发"知识普惠"效应。数据显示，抖音平台直播覆盖民族乐器种类 87 种，观看人次突破 61 亿，有 231 种戏曲于抖音平台开通直播，73.6% 的已开播戏曲获得了直播收入，不少濒危剧种也通过直播再现活力。其中，豫剧获赞 7743 万，越剧获赞 5789 万、黄梅戏获赞 5305 万。[①] 在传统戏曲市场不景气的今天，许多戏曲艺人由线下"小"剧场走上线上"大"舞台。直播与非遗相互助力，为非遗重新显现生机与活力、连接现代生活、绽放迷人光彩，提供了有利条件和重要契机。例如，面对线下传统演艺遇冷的困境时，安徽怀宁县黄梅戏剧团就转向线上"圈粉"，短短数月收获了近百万抖音粉丝，而直播带来的打赏收入也为剧团

---

① 沙垚，左懋林. 直播助力非遗传承，推动传统文化创新发展［EB/OL］. 新华网，http：//www.xinhuanet.com/politics/20221104/338f988b0ffa4f13a70f8c93aced873c/c.html，2022 - 11 - 04.

拓展了收入来源，既能回馈演员，也有利于进一步打造高质量直播演出。由此，通过线上演出让非遗有了"第二舞台""数字市场"。值得一提的是，在乡村振兴的背景下，非遗的身影显得特别活跃。诸如直播平台的助农专项活动，也让达人走进乡村，通过直播带货、内容引领，拉近城乡距离，培养当地文旅优质创作者、潜力商家，为乡村提供产业数字化模式和当地商业的线上路径。数字化为非遗传承注入活力，以产业"活水"带动资源向乡村流动，让人们记住文化与乡愁。

附　　录

附录一　山西省非物质文化遗产条例

山西省非物质文化遗产条例

第一章　总　　则

第一条　为了加强非物质文化遗产保护、保存工作，继承和弘扬优秀传统文化，根据《中华人民共和国非物质文化遗产法》等法律、法规，结合本省实际，制定本条例。

第二条　本条例所称非物质文化遗产，是指各族人民世代相传并视为其文化遗产组成部分的各种传统文化表现形式，以及与传统文化表现形式相关的实物和场所。包括：

（一）传统口头文学以及作为其载体的语言；

（二）传统美术、书法、音乐、舞蹈、戏剧、曲艺和杂技；

（三）传统技艺、医药和历法；

（四）传统礼仪、节庆等民俗；

（五）传统体育和游艺；

（六）其他非物质文化遗产。

作为非物质文化遗产组成部分的实物和场所，凡属文物的，适用文物保护法律、法规的有关规定。

第三条 非物质文化遗产保护、保存应当正确处理经济建设、社会发展与非物质文化遗产开发、利用的关系，对非物质文化遗产采取认定、记录、建档等措施予以保存，对体现优秀传统文化，具有历史、文学、艺术、科学价值的非物质文化遗产采取传承、传播等措施予以保护。

第四条 县级以上人民政府应当将非物质文化遗产保护、保存工作纳入本级国民经济和社会发展规划，将保护、保存经费列入本级财政预算。

第五条 县级以上人民政府应当将国家级和省级文化生态保护区、非物质文化遗产展示场馆、传习所和生产性保护示范基地的建设纳入本行政区域城乡规划。

第六条 县级以上人民政府文化主管部门负责本行政区域内非物质文化遗产的保护、保存工作。

非物质文化遗产保护工作机构在同级文化主管部门的领导下，组织实施非物质文化遗产的保护、保存工作。

县级以上人民政府发展和改革、财政、经济和信息化、教育、民族宗教、商务、住房和城乡建设、规划、环境保护、国土资源、旅游、文物、体育等部门，按照各自职责负责非物质文化遗产的保护、保存工作。

第七条 文化站、村民委员会、居民委员会在文化主管部门指导和支持下，开展相应的非物质文化遗产保护、保存工作。

文学艺术界联合会、科学技术协会、作家协会和有关行业协会、学会等组织按照各自章程，做好非物质文化遗产的保护、保存工作。

第八条 鼓励和支持公民、法人和其他组织捐赠非物质文化遗产实物资料或者捐赠资金和实物，用于非物质文化遗产的保护、保存工作。

第二章　非物质文化遗产代表性项目名录

第九条 县级以上人民政府应当组织对本行政区域内的非物质文化遗产进行调查。

文化主管部门和其他有关部门应当对发现的非物质文化遗产予以确认、记录，并收集属于非物质文化遗产组成部分的代表性实物，整理调查所取得的资料，建立非物质文化遗产档案和数据库。

第十条　县级以上人民政府应当将本行政区域内体现优秀传统文化，具有历史、文学、艺术、科学价值的非物质文化遗产项目，列入本级非物质文化遗产代表性项目名录，并报上一级人民政府文化主管部门备案。

县级以上人民政府文化主管部门对列入非物质文化遗产代表性项目名录的项目确定保护单位，保护单位履行下列职责：

（一）收集该项目的实物、资料，并登记、整理、建档；

（二）推荐非物质文化遗产代表性项目的代表性传承人；

（三）制定并实施该项目保护计划，定期向文化主管部门报告实施情况并接受监督；

（四）开展该项目的宣传、展示、展演活动；

（五）为该项目传承及相关活动提供必要条件；

（六）其他应当履行的职责。

第十一条　设区的市、县（市、区）人民政府可以将本级非物质文化遗产代表性项目向上一级人民政府文化主管部门推荐，经认定后列入上一级非物质文化遗产代表性项目名录。

第十二条　公民、法人和其他组织可以向县级人民政府文化主管部门提出列入本级非物质文化遗产代表性项目名录的申请。

申请材料包括申请报告、项目申报书以及其他相关材料。

第十三条　公民、法人和其他组织认为某项非物质文化遗产具有重大历史、文学、艺术、科学价值的，可以向省人民政府文化主管部门提出列入省级非物质文化遗产代表性项目名录的建议。

第十四条　非物质文化遗产代表性项目的认定实行专家评审制度。评审工作应当遵循公开、公平、公正的原则。

第十五条　非物质文化遗产代表性项目的认定应当经过以下程序：

（一）文化主管部门组织专家评审小组对推荐、申请或者建议列入非物质文化遗产代表性项目名录的项目进行初评，经专家评审小组成员过半数通过后形成初评意见；

（二）文化主管部门组织专家评审委员会对初评意见进行审议，提出审议意见；

（三）文化主管部门将拟列入本级非物质文化遗产代表性项目名录的项目通过媒体公示征求公众意见，公示时间不少于二十日。

文化主管部门根据评审委员会的审议意见和公示结果，拟订本级非物质文化遗产代表性项目名录，报本级人民政府批准后公布。

第十六条 公民、法人和其他组织对拟列入非物质文化遗产代表性项目名录的项目有异议的，应当在公示期间提出书面意见。文化主管部门经调查核实，情况属实的，终止对该项目的认定；情况不属实的，应当在收到书面意见之日起二十日内书面告知异议人并说明理由。

第三章　非物质文化遗产代表性项目的代表性传承人

第十七条 县级以上人民政府文化主管部门对本级人民政府批准公布的非物质文化遗产代表性项目，可以认定代表性传承人。

公民、法人和其他组织在征得被推荐人书面同意的前提下，可以向文化主管部门推荐非物质文化遗产代表性项目的代表性传承人人选。公民也可以自行申请代表性传承人。

第十八条 非物质文化遗产代表性项目的代表性传承人应当符合下列条件：

（一）熟练掌握其传承的非物质文化遗产；

（二）具有传承谱系和特定领域内的代表性、影响力；

（三）积极开展传承活动，培养传承人才。

第十九条 认定非物质文化遗产代表性项目的代表性传承人，参照本条例有关非物质文化遗产代表性项目评审程序进行。

非物质文化遗产代表性项目的代表性传承人经县级以上人民政府文化主管部门认定后予以公布。

第二十条 非物质文化遗产代表性项目的代表性传承人享有下列权利：

（一）开展传艺、技艺展示、艺术创作、学术研究等活动；

（二）享受人民政府规定的传承补助；

（三）按照师承形式或者其他方式选择、培养传承人；

（四）参加有关活动取得相应报酬；

（五）提出非物质文化遗产保护工作的意见、建议；

（六）开展传承、传播活动确有困难的，可以向文化主管部门申请支持。

第二十一条　非物质文化遗产代表性项目的代表性传承人应当履行下列义务：

（一）开展传承活动，常随学徒不少于二人；

（二）配合非物质文化遗产调查工作；

（三）参与非物质文化遗产公益性宣传活动；

（四）妥善保存相关的实物、资料。

非物质文化遗产代表性项目的代表性传承人无正当理由不履行传承义务，文化主管部门经调查核实，情况属实的，按照规定的程序取消其代表性传承人资格并重新认定该项目的代表性传承人。

第四章　非物质文化遗产的保护措施

第二十二条　县级以上人民政府对非物质文化遗产代表性项目集中、特色鲜明、形式和内涵保持完整的特定区域，在尊重当地居民意愿的前提下，可以设立文化生态保护区，制定专项保护规划，实施区域性整体保护。

在文化生态保护区内从事生产、建设和开发，应当符合文化生态保护区的专项保护规划，不得破坏非物质文化遗产及其所依存的建（构）筑物、场所、遗迹等。

第二十三条　县级以上人民政府应当对与非物质文化遗产代表性项目直接关联的遗址、遗迹及其附属物划定保护范围，制定保护规划，建立专门档案，并在土地利用总体规划、城乡规划和建设中采取措施予以整体保护。

第二十四条　县级以上人民政府应当统筹协调发展和改革、财政、文化、旅游等部门制定非物质文化遗产开发利用规划，保护和传承非物质文化遗产。

鼓励和支持有关单位和个人有效保护、合理利用非物质文化遗产资源，开发具有地方特色、市场潜力的文化产品和文化服务。

第二十五条　县级以上人民政府应当对濒危的传统音乐、传统舞蹈、传统戏剧等非物质文化遗产代表性项目，采取专门保护措施，实施恢复性生产保护，资助公益性展演、展示活动。

第二十六条　县级以上人民政府应当根据经济社会的发展，增加非物质文化遗产保护、保存经费的投入。非物质文化遗产保护、保存经费主要用于下列事项：

（一）非物质文化遗产的调查；

（二）非物质文化遗产代表性项目保护工作；

（三）非物质文化遗产代表性项目的代表性传承人的补助；

（四）濒危非物质文化遗产的抢救；

（五）非物质文化遗产代表性项目的研究；

（六）非物质文化遗产资料和实物的征集和收购；

（七）非物质文化遗产的档案及数据库建设；

（八）非物质文化遗产的宣传、教育；

（九）非物质文化遗产保护、保存的其他事项。

第二十七条　县级以上人民政府根据非物质文化遗产保护、保存的需要，建立非物质文化遗产博览园、专题博物馆、传习所等公共文化设施。

第二十八条　非物质文化遗产代表性项目含有国家秘密的，按照国家保密法律法规的规定确定密级，予以保护；含有商业秘密的，按照国家有关法律法规执行。

第二十九条　县级以上人民政府文化主管部门负责对本行政区域内非物质文化遗产代表性项目的保护、保存情况进行监督检查。

第三十条　鼓励和支持大专院校、科研机构开展非物质文化遗产科学研究工作，培养和引进相关领域专业人才。

第三十一条　文化馆（站）、图书馆、博物馆、美术馆、体育场馆等公共文化体育机构，应当有计划地展示非物质文化遗产代表性项目，并按照国家和省有关规定向社会免费开放。

第三十二条　鼓励和支持公共教育机构建立非物质文化遗产传承教学基地，开展非物质文化遗产知识普及活动。

报刊、广播电视、网络等媒体应当通过专题展示、专栏介绍、公益广告等方式，普及非物质文化遗产知识。

第五章　法律责任

第三十三条　违反本条例规定，截留、挪用、挤占非物质文化遗产保护、保存经费的，由县级以上人民政府有关部门责令返还，对直接负责的主管人员和其他直接责任人员依法给予处分；构成犯罪的，依法追究刑事责任。

第三十四条　违反本条例规定，在申请非物质文化遗产代表性项目、代表性传承人过程中弄虚作假的，由县级以上人民政府文化主管部门给予警告；已列入非物质文化遗产代表性项目名录或者取得代表性传承人资格的，由县级以上人民政府或者文化主管部门予以撤销，责令返还项目保护费或者传承人补助费。

第三十五条　文化主管部门和其他有关部门的工作人员在非物质文化遗产保护、保存工作中，玩忽职守、滥用职权、徇私舞弊的，依法给予处分；构成犯罪的，依法追究刑事责任。

第六章　附　　则

第三十六条　本条例自 2013 年 1 月 1 日起施行。

附录二 山西省省级非物质文化遗产名录

经山西省人民政府批准，第一批省级非物质文化遗产正式公布，共有105 个项目入选，涉及保护单位 138 个。这 105 个项目中包括民间文学 7 项、民间音乐 12 项、民间舞蹈 14 项、戏剧 20 项、曲艺 7 项、杂技与竞技 2 项、民间美术 6 项、民间手工技艺 17 项、传统医药 2 项、民俗 18 项，共涉及 10个类别。

表1　　　　　　　　山西省第一批省级非物质文化遗产名录

序号	编号	类别	项目名称	申报地区或单位	备注
1	I-1	民间文学	董永传说*	运城市万荣县*	入选国家级
2	I-2	民间文学	民间传唱史诗《杨家将》	山西大学	
3	I-3	民间文学	广武传说	朔州市山阴县	
4	I-4	民间文学	赵氏孤儿传说	阳泉市盂县、运城市新绛县	
5	I-5	民间文学	万荣笑话	运城市万荣县	
6	I-6	民间文学	司马光传说	运城市夏县	
7	I-7	民间文学	牛郎织女传说	运城市永济市、晋中市和顺县	
8	II-1	民间音乐	左权开花调*	晋中市左权县*	入选国家级
9	II-2	民间音乐	河曲民歌*	忻州市河曲县*	入选国家级
10	II-3	民间音乐	五台山佛乐*	忻州市五台县*	入选国家级
11	II-4	民间音乐	晋南威风锣鼓*	临汾市*	入选国家级
12	II-5	民间音乐	绛州鼓乐*	运城市新绛县*	入选国家级
13	II-6	民间音乐	上党八音会*	晋城市* 长治市长治县、长子县	入选国家级
14	II-7	民间音乐	文水鈲子	吕梁市文水县	入选国家级
15	II-8	民间音乐	太原锣鼓	太原市	
16	II-9	民间音乐	晋北鼓吹	忻州市忻府区、五台县大同市阳高县	

续表

序号	编号	类别	项目名称	申报地区或单位	备注
17	Ⅱ-10	民间音乐	恒山道乐	大同市阳高县	
18	Ⅱ-11	民间音乐	上党乐户班社	长治市	
19	Ⅱ-12	民间音乐	临县大唢呐	吕梁市临县	
20	Ⅲ-1	民间舞蹈	狮舞（天塔狮舞）*	临汾市襄汾县*	入选国家级
21	Ⅲ-2	民间舞蹈	走兽高跷*	运城市稷山县*	入选国家级
22	Ⅲ-3	民间舞蹈	翼城花鼓*	临汾市翼城县*	入选国家级
23	Ⅲ-4	民间舞蹈	临县伞头秧歌	吕梁市临县	
24	Ⅲ-5	民间舞蹈	稷山高台花鼓	运城市稷山县	
25	Ⅲ-6	民间舞蹈	踢鼓秧歌	朔州市	
26	Ⅲ-7	民间舞蹈	平定武迓鼓	阳泉市平定县	
27	Ⅲ-8	民间舞蹈	寿阳爱社	晋中市寿阳县	
28	Ⅲ-9	民间舞蹈	汾阳地秧歌	吕梁市汾阳市	
29	Ⅲ-10	民间舞蹈	朔州喜乐	朔州市	
30	Ⅲ-11	民间舞蹈	背铁棍（抬阁、挠阁）	太原市清徐县 晋中市祁县 运城市万荣县 忻州市代县	
31	Ⅲ-12	民间舞蹈	原平凤秧歌	忻州市原平市	
32	Ⅲ-13	民间舞蹈	榆社霸王鞭	晋中市榆社县	
33	Ⅲ-14	民间舞蹈	武乡顶灯	长治市武乡县	
34	Ⅳ-1	戏剧	晋剧*	山西省文化厅*	入选国家级
35	Ⅳ-2	戏剧	蒲州梆子*	临汾市* 运城市*	入选国家级
36	Ⅳ-3	戏剧	北路梆子*	忻州市*	入选国家级
37	Ⅳ-4	戏剧	上党梆子*	晋城市* 长治市*	入选国家级
38	Ⅳ-5	戏剧	雁北耍孩儿*	大同市*	入选国家级
39	Ⅳ-6	戏剧	灵丘罗罗腔*	大同市灵丘县*	入选国家级
40	Ⅳ-7	戏剧	秧歌戏（朔州秧歌戏*、繁峙秧歌戏*、襄武秧歌、壶关秧歌）	朔州市朔城区* 忻州市繁峙县* 长治市襄垣县、武乡县、壶关县	入选国家级

续表

序号	编号	类别	项目名称	申报地区或单位	备注
41	Ⅳ-8	戏剧	道情戏（晋北道情戏* 临县道情戏* 神池道情戏、 洪洞道情戏）	朔州市右玉县* 吕梁市临县* 忻州市神池县 临汾市洪洞县	入选国家级
42	Ⅳ-9	戏剧	二人台*	忻州市河曲县*	入选国家级
43	Ⅳ-10	戏剧	锣鼓杂戏*	运城市临猗县*	入选国家级
44	Ⅳ-11	戏剧	皮影戏（孝义皮影戏*、 侯马皮影戏）	吕梁市孝义市* 临汾市侯马市	入选国家级
45	Ⅳ-12	戏剧	碗碗腔（孝义碗碗腔*、 曲沃碗碗腔）	吕梁市孝义市* 临汾市曲沃县	入选国家级
46	Ⅳ-13	戏剧	祁太秧歌（太谷秧歌、 晋中秧歌）	晋中市、太谷县、祁县	
47	Ⅳ-14	戏剧	晋南眉户	临汾市、运城市临猗县	
48	Ⅳ-15	戏剧	上党落子	长治市潞城市	
49	Ⅳ-16	戏剧	线腔	运城市芮城县	
50	Ⅳ-17	戏剧	孝义木偶戏	吕梁市孝义市	
51	Ⅳ-18	戏剧	碓臼沟秧歌	大同市	
52	Ⅳ-19	戏剧	赛戏	朔州市	
53	Ⅳ-20	戏剧	上党二黄	晋城市城区	
54	Ⅴ-1	曲艺	潞安大鼓*	长治市*	入选国家级
55	Ⅴ-2	曲艺	太原莲花落	太原市	
56	Ⅴ-3	曲艺	襄垣鼓书	长治市襄垣县	
57	Ⅴ-4	曲艺	阳泉评说	阳泉市	
58	Ⅴ-5	曲艺	晋东南说唱道情	长治市屯留县 晋城市阳城县	
59	Ⅴ-6	曲艺	河东说唱道情	运城市盐湖区、永济市	
60	Ⅴ-7	曲艺	沁州三弦书	长治市沁县	
61	Ⅵ-1	杂技与竞技	挠羊赛	忻州市	
62	Ⅵ-2	杂技与竞技	心（形）意拳	晋中市	

续表

序号	编号	类别	项目名称	申报地区或单位	备注
63	Ⅶ－1	民间美术	中阳剪纸*	吕梁市中阳县*	入选国家级
64	Ⅶ－2	民间美术	平阳木版画	临汾市	
65	Ⅶ－3	民间美术	山西面塑艺术（定襄面塑、闻喜花馍、焙面面塑、新绛面塑）	忻州市定襄县运城市闻喜县、新绛县晋城市阳城县	
66	Ⅶ－4	民间美术	山西民居砖雕艺术	山西省非物质文化遗产保护中心 山西省民居雕刻艺术研究会	
67	Ⅶ－5	民间美术	黎侯虎（布艺老虎）	长治市黎城县	
69	Ⅷ－1	民间手工技艺	阳城生铁冶铸技艺*	晋城市阳城县*	入选国家级
70	Ⅷ－2	民间手工技艺	平遥推光漆器髹饰技艺*	晋中市平遥县*	入选国家级
71	Ⅷ－3	民间手工技艺	杏花村汾酒酿制技艺*	吕梁市汾阳市*	入选国家级
72	Ⅷ－4	民间手工技艺	山西老陈醋传统酿制技艺*	太原市清徐县* 山西省非物质文化遗产保护中心	入选国家级
73	Ⅷ－5	民间手工技艺	山西面食	山西省非物质文化遗产保护中心 山西晋餐文化研究会	
74	Ⅷ－6	民间手工技艺	云雕制作技艺	运城市新绛县	
75	Ⅷ－7	民间手工技艺	地窨院建筑技艺	运城市平陆县	
76	Ⅷ－8	民间手工技艺	长子响铜乐器制作技艺	长治市长子县	
77	Ⅷ－9	民间手工技艺	交城琉璃咯嘣制作技艺	吕梁市交城县	
78	Ⅷ－10	民间手工技艺	平定黑釉刻花陶瓷制作工艺	阳泉市平定县	
79	Ⅷ－11	民间手工技艺	新绛县澄泥砚传统制作工艺	运城市新绛县	
80	Ⅷ－12	民间手工技艺	郭杜林晋式月饼制作技艺	太原市	
81	Ⅷ－13	民间手工技艺	绛州飞龙制作技艺	运城市绛县	
82	Ⅷ－14	民间手工技艺	梨花春酒传统酿造工艺	朔州市	

续表

序号	编号	类别	项目名称	申报地区或单位	备注
83	Ⅷ－15	民间手工技艺	汾阳王酒传统酿造工艺	吕梁市汾阳市	
84	Ⅷ－16	民间手工技艺	上党堆锦艺术	长治市	
85	Ⅷ－17	民间手工技艺	太谷饼传统制作工艺	晋中市太谷县	
86	Ⅸ－1	传统医药	傅山养生健身术（八珍汤、傅青主女科、傅山传说）	太原市尖草坪区	
87	Ⅸ－2	传统医药	龟龄集酒药传统制作工艺	晋中市太谷县	
88	Ⅹ－1	民俗	民间社火*	长治市潞城县*	入选国家级
89	Ⅹ－2	民俗	尧王传统祭祀文化	临汾市	
90	Ⅹ－3	民俗	舜王传统祭祀文化	运城市晋城市	
91	Ⅹ－4	民俗	禹王传统祭祀文化	运城市	
92	Ⅹ－5	民俗	关公文化	运城市	
93	Ⅹ－6	民俗	河东盐池文化	运城市	
94	Ⅹ－7	民俗	寒食节	晋中市介休市	
95	Ⅹ－8	民俗	洪洞大槐树根祖文化	临汾市洪洞县	
96	Ⅹ－9	民俗	后土文化	运城市万荣县	
97	Ⅹ－10	民俗	骡驮轿	朔州市	
98	Ⅹ－11	民俗	晋祠庙会（水母娘娘的传说、晋阳风火流星）	太原市晋源区	
99	Ⅹ－12	民俗	走亲习俗	临汾市洪洞县	
100	Ⅹ－13	民俗	河曲河灯会	忻州市河曲县	
101	Ⅹ－14	民俗	背冰	运城市芮城县、永济市	
102	Ⅹ－15	民俗	任庄扇鼓傩戏	临汾市曲沃县	
103	Ⅹ－16	民俗	柳林盘子会（含弹唱）	吕梁市柳林县、离石区	
104	Ⅹ－17	民俗	孝义贾家庄婚俗	吕梁市孝义县	
105	Ⅹ－18	民俗	裴氏谱系文化	运城市闻喜县	

注：*标志为山西省入选第一批国家级非物质文化遗产名录的项目名称及申报地区。

表2　　　　　　　　**山西省第一批非物质文化遗产拓展项目**

（第一批非物质文化遗产拓展项目共有26项，涉及保护单位54家）

序号	编号	项目类型	项目名称		申报地区或单位	备注
1	Ⅰ‑4	民间文学	赵氏孤儿传说		清徐县清源镇大北村村民村委会	
					襄汾县东汾阳村	
2	Ⅱ‑3	传统音乐	佛教音乐	左云楞严寺佛乐	左云县文化馆	
3	Ⅱ‑10	传统音乐	道教音乐	柏林坡道教音乐	绛县文化馆	
4	Ⅱ‑12	传统音乐	唢呐艺术	吉县唢呐	吉县文化馆	
5	Ⅲ‑3	传统舞蹈	花鼓	万荣花鼓	万荣县汉薛镇南景村	
				土沃老花鼓	沁水县文化馆	
6	Ⅲ‑4	传统舞蹈	秧歌	唐城花灯秧歌	安泽县唐城镇唐城村民委员会	
				白店秧歌	侯马市新田乡白店村委会	
7	Ⅳ‑3	传统戏剧	北路梆子		大同市北路梆子剧团	
8	Ⅳ‑7	传统戏剧	秧歌戏	汾孝秧歌	汾阳市韩家桥村	
					山西省孝义市传统文化研究会	
				西火秧歌	长治县文化中心	
				沁源秧歌	沁源县人民文化馆	
				太原秧歌	太原市小店区文化馆	
					太原市晋源区音乐舞蹈工作者协会	
				广灵秧歌	广灵县文化馆	
				泽州秧歌	高平市文化馆	
					泽州县文化馆	
				平腔秧歌	陵川县文化馆	
9	Ⅳ‑8	传统戏剧	道情戏	洪洞道情	临汾市尧都区群众艺术馆	
10	Ⅳ‑9	传统戏剧	二人台		阳高县二人台剧团	
11	Ⅳ‑11	传统戏剧	皮影戏	绛州皮影戏	新绛县文化馆	
12	Ⅳ‑17	传统戏剧	木偶戏	浮山木偶戏	浮山木偶艺术团	

续表

序号	编号	项目类型	项目名称		申报地区或单位	备注
13	V-3	曲艺	鼓书	武乡鼓书	武乡县人民文化馆	
				长子鼓书	长子县文化馆	
				高平鼓书	高平市文化馆	
14	V-7	曲艺	三弦书	霍州三弦书	霍州市群艺馆	
15	VI-2	传统体育、游艺与杂技	心意拳		永济市心意拳协会	
					祁县戴氏心意拳协会	
16	VII-1	传统美术	剪纸	孝义剪纸	山西省孝义市传统文化研究会	
				浮山剪纸	浮山县文化馆	
				隰县剪纸	隰县文化馆	
				新绛戏曲剪纸	新绛县文化馆	
				高平剪纸	高平市文化馆	
				静乐剪纸	静乐县非物质文化遗产保护中心	
17	VII-2	传统美术	木版年画	绛州木版年画	新绛县文化馆	
18	VII-3	传统美术	面花	高平面塑	高平市文化馆	
				万荣面塑	万荣县城镇云仙传统工艺面塑铺	
				孝义面塑	山西省孝义民间面塑艺术委员会	
19	VII-4	传统美术	山西民居砖雕		陵川县文化馆	
20	VII-5	传统美术	布艺	侯马布老虎	侯马市群艺馆	
21	VII-6	传统美术	炕围画	原平炕围画	原平市文化馆	
22	VII-7	传统美术	民间绣活	和顺刺绣	和顺县文化馆	
				侯马刺绣	侯马市群艺馆	
23	VIII-5	传统技艺	山西面食制作技艺	剔尖面和莜面栲栳栳传统制作技艺	山西会馆餐饮文化有限公司	
				刀拨面和蘸片子传统制作技艺	新开元酒店餐饮有限公司	
24	VIII-12	传统技艺	传统月饼制作技艺	神池月饼制作技艺	神池县自永和食品厂	

续表

序号	编号	项目类型	项目名称		申报地区或单位	备注
25	Ⅷ-20	传统技艺	山西传统琉璃烧制工艺		万荣县上井琉璃工艺厂	
26	Ⅹ-11	民俗	庙会	交城卦山庙会	交城县人民文化馆	
				龙天庙会	山西龙天古太原县城开发有限公司（晋源区）	
				水陆院庙会	晋城市城区文化馆	
				沁源菩提古寺庙会	沁源县人民文化馆	
				魏村牛王庙会	临汾市尧都区群艺馆	

表3　　　　　　　　**山西省第二批省级非物质文化遗产名录**

（第二批省级非物质文化遗产拓展项目共有167项，其中新入选项目141项，扩展项目26项）

序号	编码	项目类型	项目名称	申报地区或单位
1	Ⅰ-1	民间文学	女娲补天神话	泽州县文化馆
2	Ⅰ-2	民间文学	精卫填海神话	长子县文化馆
				高平市文化馆
3	Ⅰ-3	民间文学	后羿射日神话	屯留县文化馆
				襄垣县文化馆
4	Ⅰ-4	民间文学	愚公移山传说	阳城县文化馆
5	Ⅰ-5	民间文学	珏山吐月传说	泽州县文化馆
6	Ⅰ-6	民间文学	白马脱缰传说	晋城市城区文化馆
7	Ⅰ-7	民间文学	舜的传说	沁水县文化馆
8	Ⅰ-8	民间文学	杀虎口传说	右玉县图书馆
9	Ⅰ-9	民间文学	老寿星传说	寿阳县文化馆
10	Ⅰ-10	民间文学	姑射山—乾元山传说	洪洞县乾元山九州旅游有限公司
11	Ⅰ-11	民间文学	大禹治水传说	河津市文化馆
12	Ⅰ-12	民间文学	嫘祖养蚕传说	夏县文化馆
13	Ⅰ-13	民间文学	稷王传说	闻喜县文化馆
14	Ⅰ-14	民间文学	交城玄中寺鸠鸽二仙传说	交城县人民文化馆
15	Ⅰ-15	民间文学	峪道河马跑神泉传说	山西神泉酒业有限公司
16	Ⅰ-16	民间文学	董父豢龙传说	闻喜县东镇官庄村
17	Ⅰ-17	民间文学	鱼跃龙门传说	河津市文化馆

续表

序号	编码	项目类型	项目名称		申报地区或单位
18	Ⅰ-18	民间文学	围棋起源传说		陵川县文化馆
19	Ⅰ-19	民间文学	介子推传说		万荣县孤峰山景区发展有限公司
					介休市文化馆
20	Ⅰ-20	民间文学	杨贵妃传说		永济市杨贵妃文管所
21	Ⅰ-21	民间文学	广禅侯故事		阳城县文化馆
22	Ⅰ-22	民间文学	崔生遇虎故事		襄垣县文化馆
23	Ⅰ-23	民间文学	张生和莺莺故事		永济市普救寺旅游有限公司
24	Ⅰ-24	民间文学	孔子回车故事		泽州县文化馆
25	Ⅰ-25	民间文学	张四姐大闹温泉县故事		交口县文化馆
26	Ⅱ-1	传统音乐	云冈大锣鼓（云胜锣鼓）		原平云冈大锣鼓艺术社
27	Ⅱ-2	传统音乐	泽州对鼓		泽州县文化馆
28	Ⅱ-3	传统音乐	十不隔		陵川县文化馆
29	Ⅱ-4	传统音乐	盂县民歌		盂县文化馆
30	Ⅱ-5	传统音乐	翼城西闫民歌		翼城县文化馆
31	Ⅱ-6	传统音乐	花敲鼓		垣曲县新城镇古堆村
32	Ⅱ-7	传统音乐	庆唐神鼓		浮山县文化馆
33	Ⅱ-8	传统音乐	金鼓乐		洪洞县万安镇
34	Ⅱ-9	传统音乐	侯马台神花鼓		侯马市群艺馆
35	Ⅱ-10	传统音乐	侯马台骀锣鼓		侯马市群艺馆
36	Ⅱ-11	传统音乐	文水桥头大鼓		文水县文化馆
37	Ⅲ-1	传统舞蹈	二鬼摔跤		忻州市体育运动学校
					太原市小店区文化馆
38	Ⅲ-2	传统舞蹈	屯留瞪眼家伙		屯留县文化事业发展中心
39	Ⅲ-3	传统舞蹈	盐湖龙灯舞		运城市盐湖区金井乡贵家营村
40	Ⅲ-4	传统舞蹈	平定皇纲		平定县文化馆
41	Ⅲ-5	传统舞蹈	盂县牛斗虎		盂县秀水镇南白水村
42	Ⅲ-6	传统舞蹈	迓鼓	昔阳迓鼓	昔阳县文化艺术中心
				阳泉文迓鼓	阳泉市郊区文化馆

序号	编码	项目类型	项目名称		申报地区或单位
43	Ⅲ-7	传统舞蹈	昔阳拉话		昔阳县文化艺术中心
44	Ⅲ-8	传统舞蹈	寿阳竹马		寿阳县文化馆
45	Ⅲ-9	传统舞蹈	跑旱船	阳城旱船	阳城县文化馆
				翼城孝义旱船	翼城县文化馆
46	Ⅲ-10	传统舞蹈	翼城浑身板		翼城县文化馆
47	Ⅲ-11	传统舞蹈	翼城堡子河蚌舞		翼城县文化馆
48	Ⅲ-12	传统舞蹈	侯马麒麟舞		侯马市新田乡乔村村委会
49	Ⅲ-13	传统舞蹈	响铃高跷		隰县文化馆
50	Ⅲ-14	传统舞蹈	阳城裤马		阳城县文化馆
51	Ⅲ-15	传统舞蹈	扛桩闹故事		阳城县文化馆
52	Ⅲ-16	传统舞蹈	西华门舞狮		太原市民间文艺家协会
53	Ⅳ-1	传统戏剧	凤台小戏		和顺县文化馆
54	Ⅳ-2	传统戏剧	夏县蛤蟆嗡		夏县文化馆
55	Ⅳ-3	传统戏剧	垣曲曲剧		垣曲县曲剧团
56	Ⅳ-4	传统戏剧	弦儿戏		夏县文化馆
57	Ⅴ-1	曲艺	大同数来宝		大同市工人文化活动中心
58	Ⅴ-2	曲艺	洪洞书调		洪洞县祥瑞传播公司
59	Ⅴ-3	曲艺	琴书	翼城琴书	翼城县文化馆
				曲沃琴书	曲沃县文化馆
60	Ⅴ-4	曲艺	泽州四弦书		泽州县文化馆
61	Ⅴ-5	曲艺	泽州鼓书		泽州县文化馆
62	Ⅴ-6	曲艺	陵川钢板书		陵川县文化馆
63	Ⅴ-7	曲艺	沁水鼓儿词		沁水县文化馆
64	Ⅵ-1	传统体育、游艺与杂技	形意拳		太谷县形意拳协会
65	Ⅵ-2	传统体育、游艺与杂技	文水长拳		文水县左家拳总会
66	Ⅵ-3	传统体育、游艺与杂技	太谷绞活龙		太谷县文化艺术中心
67	Ⅵ-4	传统体育、游艺与杂技	拔花花		太原市尖草坪区文化馆
68	Ⅵ-5	传统体育、游艺与杂技	南少林五行拳		太原市万柏林区体育总会
69	Ⅵ-6	传统体育、游艺与杂技	傅山拳法		太原市尖草坪区傅山文化园

序号	编码	项目类型	项目名称	申报地区或单位
70	Ⅵ-7	传统体育、游艺与杂技	打瓦游戏	永和县文化馆
71	Ⅵ-8	传统体育、游艺与杂技	翼城老虎上山	翼城县文化馆
72	Ⅵ-9	传统体育、游艺与杂技	动物棋	乡宁县文化馆
73	Ⅵ-10	传统体育、游艺与杂技	洪洞通背缠拳	洪洞县通背缠拳协会
74	Ⅶ-1	传统美术	南庄无根架火	晋中市榆次区文化馆
75	Ⅶ-2	传统美术	平遥纱阁戏人	平遥县文化艺术中心
76	Ⅶ-3	传统美术	晋城泥塑	晋城市城区文化馆
77	Ⅶ-4	传统美术	曲沃花葫芦	曲沃县郑家民间美术社
78	Ⅶ-5	传统美术	侯马皮影	侯马市皮影雕刻艺术研究会
79	Ⅶ-6	传统美术	永济扎麦草	永济市文化馆
80	Ⅶ-7	传统美术	运城绒绣	运城市关圣绒绣研究中心
81	Ⅶ-8	传统美术	大同折纸	张氏折纸素质教育研发中心
82	Ⅶ-9	传统美术	清徐彩门	清徐县文化馆
83	Ⅷ-1	传统技艺	襄垣手工挂面制作技艺	襄垣县文化馆
84	Ⅷ-2	传统技艺	大同铜器制作技艺	大同市城区非物质文化遗产保护中心
85	Ⅷ-3	传统技艺	平定砂货烧制工艺	阳泉市郊区南小西庄村 平定县文化馆
86	Ⅷ-4	传统技艺	恒义诚老鼠窟元宵制作技艺	太原市恒义诚甜食店
87	Ⅷ-5	传统技艺	传统手工制香技艺	太原市小店区文化馆
88	Ⅷ-6	传统技艺	王吴猪胰子制作技艺	太原市小店区文化馆
89	Ⅷ-7	传统技艺	雁门杨氏古建筑营造技艺	山西杨氏古建筑工程有限公司
90	Ⅷ-8	传统技艺	代县黄酒酿造技艺	山西省代县贵喜酒业有限公司
91	Ⅷ-9	传统技艺	胡麻油压榨技艺	山西省非物质文化遗产保护中心
92	Ⅷ-10	传统技艺	柳林碗团制作技艺	柳林县沟门前风味食品有限公司
93	Ⅷ-11	传统技艺	汾州八大碗制作技艺	汾阳市丰泰苑酒店

续表

序号	编码	项目类型	项目名称		申报地区或单位
94	Ⅷ－12	传统技艺	卫生馆五香调料面制作技艺		交城县人民文化馆
95	Ⅷ－13	传统技艺	午城酒酿制工艺		山西午城酿酒有限责任公司
96	Ⅷ－14	传统技艺	祁县小磨香油制作技艺		祁县顾椿香油厂
97	Ⅷ－15	传统技艺	稷山螺钿漆器制作技艺		稷山太阳海珠工艺美术厂
					稷山仿古旅游工艺厂
98	Ⅷ－16	传统技艺	绛墨制作技艺		新绛积文斋笔墨庄
99	Ⅷ－17	传统技艺	绛笔制作技艺		新绛县于良英笔庄
					新绛积文斋笔墨庄
100	Ⅷ－18	传统技艺	垣曲炒粸制作技艺		垣曲县解峪乡乐尧村
101	Ⅷ－19	传统技艺	闻喜煮饼制作技艺		闻喜县永祥和煮饼食品有限公司
102	Ⅷ－20	传统技艺	新绛刻瓷工艺		新绛县文化馆
103	Ⅷ－21	传统技艺	黑陶烧制技艺		高平市文化馆
104	Ⅷ－22	传统技艺	白起豆腐制作技艺		高平市文化馆
105	Ⅷ－23	传统技艺	阳城制糖技艺		阳城县文化馆
106	Ⅷ－24	传统技艺	阳城绵纸制作技艺		阳城县文化馆
107	Ⅷ－25	传统技艺	晋作家具制作技艺		唐人居古典文化有限公司
108	Ⅷ－26	传统技艺	晋南土布织造技艺		永和阁底乡于家咀村
109	Ⅷ－27	传统技艺	蝴蝶杯制作工艺		侯马市群艺馆
110	Ⅷ－28	传统技艺	新田青铜器制作技艺		侯马市青铜艺术学会
111	Ⅷ－29	传统技艺	麻纸制作技艺	崞阳麻纸	原平市文化馆
				蒋村麻纸	定襄县文化中心
112	Ⅷ－30	传统技艺	襄汾县北许锣鼓制造工艺		襄汾县文化馆
113	Ⅸ－1	传统医药	竹叶青酒泡制技艺		杏花村汾酒集团
114	Ⅸ－2	传统医药	梅花点舌丸制作技艺		山西双人药业有限责任公司
115	Ⅸ－3	传统医药	小儿七珍丸制作技艺		山西双人药业有限责任公司
116	Ⅸ－4	传统医药	榆社阿胶熬制技艺		榆社阿胶厂
117	Ⅸ－5	传统医药	定坤丹制作技艺		山西省广誉远国药有限公司
118	Ⅸ－6	传统医药	垣曲菖蒲酒泡制技艺		垣曲县舜皇菖蒲酒业有限公司

序号	编码	项目类型	项目名称	申报地区或单位
119	IX－7	传统医药	武氏正骨法	高平市文化馆
120	IX－8	传统医药	平遥道虎壁王氏中医妇科	平遥县王恭诊所
				晋中市道虎壁王氏妇科研究院
121	X－1	民俗	郭璞堪舆文化	闻喜县郭璞研究会
122	X－2	民俗	祁县民居建筑习俗	祁县文化艺术中心
123	X－3	民俗	怀仁旺火习俗	朔州市怀仁县文化馆
124	X－4	民俗	偏关万人会	偏关县文化馆
125	X－5	民俗	五台山骡马大会	忻州市群众艺术馆
126	X－6	民俗	平定雩祭	平定县文化馆
127	X－7	民俗	礼生唱祭文习俗	山西省柳林文化研究会
128	X－8	民俗	二月二南街焰火习俗	太原市晋源区晋源南街村委会
129	X－9	民俗	泽州中秋习俗	泽州县民间习俗研究会
130	X－10	民俗	尉村跑鼓车	襄汾县尉村村委会
131	X－11	民俗	洪洞北羊社祭	洪洞县北羊农耕社祭管委会
132	X－12	民俗	煤窑祭祀	襄垣县文化馆
133	X－13	民俗	连氏手指算法	襄垣县文化馆
134	X－14	民俗	平顺四景车赛会	平顺县文化馆
135	X－15	民俗	平遥票号	平遥县文化艺术中心
136	X－16	民俗	皇城村重阳节习俗	阳城县皇城村
137	X－17	民俗	乡宁中和节习俗	乡宁县文化馆
138	X－18	民俗	岚城面供	岚县文化馆
139	X－19	民俗	九曲黄河阵	沁源县人民文化馆
				晋中市榆次区文化馆
140	X－20	民俗	晋商镖局	晋中市心意拳协会
				平遥县文化艺术中心
141	X－21	民俗	清明节	介休市文化馆

表4　　　　　**山西省第三批省级非物质文化遗产名录及扩展项目**

（省级非物质文化遗产名录共有82项，涉及94个申报地区或单位；

扩展项目共64项，涉及131个申报地区或单位）

序号	编码	项目类别	项目名称		申报地区或单位
1	Ⅰ-5	民间文学	笑话（襄汾七十二呆）		襄汾县非物质文化遗产保护协会
2	Ⅰ-9	民间文学	尧的传说		长治市黎城县文化馆
					临汾市非物质文化遗产保护协会
3	Ⅰ-18	民间文学	舜的传说		运城市垣曲县文化馆
4	Ⅰ-24	民间文学	稷王的传说		运城市稷山县文化馆
5	Ⅰ-25	民间文学	张四姐的故事		孝义市传统文化研究会
6	Ⅰ-29	民间文学	围棋起源传说（沁县烂柯的传说）		长治市沁县文化馆
7	Ⅱ-9	传统音乐	晋北鼓吹（定襄八音）		忻州市定襄县金唢呐艺术团
8	Ⅱ-10	传统音乐	恒山道乐		大同市浑源县文化馆
9	Ⅱ-11	传统音乐	上党乐户		长治市潞城市西流村王家乐户
10	Ⅲ-1	传统舞蹈	狮舞（南上官狮舞）		临汾市侯马市南上官村村委会
11	Ⅲ-2	传统舞蹈	高跷	集义高跷	太原市清徐县文化馆
				庙前高跷	太原市民间文艺家协会（迎泽区）
				元王高跷	长治市沁县文化馆
				神农高跷	晋城市高平市文化馆
				飞岭高跷	临汾市安泽县府城镇飞岭村
12	Ⅲ-3	传统舞蹈	花鼓（北垣花鼓）		运城市闻喜县文化馆
13	Ⅲ-4	传统舞蹈	秧歌	水船秧歌	吕梁市柳林镇青龙社区文化活动中心
				旱船秧歌	吕梁市离石区文化馆
				踢鼓秧歌	大同市大同县文化馆
				地秧歌	大同市南郊区文化馆
				地灯秧歌	临汾市汾西县文化馆

续表

序号	编码	项目类别	项目名称		申报地区或单位
14	Ⅲ－11	传统舞蹈	背铁棍（抬阁）		晋中市榆次区张庆乡张庆村
					晋中市灵石县静升镇静升村
15	Ⅲ－13	传统舞蹈	霸王鞭（西石霸王鞭）		运城市垣曲县古城镇西石村
16	Ⅲ－16	传统舞蹈	九莲灯（冶底九莲灯）		晋城市泽州县南村镇冶底村
17	Ⅲ－24	传统舞蹈	竹马（左权县五里堠）		晋中市左权县辽阳镇五里堠村村委会
18	Ⅳ－7	传统戏剧	秧歌戏	大树秧歌	晋城市阳城县非物质文化遗产保护中心
				沁水秧歌	晋城市沁水县文化馆
				中庄秧歌	阳城县非物质文化遗产保护中心
				祁县武秧歌	晋中市祁县温曲村
19	Ⅳ－8	传统戏剧	道情戏	大涧道情	大同市灵丘县文化馆
				兴县李家湾道情	吕梁市兴县人民文化馆
				永和道情	临汾市永和县文化馆
20	Ⅳ－10	传统戏剧	锣鼓杂戏		运城市万荣县锣鼓杂戏研究会
21	Ⅳ－11	传统戏剧	皮影戏		太原市清徐县常丰村皮影艺术团
22	Ⅳ－14	传统戏剧	上党落子		长治市上党落子剧团
23	Ⅳ－18	传统戏剧	赛戏（鳌石赛戏）		大同市阳高县文化馆
24	Ⅴ－3	曲艺	鼓书（隰县打鼓书）		临汾市隰县文化馆
25	Ⅴ－5	曲艺	晋东南说唱道情（屯长道情）		长治市长子县文化馆
26	Ⅴ7	曲艺	三弦书	临县三弦书	吕梁市临县文化馆
				离石三弦书	吕梁市离石区文化馆
				平遥弦子书	晋中市平遥县文化馆
27	Ⅵ－10	传统体育、游艺与杂技	傅山拳		晋中市灵石县武术协会

序号	编码	项目类别	项目名称		申报地区或单位
28	Ⅶ-1	传统美术	剪纸	武乡剪纸	长治市武乡县职业介绍服务中心
				沁源剪纸	长治市沁源县郭道镇郭道村
				陵川剪纸	晋城市陵川县文化馆
				右玉剪纸	朔州市右玉县飞天民间艺术发展中心
				柳林剪纸	吕梁市柳林县文化馆
				寿阳福寿剪纸	晋中市寿阳县文化馆
				左权剪纸	晋中市左权县文化馆
				闻喜剪纸	运城市闻喜县文化馆
				万荣剪纸	运城市万荣县月贵剪纸工作室
29	Ⅶ-3	传统美术	面花	太原面塑	杏花岭区三桥街道办事处桃北西社区
				晋阳花馍	太原市晋源区晋阳文化研究会
				代县面塑	忻州市代县面塑艺术研究中心
				太平面塑	临汾市非物质文化遗产保护协会
				万荣面人	运城市万荣县董氏面人工作室
30	Ⅶ-4	传统美术	山西民居砖雕（太谷砖雕）		晋中市太谷县晋派砖雕研究所
31	Ⅶ-5	传统美术	布艺	阳高布艺	大同市阳高县民间工艺美术协会
				阳泉布老虎	阳泉市城区峰梅琴艺术工作室
				陵川布贴画	晋城市陵川县文化馆
				绛县布扎	运城市绛县秋菊布扎虎艺术工作室
				芮城布艺	运城市芮城县雅婷布艺工作室

续表

序号	编码	项目类别	项目名称		申报地区或单位
32	Ⅶ-6	传统美术	建筑彩绘	墙围画	长治市沁源县赤石桥乡赤石桥村
				襄垣民居脊饰传统技艺	长治市襄垣县非物质文化遗产保护中心
				古建筑彩绘	晋中市山西晋阳古建筑工程有限公司榆社分公司
33	Ⅶ-7	传统美术	长治堆锦		长治市城区德艺坊堆锦工作室
34	Ⅶ-8	传统美术	民间绣活	上党女红	长治郊区锦绣坊
				繁峙晋绣	忻州市繁峙县晋绣坊文化产业发展中心
				榆社晋绣	晋中市榆社县兴晋绣艺专业合作社
35	Ⅶ-11	传统美术	泥塑	不倒翁	清徐县文化馆
				泥塑佛像	晋中市灵石县静升镇苏溪村
36	Ⅶ-14	传统美术	麦草画		临汾市蒲县非物质文化保护中心
37	Ⅷ-4	传统技艺	老陈醋酿制技艺	"益源庆"宁化府老陈醋酿造技艺	太原市宁化府益源庆醋业有限公司
				辛寨陈醋酿制技艺	长治市壶关县辛寨绿色醋业有限公司
				四眼井醋制作工艺	晋中市榆次区四眼井酿造实业有限公司
38	Ⅷ-5	传统技艺	传统面食制作技艺	剪刀面制作技艺	侯马市宴皇源餐饮有限公司
				交里桥饸饹面制作技艺	临汾市曲沃县交里桥小胖饸饹面馆
				大阳馔面制作技艺	晋城市泽州县文化馆

序号	编码	项目类别	项目名称		申报地区或单位
39	Ⅷ-11	传统技艺	砚台制作技艺	五台山石砚雕刻技艺	忻州市定襄县河边雅艺轩制砚厂
				温氏空心澄泥研	五台温氏澄泥研制品有限公司
40	Ⅷ-12	传统技艺	传统月饼制作技艺	雪莲酥月饼制作技艺	太原市山西大唐明楼食品有限公司
				神池月饼加工技艺	忻州市神池县长祥圆食品有限责任公司
41	Ⅷ-14	传统技艺	蒸馏酒传统酿造技艺	唐宫悦酒制作工艺	长治市潞城区凤栖桥酿业有限公司
				堡子酒酿造技艺	山西后沟古村酒业有限公司蒸馏酒传统酿造技艺
				桑罗酒制作技艺	山西舜都集团永济酒业有限公司
42	Ⅷ-18	传统技艺	六味斋酱肘花传统生产工艺		太原六味斋实业有限公司
43	Ⅷ-28	传统技艺	手工空心挂面制作技艺		运城市夏县黄土壹佰合家食品有限公司
44	Ⅷ-30	传统技艺	砂货烧制技艺（翼城砂锅烧制技艺）		临汾市翼城县隆化镇尧都村
45	Ⅷ-34	传统技艺	古建筑营造技艺（晋南古建筑营造技艺）		侯马市盛世华韵古典家居文化有限公司
46	Ⅷ-35	传统技艺	黄酒酿制技艺	代州黄酒制作技艺	忻州市代县四达酒类饮料有限责任公司
				平遥"长昇源"黄酒酿制技艺	晋中市平遥"长昇源"黄酒厂
47	Ⅷ-36	传统技艺	神池胡麻油压榨技艺		忻州市神池县清泉岭榨油厂
48	Ⅷ-38	传统技艺	传统宴席制作	平定传统三八席制作技艺	阳泉市晋香源餐饮服务有限公司
				高平十大碗制作技艺	高平市翠岭茶楼
49	Ⅷ-46	传统技艺	武乡炒指技艺		武乡县人民文化馆

续表

序号	编码	项目类别	项目名称		申报地区或单位
50	VIII-48	传统技艺	黑陶制作工艺		山西翔龙黑陶工艺品有限公司（榆次）
51	VIII-50	传统技艺	传统豆腐制作技艺（古寨豆腐制作技艺）		太原市晋源区金胜镇古寨村委会
52	VIII-52	传统技艺	晋作家具制作技艺（家具制作技艺）		山西省鑫荣木雕工艺有限公司（忻府区）
					侯马市盛世华韵古典家居文化有限公司
53	VIII-53	传统技艺	传统棉纺织技艺	襄子老粗布织造技艺	长治市襄垣县非物质文化遗产保护中心
				平顺手工纺织技艺	长治市平顺县石城镇白杨坡村
				丁村民间传统棉纺技艺	丁村民俗文化开发有限公司
54	VIII-57	传统技艺	贾得手工麻纸技艺		尧都区贾得乡贾得村
55	IX-2	传统医药	龟龄御酒传统制作技艺		山西龟龄御酒厂
56	IX-3	传统医药	中医传统制剂方法	白氏拔毒膏药与生肌散制作技艺	仁庄中医外科诊所
				安宫牛黄丸制作技艺	山西广誉远国药有限公司
				（勒马回中药制作技艺）	运城市万荣三九药业有限公司
57	IX-9	传统医药	中医正骨疗法	李氏正骨疗法	长治城区红十字李新如骨科医院
				何氏中医正骨	运城市稷山县洪新诊所
				平王中医正骨	运城市芮城县陌南镇、平王村中医骨科诊所
58	IX-10	传统医药	中医诊法	吉祥王氏烧伤治疗法	临汾市曲沃县吉祥村卫生所
				腹揉康传统揉肚技艺	运城腹揉康传统揉肚特色疗法研究所

序号	编码	项目类别	项目名称		申报地区或单位
59	X – 1	民俗	民间社火（代县上阳花社火）		忻州市代县上阳花社火研究中心
60	X – 2	民俗	尧的祭祀		运城市绛县文化馆
61	X – 3	民俗	舜的祭祀		运城市垣曲县舜文化研究会
62	X – 11	民俗	庙会	圪咀崖娘娘庙会	古交市文化馆
				高都三月二十八传统庙会	晋城市泽州县高都镇综合文化站
				凤山庙会	吕梁市离石区文化馆
				东岳庙—四醮朝山	临汾市蒲县非遗中心
				华佗庙会	临汾市曲沃县方城村民俗文化研究会
				娘娘庙会	临汾市曲沃县里村镇封王村委会
				四牌楼传统古会	临汾市曲沃县乐昌镇东关村
				翼城滦池古会	临汾市翼城县文化馆
				鸣条二月二四圣出巡古庙会	运城市盐湖区鸣条尧舜禹关四圣民间文化传承会
63	X – 17	民俗	婚俗（平定婚俗）		平定县历史文化研究会
64	X – 39	民俗	九曲黄河阵	平顺转九曲	长治市平顺县石城镇白杨坡村
				保德九曲黄河阵灯会	忻州九曲黄河阵灯会文化发展有限公司
				左权县河南村黄河阵	晋中市左权县辽阳镇河南村委
				榆社"九曲黄河灯阵"	榆社县箕城镇北逆流河村

表5 **山西省第四批省级非物质文化遗产名录及扩展项目**

（第四批省级非物质文化遗产名录共有48项，涉及50个申报地区或单位）

序号	编码	项目类型	项目名称	申报地区或单位
1	Ⅰ－49	民间文学	晋城"九头十八匠"的传说	晋城市城区文化馆
2	Ⅰ－50	民间文学	汾州民间传说	汾阳市汾州文化研究会
3	Ⅰ－51	民间文学	石勒传说（榆社）	榆社县文化馆
4	Ⅰ－52	民间文学	"王通王绩王勃"的传说	万荣县三王研究学会
5	Ⅰ－53	民间文学	蒲津渡铁牛传说	永济市文化馆
6	Ⅰ－54	民间文学	晋商茶路上的故事	山西晋贾茶文化有限公司
7	Ⅱ－31	传统音乐	太原民歌	小店区文化馆
8	Ⅱ－32	传统音乐	晋中吹打	晋源区文化馆 祁县西六支乡人民政府
9	Ⅱ－33	传统音乐	大同五音联弹会	大同市群众艺术馆
10	Ⅱ－34	传统音乐	文水马西铙	文水县马西铙艺术研究会
11	Ⅱ－35	传统音乐	碛口号子	临县碛口民间演艺有限公司
12	Ⅱ－36	传统音乐	吕梁民歌	吕梁市群众艺术馆
13	Ⅱ－37	传统音乐	汾阳围铙	汾阳市戏曲歌友协会
14	Ⅱ－38	传统音乐	襄汾民歌	襄汾县人民文化馆
15	Ⅱ－39	传统音乐	凌云八音会	古县文化馆
16	Ⅲ－43	传统舞蹈	东蒲舞龙	小店区文化馆
17	Ⅲ－44	传统舞蹈	侯村花船	运城市盐湖区侯丰农作物种植专业合作社
18	Ⅲ－45	传统舞蹈	定襄大马社火	定襄县宏道镇北社西村委会
19	Ⅳ－28	传统戏剧	扬高戏	芮城县文化馆
20	Ⅴ－17	曲艺	河津干板腔	河津市文化馆
21	Ⅵ－20	传统体育、游艺与杂技	鞭杆	盛甫武术研究院
22	Ⅵ－21	传统体育、游艺与杂技	铁礼花	长治县民间文艺家协会
23	Ⅶ－22	传统美术	玉雕（太原玉和堂）	玉和堂玉雕工作室
24	Ⅶ－23	传统美术	内画（广灵内画）	广灵县文化馆
25	Ⅶ－24	传统美术	平遥彩塑	平遥县琢凡彩塑制作中心
26	Ⅶ－25	传统美术	河津转花灯	河津市楼里转花灯制作中心
27	Ⅷ－84	传统技艺	乾和祥茶庄茉莉花茶拼配加工、包装技艺	太原市果品茶叶副食总公司乾和祥茶庄

续表

序号	编码	项目类型	项目名称	申报地区或单位
28	Ⅷ－85	传统技艺	古建筑烫样制作技艺	山西古典艺术研究院
29	Ⅷ－86	传统技艺	并州刀剪制作技艺	太原晋府店刀剪社
30	Ⅷ－87	传统技艺	戏剧头盔制作技艺	山西省晋剧院
31	Ⅷ－88	传统技艺	高家笙、管制作技艺	大同阳高县文化馆
32	Ⅷ－89	传统技艺	黄瓜干制作技艺	平定县后沟村
33	Ⅷ－90	传统技艺	八义红绿彩	长治县民间文艺家协会
34	Ⅷ－91	传统技艺	襄垣金工铸造技艺	襄垣县丰通工艺铸造有限公司
35	Ⅷ－92	传统技艺	潞绸手工织造技艺	山西吉利尔潞绸集团织造股份有限公司
36	Ⅷ－93	传统技艺	陵川纸龙制作技艺	陵川县文化馆
37	Ⅷ－94	传统技艺	陶瓷制作技艺（怀仁陶瓷制作技艺）	怀仁恒源瓷业有限公司
38	Ⅷ－95	传统技艺	定襄古代戏装制作	定襄县文化馆
39	Ⅷ－96	传统技艺	木梁压榨小麻油工艺	榆社天禾绿色食品有限公司
40	Ⅷ－97	传统技艺	"鱼羊包"烹饪技艺	榆次区文化馆
41	Ⅷ－98	传统技艺	三雕艺术	山西省灵石县王家大院资寿寺管理中心
42	Ⅷ－99	传统技艺	熏肘传统制作工艺	平遥县延虎肉制品有限公司
43	Ⅷ－100	传统技艺	传统乐器制作技艺	太谷县渊方乐器厂
44	Ⅸ－14	传统医药	中医烧伤疗法（杨氏中医烧伤疗法）	平遥县杨复兴诊所
			中医烧伤疗法（冯氏中医皮肤烧伤疗法）	万荣皮肤烧伤研究所
45	Ⅸ－15	传统医药	中药炼制技艺（传统丹药炼制技艺）	稷山县清河镇秦家庄卫生所
46	Ⅹ－55	民俗	绵上天齐庙习俗	山西通洲集团灵宝旅游有限公司
47	Ⅹ－56	民俗	阳城桑蚕习俗	阳城县孙文龙纪念馆
48	Ⅹ－57	民俗	后稷祭祀	稷山县民间文艺家协会

表6   **山西省第五批省级非物质文化遗产名录**

（第五批省级非物质文化遗产代表性项目名录共推荐219个项目，同时涉及219个申报地区或单位）

序号	项目类别	项目名称	保护单位
1	民间文学	柳仙庙的故事	长治市沁县漳源镇口头村
2	民间文学	灵空山的传说	长治市沁源县文化旅游产业发展有限公司
3	民间文学	孟母故里的民间故事	晋中市太谷县文化馆
4	民间文学	苏三传奇故事	山西省洪洞县文化馆
5	民间文学	飞虹塔传奇故事	临汾市洪洞县广胜寺旅游景区管理服务有限公司
6	民间文学	伯益的传说	临汾市襄汾县三晋文化研究会
7	民间文学	尧造围棋的故事	临汾市非物质文化遗产保护协会
8	民间文学	蚩尤传说	运城市盐湖区文化馆
9	民间文学	汤王传说	运城市垣曲县乡情莲藕专业种植合作社
10	民间文学	狄仁杰的传说	山西千福缘酒店管理有限公司
11	民间文学	清凉山传说	山西云中飞龙文化传媒有限公司
12	传统音乐	安陵寺祈福佛乐	山西天脑山旅游开发有限公司
13	传统音乐	寿阳佛乐	晋中市太谷县文化馆
14	传统音乐	高村鼓坊	太原市阳曲县恒泰民间鼓坊传承协会
15	传统舞蹈	大柴花鼓	临汾市襄汾县南贾镇总工会
16	传统音乐	河津小曲	运城市河津市人民文化馆
17	传统音乐	武皇群锣	吕梁市文水县武皇群锣艺术团
18	传统音乐	孙嘉淦故里鼓社牌子	山西省残疾人文化艺术促进会
19	传统音乐	古琴艺术	山西元音古琴艺术研究院
20	传统舞蹈	踢鼓秧歌	朔州市平鲁区恒通踢鼓秧歌队
21	传统舞蹈	平定移穰龙灯舞	阳泉市平定县巨城镇移穰村
22	传统舞蹈	霍州莺歌	临汾市霍州市群众艺术馆
23	传统舞蹈	浮山高跷	临汾市浮山县众仁文化传媒有限公司
24	传统舞蹈	跑花灯	运城市绛县文化馆
25	传统舞蹈	十二生肖民俗花鼓	运城市稷山县人民文化馆
26	传统舞蹈	冯匠双龙竹马	晋城市城区文化馆
27	传统舞蹈	西河花鼓	晋城市沁水县人民文化馆

续表

序号	项目类别	项目名称	保护单位
28	传统舞蹈	西黄头高跷顶桩	晋城市黄土情文化艺术有限公司
29	传统戏剧	岗北秧歌	太原市非物质文化遗产保护中心
30	传统戏剧	雁北耍孩儿	朔州市应县耍孩综合艺术团
31	传统戏剧	广灵八角地木偶戏	大同市广灵县木偶皮影戏剧艺术协会
32	传统戏剧	红石塄秧歌	大同市灵丘县人民文化馆
33	传统戏剧	五台赛戏	忻州市五台县茹村乡西天和村民委员会
34	曲艺	长子鼓儿词	长治市长子县文化馆
35	曲艺	沁州三弦书	长治市沁源县人民文化馆
36	曲艺	壶关评书	长治市壶关县明星文山演艺有限公司
37	曲艺	壶关鼓书	长治市壶关县龙泉秀琴鼓书说唱团
38	曲艺	晋南道情	临汾市浮山县人民文化馆
39	曲艺	古琴书	运城市稷山县人民文化馆
40	曲艺	阳城鼓书	晋城市阳城县文化馆
41	传统体育、游艺与杂技	太行意拳（古传太极）	长治市郊区师旷古传太极文化研究会
42	传统体育、游艺与杂技	战功拳	晋中市灵石县仁义村委
43	传统体育、游艺与杂技	弓力拳	晋中市祁县弓力拳协会
44	传统体育、游艺与杂技	王宗岳太极拳	晋中市太谷县王宗岳太极拳协会
45	传统体育、游艺与杂技	河东风筝	运城市盐湖区体育事业发展中心
46	传统体育、游艺与杂技	流星锤	运城市万荣县武术协会
47	传统体育、游艺与杂技	散手迎风掌	运城市临猗县武术协会
48	传统体育、游艺与杂技	杨家枪法	忻州市繁峙县杨家枪发展传承研究协会
49	传统体育、游艺与杂技	陵川玉泉武故事	晋城市陵川县人民文化馆
50	传统体育、游艺与杂技	孝义秘传64式活步大架太极拳	吕梁市孝义市广平太极拳研究会
51	传统体育、游艺与杂技	手搏术	山西省介子推文化传媒有限公司
52	传统美术	沁源手工编织	长治市沁源县俊腾手工艺品有限公司
53	传统美术	壶关石雕	长治市雄伟石业有限公司
54	传统美术	山西彩塑	长治彩塑艺术研究院
55	传统美术	长治潞绣	长治市潞城飞雷手工绣品有限公司

序号	项目类别	项目名称	保护单位
56	传统美术	平遥木雕神像	晋中市平遥县非物质文化遗产保护中心
57	传统美术	剪纸（太原传统剪纸）	山西上林苑传统剪纸艺术研究院
58	传统美术	传统刻瓷	太原市迎泽区羽洁工艺品经销部
59	传统美术	面花（太原传统面塑）	太原市民间文艺家协会
60	传统美术	武氏剪纸撕纸艺术	太原市古交市文化馆
61	传统美术	剪纸—右玉民俗剪纸	朔州市右玉县剪纸刺绣协会
62	传统美术	手工临摹经典碑帖技艺（响榻）	阳泉市城区文化馆
63	传统美术	永和剪纸	临汾市永和县文化馆
64	传统美术	太平绣球	临汾市襄汾县赵康红红传统手工专业合作社
65	传统美术	河津吕氏砖雕	运城市河津市吕氏祖传砖雕厂
66	传统美术	木雕	山西益泰永木雕有限公司
67	传统美术	木雕	山西泓福木雕有限公司
68	传统美术	拨金漆画	运城市新绛县世杰拨金漆画研究所
69	传统美术	石雕	运城市新绛县玉顺石雕工艺品有限公司
70	传统美术	盐湖剪纸	运城市李建肖剪纸工作室
71	传统美术	草编（玉米皮编织）	运城市闻喜县蓬笠草编专业合作社
72	传统美术	泥塑	运城市山西宏艺青铜雕塑工艺厂
73	传统美术	河东戏剧脸谱	运城市河津市金盛轩剪纸中心
74	传统美术	代县雁绣	忻州市代县雁绣坊文化艺术有限公司
75	传统美术	忻州黄土风情剪纸	忻州市山水关文化艺术有限公司
76	传统美术	代县泥塑彩绘	忻州市代县天顺昌泥塑艺术有限公司
77	传统美术	泥皮画	晋城市城区文化馆
78	传统美术	古泫泥塑	高平市叶铭雕塑艺术工作室
79	传统美术	临县传统彩塑艺术	吕梁市临县彩塑研学保护中心
80	传统美术	刘家焉头木版年画	吕梁市柳林县文化馆
81	传统美术	交城传统堆绫艺术	吕梁市交城县旺英堆锦艺术制作有限公司

序号	项目类别	项目名称	保护单位
82	传统美术	麻梨雕刻（山西根雕）	山西正时金石传拓文化传播有限公司
83	传统美术	凤城布艺	山西布工坊文化传播有限公司
84	传统技艺	潞城甩饼	长治市潞城市山西世兴餐饮有限公司
85	传统技艺	荫城猪汤	长治县荫城李春生猪汤有限公司
86	传统技艺	沁州黄米醋	长治市沁州黄米醋有限公司
87	传统技艺	长治潞酒	山西省长治市潞酒有限公司
88	传统技艺	寒湖月饼	晋中市和顺县文化馆
89	传统技艺	"盛康源"枣酒	晋中市灵石县山西盛康源酒业有限公司
90	传统技艺	贾令熏肉制作技艺	晋中市祁县宏远贾令熏肉有限公司
91	传统技艺	寿阳茶食技艺	晋中市寿阳县文化馆
92	传统技艺	鑫炳记太谷饼传统制作技艺	晋中市太谷县鑫炳记食业有限公司
93	传统技艺	（晋升）传统油茶制作技艺	晋中市平遥县晋升食品有限公司
94	传统技艺	"三疙瘩"碗脱子制作技艺	晋中市平遥县非物质文化遗产保护中心
95	传统技艺	认一力蒸饺制作技艺	太原市认一力饭庄
96	传统技艺	老汉元宵制作技艺	太原市小店区文化馆
97	传统技艺	山西老陈醋同步发酵传统酿造工艺	太原市清徐县山西紫林醋业股份有限公司
98	传统技艺	鼓楼羊杂割制作技艺	太原市鼎洋餐饮管理有限公司
99	传统技艺	清徐沾片子传统技艺	太原市清徐县晋韵农家乐
100	传统技艺	冠山连翘茶（延年翘）传统制作技艺	阳泉市平定县山西冠霖农业科技有限公司
101	传统技艺	盂县桃仁月饼	阳泉市盂县人民文化馆
102	传统技艺	玉堂春传统酿造技艺	临汾市洪洞县山西玉堂春酒业有限公司
103	传统技艺	赵城卤肉传统制作技艺	临汾市洪洞县贾安邦肉制品有限公司
104	传统技艺	曲沃小米陈醋制作技艺	临汾市曲沃县亨沃食品有限公司
105	传统技艺	尧香茶制作技艺	山西叶绿钙茶饮品有限公司

续表

序号	项目类别	项目名称	保护单位
106	传统技艺	王牌羊肉胡卜制作技艺	运城市盐湖区鑫王牌约民餐饮服务有限公司
107	传统技艺	芮城麻片传统制作技艺	山西省芮城县糖酒副食公司
108	传统技艺	泓芝驿糖豆角制作技艺	运城市盐湖区泓芝驿福尔乐食品厂
109	传统技艺	侯家酱豆制作技艺	运城市晋天秀食品酿造有限公司
110	传统技艺	贺老人羊杂	大同市城区贺老人羊杂
111	传统技艺	大同北魏贡酒制作技艺	大同市上皇庄冈酒厂
112	传统医药	浑源正北芪加工技艺	大同市浑源县黄芪合作协会
113	传统技艺	浑源烧酒制作技艺	大同市浑源县恒山酿酒厂
114	传统技艺	宁武县毛健茶制作技艺	忻州市宁武县九峰农产品加工合作社
115	传统技艺	伏姜制作技艺	晋城市城区文化馆
116	传统技艺	阳城李氏月饼制作技艺	晋城市阳城县文化馆
117	传统技艺	阳城烧肝制作技艺	晋城市阳城县文化馆
118	传统技艺	润城泡麦面馍制作技艺	晋城市阳城县文化馆
119	传统技艺	泡泡油糕制作方法	山西北国芙蓉餐饮有限公司
120	传统技艺	糖醋鱼制作技艺	山西天星海外海餐饮集团有限公司
121	传统技艺	一窝丝制作技艺	山西天星海外海餐饮集团有限公司
122	传统技艺	传统过油肉制作方法	山西丽华大酒店
123	传统技艺	神仙鸡传统制作工艺	山西大酒店
124	传统技艺	清和元"头脑"传统制作技艺	山西省群众艺术馆
125	传统技艺	山西老陈醋古法酿制技艺（"德盛昌"老陈醋古法酿制技艺）	山西省群众艺术馆
126	传统技艺	贤美牛肉传统加工技艺	山西贤美食业有限公司（吕梁市文水县）
127	传统技艺	兴县清泉醋传统酿制技艺	山西省清泉醋业有限公司（吕梁市兴县）
128	传统技艺	孝义插酥包子传统加工技艺	孝义市东兴帝豪酒店有限公司（吕梁市孝义市）
129	传统技艺	南曹村豆腐传统手工制作技艺	孝义市南曹村九州香豆制品有限公司（吕梁市孝义市）

序号	项目类别	项目名称	保护单位
130	传统技艺	老山西葱花脂油饼制作技艺	山西千福缘酒店管理有限公司
131	传统技艺	沁河古堡谷柿醋制作技艺	山西沁河古堡农业开发有限公司
132	传统技艺	黎城戏曲浮雕	黎城四品民间文化产业有限公司（长治市黎城县）
133	传统技艺	上党彩灯	长治市华灯工贸有限公司
134	传统技艺	舒心养生枕	长治市潞城市舒心养生枕有限公司
135	传统技艺	手工毛毯	山西省长治云霖地毯有限公司
136	传统技艺	长子潞麻	长治市长子县东旺苏氏文化研究会
137	传统技艺	长子根雕	长子长宇根雕有限公司
138	传统技艺	洪山名香"全料香"制作工艺	晋中市介休市洪山镇洪山村恒瑞制香厂
139	传统技艺	人工吹制玻璃器皿	晋中市祁县红海玻璃有限公司
140	传统美术	布艺虎工艺	晋中市左权县民歌研究中心
141	传统技艺	平遥传统石刻技艺	晋中市平遥县悟石斋金石书画院
142	传统技艺	枣木制板拓片传统技艺	晋中市榆次区文化馆
143	传统技艺	平遥古建筑传统技艺	晋中市平遥县古建筑工程有限公司
144	传统技艺	太原孟家井绞胎瓷制作技艺	太原市非物质文化遗产中心
145	传统美术	晋绣（武氏绣法）	太原市唐人绣坊艺术品发展有限公司（太原市万柏林区）
146	传统技艺	传统鎏金工艺	朔州市朔城区肖岗工艺品加工工作室
147	传统技艺	墨宝斋瓷印传统制作技艺	山西省书法院
148	传统技艺	张氏墨宝斋毛笔传统手工制作技艺	山西省书法院
149	传统技艺	阳泉民用铸铁技艺	阳泉市郊区河底镇任家峪村村民委员会
150	传统技艺	平定紫砂制作技艺	阳泉市平定县紫砂研发中心
151	传统技艺	晋派木工技术	阳泉市群众艺术馆（阳泉市城区）
152	传统技艺	蒲县柳编制作技艺	临汾市蒲县人民文化馆

序号	项目类别	项目名称	保护单位
153	传统技艺	平阳彩塑制作技艺	临汾市尧都区薛万红传统文化发展有限公司
154	传统技艺	古籍装帧	山西德美文化产业发展有限公司（临汾市）
155	传统技艺	襄汾传统建筑砖雕工艺	临汾市襄汾县瑞旗陶业有限公司
156	传统美术	山西传统彩塑（李氏技艺）	山西省文化产业发展中心
157	传统技艺	河东花灯制作技艺	运城市明德源彩灯装饰工程有限公司
158	传统技艺	木制模型制作技艺	山西省永济市蒲州镇学院手工艺品厂（运城市永济市）
159	传统技艺	惠畅土布制作技艺	运城市永济市惠畅文化创意有限公司
160	传统技艺	婴幼儿服饰制作技艺	运城市芮城县婴幼儿服饰研究所
161	传统技艺	灰陶制作技艺	运城市河津市西禹头琉璃灰陶工艺厂
162	传统技艺	金银累丝制作技艺	山西虎头娃娃商贸有限公司（运城市）
163	传统技艺	嵌螺钿漆器制作技艺	运城市稷山县禹龙工艺美术厂
164	传统技艺	铁器锻造技艺（铁艺装饰技艺）	运城市万荣县文化馆
165	传统技艺	刻灰技艺	运城市新绛县大家云雕艺术研制所
166	传统技艺	大同结艺	唐情节飞天创意公司（大同市城区）
167	传统美术	（云冈）康氏绢人	康氏绢人工艺品店（大同市城区）
168	传统美术	五台民间传统彩塑	忻州市五台县锦泰工艺制品有限公司
169	传统技艺	泽州铁货制作技艺	晋城市晋韵堂古泽州铁货开发有限公司
170	传统技艺	司徒铁花技艺	晋城市城区文化馆
171	传统技艺	琉璃制品	晋城市高平市三馀堂有限责任公司
172	传统技艺	文水县吴村烙画葫芦加工技艺	吕梁市文水县石安葫芦种植加工协会
173	传统技艺	交城金银器制作技艺	吕梁市交城县永德盛金属工艺品厂
174	传统技艺	汾阳核桃木雕家具传统制作技艺	汾阳文新木业有限公司（吕梁市汾阳市）
175	传统技艺	柳编技艺（九枝社柳编传统手工制作技艺）	汾阳市九枝社柳编专业合作社（吕梁市）

序号	项目类别	项目名称	保护单位
176	传统技艺	麻葛纸制造技艺	山西省文史研究中心
177	传统技艺	古器物全形拓	山西正时金石传拓文化传播有限公司
178	传统技艺	北派扇制作技艺	山西黄河美术馆
179	传统技艺	山西传统寺观建筑营造技艺	山西旭日海岳建设有限公司
180	传统医药	麝雄至宝丸	山西广誉远国药有限公司（晋中市太谷区）
181	传统医药	牛黄清心丸制作技艺	山西广誉远国药有限公司
182	传统医药	牛黄清心丸制作技艺	（晋中市太谷区）
183	传统医药	"百应健脾王"丸药制作技艺	晋中市平遥县联业堂健脾药研究中心
184	传统医药	雾酒疗法	晋中市榆次区文化馆
185	传统医药	"大生堂"孔氏医术	介休孔氏大生堂中医诊所（晋中市介休市）
186	传统医药	九宫腹部推拿疗法	山西三通摄生健康服务有限责任公司（太原市）
187	传统医药	补肾通督汤制作技艺	太原侯丽萍风湿骨病中医医院（太原市）
188	传统医药	应县王氏中医正骨术	朔州市应县南河种医院
189	传统医药	阳泉河下冯氏正骨	阳泉市郊区河下村第二卫生所
190	传统医药	正肤百应散（膏）	阳泉市城区赵致恒诊所
191	传统医药	任氏痛风黑膏药及火针疗法	阳泉市群众艺术馆（阳泉市城区）
192	传统医药	谢氏艾灸	临汾市侯马开发区谢锡亮艾灸文化传播有限公司
193	传统医药	姚氏乳病消药膏	临汾市襄汾县赵康镇璐琳中药材种植专业合作社
194	传统医药	东南李烧伤生肌膏	临汾市襄汾县西贾乡总工会
195	传统医药	祖师麻风湿膏制作技艺	山西康意制药有限公司（运城市）
196	传统医药	祛风息痛丸制作技艺	山西康意制药有限公司（运城市）

序号	项目类别	项目名称	保护单位
197	传统医药	运城市关氏腰间盘突出手法—捏复位	运城市关氏腰间盘突出手法—捏复位科技研究所
198	传统医药	墩张秘方膏药	运城市盐湖区景斌中药材种植场
199	传统医药	许氏中医八针疗法	稷山中医耳病专科医院（运城市稷山县）
200	传统医药	夏氏外治及其家传膏药	山西省文史研究中心
201	传统医药	冀氏针法	山西省文史研究中心
202	传统医药	疼痛中医内治法	山西省文史研究中心
203	传统医药	"竹林园"妇女月子病中医疗法	运城市闻喜县"竹林园"中医药疗法研究保护协会
204	传统医药	田德生堂鼻渊中医疗法	晋中市平遥县田德生堂自然医学研究院
205	传统医药	"九针"疗法	山西中医学院附属医院
206	民俗	寒食节	长治市沁源县郭道镇郭道村
207	民俗	沁州书会	长治市沁县曲艺协会
208	民俗	院戏	长治市平顺县石城镇东庄村
209	民俗	宇文武社火	太原市尖草坪区文化馆
210	民俗	门神信俗——尉迟敬德	山西尉迟恭文化创意有限公司（朔州市）
211	民俗	平定跑马陵道	阳泉市平定县岔口乡理家庄村
212	民俗	三月十八祭水神习俗	洪洞县广胜寺旅游景区管理服务有限公司（临汾市洪洞县）
213	民俗	小西天庙会	小西天文物管理所（临汾市隰县）
214	民俗	天地庙庙会	新绛县道和旅游开发有限公司（运城市新绛县）
215	民俗	大佛寺登高节	运城市稷山县农耕文化服务中心
216	民俗	北岳恒山祭祀活动	大同市浑源县北岳恒山登山协会
217	民俗	商汤祈雨过赛习俗	晋城市阳城县文化馆
218	民俗	串黄蛇	吕梁市汾阳市后沟村九曲黄河阵组委会
219	民俗	孝义市苏家庄村年俗	孝义市龙天民间年俗文化传承研究（吕梁市）

表7　　　　　　　　　　　　　山西省第六批非物质文化遗产

序号	项目类别	项目名称	保护单位
1	民间文学	老大同故事	大同市平城区
2	民间文学	岱宗祠传说	运城市万荣县
3	传统音乐	晋剧四大件演奏	晋中市太谷区
4	传统音乐	杨家将战鼓	忻州市代县
5	传统音乐	河津西王小花戏	运城市河津市
6	传统舞蹈	灯马	晋中市太谷区
7	传统舞蹈	花灯舞	临汾市翼城县
8	传统舞蹈	榆社响环舞	晋中市榆社县
9	传统舞蹈	吉壁腰鼓	临汾市翼城县
10	传统舞蹈	拳板舞	运城市稷山县
11	传统舞蹈	平定马山扇鼓	阳泉市平定县
12	传统戏剧	京剧	山西省京剧院（山西省京剧艺术研究院）
13	曲艺	浮山四平书	临汾市浮山县
14	传统体育、游艺与杂技	六合拳（汾阳六合拳）	吕梁市汾阳市
15	传统体育、游艺与杂技	六合拳（左权六合拳）	晋中市左权县
16	传统体育、游艺与杂技	大同梅花拳	大同市
17	传统美术	皮雕（苑氏皮雕）	太原市小店区
18	传统美术	手绘布画	运城市河津市
19	传统美术	刻铜（文房刻铜）	晋中市平遥县
20	传统美术	刻铜（铜印鋆刻）	运城市稷山县
21	传统美术	掐丝珐琅釉画	运城市盐湖区
22	传统美术	葫芦雕刻（朔城区葫芦雕刻）	朔州市朔城区
23	传统美术	葫芦雕刻（文水县葫芦雕刻）	吕梁市文水县
24	传统美术	葫芦雕刻（夏县葫芦雕刻）	运城市夏县
25	传统美术	葫芦雕刻（永济葫芦雕刻）	运城市永济市
26	传统美术	吊挂（小会吊挂）	晋中市左权县
27	传统技艺	山西面食技艺与食俗	山西省烹饪餐饮饭店行业协会
28	传统技艺	土豆饭制作技艺	吕梁市岚县
29	传统技艺	介休贯馅糖制作工艺	晋中市介休市
30	传统技艺	娘子关压饼制作技艺	阳泉市平定县

续表

序号	项目类别	项目名称	保护单位
31	传统技艺	壶关馅饼制作技艺	长治市壶关县
32	传统技艺	河东扣碗制作技艺	运城市
33	传统技艺	定襄蒸肉制作技艺	忻州市定襄县
34	传统技艺	武乡枣糕制作技艺	长治市武乡县
35	传统技艺	酱梅肉荷叶饼制作技艺	山西丽华物业管理有限公司
36	传统技艺	老梨汤熬制技艺	运城市盐湖区
37	传统技艺	大同云冈北芪酒酿造技艺	大同市阳高县
38	传统技艺	原平锅盔制作技艺	忻州市原平市
39	传统技艺	临县青塘"蜜浸大枣粽"制作技艺	吕梁市临县
40	传统技艺	金漆镶嵌技艺	太原市迎泽区
41	传统技艺	传统家具修复技艺（临猗传统家具修复技艺）	运城市临猗县
42	传统技艺	传统家具修复技艺（稷山传统家具修复技艺）	运城市稷山县
43	传统技艺	金银铜器修复技艺	吕梁市交城县
44	传统技艺	装裱修复技艺（传统手工书画装裱技艺）	山西省艺术科技研究院有限公司
45	传统技艺	装裱修复技艺（古籍修复与书画装裱技艺）	山西省图书馆（山西省古籍保护中心）
46	传统技艺	介休窑古陶瓷复烧技艺	晋中市介休市
47	传统技艺	平阳窑传统陶瓷技艺	临汾市尧都区
48	传统技艺	古琴制作技艺（太原古琴制作技艺）	太原市杏花岭区
49	传统技艺	古琴制作技艺（阳泉古琴制作技艺）	阳泉市郊区
50	传统技艺	中式服装（礼服）裁剪制作技艺	太原市迎泽区
51	传统技艺	镂花模印技艺	山西梓古轩水墨印业有限公司
52	传统技艺	炎帝故里拜祖大典	晋城市高平市
53	民俗	晋商典当	山西省典当行业协会

序号	项目类别	项目名称	保护单位
54	民俗	元宵节（晋阳拜灯山）	山西慧光古灯博物馆
55	民俗	珠算	山西省珠算心算协会
56	民俗	稷山神兽祭祀	运城市稷山县
57	民俗	二十四节气（七十二候历）	临汾市翼城县
58	民俗	同川梨花会	忻州市原平市
59	民俗	老太原叫卖	太原市

参 考 文 献

［1］蔡丰明．中国非物质文化遗产的文化特征及其当代价值［J］．上海
交通大学学报（哲学社会科学版），2006（4）：64－69，80.

［2］曹洋，王丽坤．非物质文化遗产生产性保护模式初探［J］．文化学
刊，2014（6）：136－139.

［3］陈晨，黄滢．基于CiteSpace的国内非物质文化遗产研究知识图谱
分析［J］．包装工程，2020，41（14）：228－234.

［4］陈桂波．非遗视野下的文化空间理论研究刍议［J］．文化遗产，
2016（4）：81－86.

［5］陈虹．试谈文化空间的概念与内涵［J］．文物世界，2006（1）：
44－46，64.

［6］陈华文，陈淑君．中国文化生态保护区的实践探索研究［J］．浙江
师范大学学报（社会科学版），2016，41（2）：1－18，129，121.

［7］陈辉，吕品晶．用心用情保护传统村落文化遗产［N］．光明日报.
2023－05－10.

［8］陈勤建．当代语境下庙会文化空间整体保护及重构——以上海龙
华庙会及宁波梁祝庙会等为研究对象［J］．西北民族研究，2016（3）：
106－113.

［9］陈炜，文冬妮．西部地区非物质文化遗产旅游开发适宜性评价指标
体系的应用研究［J］．青海民族研究，2011，22（4）：31－35.

［10］陈小蓉，何嫚，张勤，等．我国体育非物质文化遗产综合评价体系的构建与应用［J］．体育科学，2017，37（5）：48－60．

［11］陈学凯．遗产守护与昆曲的文化自信［J］．苏州大学学报（哲学社会科学版），2012，33（1）：136－140．

［12］邓小艳．基于建构主义原真性理论对非物质文化遗产旅游开发的解读［J］．贵州民族研究，2010，31（2）：90－95．

［13］段晓卿．2001－2020年CNKI非遗研究文献计量分析［J］．文化遗产，2021（4）：28－36．

［14］高丙中．非物质文化遗产：作为整合性的学术概念的成型［J］．河南社会科学，2007（2）：15－17．

［15］高彩霞，刘家明，高岩，等．京津冀非物质文化遗产资源的空间格局及旅游开发研究［J］．地理与地理信息科学，2021，37（3）：103－108．

［16］高艳芳，孙正国．日常需求与文化创意：“生产性保护”的观念与路径［J］．民俗研究，2014（3）：151－159．

［17］郭国锋．非遗文化传承与动漫融合路径研究［J］．漫动作，2022（10）：16－18．

［18］郭剑英，余晓萍．非物质文化遗产价值评价——以四川西部少数民族地区为例［J］．乐山师范学院学报，2009，24（4）：91－93．

［19］郭永平．生成整体论视域下文化生态保护区的实践机制研究［J］．西南民族大学学报（人文社科版），2020，41（8）：31－36．

［20］何星亮．非物质文化遗产的保护与民族文化现代化［J］．中南民族大学学报（人文社会科学版），2005（3）：31－36．

［21］侯洪澜，齐明．“非物质文化遗产”概念内涵的复杂性［J］．社科纵横，2012，27（8）：129－130．

［22］胡惠林，单世联．新型城镇化与文化产业转型发展［M］．上海：上海人民出版社，2014：325．

［23］黄永林，谈国新．中国非物质文化遗产数字化保护与开发研究［J］．华中师范大学学报（人文社会科学版），2012，51（2）：49－55．

［24］黄永林．乡村文化振兴与非物质文化遗产的保护利用——基于乡村发展相关数据的分析［J］．文化遗产，2019（3）：1－12．

［25］吉灿忠．竞技武术“文化空间”之研究［J］．西安体育学院学报，2012（2）：197－200，218．

［26］季中扬．当代文化空间中民间艺术的生存方式［J］．南京社会科学，2013（6）：129－134，141．

［27］菅丰，陈志勤．何谓非物质文化遗产的价值［J］．文化遗产，2009（2）：30，106－110，158．

［28］金昱彤．非物质文化遗产保护的整体观［J］．探索，2013（1）：122－125，129．

［29］康丽．实践困境、国际经验与新文化保守主义的行动哲学——关于乡村振兴与非物质文化遗产保护的思考［J］．民俗研究，2020（1）：13－18，156．

［30］雷蓉，胡北明．国内非物质文化遗产旅游开发研究综述［J］．四川理工学院学报（社会科学版），2012，27（4）：12－16．

［31］李迪，李星明，时朋飞，等．基于耗散结构理论的旅游地文化空间形成过程［J］．河北师范大学学报（自然科学版），2015（4）：359－364．

［32］李凌，杨豪中，谢更放．非物质文化保护视角下小城镇民俗文化空间载体设计——以陕西五泉镇关中院子民俗文化商业街区为例［J］．规划师，2014（10）：47－52．

［33］李星明，朱媛媛，胡娟，等．旅游地文化空间及其演化机理［J］．经济地理，2015（5）：174－179．

［34］李亚娟，罗雯婷，王靓，等．少数民族非物质文化遗产的分布特征及旅游响应研究［J］．干旱区资源与环境，2021，35（8）：184－191．

［35］李烨，王庆生，李志刚．非物质文化遗产旅游开发风险评价——以天津市为例［J］．地域研究与开发，2014，33（5）：88－93．

［36］李浈，雷冬霞．情境再生与景观重塑——文化空间保护的方法探讨［J］．建筑学报，2007（5）：1－4．

［37］林继富.“空间赋能”：融入乡村振兴的文化生态保护区建设［J］.西北民族研究，2021（4）：97－109.

［38］林青.乡村振兴视域下的非物质文化遗产传承和发展研究［J］.南京理工大学学报（社会科学版），2018，31（4）.

［39］刘朝晖.中俄非物质文化遗产保护比较研究：基于文化空间的分析视野［J］.中南民族大学学报（人文社会科学版），2010（1）：24－29.

［40］刘魁立.非物质文化遗产及其保护的整体性原则［J］.广西师范学院学报，2004（4）：1－8，19.

［41］刘利.社会资本与民族地区非遗资源互嵌式开发的利益联结——基于产权视角［J］.民族研究，2022（1）：67－76，144－145.

［42］刘鹏昱.文化生态保护区建设与“多元一体”民族共同体意识［J］.中州大学学报，2023，40（4）：80－85.

［43］刘莎.非物质文化遗产旅游开发适宜性研究——以秭归屈原故里端午节为例［J］.云南地理环境研究，2014，26（4）：65－70.

［44］刘壮，牟延林.非物质文化遗产概念的比较与解读［J］.西南大学学报（社会科学版），2008（5）：183－187.

［45］罗眉，周祥生，银元.非物质文化遗产生产性保护运行机制初探［J］.四川行政学院学报，2015（2）：64－67.

［46］马知遥，常国毅.非物质文化遗产保护与传承深化阶段——2011－2020年热点问题研究综述［J］.原生态民族文化学刊，2021，13（6）：44－59，154.

［47］牟延林，谭宏，刘壮.非物质文化遗产概论［M］.北京：北京师范大学出版社，2011：34－40.

［48］仇兵奎，许子婵.非物质文化遗产生产性保护的生成逻辑与实践模式［J］.晋中学院学报，2021，38（5）：26－30，95.

［49］邱燕.非物质文化遗产旅游开发适宜性评价研究——以黄山市为例［J］.西安石油大学学报（社会科学版），2018，27（6）：32－37.

［50］瞿滢.非遗传承中的族群文化自觉历程——以湘西土家三棒鼓艺术

的复兴为例 [J]. 吉首大学学报（社会科学版），2018，39（S2）：99－103.

[51] 权玺，张成祐. 网络游戏与非物质文化遗产的跨界融合创新研究 [J]. 宁夏师范学院学报，2023，44（3）：102－106.

[52] 宋俊华. 非物质文化遗产概念的诠释与重构 [J]. 学术研究，2006（9）：117－121.

[53] 宋立中，陈彦墅. 论明清江南都市中的文化空间：非物质文化遗产视角 [J]. 福建师范大学学报（哲学社会科学版），2015（4）：126－135.

[54] 宋立中. 国外非物质文化遗产旅游研究综述与启示——基于近20年 ATR、TM 文献的考察 [J]. 世界地理研究，2014，23（4）：136－147.

[55] 苏兆龙. 凤阳花鼓非物质文化遗产价值论 [J]. 安徽科技学院学报，2011，25（3）：121－124.

[56] 谈国新，何琪敏. 文化生态保护区旅游发展的实践模式与可持续路径研究 [J]. 文化遗产，2022（6）：42－50.

[57] 谭萌. 公共生活视域中非物质文化遗产发展与乡村振兴的耦合机制——基于"撒叶儿嗬"个案的讨论 [J]. 西北民族研究，2021（4）：110－123.

[58] 汤立许. 体育非物质文化遗产的价值体系研究 [J]. 中国体育科技，2018，54（3）：29－36，86.

[59] 唐仲山. 非物质文化遗产整体性保护与文化生态保护区建设——以青海省文化生态保护区建设为例 [J]. 青海民族研究，2021，32（4）：70－75.

[60] 田磊，史冰心，孙凤芝，等. 黄河流域传统村落与非物质文化遗产空间相关性及其影响因素 [J]. 干旱区资源与环境，2023，37（3）：186－194.

[61] 汪欣. 文化生态保护区建设的理论与实践——以徽州文化生态保护实验区为例 [J]. 河南教育学院学报（哲学社会科学版），2015，34（5）：34－40.

[62] 王彬. 数字化为非遗保护传承"添翼" [N]. 中国文化报，2023－08－08.

[63] 王虹. 民族村寨文化空间保护与旅游可持续发展新探 [J]. 哈尔滨商业大学学报（社会科学版），2011（5）：105－109，121.

［64］王克岭，谭心，何洁丽．空间视角下传统村落与非物质文化遗产联通格局及整合策略——以金沙江流域为例［J］．世界地理研究：1－16．

［65］王美，陈兴贵．人类学研究传统村落的多视角融合理路［J］．云南民族大学学报（哲学社会科学版），2023，40（5）：79－88．

［66］王萍，刘敏，刘慧娣．山西省非物质文化遗产资源旅游利用潜力评价［J］．地域研究与开发，2017，36（3）：92－98．

［67］王涛．"兼容并保"：一种对非物质文化遗产保护的认识与方法［J］．艺术百家，2013，29（S1）：98－99．

［68］王万平．新时代非物质文化遗产与乡村的"同频共振"［J］．大理大学学报，2021，6（7）：26－34．

［69］王纬伟，杨豪中．非物质文化遗产综合评价体系构想［J］．西北大学学报（哲学社会科学版），2011，41（2）：77－81．

［70］王文章．非物质文化遗产概论［M］．北京：文化艺术出版社，2010：60－68，76－122．

［71］王晓初．嘉兴江南灶画村：打造非遗"生态圈"［N］．中国民族报，2016－11－10．

［72］卫红．平遥古城旅游商品研究［D］．福建：福建师范大学，2010：6．

［73］温雯，赵梦笛．中国非物质文化遗产的数字化场景与构建路径［J］．理论月刊，2022（10）：89－99．

［74］文庭孝，刘晓英．我国非物质文化遗产研究的可视化分析——基于三种可视化工具的比较分析［J］．图书馆，2016（2）：21－27．

［75］乌丙安．非物质文化遗产的界定和认定的若干理论与实践问题［J］．河南教育学院学报（哲学社会科学版），2007（1）：11－21．

［76］乌丙安．民俗文化空间：中国非物质文化遗产保护的重中之重［J］．民间文化论坛，2007（1）：98－100．

［77］夏禾．文化自觉视角下的滇剧传承发展——以昆明市牛街庄滇剧为例［J］．民族艺术研究，2020，33（3）：75－81．

［78］向云驹．论"文化空间"［J］．中央民族大学学报（哲学社会科

学版），2008（3）：81 - 88.

[79] 萧萍. 音乐文化空间的流与变——音乐类非物质文化遗产的保护方法新探 [J]. 中国音乐，2015（1）：105 - 107，117.

[80] 肖爱连，陈亮，陈文俊，等. 基于 FCE - AHP 的非物质文化遗产宜产性评估研究 [J]. 经济数学，2014，31（2）：80 - 87.

[81] 徐昕玥，李强，齐志家. 中国国家级纺织类非物质文化遗产生产性保护示范基地的整理研究 [J]. 服饰导刊，2018，7（4）：35 - 40.

[82] 徐雅雯. 国际文化遗产管理与研究：范式、趋势和展望 [J]. 文化遗产，2021（2）：42 - 51.

[83] 徐艺乙. 传承人在非物质文化遗产生产性保护中的作用 [J]. 贵州社会科学，2012（12）：5 - 8.

[84] 许砚梅，凡来. 历史文化名城中文化空间保护规划探究 [J]. 湖南社会科学，2015（5）：45 - 48.

[85] 许子婵. 非物质文化遗产生产性保护的"1 + X"模式探索——基于山西省非物质文化遗产生产性保护示范基地的研究 [J]. 文化学刊，2016（4）：164 - 167.

[86] 雪莲，田磊，张淑娴. 山东省非物质文化遗产的分布特征及旅游融合路径研究 [J]. 资源开发与市场，2021，37（8）：998 - 1002，1024.

[87] 鄢继尧，赵媛，郝丽莎，等. 基于多源数据的中国非遗资源旅游利用潜力评价与分区研究 [J]. 地理研究，2023，42（12）：3294 - 3312.

[88] 杨红. 非物质文化遗产数字化研究 [M]. 北京：社会科学文献出版社，2014：122.

[89] 杨文艺，顾晓晖. "后申遗时代"的反思：我国非物质文化遗产的概念论争 [J]. 安徽理工大学学报（社会科学版），2017，19（3）：40 - 44.

[90] 杨艳. 基于网络文本内容的南京"非遗"体验感知分析 [J]. 市场周刊，2021，34（11）：98 - 101.

[91] 叶芳芳，朱远来. 少数民族非物质文化遗产整体性保护的困境与出路 [J]. 广西民族研究，2013（3）：197 - 203.

［92］叶瑞玲．基于 RMP 分析西双版纳非物质文化遗产旅游开发［J］．文化学刊，2023（4）：26－30．

［93］尹华光，赵丽霞，彭小舟，等．张家界非物质文化遗产旅游居民感知差异分析［J］．经济地理，2012，32（5）：160－164．

［94］尹乐，李建梅，周亮广．利益相关者视角下的皖东地区非物质文化遗产旅游资源评价研究［J］．地域研究与开发，2013，32（5）：163－166，176．

［95］于中兴．传统村落中的文化空间保护——以山东章丘市官庄镇朱家峪村为例［J］．文艺理论与批评，2015（4）：135－138．

［96］余压芳，刘建浩．论西南少数民族村寨中的"文化空间"［J］．贵州民族研究，2011（2）：32－35．

［97］俞红艳，肖原，蔡凤莲，等．从滩头年画看非物质文化遗产的整体性保护［J］．文教资料，2013（34）：58－59．

［98］苑利，顾军．文化空间类遗产的普查申报以及开发活用［J］．原生态民族文化学刊，2009（4）：63－71．

［99］张博．非物质文化遗产的文化空间保护［J］．青海社会科学，2007（1）：33－36，41．

［100］张春丽，李星明．非物质文化遗产概念研究述论［J］．中华文化论坛，2007（2）：137－140．

［101］张建忠，温娟娟，刘家明，等．晋中文化生态保护区"非遗"分布特征及旅游利用模式［J］．经济地理，2023，43（7）：234－240．

［102］张举文．非物质文化遗产与中国文化的自愈机制［J］．民俗研究，2018（1）：5－16，153．

［103］张琳钦．动漫在非物质文化遗产传承与保护中的应用［J］．吉林工程技术师范学院学报，2017，33（6）：55－57．

［104］张琪，王东波．国外非物质文化遗产研究领域的知识结构与前沿演变［J］．江苏科技信息，2019，36（32）：12－16．

［105］张婉玉，周春燕，陈宇．基于互联网平台的羌族银饰生产性保护模式研究［J］．包装工程，2021，42（22）：374－380．

［106］赵艳喜. 论非物质文化遗产的整体性保护理念［J］. 贵州民族研究，2009，29（6）：49－53.

［107］朱赟，叶新才. 非物质文化遗产旅游开发适宜性评价研究——以惠安女聚集地为例［J］. 旅游论坛，2015，8（2）：89－94.

后　记

从 2003 年《保护非物质文化遗产公约》在联合国教科文组织第 32 届大会上通过后，全球非物质文化遗产保护行动已经走过了整整 20 个年头。非物质文化遗产这个概念也由无人问津到逐渐被人们认可熟知，随着非物质文化遗产保护行动的不断深入，越来越多的人开始关注这样一个古老而又新奇的事物，一些关于非遗保护的新方法、新业态不断涌现，也让非遗不断挣脱陈旧的桎梏，走上了现代化发展的快车道，这是非遗保护 20 多年所取得的举世瞩目的成果。在这 20 多年里，我国非遗保护工作不断探索、实践，形成了具有中国特色的非遗保护体系，为世界非遗保护提供了宝贵经验。

在过去的 20 多年中，山西的非物质文化遗产保护与传承也取得了一定的成绩。在非遗资源挖掘与整理方面。山西通过普查、申报、评审等一系列工作，共挖掘、整理出各级非遗项目万余项，涉及民间文学、民间艺术、传统技艺、医药养生、民俗等多个领域，展示了山西省的文化底蕴，也为非遗传承与发展提供了坚实的基础；在非遗名录体系建设方面，山西在积极申报国家级非遗的同时，积极推进省内的非遗名录体系建设，完善非遗传承人保护制度，推动建设省、地市、县三级名录体系，对各级非遗项目进行科学分类、分级保护，为国家非遗四级保护体系建设提供了有力支撑；在非遗产业发展方面近年来，山西省积极探索非遗产业发展新路径，将非遗文化与旅游、文创等产业相结合，推动非遗产业转型升级，通过举办非遗文化旅游节、非遗购物节等活动，提升了非遗产品的市场竞争力，也为地方经济发展注入了新动力。

放眼全国来比较，山西在非物质文化遗产的保护与传承方面还有较大的差距，特别是在产业发展的创新和推广上还没有办法与思路开阔的南方省份相比较。对历史最好的尊重莫过于顺应潮流不断创造新的历史，面对快速发展的现代社会，非物质文化遗产保护等不得、靠不得，山西需要立足本土、立足社会发展，在创新发展中汲取力量，走出一条特色发展的道路。

编　者

2024 年 1 月于并城